河南省社会科学规划项目"中原作家群资料整理"研究成果

本成果出版得到淮河文明研究中心资助

二月河研究

中原作家群研究资料丛刊
程光炜　吴圣刚　主编

二月河研究

吴圣刚 编著

河南大学出版社
HENAN UNIVERSITY PRESS

图书在版编目(CIP)数据

二月河研究/吴圣刚编著. — 郑州：河南大学出版社，2015.2
（中原作家群研究资料丛刊）
ISBN 978-7-5649-1905-4

Ⅰ.①二… Ⅱ.①吴… Ⅲ.①二月河-文学研究
Ⅳ.①I206.7

中国版本图书馆 CIP 数据核字(2015)第 042008 号

出 版 人	张云鹏
出版统筹	侯若愚
责任编辑	甘慧君
责任校对	韩　琳
封面设计	侯一言

出　　版	河南大学出版社
地　　址	郑州市郑东新区商务外环中华大厦 2401 室
电　　话	0371-60993151（人文社科出版分社）
	0371-86059753
网　　址	www.hupress.com
排　　版	郑州市诚丰印刷有限公司
印　　刷	河南省瑞光印务股份有限公司
版　　次	2015 年 4 月第 1 版
印　　次	2015 年 4 月第 1 次印刷
开　　本	710mm×1000mm　1/16
印　　张	20
字　　数	370 千字
定　　价	60.00 元

本书如有印装质量问题，请与河南大学出版社营销部联系调换。

编选说明

从最初动议到确定方案,再到最后完成,这套"中原作家群研究资料丛刊"历时一年有余。因为,它绝不仅仅是已有研究成果的简单整合。首先,编著者必须通读该作家的所有作品,包括文学作品、散文随笔、演讲报告、文艺批评等等,形成对作家作品的感性认识和理性判断,这是编选作家研究资料的基础和前提。然后收集研究资料,要求尽可能全面详尽,网络、期刊、报纸、杂志、著作、作家本人及其亲友、故交等各种途径、各种渠道,越全面越好。最耗时、最费力、最艰苦的工作是资料的分类、甄别和遴选,它体现了编著者的眼光、立场、态度和学养,决定了研究资料的分量和品质。典型性、历史性、多元性是我们选文的基本原则,力求覆盖作家不同时段、不同类型、不同风格的作品,兼顾专家批评和新锐批评,体现不同时期的文学生态和文化场域。总之,整个过程没有捷径可走,全是笨功夫、苦功夫。尽管如此,其疏漏之处肯定不少,恳请专家学者批评指正。

本研究资料共分四大部分,即作家"自述·访谈·印象记"、"研究论文选辑"、"作品年表"、"研究资料索引"。"研究论文选辑"以时间为线索,以"问题"为中心,先总论、后分论,同一"问题"相对集中,体现逻辑性和层次感,并努力体现作家作品研究的历史进程。对入选的文章,为了出版方便,作统一技术处理,删减了摘要、关键词,注释一律改为脚注,除对一些明显的文字和标点符号的疏误作订正外,其他方面包括注释的不完整、不规范,词语使用的不当等,则依旧保持原貌。"作品年表"部分按时间顺序排列整理收录,截止时间为2014年7月。只列入作品的首发、首印,作品的再版、转载不列入年表,海外翻译版本尽可能列入年表。期刊、著作均按年、月排序,报纸具体到日期。重要散文、发表的重要演讲等列入作品年表,但作家编辑的书目、研究资料等均不列入。"研究资料索引"包括单篇学术论文索引、学位论文索引、研究专著索引三部分,截止时间同样为2014年7月,均按刊发/出版时间先后顺序编排。

需要特别说明的是,由于各种原因,编委会没能与选用论文的作者一一联系,丛书出版后,将赠书一本,以表歉意和谢意!且本书用于学术研究而非商业目的,想学界前辈、同人亦能理解支持。在此真诚致谢!如需稿费,请与编委会联系。

编委会
2014.10.31

总　序

程光炜　吴圣刚

新时期以来,中国当代文学呈现为多样、多态发展的趋势。在当代文学的版图中,"文学豫军"或"中原作家群"早已成为中国当代文学的重要现象和重要构成。之所以称之为"文学豫军"或"中原作家群",是因为它呈现出群体性,是一个集合的概念。但是,这绝不意味着这个群体中的个体是孱弱的,没有独立呈现的分量。相反,正是一个个有分量的个体组成了一个有广泛影响的作家群体:姚雪垠、叶楠、白桦、李准、张一弓、南丁、田中禾、张宇、郑彦英、李佩甫、二月河、周同宾、刘震云、阎连科、周大新、刘庆邦、李洱、柳建伟、孙方友、墨白、邵丽、乔叶、计文君等等,每位作家都有不凡的创作业绩,每个人都有自己的独特之处,都是文学中的"这一个"。

地处中原的河南,在当代中国政治、经济版图上不是核心地带,但在历史、文化地理图上却是积淀深厚的重镇。这里也在接受全球化的荡涤,也在搭载现代化的快车,但这里与中国当下的经济前沿存在着距离,呈现着现代化的滞后性。因此,河南在时代的节奏中存在着"时间差"。这使得中州大地在现代化的浪潮中还氤氲着农业文明、历史文化的气息,也使得中原儿女在这种相对的"慢节奏"中对历史、现实和文化进行思考,精神和灵魂回归这片土地,并以中原文化的思维方式进行着多种表达。走进历史,走进中原文化,是豫籍作家的共同选择。无论是身居河南的作家还是移居他乡的作家,他们的灵魂仍然栖居在家乡故土,并用他们敏感的触角细腻地联系和感受着中原文化,中原文化是他们精神发生的原点,河南历史和家乡生活是他们创作的源泉。对于这些河南作家来说,似乎只有这片故土和其中的点点滴滴才能够激活创作的灵性。正如阎连科所说:"我家住在一个镇子上,那是一个很大的村庄。那个村庄是我写作取之不尽的生活源泉、情感源泉、想象的源泉。一句话,是我写作的一切的灵感之源。那个镇子奇妙无比,任何现实中的一件事情都可能是荒诞的、合理的。"[1]正是在这种表达中,作家们完成了自己的一部部皇皇巨著,成就了当代河南文学的气象大观。

---

[1] 阎连科:《我的现实,我的主义》,http://v.book.ifeng.com/book/ts/7332.htm。

"中原作家群"不仅是河南的文学现象,也是全国的文学现象;产生于中原大地的河南文学,早已超越了这一区域空间。无论是二月河、李佩甫的作品红遍全国、传播域外,还是刘震云、阎连科、周大新、李洱的作品的海外影响,都说明豫籍作家的作品是全国性的,也具有世界性的分量。这足以构成河南自己的文学史。关于河南文学和"中原作家群"研究,近十年来,随着作家作品的动态性呈现,更多表现为个案化的文学研究,而当代河南文学的整体性、系统性研究则不够。这一方面与河南的经济实力及其对文化提升、带动能力的不足有关,另一方面也与学界、文学界对河南文学在当下中国文化地理学上的地位认识不足有关,特别是与本土学界的研究、推介的成绩有关。弥补这一不足,是一项浩繁的工作,但起步必须从基础开始。

资料整理无疑是学术研究中最基础性的工作。学术界目前关于河南作家的研究资料,主要是上世纪80年代出版的《李准研究资料》《姚雪垠研究资料》等有限的几种。相关研究主要体现在两个方面:一是关于"文学豫军"、"中原作家群"的正当性和合理性的阐述,这方面的研究成果主要有孙荪的《文学豫军论》等,该文系统性地评述了"文学豫军"的由来、构成及文化特征。二是"中原作家群"形成的历史文化原因以及具体作家作品的研究。刘增杰主编的《精神中原》以论文集的形式综合了学界对于中原作家群整体把握和作家研究的成果;张鸿声主编的《河南文学史·当代卷》则是系统描述当代河南文学发展的第一部史著;梁鸿的《"外省笔记":20世纪河南文学》以"外省"的视角考察河南文学,从文化的角度寻觅和审视河南文学;何弘的《超越还是重复——中原文学论稿》试图对"中原作家群"或中原文学作出一个整体性的描述。这些研究对于解说一种文学现象的发生、发展是必要的,但都是初步的,特别是对"中原作家群"形成的历史文化原因和整体性特征的研究,远未形成对"中原作家群"完整的、核心的解说,更没有评估、揭示出"中原作家群"的应有价值。因此,就需要有人真正深入下去,沉入到纷繁的资料中去,耐心、细密地梳理,把那些能够反映和体现作家创作实绩、作品价值和当代河南文学整体面貌的资料整理出来,形成完整、系统的当代河南文学的资料体系,为文学史的生成奠定坚实的基础。

信阳师范学院文学院的一些老师近年来致力于河南文学研究,逐渐形成了自己的方向和领域,引起了学界的关注。作为一所本土的有长期人文积淀的高校,研究河南文学、推动河南文学发展是应有的责任。2013年起,文学院整合文艺学、现当代文学和写作学等学科的十几位教授、博士组成研究团队,集中开展当代河南文学研究。这个团队以博士为主,中青年结合,队伍整齐,潜力很大。他们首先从资料整理开始,扎扎实实开展研究工作。第一辑选取"中原作家群"中影响最大的15位作家,经过近一年的努力,整理出《白桦研究》(陶广学讲师,扬州大学博士)、《张一弓研究》(吕东亮副教授,武汉大学博士)、《田中禾研究》(徐洪军讲师,上海大学博士)、《张宇研究》(杨文臣讲师,山东大学博士)、《李佩甫研究》(樊会芹讲师,江苏师范大学硕士)、《二月河研究》(吴圣刚教授)、《刘震云研究》(禹权恒讲师,武汉大学博士)、《阎连科研究》(方志红副教授,四川大学博士)、《周大新研究》(沈文慧教授,华中师范大学博士)、《刘庆邦研究》(杜昆讲师,南京师范大学博士)、《李洱研究》(王雨海教授)、《墨白研究》(杨文臣讲师,山东大学博士)、《邵丽、乔叶、计文君研究》(李群副教授,河南大学硕士)等13卷,资料选编力求翔实、准确、有代表性。第一辑告罄之后还会启动第二辑,甚至第三辑,目标是把"中原作家群"主要作家的资料完整、系统地拓展出来,真正为当代河南文学的深化研究做些基础性的工作。

由于编选者的眼界、学识、水平有限,疏漏、不足,甚至差错定然存在,敬请学界批评指正。

目 录

1 编选说明
1 程光炜 吴圣刚 总序

自述·访谈·印象记

3 二月河 康熙、雍正、乾隆治国的异同
6 阿 琪 苍凉悲壮的二月河
10 刘雅鸣 访著名作家二月河
15 卫 庶 文学真实与历史真实——访二月河
21 马芳芳 丁尘馨 专访二月河:"我为什么歌颂康熙雍正乾隆"
25 周 熠 二月河纵论历史小说创作
29 梁 钢 田小明 陈 玥 南阳作家二月河
35 凤凰卫视《名人面对面》栏目组 《名人面对面》:二月河——"皇帝"作家
42 王巧玲 二月河:我从不含沙射影
53 张定有 吴春刚 二月河、孙皓晖"秦清"对话
56 阿 丘 二月河访谈
63 景延安 赵 兵 李 放 现在的反腐力度读遍《二十四史》都找不到——中央纪委监察部网站专访二月河
74 梁 桦 "二"先生的本色
79 周同宾 丹青二月河
82 赵明河 大器晚成二月河

研究论文选辑

91 陈继会 陈贞权 《康熙大帝》的意义——兼论"大众文学"的历史走向
98 张书恒 许宛春 诗与历史的困惑与选择——论二月河"帝王系列"的审美特征
106 刘学明 长篇历史小说《雍正皇帝》研讨会纪要

115	胡 平	评《曾国藩》与《雍正皇帝》的竞领风骚
120	杨世伟	评二月河的长篇历史小说
131	潘 峰	历史·人性·现代性——读二月河的历史小说《雍正皇帝》
137	张书恒	评二月河"清代帝王系列"小说
149	武嘉路	以史著文 以文立史——谈长篇历史小说《雍正皇帝》的现实价值
152	齐裕焜	二月河"清帝系列"小说得失谈
162	管 宁	人性视域:历史小说美学新质的开启
169	张喜田	性别话语下的历史叙述——凌力、二月河历史小说创作比较
177	吴秀明	当代历史小说中的明清叙事
191	田小枫	千古文人名士梦——论二月河小说的名士情怀
197	刘 克	全球化语境下的本土化生存——二月河清帝系列小说论略
203	庄若江	"民间立场"与"政治话语"——高阳、二月河的清史文本比较
211	颜 鹂	大众文化背景下的历史题材创作——《雍正皇帝》与电视剧《雍正王朝》的比较分析
218	徐亚东	冷与热的背后——"二月河现象"文化解读
226	沈云霞	论二月河清帝系列小说的艺术追求与经验教训
234	张 法	在康—雍—乾帝王系列文体选择的背后
239	刘启林	历史文艺"盛世情结"的价值局限
243	秦晓帆	同源异质的历史诠释——对高阳、唐浩明、二月河文化观的考察
249	范阳阳	从二月河"落霞三部曲"看90年代文学场
259	王增范	二月河清帝系列小说的缺陷

作品年表

273 二月河作品年表

研究资料索引

279 二月河研究资料索引

304 编后记

自述 · 访谈 · 印象记

康熙、雍正、乾隆治国的异同

二月河

"我原名凌解放,有一年在台湾,记者问我为什么叫这个名字,我说因为我生于1945年。"

在中央电视台科教节目制作中心和中国移动通信集团广东有限公司联合主办的"全球通名家讲谈"讲台前,二月河兴致勃勃地跟台下的观众讲述自己名字的来龙去脉:"那年国民党发动内战,上党战役中我们粉碎了国民党的进攻,所以我叫解放。后来日本人采访我问了同样的问题,我说,那一年日本人投降了,呵呵。"

二月河操一口河南话,起初主办方担心大家可能听不懂二月河的方言而冷场,结果却是他一开口,台下的掌声、笑声就不断。"我的小说写的是三四百年前的事,凌解放这个名字虽好,但和这种古典题材不太相称,我舍不得改名,就想到了二月河。'河'特指黄河,二月的黄河正是凌汛,冰凌解放,万排齐发向东一泻而去,非常壮观。这同时暗含了我的原名——凌解放。"

康熙——千古一帝

《康熙大帝》是二月河《落霞三部曲》的第一部,也是让他声名鹊起的作品。有人问二月河,"康乾盛世"经历了三代帝王,为什么写雍正和乾隆都称"皇帝",而只把康熙称为"大帝"?二月河说,把康熙放诸历史之中,纵向横向一番比较,就可见康熙之"大"了。

康熙8岁登基,15岁擒鳌拜,19岁平定吴三桂等三藩之乱,23岁开博学鸿词科,3次亲征准噶尔。"康熙鼎盛时期,中国的版图面积是1400万平方公里。他下令丈量全国的土地,绘制了中国第一张地图——《皇舆全览图》,这就给中国现在960万平方公里版图面积一个法律上的肯定。他3次亲征准噶尔,两天只吃一顿饭,就这么着平定了新疆;他是中国历史上第一个解决台独问题的皇帝。康熙本人通7门夷语,他的数学、音乐、医学、书法、诗词,都可以和当时的顶尖学者媲美。即使放在今天,我们也会十分尊敬这样的高级知识分子。所以,我要称他大帝。"

康熙曾经下令开海禁,允许海上贸易自由往来,中国的茶叶、瓷器、绸缎、香料大批输往海外,20多年的自由贸易为当时的清廷带来了相当数额的外汇收入,但这一政策只维持了20多年就被喊停了。"因为康熙的大臣提醒他说,当初我们满人入关打的旗号是剿灭李自成,替崇祯皇帝报仇。现在崇祯帝的朱三太子就在马来西亚、新加坡一带,如果海上贸易不停,有朝一日朱三太子带着人马坐船回来了,这个江山你让还是不让?就是这一条,把康熙给吓住了。如果这种开放能够持续下去,如果中国的工业革命能够大致与西方同期,我们现在是什么样子,很难预料。"

康熙和俄国的彼得大帝几乎处于同一时期。康熙即位时间早于彼得大帝,去世时间又迟于彼得大帝。两个人曾经在战场上交过手,赢家是康熙,但彼得大帝在俄国狂热地修铁路发展工业,康熙则没有这个意识。"在当时的社会,没有先进的生产力和生产关系能够给康熙一个思考的基础,尽管他曾有机会把中国引向展开国际交流的道路,但最终没坚持下去。"无论是写《康熙大帝》,还是现在讲述这段故事,二月河都用自己的角度审视着历史。

空前绝后的九子夺嫡

在二月河笔下,康熙末年的"九子夺嫡",让人甫一展卷便欲罢不能,电视剧播出后,一时间成了大家茶余饭后最大的谈资。中国从秦始皇以来,几乎每一代皇帝传位时都会出现问题,但没有哪一次能像康熙到雍正的过渡期这般激烈,扣人心弦。

"说是九子夺嫡,实际上连康熙只有4岁的小儿子,都卷入到了这场斗争。康熙临终时口齿不清,说'传位四……四阿哥'。下面跪着的皇子们就起哄,有人说传的是十四阿哥,有人说是四阿哥。皇子们当场就分成了两派,第二十四阿哥只有4岁,跪在最前边,他童言无忌,大声说'我听清了,皇阿玛说的就是传给四阿哥'。"学术界关于雍正即位是否合法也曾经有过争论。

二月河认为皇四子雍正是名正言顺登上宝座的,理由有二:其一,满人入关后发布公文的行文制度是满汉合璧的,即满汉两种文字互相对照,改了汉字改不了满文;其二,"传位于四子"在皇帝的诏书中必须写成"传位于皇四子",若是"传位于十四子"就必须写成"传位于皇十四子"。"请大家想一想,这个当中加一个字好不好改?现在台湾的故宫博物院已经发现了康熙传位诏书的原件,雍正确实是堂堂正正地即位。"

但二月河也认为雍正最后胜出还有运气使然,即他有一个好儿子弘历,也就是后来的乾隆。弘历深得康熙宠爱,从小被爷爷带在身边教养。有清史学家认为,当时康熙已经默定要乾隆接雍正的班,这样可以确保清朝江山三代不出问题。

"历史上帝王因为有好皇孙而选皇子的不乏其例,这也有可能是康熙选雍正的理由。再一个理由就是当时经济形势和政治形势的需要。"康熙晚年吏治败坏贪腐横行,皇族、官员亏欠国库成风。康熙需要一个铁腕人物来接班,肃清吏治,讨要回国库的欠账,稳定江山社稷。雍正是有名的"冷面王",天性刻薄,最合适拉下脸整顿政务。

历史的偶然与必然

在二月河看来,雍正个性复杂,也极为有特点:恩怨分明,睚眦必报;可以任劳,但不能任怨;极其勤奋但刻薄寡恩,生活少趣,所有这些扣合起来构成了雍正的形象。雍正处事作风非常强悍,他即位后立即着手反腐倡廉,追讨国库欠款,收效十分明显。康熙末年国库里只有700万两银子,到雍正中叶,库银已经增加到5000万两,短短数年翻了7倍多。乾隆时能够再现盛世,也是因为雍正在位的13年大力推行经济和社会改革,为乾隆准备了一个相对清廉的干部队伍和一个相对丰厚的物质基础。

从历史上看,雍正的勤政也称得上是难得一见。"雍正留下来朱批御旨大概有1000多万字!我想我写书13年,500多万字,雍正当皇帝当了13年,朱批御旨1000多万字,可他还要召开会议,还要会见大臣,还有种种的国事应酬。曾有民间传闻雍正荒淫,可泡妞也需要时间啊,他有时间吗?"台下的观众笑成一片,但也有人不解:"既然这些皇帝都是好皇帝,中国的工业文明没有发展起来,在那个时候错失机遇并由此落后西方,这是偶然的吗?"

"其实是必然的,因为先进的生产力在整个社会中没有形成,只是个别的清醒分子有所觉察。康熙虽然文治武功,掌握的科学知识也不亚于外国人,但他没有清醒地把这些和治国联系起来,如果他意识到用科技发展生产力,派遣留学生出国,或者开海禁的政策不要停,或许工业文明也能在中国萌芽。"

二月河清楚地看到,一个不能产生创造力的社会,即使九五至尊的皇帝也无法凭借一己之力推动它前进。"戊戌变法时期,西方文明已经大量进入中国,在那样的情况下,光绪皇帝的变法还是失败了,指望200年前的康熙、雍正或是乾隆把中国导入一个工业社会,更加不现实。"所以,二月河将自己的这三部帝王小说定名为《落霞三部曲》,一个王朝留给世间最后的绚丽,让人们惊叹之后只能感慨它的黯然结局。

选自《全球通名家讲谈》(第3讲)2007年9月4日

苍凉悲壮的二月河

阿 琪

二月河先生素有"帝王作家"之誉,不仅受读者与出版商青睐,也终于惊动了评论家们,在去年 10 月,第三届茅盾文学奖初评读书班,二月河先生的《雍正皇帝》在参评的 120 部作品中,受到 20 多位评论家的好评。在无记名投票中,以历史小说第一名入围 20 部候选作品。

为此,记者专门走访了正在中央电视台录制专题节目的二月河先生。

二月河先生约摸五十出头,高大健康,神情明朗,目光祥和中裹着敏锐与犀利,谈吐幽默风趣,待人亲切随和。

阿琪:二月河先生,你好。久仰你的大名。可以这样说,你的帝王系列的长篇历史小说已经红遍半个北京城。京城几家报刊都辟了专版评说。评论家蔡葵先生认为:"确实不是一般的手笔,而是历史小说的大手笔,在涉笔清王朝这段历史上,二月河是要什么有什么,在这一点上,他可能是小说家里头最具历史家品格的","甚至书中不厌琐碎,琐碎到一个籍贯、一件服饰皆有所考的地步。"你同意这种说法吗?

二月河:写这几部书,仅仅读清史是绝对不行的,我对中国的历史基本上是两头熟。小时候读《史记》、《后汉书》、《晋书》,以后在部队里又重点读近代史。就清史而言,不仅要透视重要历史人物,还要熟悉当时的典税制度、风土人情。大量的清人笔记,我都购置、研究了,还有些别人不注意,读起来非常枯燥的东西,如《银谱》等等,我都细细研究。要想写好一个当铺伙计如何识别银子的成色,就必须读懂这些书。

如果让我自己选择更合适、更熟悉的一段历史,那我应该选择魏晋、南北朝。为什么最后选择了清代?我考虑写清代更能贴近我们的现代生活。

少数民族入主中原,第一次是"五胡",第二次是元朝,第三次就是清朝。在中国历史上,有这样一种说法:胡人无百年之运,只是几十年的江山,唯独清代在中国有二百六七十年,十代皇帝。原因在什么地方?我认为满族人更谦虚,更尊重理解汉族文化的博大浩瀚。从康熙开始,要统治汉族人,就必须学习汉族人的统治形式,清代不仅是学习吸收了孔孟之道,而且还搞了许多学术活动,通过这些学术活动,进一步推进了从宋元以来这一整套伦理道德上的完善。思想上的完善、经济上的发展,整个这一套,按照中原汉族文化去治理庞大的民族,所以说它就比较文明。这种文明,给我们带来的是一种封建社会的最辉煌时期。所以,康、雍、乾时期历来被称为中国封建社会的回光返照。中国封建政治制度、统治制度都达到了最完善的地步。

我曾经把康熙和俄国彼得大帝进行比较。在治理国家方面,康熙远远超过彼得大帝。彼得大帝时期国内混乱,经济上不是那么发达,但彼得大帝时就开始大规模地修建铁路。这一点,康熙又不如彼得大帝,这对康、乾来说,都是非常遗憾的。中国封建文化这种桎梏性,它的所谓完善,就是完善到自我觉得没有缺点,不需要任何新东西了。乾隆就讲过这样的话:除了钟表,中国什么东西都不需要了。所以,如果把康熙、雍正、乾隆看作一个大系列的话,那么,这就是一个庞大的社会悲剧。总体上说,我这几本书,是给古人画像,让今人照镜子。

阿琪:白烨、丁临一分别载文评说你的《雍正皇帝》是"百年不遇的佳构"。丁临一则指出,《雍正皇帝》的作者具有非凡的驾驭大题材的才能与得心应手地调度情节、刻画人物的思想艺术功力,扎实的史学功底、广阔的知识面和丰富的想象力,使作者在营造历史氛围、表现历史生活与刻画多姿多彩的历史人物时获得了充分的自由。他说,《雍正皇帝》有一种大雅若俗的自觉创作追求,颇得中国小说美学之精髓,读它如读《红楼梦》,又如读金庸,是一种难得的艺术享受。

二月河:(闻言连连摇手,口中连说"不敢,不敢"。)《红楼梦》我研究了十余年。"文革"刚过去,"红学"还是专家们研究的领域。那时,《红楼梦学刊》办得没有特色,我写了一篇研究文章寄去,杳无音讯,于是就给红学专家冯其庸先生写信,并寄去稿子,要求冯老回信。当时,我在信中不客气地写道:我花了许多时间,费了很大精力,才写出了这篇稿子,寄走之后至今没有消息。"红学"是人民的,不是"红学家"的。如果冯老看过这篇文章,认为我不是《红楼梦》研究的料,就请回信,我就不再搞这方面的研究了。没有想到,七天后,冯老回了信,并约见我,之后让我参加了1982年的全国第三次红学会。

在会上有人说:清代康熙皇帝是一位杰出人物,至今没有人写他。我说,我来写。我当时就下了决心,要写康熙、写雍正。

写雍正这个人物,我是颇费心力的。雍正的民间口碑一直不佳,史书上的雍正也是集刻薄、阴狠、毒辣、寡恩于一身的人物,再加上是他叫人抄了曹雪芹的家,致使曹雪芹穷困潦倒,盛年而亡。我对雍正的个人感觉也就憎恶有加。

可是,在我潜心研究了两年雍正之后,我开始同情甚至喜欢这个皇帝了。雍正实实在在是个清正廉洁的好皇帝。他的"摊丁入亩"、肃清吏治、免贱民籍等一系列重大举措,可以说大大推动了历史改革的进程。当然也就大大得罪了掌史的铁笔们,"史笔"也便无情了。可是,又有哪个皇帝能体恤百姓细碎到规定赈灾难民的稀粥必须"插筷不倒"、"兜中不渗"的地步呢?在雍正在位的13年里,他亲手朱批奏折达一千多万字,且是一手精妙正楷。素有"冷面王"之称的雍正,骨子里竟是个温情心慈的人。没有雍正,乾隆盛世也便不可能;但在军事上的才能,雍正显然不如康熙。

阿琪:你现在是作家排行榜上名列前茅的作家了。你有今天的成就,归根溯源,是先天的造化,还是后天的努力呢?

二月河:作家还有排行榜?我没有听说过。(二月河先生很幽默地笑着,继而,点了烟,深深吸了一大口。)

说到这里,我一生感激两个人,一位是冯其庸先生,一位是我著作的责任编辑顾仞九先生。前者认识我时,我只是一个中等水平的普通人;后者是在我完全处于困境之中时,勇敢地承担了出书的责任,把我的书献给了社会。

我的生命力极强,我无数次地被人打倒。在拳击台上,我是一个弱者,但是,我每次被打倒后,都能顽强地爬起来。

我跑过很多地方。小时候,随父母在伏牛山剿匪。我7岁就坐火车一个人跑洛阳、陕州。13岁父母调走,我又一个人留在洛阳。16岁他们又调走,我又一个人留在邓县。所以我的个性、独立意识很强。

我自己当过10年兵,挖煤、打坑道、修公路、筑河堤、盖房子,扛过200多斤重的水泥上死人崖。世间最苦最累的活我都干过,锻炼成了强健的体魄。

我耐得住寂寞,耐得住清贫,不求下海发财,不求做官闻达。我是默默躬耕,执着探求。为了写《康熙大帝》,我累得一头黑发全脱落了。这不,头发现在刚刚长出不久,又开始一片一片脱落,我的小女儿常常抱住我的头,用手拨拉着,说,爸爸,你这里又有一分钱,这,这儿又有两分钱。别人以为我现在成功了,处在鲜花丛中,但谁知道我付出了一切代价。现在除了创作,其他一般的东西都腐蚀不了我。我不知道我还能干什么,夜里想了千条路,早晨起来还是卖豆腐。(笑……)

阿琪:二月河是笔名吧,十分美丽,富于想象的色彩,请问有出处有典故可考吗?(笑)

二月河:凌解放是我的大名,严格说不是父母所起,父母是老革命,日本投降那年生了我。当时,上党战役胜利了。我父亲正在开会,"解放"是抗战后生的第一个孩子,大家共同给我起了这个名字。

二月河是笔名。其来由是,我小时候在黄河边上长大。三门峡、陕县那个地方有个太阳渡,上中下三个渡。小时候给我印象最深的是太阳。太阳落下来,整个黄河面上、整个邙山,呈现一派非常壮观的玫瑰紫色,像流淌着一河黄金。到二月冰开,河中冰块如万马奔腾,非常壮观。

二月河就特指黄河。我曾说过,将来我死了以后,最好把我扔到黄河里去。

我一向认为,我已参悟到了生死大道,以为死和生一样,都是自自然然发生的。二五之精妙合而凝,人生是化生,待到重氂命尽或突然一箭穿心,于是就灯灭。就像累了一天的工人晚上上床睡觉,或者一本书完稿,送进了出版社,那是丝毫不必为此而忧伤的。

我对一个朋友说过,我的一生,或是喜剧,或是悲剧,或是悲喜剧,但我不演丑剧。是的,一切有形的东西都要消灭,那么无形的呢?我毕竟是人,物质的东西可以抛弃,但爱呢?这大自然,这阳光,这风雨雷电,这人,还有那许多的读者,甚至这隆冬干硬的秃枝乔木,都能一股脑地扔掉,"无挂碍"地飘然而去?可见我还不是像平素认为的那样脱俗,我还是有所牵挂的。我牵挂我的爱女和家庭,我牵挂那些爱我和我爱着的人的痛苦。我也牵挂那条金色的黄河,那魂萦梦绕的太阳渡。

我不会忘记,我是太阳渡的儿子。

原载《博览群书》1996 年 7 月 15 日

访著名作家二月河

刘雅鸣

仅在十几年前,还只是一名普通宣传干部的凌解放,而今已是一位有着400万字巨著的著名作家二月河。他从《康熙大帝》到《乾隆皇帝》,帝王系列小说一版再版,不胫而走。

从凌解放到二月河,当人们用完全不同的眼光来看他时,这位偏安在豫西南一隅的作家,仍旧用一种平常心态来对待这一切。

刚刚结束了《乾隆皇帝》第四卷写作的二月河,又暂时有了相对轻松的一段时间,使他可以从容地回首往事,也给急于了解他的广大读者一个展示自我的机会。

"拿起笔老子天下第一,放下笔夹着尾巴做人"

也许是写惯了帝王将相,身材魁梧的二月河,看起来颇具大气。

平日里文友相处,朋友们也总戏以"皇帝"呼之。

"像写作的时候,我就是天下第一。因为我写的是帝主,是主宰芸芸众生的人物,要有一种凌驾一切的气魄。"但在现实生活中,二月河却是一个相当平和的好人。

初冬,记者第一次到他所在的河南南阳市,采访这位大名鼎鼎,同时也是南阳市文联副主席的作家。采访结束时,记者提出想到作家的书房里看看。当时天色已晚,没想到二月河立即推出自行车,带着记者就上路了。坐在后座上,看着二月河躬着高大的身子努力前行的样子,记者直说不好意思。二月河却一边蹬着车轮,一边宽慰记者:"这没什么,我经常这样子。"也许是太胖的缘故,等到了家中,作家的脸上已沁出了许多的汗珠。

前不久,记者往二月河家中打电话。他接过话筒,有点气喘吁吁。记者忙问这是怎么了。原来,作家正给他的上中学的宝贝女儿做晚饭,听见电话铃响,就急忙上楼来接。他的夫人在火车站工作,经常加班加点,于是每天的午饭和晚饭就成了二月河的当然任务。

随着名声大震,二月河简直成了南阳一宝,许多到南阳的人,上至高官闻人,下到一般读者,都想见一见他,请他在书上签个名或是聊聊天什么的。对此,二月河也颇能随和地处之。"人生是一个精神旅行的过程,我希望过一种恬淡、平易的生活,别把自己搞得神神鬼鬼的,活着累。"他至今还有一批当年在一起摸爬滚打出来的战友,虽然都是些极普通、极一般的社会底层人物,但与他们相处,却让二月河更感到愉快与自然。"你从他们嘴里非但听不到多少动听的好话,还会常常受到他们的调侃与奚落,但我知道他们是真心爱我的,这种不带修饰的感情,才是最真的。"二月河说他们是他存在的社会基础。

身为一名作家,二月河却似乎并不愿意往文学圈里钻,甚至怕跟所谓的文学界人士交往。但他与南阳著名的乡土派作家乔典运之间的深厚友谊,却是一个特例。今年年初,老乔因病溘然长逝,二月河为此难过了好多天,还专门为他写了一篇题为《老乔的话没人打断》的文章发表在《河南日报》上。二月河说,老乔太真了,没有假,我们两个人在一起互相都"见底"了,"而现在能够在一起想说什么就说什么的人不多了"。

二月河的平常心更表现在他对读者的感情上。一位台湾的女大学生来信说,为了买全二月河的《康熙大帝》,她利用空闲时间打工挣钱。并说,如果别的书损坏了,她可能哭一场,而这本书一旦损坏,她甚至都不知道自己会做出什么事来。作家看后十分心疼,满含热泪给这位大学生回信,嘱咐她不要再为了买他的书去辛苦打工,像她这样的年龄该有更多时间去多读书,读好书。还马上寄上自己的小说一套,同时答应以后每出一本就寄给她一本。

二月河还动情地讲起他偶尔在一家书店里,看到的一幕情景。一位青年捧着他新出版的小说认真翻阅,一会儿放下,一会儿又恋恋不舍地重新拿起,看看书后的标价,又遗憾地离去。这位年轻书生的窘迫之状,让二月河好一阵苦涩。

也许正是来自广大读者的厚爱,使得二月河在写作中不断要求自己任何时候都要拿出一流的东西。为此,他甚至不用流行的电脑写作。二月河解释说,一度他也想尝试学学电脑,就从废纸篓里拿出几张废稿,让一位打字员帮助打出来看看。结果他发现,电脑打印的文章看起来非常漂亮,容易给人一种错误的视觉效果。他一下警醒了,从此不再用电脑写作。

"为古人画像,让今人照镜子"

在一间稍有些凌乱的书房里,我们谈到了那久已逝去的惊心动魄的故事和一个个栩栩如生的故人。"我写历史小说的原则是,为古人画像,让今人照镜子。"操着一口南阳口音的二月河,缓缓地说道。

康、雍、乾三世是中国近3000年封建史上最后一次百年辉煌,是最后一个王朝创业和奠基时期。写这样的人物,无疑是对作家的一个全面挑战,它需要史学家和文学家的双重素养。

谈起创作帝王系列的原因,二月河说那是在1982年,作为中国红学会理事,他到上海参加第三次全国红楼梦学术讨论会。在小组讨论中,有人提出,康熙在位61年,在各方面都有巨大成就,这么一个了不起的人物,怎么至今不见有人把他好好写一写呢?

"我来写!"当时还没给自己起笔名二月河的凌解放冒了一句。那时,他只是个名不见经传的基层宣传干部、一个普通的红学研究爱好者,用二月河自己的话说,顶多算个红学"票友",因此并没有人对他的豪言太在意。

但对二月河来说,这绝不是一时冲动之语。多年来他好像都在进行着艰苦的准备,为此读了大量的书籍,做了许多笔记。他一直在寻找一个突破口。

接下来便是两年紧张的准备工作。虽然此前,他已经接触了大量的清史和清代文化。

1984年,《康熙大帝》第一卷已写了近20万字。著名学者冯其庸顺路到南阳看望二月河。他告诉冯老,他现在有3个17万字,一是小说,二是评红文章,三是多年来的读书心得集成的《扫红集》。冯老说其他都不用看,先看看康熙吧。读了《夺宫》前10章后,冯老对二月河说:"你什么都不要搞了,这就是你的事业。"

冯先生的一句话,给了当时的凌解放以莫大信心,也使他从此一发不可收拾。此前还未涉足过文学领域的二月河,就这样贸然闯进了这一块神圣殿堂。

读二月河的帝王系列小说,最让人惊奇的是,那浩如烟海的史料,在作者笔下却运用得那样自如,似乎是信手拈来。而作者对清代历史、文化、政治的熟稔,更是令人感叹不已。"有人以为我读了什么奇书,写信来向我讨教。其实,我看的书在书店角落里摆的到处都是,只不过没人注意罢了。"二月河说,为了写好康熙,他进行了高密度的资料搜集工作,阅读了大量的《清人笔记》、《清史资料》、《故宫档案史料》等,其中很多东西相当枯燥、闷气。如为了写好一个店伙计,连当时一斤豆腐卖多少钱,从三成的银子到九成九的银子怎么分别等等,这些琐碎的常识都要了解。更不用说皇帝的衣帽、膳食、医药等方面的资料,都是必须掌握的。

"写历史小说最容易犯两个毛病,一是无一笔不考证,唯录真实,因而写成了枯燥的纯历史著作;二是捕风捉影,过于相信传说,而成了传奇。"二月河试图用一种全新的创作方法,来写出他心目中的祖孙三代帝王。他努力追求历史真实与艺术真实的结合,其中大量融入了他对这个人生、世界的情感。正是如此,才使得二月河笔下的帝王形象,显得那样光彩照人,颇能打动人心。

河南著名文学评论家孙荪在一篇文章中曾这样说:"二月河给自己定的任务是,为古人画像,让今人照镜子。画像是为历史上的真人而作,不能凭空想象,但画的是历史真实在作家心目中想象的形象。二月河没有'臣伏'于帝王面前,也没有藐视古人随意高举批判的利刃,而是很'投入'地做了十多年三任皇帝,'产出'了帝王将相及一长卷百年盛世图画下活动着的三教九流各色人等";"他以史学家的目光和文学家的笔锋毫不掩饰地写出了这些帝王在那种制度腐蚀下必然产生的恶德和个人品格上的疾患与缺陷,但他更大胆充分地写出了他们的光彩和辉煌。"

对雍正皇帝这个人物的塑造,就充分反映了这一点。为了调整对这个在历史上颇多争议,而且贬远大于褒的皇帝的感情,二月河用了整整两年时间。雍正皇帝多疑残酷,刻薄寡恩,远不及其父其子那样丰富和从容。但他在位 13 年,留下的朱批谕旨近千万字,每个字都写得很认真。他还取消了很多富人的特权。到他晚年时国库银两达到 5000 万,而他的父皇康熙晚年时不过只有 700 万两。更重要的是,通过他的整顿吏治,为他继任者准备了一批比较清廉的官员,从而为后来的乾隆盛世打下了基础。通过对史料的研究和分析,雍正的形象在作家的脑海中渐渐形成。"这个人不得了。"于是,在二月河的笔下,雍正皇帝得到了他应有的公道和人们的同情。"这三个皇帝中,雍正写得最费劲。我不得不承认,他是一条铁铮铮的汉子。"二月河如是说。

"永远让自己处于一种低位置状态"

1984 年,当二月河默默地开始后来在社会上引起强烈反响的帝王系列小说创作时,他似乎从未想到过今天的巨大成功。

那时的创作条件,显然也是不堪回首的。白天,他得按时上下班,写作只有放在晚上。夏天,热得他大汗淋漓,又买不起电扇。为了不让汗水浸湿稿纸,他就在胳膊上缠两条干毛巾,脚下泡一盆冰水,既降温又避蚊。每天晚上都要写到凌晨两三点钟,有时实在困了,他就用烟头烫自己的胳膊。

而现在,当创作环境已经有了相当改善后,二月河却发现自己的创作更困难了。《乾隆皇帝》第二卷出版后,一位台湾出版社的老板打电话关切地询问二月河在干什么,二月河回答说:"我正在忘记。"他作了这样一个比喻,如多级火箭式的推进,为了保持原动力,必须在一定时候甩掉一节,重新补充燃料,组织结构,然后再发射。甩掉就是一种忘记。

二月河坦言说,随着一部部小说的出版,他现在写起来越来越难,一是因为已有的那些东西,二是总有人经常地提醒他,他是二月河,是名作家了。每开始新的创作的时候,二月河就要进行相当艰苦的心态调整工作。有时他不得不依靠回忆,让自己重新回到从前。"我一无所有,只是一个初学者。"面对众多的读者,二月河说他必须找到这样一种心态,如履薄冰,如临深渊。

如果说二月河帝王系列小说的成功,得益于他多年艰苦的学习和积累,即便是在一片荒芜的"文革"时期,在他长达10年的工程兵生涯中,他都有意识地去读书,读各种各样能找到的书。那么在今天,当二月河再度面临新的挑战时,他又想到了读书。为了使自己的创作源泉不至于枯竭,二月河每天晚上都要坚持读至少两个小时以上的书,对自己进行新的营养补充。

二月河的创作已经排到了下个世纪。1998年,《乾隆皇帝》第五卷《月昏五鼓》(编者注:原名《云暗风阙》)全部结束后,二月河将继续进行有关左宗棠等历史人物的创作。最后,他将写一部自传体的东西。

原载《记者观察》1998年2月15日

文学真实与历史真实
——访二月河

卫 庶

中国两千多年的封建历史的一大特色,便是制造了一大批皇帝。而真正有些作为能够让后人记住的,却也寥寥。生前死后毁誉不一,甚至连他的继位和死都抹上一层神秘,让后人猜测,让史家在争论中费力地辨其真伪,这便是清雍正皇帝。二百六十多年后,在作家二月河的笔下,这个王朝和他的主角及次角一起,又重新地开始和结束了一次。历史的王朝再伟大也终将逝去,这一逝去又将使文学成为永恒。如果说前者尚局限于历史过程本身,后者则同时对史学和文学这两个领域产生了震动。史学家被迫为一部小说所依据的史实进行考据论证着实麻烦,一部文学作品竟有如一部百科全书式的历史,也让批评家们无从下手。而文学家们和历史学家们也是这么久没在一起为了同一个题目而喋喋不休。这部作品就是二月河的"落霞三部曲"(包括《康熙大帝》、《雍正皇帝》、《乾隆皇帝》共13本)。根据小说改编的44集电视连续剧《雍正王朝》的播放,更闹得家喻户晓。

那么,到底是文学的创作在感动人,还是历史的真实在震撼人呢?如果说历史是枯燥的,文学的确可以使刻板的历史灵动起来;如果说我们已无法像曾静一样亲身领教雍正的现身说法,那么,我们倒还可以请二月河本人一吐珠玑。这样,带着这些问题,在河南南阳他的家中,记者采访了这位中原作家。——这位作家用18世纪主要是几个中国人的故事揪住了即将进入21世纪的中国人的心。

二月河如是说——

上

烈火烹油,盛极难继。可以通过艺术方式总结出一些历史的东西。

康雍乾时代,被史学界称为两千多年中国封建社会回光返照的时代,仿佛落日时的晚霞,绚丽过后,便走向沉沦。

这个时期有两个特点。一个是封建的文化、政治制度、经济制度都达到了顶峰,所谓烈火烹油,盛极难继。这一时期的文化最为璀璨,因而最具有代表性。也就是说,写这三代皇帝的社会层面,可以更为集中地把中国文化展现出来。这是一层意思。

第二层意思就是,要看到我们文化中的桎梏性,枷锁,一副黄金的枷锁,看到其对我们先天自身的一种故步自封、夜郎自大,不愿去学习新东西的自我限制。这造成了我们的文化不能再向前发展。这是我们文化中严重的缺陷,无可救药的缺憾。这种文化中的先天不足给我们的民族带来深重的灾难,乾隆之后,嘉庆、道光、光绪几朝,一朝不如一朝,有必要把这种缺憾通过艺术的方式展示出来。通过这种方式总结出一些历史的东西,印证一下我们文化中的这种劣根性,使我们从中得到某种历史的启迪。

正因为这三代皇帝时期有这种典型性,所以才选择了写这三代皇帝。为什么以皇帝为主写?因为皇帝是封建社会的代表人物,通过他(们)可以提纲挈领,可以从政治、经济、军事、文化等全方位地多侧面、多棱角、多层次进行文学展现。

遵照的是双重真实。我很难给你一个比例,是三七开,还是四六开。

凡是细节都是虚构的,重大的历史事件是真的。比如书里头写的吃饭,谁穿什么衣服,谁说什么话,当时又没有照片,我只能根据自己的想象。可以说这样写不是真实的,但这是一种状态,要按照这种状态去写。

要说真实嘛,这又是真实的。我很难给你一个比例,是三七开,还是四六开。像刘墨林这个人物都是虚构的,为的是表现雍正某一方面的性格,为了说明解放"贱民"是雍正干的。也就是说,某些次要人物在某个时刻的性格展开是为了表现主要人物的某些方面。可以说,《雍正皇帝》整本书都是围绕雍正的性格展开的,所以,这里遵照的是(历史和艺术的)双重真实。

先形成一种"场"。把共性的东西放到形象里面。

(写人物性格)要先形成一个"场",在这个"场"里把人物集中,根据每个人的内在性格、所处的社会地位、参与事件的程度和各自的心态,然后确定怎么去描写。书里写人物太多了,一共多少我也不知道。由着情节的发展,(他们)自己找自己的位置。

一种"场",一种氛围,能给你一种全方位的信息,就是说,我接受的信息是全息的,是全息信息。比如关于帝王心术,他们的喜怒哀乐,这是需要研究的。人们对里面的一句话很有感触,"与天子交,共患难难,共享乐易;与平常人交,共患难易,共享乐难"。其实并没有哪一个人说过这样的话,这只是一种个人的人生感悟的总结。只是我读了《春秋左传》、《东周列国志》这类的书,研究了《二十四史》中亡国之主与开创之主之间的区分,研究了他们的心理状态,找出了他们共性的东西。这共性的东西一旦拿到形象里面,得到了观众的赏识,也就得到了共同认可。

我是反对历史小说影射现实的。宁可让历史的真实为艺术的真实让步,这是我的一个原则。

我是反对历史小说影射现实的,影射是不会有好结果的。更不能借古讽今,不能带着对今天社会的思考在历史中寻找这一思考的根据、这一思考的证明。这样是不对头的,会不得好死。

我的创作思路是,通过形象思维对历史的感悟,通过人物形象的个性表现,通过分析一个个故事情节,既表达对历史的认识,又表达对人生的感受,也还要有娱乐功能。

因为,如果小说不好看,人家认为它是在讲道理,那还不如去看历史教科书;如果一字不差地复述历史,那人们不如去看《清史稿》;如果你完全是为了表现自我,像我们通常所说的,一种自我关照,不关照社会、人生,不关照劳苦大众,更不关照读者,那你不如去写日记。写日记多自我呀。

写书还是要给别人看的。在历史的真实和艺术之间,我尽量做到两者的结合,应该是,也可以是做得比较好的。但是,如果发生了这样的情况,这个(历史)事件对这个人物的性格不利,不合这个意思,不好看,不符合艺术的真实,我宁可让历史的真实为艺术的真实让步。这是我的一个原则。

还有一个原则就是,写出来的书,应该是理论家、大学教授和普通读者都爱看的书,这是我追求的目标。但是一旦这两者又发生冲突了,我宁可让理论家、大学教授让步。

去年,在长沙开了一次史学研讨会,我作了一个发言。我的问题是"我的小说是写给谁看的?"我说,我不是写给你们理论家看的。如果要讨好,就要讨好读者,如果必须得罪一方,那么对不起得很,只好得罪你们理论家。

哪些是纳兰性德写的,哪些是我写的?

书中许多诗词都是我自己写的。这也要根据当时的那个"场",那个氛围,根据人物的性格。一次,有一个专家对我说,你不要随便写诗词,闹不好要"掉链"。我说,你不是研究纳兰性德的诗词的吗?你给我说说,《康熙大帝》里面,哪些是纳兰性德写的,哪些是我写的,哪些是真的,哪些是假的。说得出来,我就永远不再用自己的。

下

这就在学术上把吕四娘排除了。在人性这个问题上,雍正的死是站得住

脚的。

我手里表现出来的，不是我个人的，也不只是这个电视剧的，而是许多学者研究出来的共同成果。我是赞成这个成果的，我只是把它形象化。作为艺术形式反映出来，我不是头一个。作为学术上的成果，咱不能贪天之功。

雍正不但是自杀的，也有一种精神崩溃，吃错药后的那种狂乱，加上极度的沮丧、无奈和焦虑。这是一种病态的反应，不单是失望和绝望。他把自己的儿子（三阿哥弘时）都赐死了，西线军事失利，辛辛苦苦干多少年又没落个好，大家都在骂他，再加上吃错药，再加上和乔引娣那种感情的巨大痛苦。在这种情况下，我认为，在人性这个问题上，他的自杀是站得住脚的。

为什么不用吕四娘为父报仇这条线索呢？

我们说的见到的最多的就是这个，吕留良的女儿为父报仇。这个传说我是考证过的。在写小说之前，首先考证的就是这个。

吕留良实有其人。按照这个故事，吕留良死在康熙二十二年（1683 年）。康熙在位 61 年，就算吕四娘是吕留良的遗腹女，他死，女儿生，到康熙死的时候（女儿）也三十多岁了。雍正再十三年，到吕四娘刺杀雍正的时候，也已经五十来岁了。这是个事实，不能回避的。

你可以说，52 岁，也可以刺杀。但是吕留良的案子并不是康熙年间发生的。可以说，这个雍正和吕家的仇并不是康熙年间的。比如，雍正三年，这时吕四娘 42 岁。42 岁的人开始学武功，来不及了；凭姿色，进不去宫了。按照清代的那种制度和方法，我们严肃地对待这个问题，让她来刺杀雍正，显然是不太合理的，不可能。

这就在学术上把吕四娘排除了。我就只好再虚构一条线。（雍正的乱伦）这是人性的大悲剧，这是一种很残酷的东西。对于雍正来说，这也绝不是单纯的一种乱伦。这里面蕴涵着很多东西。要看他跟女儿是怎么走到那一步的。

（雍正皇帝）解决成分问题——我想这是个新见解。不是想好了写一个人生大悲剧的，这是缘分。

雍正皇帝为什么要下旨解放天下"贱民"，这个别的皇帝没做过。

"贱民"，实际上就是我们过去说的王八、妓女、吹鼓手。这些人社会地位最低，没有读书的资格，没有考试做官的资格，只能永世受人奴役。他们形成于永乐年间的"靖难之役"。建文皇帝失踪了，留下一堆不愿臣服的，燕王朱棣就把这些人抄家，家人为奴，永世没有翻身的机会。一代一代的，只能在妓院里侍候嫖客，给人当小子，当"温格让"。这批人不会生产，社会地位低微，但其中又有一些非常有才华的人。

多少年、多少代，包括顺治、康熙都没在这个问题上为这个事情做什么。只有雍正皇帝下令,三代以外可以脱籍。雍正解决了个成分问题——我认为这是个新见解。

这个问题可别轻看,没有一点人性解放的思想,没有一种比较平正公道的思维方式,在封建社会做到这一点是很难的。他干吗要为他们说话?他可以不这样,这又不影响他的统治。我研究这个问题的时候,就想找出一个他合理的心意来——他跟小福在黄水荡有这么一段情,这又导出乔引娣这么一篇悲剧。整个来说,这个单方面的悲剧又有其自身的社会背景。

当然,这都是些理论性的东西,写作的时候,只不过是按人物性格的成长摸索着写的。不能是想好了我要写一个人生大悲剧,只能是结果碰上了这个需要,就写进去了。这是个缘分。我想就是这么回事。

我在小说里没有采用这个("传位十四子"改为"传位于四子")说法。雍正没时间"泡妞"。

当时也有"干勾于"的用法,民间老百姓随便地有这么用的,但是在重要场合,不用这种简体字,这是一。第二个,传位诏书这么个重大的东西,都是满汉文合璧,改得了汉文你没法改满文。第三,根据那时的书写秩序,如果是"传位十四子",就应写成"传位皇十四子",必须在前面加一个"皇"字。这一加"皇"字,改诏之说就不成立了。

种种的迹象,康熙晚年的政治取向,包括当时留存下来的历史资料,都没有能证明雍正是篡改了诏书即位的。民间野史流传着的这一说法,应该是相当一批达官贵人和缙绅们造出来的。

人家都说古代的皇帝荒淫,我原来也是这个念头。后来看了雍正每天的工作量,13年写了1000多万字的朱批,再加上处理问题、审理案件、召开会议、会见大臣、视察工作,哪还有时间"泡妞"?雍正是个非常枯燥的人,跟雍正这个人交不成朋友,除了办公他什么也不干。

雍正应该还是死在丸子药(道士炼的"丹")吃多了。按记载,雍正死前一天曾下令,把道士都轰出宫去。

我猜康熙当时很是懵了一阵子。

康熙在承德废太子,根据我对他的心理推测,原来他只是想惩戒一下。太子毕竟当了31年。我让你们推荐一下,你们象征性地让一下,肯定最后还是会保荐太子的。训诫一番,再恢复太子位。所以,他下令文武百官推荐,荐到谁就是谁。他没有想到,竟没人保太子,都来保老八了。我猜当时康熙很是懵了一阵子,感到非常惊讶,很出乎自己的意料,好几天都不见人。前头他的话说满了,说你们推荐谁就是谁。实际上,他是后来说话不算话了。最后只好说,他妈妈是个出身下贱的人,怎么能让他当太子呢?找了这么一个理由把老八处了。好长时间,不再说这个,过了半年后,又复了太子的位。

第一次废太子,康熙6天5夜没睡觉。痛苦啊,那个沮丧。因为跟他母亲感情深。生太子的时候,正是三藩之乱,前方吃紧,宫里的太监也想造反,非常危急的状态,又碰上个难产。所以,康熙不想辜负皇后,难受得不得了。康熙只是想做做样子。谁知道一做样子,老八出来了。老八出来,他就把矛头对准老八。在争论过程中,老大、老三又跑出来了。最后他才知道,儿子们原来是这个样子,原来你们并不是跟太子一回事的。这时,保太子的老四、老十三、张廷玉,才显出了有情有义来。

邬思道的不死,不一定就不是悲剧。

写伍次友、周沛公、高士奇的时候,他们的结局都不大好。我想留个邬思道,就把他的腿给打残了。

雍正确有杀邬思道的心。邬思道这么聪明,知道的事又多,雍正认为很难驾驭。但邬思道比雍正聪明。邬思道最后的那一番话,是向雍正表白,永不背叛,但是你得放我一条活路。

这也是封建社会很惨痛的东西。就此而言,邬思道的不死,不一定就不是悲剧。

文学家应该给历史学家留碗饭吃?这三部曲就像长江一样。

(我的作品)展现得怎么样,那是另外一回事了。当然也有人说好,说这是50年一遇的好作品,说这是一部中国文化的百科全书式的作品。也有认为不好的,有一位专家说,我不爱读二月河的书,他的书比不上金庸、高阳的,写得太实,而文学家应该给历史学家留碗饭吃。

无论说好的,无论说不好的,我都认为这是一番好意。他不认真看,当然就说不出什么东西。他认真看了,从中得到某种启发、某种感受,或者某种印证,我就感到小说家的任务已经完成得很好了。至于你爱看不爱看,萝卜白菜,各有所爱。《红楼梦》也有人不爱看。

对自己的作品,我都喜欢。

这三部曲就像长江一样,上游是瀑布飞湍,中游是激流险滩,下游则平缓阔朗些。我自己的感觉是,开始写《康熙大帝》时比较艰巨,文字生硬,后来的作品比较圆融。写雍正的13年改革没有一天安静过,容易出戏。从这个角度说,《雍正皇帝》写得好,也好看。

原载《社会科学论坛》1999年2月15日第2期

专访二月河："我为什么歌颂康熙雍正乾隆"

马芳芳　丁尘馨

40岁,他出版了自己的第一本书《康熙大帝》。此后十几年,关于他作品的"帝王意识"和"奴才心理"的争论一直不断,但这丝毫没影响他成为"中国大陆版税最高的作家"。

沉寂一年多的二月河近日再次出现在大众的视野:这位昔日的"帝王历史小说专业户"开始尝试剧本创作。

这次转型是不是二月河为避讳读者对其小说"帝王意识"、"臣民心理"的争论？二月河是否还能再给读者期待？

对媒体一贯低调的二月河近日接受了《中国新闻周刊》的专访。整个采访过程二月河都显得平静,只是他乡音未改的河南普通话听起来有些费力。

"《胡雪岩》是转型的一个尝试"

《中国新闻周刊》:《康熙王朝》播出之后,你都在忙什么？

二月河:一方面是养身体,另外,也做一些专栏文章。现在在写《胡雪岩》剧本。

《中国新闻周刊》:有媒体称电视剧《康熙王朝》,在你的原著上做了70%的改动,这是你打算直接写剧本《胡雪岩》的主要原因？

二月河:《胡雪岩》和《康熙王朝》毫无关系。我不想多谈。

《中国新闻周刊》:你曾经说,写完《落霞三部曲》之后,要写关于第二次鸦片战争和太平天国题材的《阴雨》系列,现在你在写剧本《胡雪岩》,是因为《阴雨》系列有困难？

二月河:是的,是身体的原因。以前我的身体比较好,可现在身体不允许了。主要是血糖、血压高。中风以后左半身还麻,现在手呀,脚呀,腿呀,还是不行,但是没有瘫倒。我承认我不是太阳,我只是一个小星星,没有不落的太阳,也没有不落的星星。

《中国新闻周刊》:以后就不再写《阴雨》了？

二月河：这得根据身体状况。第二次鸦片战争时期是中国的东方文化和西方文化碰撞的时期,中国文化被碰得粉碎,很悲壮,就像撞击之后天上落下的陨石雨,所以我想用《陨雨》这个名字。当初设计的规模,绝不亚于《康熙大帝》、《乾隆皇帝》,可这需要我有创作《康熙大帝》、《雍正皇帝》之前的那种身体状况。

我企盼将来我们的作家当中,有人能够做好《陨雨》。这个构思我愿意让给他们。

《中国新闻周刊》：现在转写电视剧本《胡雪岩》,这是否可以看作你的转向?

二月河：可以说是一个尝试。

"谈个人收入好比卖韭菜"

《中国新闻周刊》：网上有很多关于你的议论,比较集中的是对你版税的关注,他们说你是"中国大陆版税最高的作家"。

二月河：这个我不知道,也不关心。说实话,我现在不是穷人,但也不像他们宣传的那样,什么千万富翁或者什么富翁作家。

当初《康熙大帝》第一卷稿费其实就10元(每千字),第二卷稿费15元,第三卷稿费20元,第四卷稿费25元,到了《雍正皇帝》是湖北长江文艺出版社,给我25元。长期以来我拿的一直是稿费,直到这两年大家都拿版税,我才开始拿版税。

《中国新闻周刊》：能告诉读者你到底赚了多少钱吗?

二月河：这几年我挣的稿费都捐给希望小学了,我这一辈子的愿望是建成5所希望小学。《胡雪岩》剧本的定金已经给了我,但我把它全部捐给非典的研治了。

现在,好多人找我签字,都是有报酬的。据他们统计,现在也有五六百万元钱。我也都捐到了共青团的希望工程。

《中国新闻周刊》：你还是不太愿意正面谈论这类话题?

二月河：个人收入的问题,不是社会的问题。就像卖豆腐卖了多少钱,卖韭菜卖了多少钱,值得去关注吗?再说,我的钱也是正当的收入,都是人家出版社扣了税给我的。犯不着为这件事追究吧。

"不是帝王创造了历史,而是历史创造了他们"

《中国新闻周刊》:你认为你的作品是小说还是历史?

二月河:是小说。不能看作历史。

《中国新闻周刊》:有人指责你的小说描述帝王运用"权谋文化"创造历史,你怎么看?

二月河:在我的历史观里,"英雄和人民同时创造历史"。这里指的是英雄人物,并不是帝王。有的帝王也很差,我指的是杰出的帝王。

我为什么要歌颂康熙雍正乾隆,因为他们对于当时民族国家的团结作出过贡献。任何一个人,不管他是什么出身,只要在这些方面作出贡献,地主也好,帝王将相也好,农民也好,我就是歌颂。

《中国新闻周刊》:帝王创造历史,这是你本人的历史观吗?

二月河:我的书里应该是"历史创造了帝王",而不是"帝王创造了历史"。

按照马克思的观点,历史上需要什么人物,它就会出来什么人物。当时就需要康熙雍正乾隆三位皇帝,所以他们应运而生。不能说是他们创造了历史,而是历史创造了他们。

《中国新闻周刊》:你希望你的作品传世吗?

二月河:任何作家都希望自己的作品传世。我也希望。

但要传世需经过两种考验,第一个是经过读者的考验,第二个是要经过时间的考验。1986年开始出的《康熙大帝》,现在是2003年,已经十几年了。至少目前读者没有反感我,他们仍钟爱我。前途并不悲观。

如果把我作品中表现出来的人文意识当作历史,那也未尝不可。也就是说,我的作品其实是一种事实的演义。

《中国新闻周刊》:现在很多华人和中学生都很喜欢你的作品,你担心他们会把二月河的小说当成历史的普及读本吗?

二月河:我的作品有一定的历史。所有重大的历史、人物是真实的。但在一些情节和人物的构造上,有虚构的。如果一些华人和中学生通过看我的书,对这段历史感兴趣,就会去研究。就像不能把《三国演义》看作《三国志》,但《三国演义》也应该看一样。

《中国新闻周刊》:对于一些社会的传言你不断地站出来澄清,你很在乎别人的说法吗?

二月河:我并不是很在乎别人的说法。

有些人说得狠了一些,说什么封建余孽了、歌颂帝王将相了。对于这样的说法,应该引起我的关注,我觉得有必要考虑一下子。但我不在乎别人的说法。

"海岩是谁?"

《中国新闻周刊》:有媒体报道说,在所有奖项中,你看重两个奖项:一个是"海外最受欢迎的中国作家奖",还有一个是香港中学生评出的一项奖。这是什么原因?

二月河:美国人的奖我喜欢。它不是像我们国内几个人坐在房间里喝着茶,抽着烟,商量我们给谁一个奖吧。美国是根据图书馆的借阅率、商店里销售的情况和读者投票率决定的。电脑控制,再加上评委综合各方面的评价。公平。

中学生更单纯,实在天真纯朴的少年、青年,根本不会去贿赂评委。他们天不怕,地不怕,不像我们作家,怕评委。

《中国新闻周刊》:现在大家把你、高阳、唐浩明并称为"三大历史小说专业户",你在这三个人当中可以说是写得最迟,但现在最火,你和他们的区别在哪里?

二月河:我十分敬佩高阳先生。他的优点是:贵族气息浓厚,文笔从容。他的笔法非常柔和,看完之后,心里有一种舒展的感觉。缺点是:稍微啰嗦一些。

唐浩明写书是非常严谨的,对历史资料掌握得可以说是很准确的。他的书几乎可以当作正史来看。但缺点是:人物刻画不够好,例如《曾国藩》中,人物的把握不是太好。

而我自己从严谨的角度,不如唐浩明,行笔从容上不如高阳。但是在情节和个性化地语言表述上有我独特的地方。

《中国新闻周刊》:前些天,我们采访海岩的时候,他说人们认定"海岩"品牌的言情剧,就像认定"二月河"写的历史剧,因为二月河已经形成了一个品牌,只要他写的,一定好卖,一定价高。你认同他的这一说法吗?

二月河:海岩是谁?

《中国新闻周刊》:最近热播的一些电视剧,比如说《永不瞑目》、《玉观音》都是他写的,很多观众认海岩写的东西。

二月河:哦,他也是一个写书的呀。我不认同他的说法。

原载《新闻周刊》2003年8月20日

二月河纵论历史小说创作

周 熠

二月河的500万字的清帝系列历史小说《落霞三部曲》,即《康熙大帝》、《雍正皇帝》和《乾隆皇帝》,传遍中国,走红海外。著名散文家周同宾说,凡有井水的地方,都读二月河。此言不虚。近据报载,2002年12月下旬,二月河在马来西亚讲学,光给华语读者签名就用了45分钟。羊年春节前夕,即2003年1月26日下午,笔者在二月河的濒临沙白水清的白河之滨的天井小院里拜访了他。下面是二月河与笔者的谈话实录。

周熠:据我所知,这些年你是基本不动也不轻易远行。前两年,有人邀你去台湾,去新加坡,去韩国,还有请你去美国,或讲学或领奖,你都没成行。可怎么前不久却去了马来西亚?你是怎么考虑的?这也是第一次开洋荤吧?

二月河:(一笑)是,我是土老冒,也是头一回出国。这回去马来西亚,真有点像刘姥姥进大观园。之所以去马来西亚,是因为冯其庸要去,他邀了我,冯先生是我的恩师啊。这次是由我国驻马来西亚大使胡正跃出面斡旋,马国一大财团的董事长、《星洲日报》、华总会三方邀请的,在那里用一天时间,搞了个《二月河,三月天》文学讲座,被当地的几大传媒热炒为"高水平的文学活动"。

周熠:你称冯其庸为恩师,我猜想有两重意思,一是知遇之恩。20年前你尚未成名时,你把一篇叫做《史湘云是禄蠹吗?》的万余字的红学论文并附有一封长信,冒昧寄给了红学家冯其庸,经冯先生的推荐,你的这篇论文在《红楼梦学刊》上发表了。二是激励之情。不久,即1982年你作为年轻的红学理事到上海参加红学会议,会上冯先生和其他专家偶然谈到,当前历史小说还没有人来写康熙皇帝。本是言者无意、听者留心,你居然动了要创作康熙大帝的念头,并及时得到了冯先生的赞许和支持。是这样的吗?

二月河:是。这个我在马来西亚也谈到了。是冯先生让我在创作上找到了一个出口。这是我铭记终生的。

周熠:咱中国人讲究滴水之恩涌泉相报,因有冯先生说话,你就欣然走出了国门。那么你这趟马国之行,主要感受是什么?对马国印象如何?

二月河:很新鲜,不错。从北京上飞机时朔风扑面,正下着雪,到吉隆坡一下飞机,是初夏的温馨。机场建筑挺别致,城市环境也不错。在这里,我感到我的读者很多,读者的素质也相当高。面对 2000 名读者,我作演讲的会场秩序很好。后来签名,直签了 45 分钟,手都签痛了。这是华夏文化的根,是我书中的历史民族文化气息,让我与海外的读者相融相通了。我深深感到了我们民族优秀文化的凝聚力和召唤力。

周熠:是的,中华文化源远流长,博大精深。全球的炎黄子孙华人华侨同一条文化之根。包括帝王文化,对我们都有不同程度的浸染与影响。我想请你结合你的小说谈谈你对帝王文化的思考。

二月河:中国几千年的封建社会,形成了独特的根深蒂固的帝王文化。这里有许多的糟粕。如真龙天子、君君臣臣、官贵民贱,等等。但是,对于帝王我有我的看法。我最初写康熙,是把他作为民族的优秀人物来写的。我就是想把满人入关后的虎虎生气、开拓疆域和实现民族的大融合展现给读者。我认为,康、雍、乾三代清帝是华夏民族最辉煌的时期之一。这百多年时期,生产发展,疆域辽阔,民族团结,社会安宁。我觉得对历史人物,既不能搞阶级斗争论,也不能搞成分论,不能以阶级以成分定终身。帝王要是对发展生产、社会安定有贡献,就应有所肯定。农民起义,若是对社会对生产有破坏,损失太重,也不应一味唱赞歌。帝王也有明君,农民也有痞子。当然,对康、雍、乾我是肯定又否定。上述是肯定的一面,还有否定的一面。如搞权谋、文字狱、专横、排外、封闭、保守,等等。这是康、雍、乾要负责的。再一点,从历史发展的趋势看,我要揭示其腐朽没落的本质,充其量它是落日的辉煌。我的清帝系列小说的总题目就是《落霞三部曲》呀。

周熠:你多年搞历史小说,关于历史小说的创作,你是有真切体验的。我想问的是,创作历史小说,有论者喜欢用三七开来说明艺术虚构和历史真实的比例。你的实践是这样的吗?

二月河:这种说法不科学,历史真实和艺术真实是不能如此来量化的,也是不好量化的。这二者的结合,要创作出个性鲜明的历史形象,既不是历史记录,也不能过分虚构渲染。重大事件、重要人物必须真实,人的眉眼、一颦一笑可以虚构。我遵循的基本创作原则是,历史事实由历史设定,人物个性、心灵轨迹、言语形容、诗词等由我设计。

周熠:是的,细节靠虚构,靠艺术想象。你能具体说一下你的历史小说的细节创作情况吗?

二月河:细节由自己设定,但历史人物的细节设计,实际上也都是要有些参照的。这就必须熟悉和了解当时的社会、生活、文化、风情等。这不仅要读正史,还要读野史、方志等等。我对雍正的认识是看了他自己写自己的书。历史上有的人好写自己,他一天做的事情都有记录。比如,上午上街赶集用了多少银子,买了多少东西都有记载。通过他花多少银子买多少货物可以换算出当时的物价来。通过阅读和推算,连康熙时期1斤豆腐卖多少钱,碎银的成色从10%到99%我都能推算出来。我就是根据这些记录经过分析、想象和创作出当时的好多生活细节内容的。

周熠:我最早听说你最初熟读《红楼梦》,后又听说你读《红楼梦》不少于20遍,是这样吗?对你创作影响最大的书是什么?

二月河:差不多。《红楼梦》的每一个章节我都很喜欢也非常熟悉。《红楼梦》、《金瓶梅》对我创作影响最大,我的创作趋向于自然主义。

周熠:我看你现在真正是成名累,读者带书来让你签字,不少的单位、机关、企业以及领导都纷纷上门带着成捆成套的《二月河文集》请你签名,还有,这里请你写专栏,那里求你作序,你受得了吗?你不觉得烦吗?

二月河:总的看心情是好的。因为很多的普通读者跟我缘分不尽,还在读我的书,曲曲折折地寻找签字。这几乎成了我家的一道风景,也几乎成了南阳市的一道风景。这么招读者喜爱,说明我的心血没有白抛洒。读者是上帝,为读者服务,累一点也没关系。当然,成天如此,对我的生活、工作、写作也造成了困扰和麻烦。你想,每日成百套地签字,我也真是受不了。所以就想了个办法,凡签书3套以上者,需先到希望工程去捐款,凭捐款单给你签字。你有钱买书去往上面送礼,给困难的山村上学娃捐点钱也应当。这也给我签字减了压力。此办法稍有限制,但基本上还是不断头。但我已停止对书店签字,因为他们只是为了多赚钱。

周熠:我见到,现在有人见你叫二老师,因为你叫二月河,把"二"习惯上当作了姓氏,本名凌解放倒是忘了。细说说你笔名的来历和讲究吧?

二月河:(微笑)叫二老师、二哥的都有。在北京开十六大时,李肇星副部长一次打电话说:"我才知道凌解放就是二月河。"我用笔名"二月河",是有几层意思。一是在《康熙大帝》出手时考虑到,写的是历史小说,用本名"凌解放",一历史一现代,似不相谐,就决定用一笔名。二是用"二月河",也与本名有相通之意。二月的冰河解冻,不正是"凌解放"吗?三是"二月河"里冰雪消融暗合改革开放、文学的春天来临。四是我原籍是山西昔阳,儿时至今又生活于河南南阳,而山西、河南都有母亲黄河流经贯通,用"二月河"又寓意不忘黄河母亲的养育之恩。

周熠:这两年你患有高血压和糖尿病,贵体欠佳,不再蹬车,可也再未更换新车。近距离就安步当车,再远一些就打面的。穿着上总是朴朴素素,不曾见你穿什么名牌衣裳。传说一位市里官员曾在大会上描述道:"二月河穿着普普通通,见熟人说话面带笑容,走在街上就像下岗工,可人家满腹学问,那真是大家气象呀!"南阳的文友都知道,和朋友们一起宴饮时你喜欢席罢打包。可谁不知道你依仗自己的笔耕之劳,名利双收,完全达到了"出有车,食有鱼"的上流生活标准,可仍如此素衣简食。事实上,你二月河并不看重金钱,且有慷慨解囊的义举,先是为支持南阳文学创作,一次就为市文学创作基金会捐赠15万元,后又给希望工程捐了十几万,你是咋想的?

二月河:咋想的,习惯了。虽出身于革命家庭,但从小吃苦,根本难忘,没有讲排场的血统。宴席间总想着,那么好的菜肴,剩下了叫服务小姐当残物倒掉,太可惜。从小就读,"谁知盘中餐,粒粒皆辛苦"。俗话说,吃了不为糟。带上回家,下顿热热照样吃!

周熠:你很看重家庭,尤其慈爱千金小凌晓,听说你好些事是围着凌晓转,是这样的吗?

二月河:(开心一笑)我30岁以后得子,自然对我的独生女凌晓看得重,慈爱有加。多少年来我潜心写作,许多社会活动,包括港台的一些邀请都难赴约,但女儿的学校或学生家长会,我还是去了不少。2001年夏天,为了支持女儿报考西北一家军校,我特地赶到郑州秘密住下来,一住一个多月。陪伴女儿复习功课,一日三餐充当她的厨师,谢拒来访者。这期间就有日本和韩国的出版商、编辑家盛邀我商谈出版事宜,我都拒绝了。要知道,这一谈一签,就是多少万元价值呀。所以,韩国的出版商在电话中竟有些不可思议:"为什么人服务,竟然花如此高的代价?" 2002年暑期,国内有两家风景区的文学笔会,或托熟人或亲自登门请我赴会休闲,我一一谢绝,实话实说:"不行,我女儿要去西北旅游,我要陪她,车票都预订好了。在我家,头等大事就是围着女儿转!"

周熠:作为全国党代会的代表,你先后两次参加党的十五大、十六大,最近你又被选为全国人大代表,可见你在党员和国人心目中的位置。在这荣誉面前,你有何感想?

二月河:这是殊荣。第一,我感到很荣幸。一般来说,全国的党代表和全国人大代表是不交叉的,我是一个例外。这是河南和南阳的党员和人民对我的信任和厚爱,也是对我贯彻实践"三个代表"重要思想,坚持先进文化前进方向所作的小小贡献的充分肯定。第二,我很珍惜它。第三,这又不仅仅是个人的荣耀,而是咱们南阳作家群的光荣。因此,在今后,我要沿着原来的思路,继续进行创作,为振奋民族精神,高扬先进文化,为读者提供清雅健康的精神食粮,作出新的贡献。

周熠:近年来,你身体状况不是很好,又加上应酬很多,还在几家报刊辟有专栏。而读者的期望值也很高,翘盼你新的历史小说惊世。能说说你的小说创作的近况吗?

二月河:(坦然地笑)这个暂时还不能对外讲。再说也没有不落的太阳,文坛也不例外。

原载《人民日报》(海外版)2003年2月28日

南阳作家二月河

编导:梁钢　摄像:田小明　编辑:陈玥

已经10多年了,在中国大大小小的书店里,最醒目的位置上总是摆放着《康熙大帝》、《雍正皇帝》、《乾隆皇帝》这套清朝帝王系列小说。由于这套小说一直位于畅销书前列,越来越多的人便记住了二月河这个作者的名字。

这个被人们广为议论的作家二月河究竟是个什么样的人呢?此刻在南阳这栋僻静简朴的小楼里,远离都市喧嚣的二月河也就是生活中的凌解放正在继续着他的写作生涯。就是这样的连年笔耕,造就了他的成功,而这成功的背后,却是一段曲折传奇的人生经历。回忆是从他的儿时开始的。

采访:二月河(作家)

"(我)13岁到南阳这里来上学的时候是人生草创阶段,走的这个路比较崎岖一点,就我个人来讲我偏文科,那么就是在文科上强一点,在其他方面弱,是个比较差的学生,但是那个时候对文科确实是比较热爱的。受教育的时候给我留下的记忆也是比较复杂的。我是小学留级一次,初中留级一次,高中留级一次。我在大学里(办讲座)一讲,学生们哄哄都笑。那时上课也看小说,课桌裂这么大个缝,把小说放在那里面,一行一行推着看,现在回想起来,少年时代的这种生活挺有意思的。"

旁白: 少年时代无拘无束,由着自己的天性去寻找生活中的快乐和书籍里的世界,这时的凌解放作为本色少年和另类学生,给同学和老师留下了深刻的印象。

采访:周明军(二月河的同学、战友)

"在班里他是比较顽皮的,尽管他很顽皮,但大家很喜欢他,现在回忆起来,解放我们同班(时),应该说在数、理、化上我们算是一个水平,在班里都不是很出色,或者说属于低水平的,但是解放当时的文学水平(很好),因为他的作文那时在班里老是作为范文。"

采访:杨文君(二月河的班主任)

"因为我是教语文的,我是偏爱写作好的(学生),我偏爱解放,所以对他那个比如说数、理、化的成绩稍微差一些,并不歧视他,因为解放的思维比较超前,有点前瞻,我这个思维也有这个特点,也比较求异。"

采访:周明军(二月河的同学、战友)

"现在回想起来他当时的文学思路确确实实与我们都是不一样的。当时他看书很多,他号称一个假期,一个月,在完成作业的情况下,他要看多少书,这个我们是没法比的。一个是看书,另外一个就是他能够给我们讲故事,神话的、现代的,源源不断地讲这样那样的故事。"

采访:二月河(作家)

"那都是从书上看来的,他们没看,包括《聊斋》鬼故事,诸如此类的,晚上讲得大家都吓得睡不着,毛发倒竖。"

旁白: 在告别了令人难忘的学生时代后,凌解放很快来到了他人生的第二个驿站——军营。时间是1968年,这个时期正是"文化大革命"的高潮,整个中国大地充满着动荡。在这个特殊的时代背景下,军队当时需要一些有文学基础的人,对官兵进行大量的政治理论宣讲,凌解放以他学生时代的文化积累,在士兵中脱颖而出。几年后他升任团部宣传科长,并管理了一个军营图书馆,这个图书馆给他带来了一个重要机遇,他利用军队特殊的渠道,购进了大量书籍,这在那个年代里,不能不说是一个奇迹。

采访:二月河(作家)

"这个图书馆进了《二十四史》,进了先秦诸子百家的这个(书籍),比如说《公孙龙子》、《庄子》、《道德经》。"

采访:周明军(二月河的同学、战友)

"他在部队提拔之后是宣传科的科长,那就有时间有机会博览群书,在部队我跟他接触很多,我在部队是开汽车的,我没有具体看到他的笔记,但我知道他在部队期间,仅仅是看《清史》的记录、看《红楼梦》的记录就做了两万多字的笔记。"

采访:二月河(作家)

"在这期间我就是碰到什么书就读什么书,包括《麻衣相书》、《柳庄相书》、《奇门遁甲》、《驱鬼念符》,只要到手能读那就读。所以我的知识结构也让专家头疼,没有完整地科学地建立起来一种体系。"

旁白:10年的军营生涯结束了,凌解放告别部队和他亲手建立的图书馆回到了家乡南阳。等待着他的是政府宣传部门的任职,而不甘寂寞的他,此时却决定要做一个红学研究者。

采访:二月河(作家)

"当时考虑到自己高中毕业没什么学历,要跻身到知识分子队伍当中去,《红楼梦》这个研究可能是个捷径,因为搞《红楼梦》研究的这批(人)呢,属于学术界里边带有贵族性质的。"

《红楼梦》作为古典名著,以它在中国文学史上的重要地位吸引了一代又一代学者对它的欣赏和研究。它丰富的内容构成了一幅清朝社会生活的历史画卷,因此红学研究的前提就是洞悉清朝社会的各个层面。20世纪70年代末到80年代初,凌解放以他特有的勤奋和灵性对《红楼梦》进行了多方考据和深入研究,逐渐地成了这个领域内小有名气的专家学者。

采访:周同宾(南阳作家)

"当时觉得他对红学很有研究,因为我也爱看《红楼梦》,《红楼梦》里有很多谜,很多地方不好解,经常向他请教,比如关于'一从二令三人木'是关于王熙凤的,'虎兔相逢大梦归'是关于元春等等,当时咱不理解,一问他,人家立即能给你这个解释。"

采访:行者(河南作家)

"应该说我跟二月河很熟,大概就是20世纪80年代初,他拿了一篇他在《红楼梦学刊》上发表的文章,大概是谈史湘云,我觉得这篇文章写得十分有见地。当时他还没有谈到他要写清代这几个皇帝,后来我听说他参加上海的一个《红楼梦》会议,在会议上他萌发了写《康熙大帝》的念头。"

旁白:在研究红学的日子里,凌解放接触到了大量的学者、作家,并频繁参加各种学术活动。在这个有多种文化信息的环境里,一个偶然的话题改变了他的未来。

采访:二月河(作家)

"在红学讨论当中,谈起康熙,无论从哪个意义上讲,那都是当时顶尖的高级知识分子,同时待人又很宽厚,又轻徭薄赋全国减免赋税,就是这样一个人,没有一部像样的文学作品来表现他,当时我脑子一热,我说我来写,这以后才开始(写)作这个康熙、雍正、乾隆。"

旁白:这是凌解放第一次涉猎小说的创作,也就是从这个时候起,二月河这个名字出现了。

这部历史题材的系列小说,跨越清朝100多年的历史,人物从帝王将相到平民百姓,内容由宫廷生活到疆场征战,在写作上是一个庞大的系统工程。历史小说的魅力在于真实,为了再现200多年前的社会生活场景和人物活动细节,二月河除了调动平生积累,也对书中涉及的历史资料进行了深入的挖掘、考证。

采访:二月河(作家)

"这是我的资料书,这是日本杨启樵教授写的《雍正帝及其密折制度研究》,这都是搜集的书,品类也比较杂;这些是清代的历史资料,以及一系列的清人笔记,清代的法律、案例,这太难得了,都是一个个独立的案例,上面都有说明,某人被判了什么刑,为什么要判这个刑。等你读得特别多了的时候,你自己的体系不知不觉地也就起来了。"

旁白：在不知不觉中历史的尘埃被轻轻拂去时，二月河的写作也向前推进着。这时有关这本书写作的消息传到了出版界。

采访：顾仞九（前黄河出版社编辑）

"文联的同志在闲谈的时候，说南阳有一个同志在写《康熙大帝》，我呢，就写信给周熠，就是《南阳日报》的（记者），我就请他给我打听打听，究竟谁在写《康熙大帝》，他告诉我南阳市委宣传部的凌解放在写。"

采访：二月河（作家）

"后来他们居然就跑来了，那还是，叫我想一想，是（1984年）5月份左右，天气还不算太热，他们就住在这个国际宾馆。"

采访：顾仞九（前黄河出版社编辑）

"要肯定一个作者的稿子，我还要了解作者，特别像这个历史题材，我还要问问他，你对这个历史题材究竟能掌握多少。"

采访：二月河（作家）

"就考我的清史，也不光是这个康、雍、乾，包括前头的顺治到后来的嘉庆、道光、咸丰、同治、光绪，这些皇帝一个一个地问。"

旁白：1985年，二月河的小说处女作《康熙大帝》正式出版了，在此后10余年的时间里，《雍正皇帝》、《乾隆皇帝》共3部13本的历史系列小说陆续得到出版。这些作品以恢弘的视野、跌宕的情节和细腻的人物刻画，吸引着众多读者。随着小说的畅销，二月河这个名字不仅被广大读者所知，而且作品的史诗风格和通俗样式也引起了文化界的广泛关注。

采访：周同宾（南阳作家）

"他的书不看则已，一看就不能不把它看完，点灯熬油连宵彻夜地看，它有一种魅力，有艺术的吸引力。它是纯粹的小说，如《三国演义》是七分真实三分演义，二月河的康雍乾这三部小说，我觉得它是大事都符合历史真实，而里边的小事情节和细节，那绝对是作者自己创造的，而它的文学价值正体现在后者。"

采访：二月河（作家）

"我是要把我自己对这段历史的总体的思索注入作品当中，这人物个性，全部是我塑造的，在历史书籍里我们很难看到某一个人的音容笑貌，以及他的个性特征，但是这种个性有历史给我们留下来的一些蛛丝马迹，这种个性（塑造）要凭作家的才华。"

采访：行者（南阳作家）

"它虽然以通俗小说的面貌出现，但是作者在艺术上有自己的追求，在整体的构思、故事的安排、人物的个性上，都达到了相当的高度，其中让人有一个感觉就是他受《红楼梦》的影响比较多。"

采访：二月河（作家）

"我从研究《红楼梦》入手，要对（应用）清代的语言，（这与）我现在表述小说过程的这种语言，和里面的人物所用的语言应该是配套的，所以说这种语言本身就带有《金瓶梅》《红楼梦》的这种痕迹。"

旁白： 在新世纪的初始，二月河的小说被陆续搬上了屏幕，从此那壮阔的场面、诡秘的争斗，以及书中所描写的清朝社会的各色人等，都活生生地出现在了观众的视野里。

电视剧在全国范围的播出，产生了轰动效应，创造了极高的收视率。在这个有着世界上最多电视人口的国度里，那一段时间几乎是无人不知《雍正王朝》，无人不谈《康熙王朝》。直到今天，它们仍被许多城市的电视台反复播出，这一切使文学作品借助电视传媒，在更大的范围和更广泛的人群中，获得了认知，产生了巨大的影响。

采访：二月河（作家）

"这个电视剧出来了以后，引起了整个社会对这个片子的关注，对小说的关注，所以从这个意义上说，我的感觉就是电视剧的威力比小说书本那种威力要大，因为它的视野比较开阔，这个（观众）层次也比较多，男女老少全社会参与，和单纯地看这一本书这种情况感受是不一样的。"

旁白： 在二月河的小说中，人物的塑造曾给读者留下了深刻的印象，当这些人物在电视剧中以具体的形象出现时，也给表演者带来了不同的创作感受和人物体验。

电视剧体现了二月河原作中严肃的历史观和通俗的表现手法，这种不同于戏说的历史题材作品，以它的特殊魅力吸引着观众，也使许多观众转而成为小说原作的读者。

"如果能接通历史，通达天地，这些人就是智慧者，就是觉悟者，他们如果去写文章，完全就是天人合一那种状态，就找到根了。"

通过电视小说，人们走进了二月河描述的百年历史，领略了那个并不算遥远的时代风貌，也许《红楼梦》是他永远挥之不去的情节，在二月河营造的那些壮阔瑰丽的场景中，也埋藏着深深的悲怆，他把这套小说系列命名为"落霞"，暗示着作品的潜在含义。

采访：二月河（作家）

"太阳落山前那是非常灿烂的，灿烂是一面，另外一面也告诉人们，就是天快要黑了，太阳就要落山了，这是个必然的趋势。鸦片战争发生后，东西方文化激烈的碰撞，东方文化被碰得粉碎，那么康熙、雍正、乾隆这三代皇帝，应该负一定的历史责任，我要说的是这个。因为他们所创造的东西，他们认为是固定不变的,我们到此为止,后辈的人不可越雷池一步。乾隆皇帝在故宫里边撒了一把草,要求太监每天打扫卫生,收拾这个房间的时候,把这把草拿起来,把地下擦一擦,然后这把草你给我照原样摆好,一直要摆到千秋万代,就是说这种理念性的思维告诉人们,这种理论里面存在着一种故步自封,不肯学习优秀先进的东西,造成了我们这个民族停滞不前。"

旁白:电视剧的热播和小说的畅销,使二月河成了令人瞩目的公众人物,近年来海内外媒体不断进行着声势浩大的报道,名人的荣誉和境遇在这几年纷至沓来了。此时,二月河无疑又处在了人生的重要时刻,而这一次他选择了固守家园。这是一个中年人对故土的依恋,也是一个作家对生存环境的定位,因为二月河的成长始终受益于这块古老的土地。

南阳是一座有着深厚文化积淀的古城,从古代的韩愈、岑参、范仲淹,到近现代的姚雪垠、李季等,以及现在全国闻名的南阳作家群,千百年来许多名扬天下的文人都出现在这里,可以说南阳的历史文化深刻地影响着二月河的过去和未来。

采访:二月河(作家)

"我第一次到这个地方是13岁,那时候看不懂(碑文),但是到了16岁的时候我就能看懂了,到了20来岁的时候我就能理解它了。这是清道光年间在这个地方做官到知府的湖北的顾嘉衡,他写得一笔好字,杜甫说孔明庙(古柏)霜皮溜雨四十围,但是它这个高是多少呢?两千尺,在创作的时候是夸张。"

"这两块是清代的碑,我最早识别它是在南阳上高中时,有趣的是这一副对联,它代表了儒家思想的基本核心,'守中是丈夫',深层的意思它是说中庸,'务外非君子,守中是丈夫',就是说你不是追求自己外表上的虚荣,或者说,你要是想一味地追求那种东西,你就不是个大丈夫。我后来在创作的时候,一下子就想起来这副对联,在小说里面就应用了进去。"

旁白:在二月河眼里,家乡是一部读不完的书,也是一块远离喧嚣的净土,这里曾给了他无数的启迪,也见证了他的光荣与梦想。而这梦想并没有结束,它仍以原有的方式继续着。

选自《走遍中国》2003年9月2日

《名人面对面》:二月河——"皇帝"作家

凤凰卫视《名人面对面》栏目组

二月河,本名凌解放,著名历史小说作家,中国作家协会会员,国家一级作家。1945年生于山西省昔阳县。高中毕业后入伍,1978年转业到河南南阳市委工作。现任河南省作协副主席,中国红楼梦学会河南理事,南阳市文联主席。

"二月河"是他在写作《康熙大帝》时用的笔名,这样做主要是为了和小说的内容很好地协调。"二月河"即二月的黄河冰凌解冻,向下游奔放,原名和笔名一个是谜面,一个是谜底。

主要著作有《康熙大帝》、《雍正皇帝》、《乾隆皇帝》、《匣剑帷灯》、《二月河语》等。

几年前,随着《康熙王朝》、《雍正王朝》的热播,电视剧原著一时洛阳纸贵,原著的作者二月河也走进人们的视线。而几乎与此同时,中风却让他走到了生死的边缘。如今,大病痊愈的二月河,逐渐远离了大部头的写作而走入了更为纯真的田园生活,他把这样的生活戏称为"五个一工程"。

二月河:一幅字,一个画,一首诗,一篇短文章,一个小时的路。
许戈辉:一个小时散步。
二月河:我院里面种葡萄,你比如说种葡萄,写个诗:葡萄架,青荫大,遮遍天下,我家支它,夏也潇洒,秋也潇洒,打个赤膊,撮张凉席,切个西瓜,呼邀好友来,烟酒棋扑克茶。
许戈辉:您这诗算什么体啊,好像……
二月河:散曲,散曲。
许戈辉:散曲,但是又有点儿打油诗的味道。
旁白:偏居老家、偶著小文、一杯美酒、与妻偕老,二月河为颐养天年作出了最好的诠释。然而就在去年年末,一直试图远离喧嚣却又争议不断的二月河,再一次被卷入了舆论风暴中。

2006年岁末,《财经时报》推出了中国作家富豪榜。有人为这个榜叫好,也有人斥其无聊,说其和泛滥成灾的音乐排行榜没什么差别,类似一个娱乐事件。

许戈辉:在前不久,我看到了一个作家财富榜,当时财富榜是把余秋雨老师排在第一位,紧接其后的就是您,是作家里边第二个最有钱的。

二月河：这个事,如果你们对这个事情有所关注的话,我也可以说说,但是几个报纸采访我,我都拒绝答复,我对这个事情不感兴趣。因为我感觉到就说我们这个社会的人生构成,有些时候处于一种不是很公道的状态。第一,这稿费多少或者是你这个书卖得好坏,并不代表你这个作家品位的高低,以及你对于人类作出多大的贡献,这个不代表。第二点,即使是余秋雨或者是我吧,或者是所谓的富豪榜排列出来那个数目,现在又能吓住谁呢,在哪个城市里边,你找不出几个亿万富翁,找不出几个千万富翁吗?这个千万富翁算个什么呀,值得这样大惊小怪吗?这是第二点。第三点,我要说的更重要的一点就是,希望不要太关注别人有多少钱。

旁白：在作家富豪榜中,二月河以1200万的身价位列第二。发榜媒体解释,作家的身价主要根据图书版税,而版税的多少则由发行册数乘以定价再乘以百分之十的版税率而定。

二月河：那究竟他算得对不对?我们看了,当然在网上或者在其他地方,我都没有进行过反驳,今天在这个地方,聊天嘛,我作为一种玩笑式的,我也就说说。我说你闲了,你去打扑克去吧,比这个东西有意思,或者你搓搓麻将也可以,不要像葛朗台一样,去算别人有多少钱,算自己有多少钱,那有什么意思呢?累死你了怎么办呢?

许戈辉：那好,那如果今天所有的人都承认二月河是一个特别好、特别优秀的作家,但是人家就不给您这个稿费,那您挣不了这么多钱,您现在的书也卖不出去,或者卖出去了,人家也没给您这么多钱,那您心里,心态上能平衡吗?

二月河：现在事实上不是这样的,我们整个社会现在向前推进,并不是金钱的推进,并不是用金钱来真正体现一个作家有多大的价值,就是很多作家没有得到这种应该得到的东西,二月河得到的已经太多了。

许戈辉：那您应该很欣慰才是。

二月河：那不见得,作家如果是只为自己得到了太多感到欣慰,那就不是作家,如果说,你能够感受到还有很多作家应该是日子过得好一点而没有过上好日子,为这一点感觉到不安的话,那才是作家的心态。

旁白：关于财富的敏感并没有成为这次争论的终点,有人认为二月河著作的热卖是因为这些作品正好迎合了当今社会很多既得利益者的需要,更有甚者将二月河列入了五大"伪作家"之列。

许戈辉：您看我看到的有一些评论,就是说觉得您这个叫做什么,"唯皇帝","唯皇史观",还有这个"伪平民"立场。

二月河：你客气了,你真是对我很客气了,如果你上网去看一看的话,千刀万剐二月河的有的是。

许戈辉：真的？

二月河：就是"唯皇史观"。

许戈辉：那您看到这些评论，您是什么样的一种反应？

二月河：我跟你讲我的创作理念，我不讲它对不对，我不做评论，我跟你说说我自己的创作理念是怎样的。

旁白：二月河40岁开始文学创作，他的作品以描述清代皇帝康熙、雍正、乾隆的三部长篇历史小说名闻天下，《雍正皇帝》问世后曾荣获河南省政府文学大奖。

《雍正皇帝》包括《九王夺嫡》、《雕弓天狼》、《恨水东逝》三部，140万字。香港和台湾的出版社也推出了中文繁体版。

《雍正皇帝》后改编成电视连续剧，反复热播，引起了"帝王热"，轰动海内外。

"任何一个人，不管他是什么出身，只要在某些方面作出贡献，地主也好，帝王将相也好，农民也好，我就是歌颂。"所以他的书中大量歌颂康熙、雍正和乾隆。"英雄和人民同时创造历史"是他的历史观。

二月河：封建皇帝即使是作出贡献，也不能够歌颂，贫下中农即使是做出对当时人民生活不利的东西，我们也不能够进行鞭挞。如果你在这个理念上跟我辩论的话，我可能会搭理你，如果你要是说不和我辩论，只是在那个地方说我这长那短的话，二月河永远不予理睬。我当成风，当成耳旁的风，不知道你懂不懂，像耳边刮过去的风一样看，就像我们走在路上听见别人咳嗽一声，我们不必在意，你打了个喷嚏，跟我有什么相干呢，你如果是能够查到一篇二月河反驳这些人的文章，那就算你有水平。

一部作品的生命力体现在两个方面，一个方面，拥有不拥有读者，第二个就是拥有不拥有时间。但是我自己说了不算，我跟你讲了，我也说了不算。最终说了算的是将来的读者，如果说是很快就会被淘汰了，那就说无论如何来讲，二月河今天只是跟你在这里，在凤凰卫视这个地方曾经出过风头而已，而已而已。

旁白：军人出身的二月河，兼具着极多的矛盾因子，富裕与简朴，帝王与平民，顽固与求变，忍辱负重与出人头地。停写大部头多年后，二月河即将出版自传，他在书中着重阐述了著书立说的原动力，并将此书命名为《密云不雨》。

"密云不雨"出自周易《小过卦》——"密云不雨，自我西郊。"虽然满天乌云密布，却不下雨。

《密云不雨》是二月河一部关于自我、家庭、成长的自传，是一部自己的"历史"。

二月河：我自己本人是军人出身，喜欢更为自然的生活，喜欢那种，比如说不穿袜子。

许戈辉：对呀，我今天就发现这个秘密了，怎么大冬天，您都不穿袜子啊？

二月河：不穿袜子，实际上你们不相信，你们试一试，不穿袜子比穿袜子舒服。

许戈辉：那您怕不怕人家说您土老冒儿啊，穿个皮鞋，还光个脚。

二月河：我本来就是土老冒儿，别人说我土老冒儿也没有什么关系。

许戈辉：密云不雨，就是浓密的云，但是没有下雨。

二月河：这是《周易》里边的一句话，这"密云不雨"不是我创造的词。

许戈辉：那为什么会选这么一句话做您这本书的名字呢？

二月河：那是指我们整个家庭的一个特点。这样一个特点，到了我跟前，这算是，应该说下了一场倾盆大雨，是这样的。我们这个家庭就是除了我二月河之外，我父亲、母亲都有他们自己的这种传奇色彩。

旁白：二月河两岁时跟随八路军的父母过黄河南下，定居河南南阳。几十年来，他偏居在南阳小城，安家、立业、阅读、思考、写作，远离大城市的喧嚣与繁华。

许戈辉：我看到过您关于您母亲的一些描述，说母亲真的是一个特别富有传奇色彩的革命者，她会骑马，会打枪，还进过山，剿过土匪，是吧？

二月河：对，因为她是1944年参军，她在栾川这个地方参加剿匪，和我父亲并肩战斗。我父亲进栾川的时候是七个人，从栾川这个地方出来的时候，拉出来了一支一千多人的队伍，有这么大的一个贡献。可是由于他背着成分这个包袱，长期没有得到应有的重视或者重用。

许戈辉：那这一切对您小时候，对您的童年有影响吗？

二月河：因为父亲所丢失的东西，或者是父亲得不到的东西，我感觉到我有必要从这个社会上得到某种取用或者某种报酬，或者是他们所不能够获得的功名，我要把它给夺取回来。这种情绪，它可能反映在各种情况下，如果我要去做官的话，我就不愿意做小官，我要写书的话，我也不可能去做小书，去写那种很小的豆腐块、火柴盒，我要做就做大的，要么就不做，就是受这种家庭的影响，无论如何在自己心里边，有一种争一口气的思想。

旁白：作为一名享誉海内外的作家，原名凌解放的二月河却仅仅是高中学历。他从小痴迷《水浒传》《西游记》等中国古典名著。在老师眼中，二月河小时候并不是一名好学生，从小学到中学他都有留级经历，直到23岁才高中毕业。

二月河给自己中学读书的总结是：一塌糊涂数理化，一枝独秀是文史。那时他所有的业余时间都用来读闲书，吃饭时读，躺在床上读，别人催着还的书，他还要赶在课堂上读。

二月河：我当兵的时候，已经超龄了。我1968年入伍，1969年入党，1970

年提干,我从战士一下子提到了副连级,我爬得也并不慢呢。但是基本年龄已经超过得太多了,所以已经没有多大前途了。再加上部队里面的图书,我已经都看完了,没有什么值得我再进一步研究的资料,历史书籍比较少了,因此就从这两个因素决定,都是基于一个原因,就是年龄已经偏大了,赶快离开部队,赶快去寻找自己的第二条出路,这才回到了地方来。1978年从部队上转业的时候,我已经三十三岁了,到地方我又当了干事,接着是副科长,然后又是科长,我仍旧是爬得不慢。我当科长的时候,已经三十五六岁,将近四十岁了,你还能有多大的发展呢,不可能了。所以说在这种情况下,我选择自己不做官了,给官我也不做了,我要做事情了。

旁白:没有学历,没有背景,不再年轻,年近不惑的二月河放弃已有,两手空空。而与此同时,在他身上也有着常人不具备的天资、责任和毅力。

二月河:讲得通俗一点,到了该成名成家的时候了,自己就要在这个地方咬着牙,忍受一些痛苦,把你自己所能够做出来的事情做出来,这样才不负你父母对你的教诲,不负祖宗对你的重托,不负你来人世走这么一遭。

旁白:20岁留级,30岁当兵,40岁写作,二月河经历着怎样的人生转折?他为何成为一名作家?又经历过怎样的煎熬?煎熬中,他又如何面对种种得到与失去、永恒与蜕变?

二月河将人生飞跃比喻为"软着陆"和"硬着陆"两种:"经过系统学习的人然后取得成功的叫'软着陆',反之则是'硬着陆'。"

二月河:一种叫做"硬着陆",一种叫做"软着陆",所谓的软着陆,比如说你上了小学上初中,上了初中上高中,高中完了以后上大学,然后当研究生,当博士后,沿着一条铺满鲜花的道路走向了成功。硬着陆,那就是在飞机上面跳伞,但是你没有伞,你只能闭上眼,从飞机上往下跳,跳下去摔死了,叫硬着陆,摔不死,也叫硬着陆。二月河就是硬着陆。

旁白:二月河将自己的成名成家称之为"硬着陆",但是对于这种近乎悲壮的方式,二月河也戏称,他把这种着陆分成了两级跳,他首先将红学研究当作了历史小说创作的敲门砖。在部队当兵时,二月河开始对《红楼梦》进行研究,从此介入清史。对大量史书的刻苦钻研,为他在日后的写作积累了井喷般的能量。

二月河:后来我看《红楼梦学刊》,那里边的编委,每一个常务编委名字上头都带一个"米字花",第一位常务编委"米字花"就是冯其庸先生。我给冯其庸先生写了一封信,同时又给冯其庸先生附带了一篇稿子,我写这封信就是想说《红楼梦》是人民的,不是红学家的,然后我请冯其庸先生再看看我自己作为一个业余《红楼梦》爱好者写的稿子,写这个稿子是很不容易的,如果我凌解放就不是搞红学的材料,那么请冯先生,你给我一句话,我就不在这方面努力了,我就不在这方面浪费时间了,如果我尚有一线之命,那么也请冯先生给我一个回话,我好在这方面继续努力。我在这期间给所有的编委投了不知道多少稿子,从来没有像冯其庸先生回得这么快的,七天之内给我回了一封信,比我写得还要长。

旁白: 有了冯其庸先生的赏识,二月河被吸纳为红学会的会员。1982年10月,二月河应邀参加了红学会第三次全国《红楼梦》学术研讨会,就是这次会议,他做出了创作《康熙大帝》的决定,一时语惊四座。

因为一个偶然的机会,二月河便开始了《康熙大帝》的创作。熬夜写作自然是家常便饭,实在瞌睡难耐他就用烟头烫自己的胳膊,用以驱赶疲惫,写完《康熙大帝》第一卷时,二月河就因劳累过度得了"鬼剃头"。女儿抚摸着他的头幽默地说:"这一块像尼加拉瓜,这一块像苏门答腊,这一块像琉球群岛。"

在2000年,二月河又因写作过度劳累引起中风,《乾隆皇帝》最后是完成于病榻之上。

"每写一部书,就等于穿越一片大沙漠,确实感到寂寞而空寥,完全是一个独行客。当然在行进中也能找到自己的乐趣。有些地方写起来很困难,感觉就像是在沙漠里边,绕过去,就有一片绿洲在等待着自己。"二月河这样比喻自己的写作生活。

二月河把今天的获得和成就,归于力气第一,然后才是一点点才气和自己无法掌握的运气。

不是比别人聪明,有的只是比别人更多的勤奋和专心。二月河数十年来坚持钻研《史记》、《资治通鉴》、《二十四史》等各类古籍,从而在他的脑海中形成了一种对中国各个朝代的制度和各种社会关系的深刻把握,再加上自己对历史的理解,于是有了二月河笔下的官场文化和权术斗争。

从康熙写到雍正再到乾隆,他怀着非常伤感和遗憾的心情写完这三部书。书中一方面描绘了中国最后一个封建王朝的绚丽和灿烂,另一方面也流露出对于夕阳西下,黑暗就要降临的悲哀。这是一个由盛及衰的必然过程,他更为恰当地把这三部书称为"落霞三部曲"。

许戈辉: 我挺难想象的,因为我知道您在小时候不是一个爱读书的好学生,但是到后来您那种韧劲,那种肯往里边钻的那个劲儿,简直判若两人。

二月河: 如果是人到了穷极的时候,他就会产生另外一种动力。我参军时,在大同,穿上长筒水靴,头上戴上矿工帽、戴上矿灯,腰里拦上一根绳子,下到煤井下面,趟着那个黑水,从那水里面哗哗地趟过去的时候,我就感觉自己走到了人生的最底层。走到人生最底层的意思是什么?就好比说我们炒菜的那个锅,你走到了锅底,那这个时候你不论朝哪个方向去努力,你都是向上的。

旁白：二月河在文学上的知识积累大多来源于生活。"处处留心皆学问"，"好的书籍胜过好的大学"，是他经常挂在嘴边的两句话，也是他的经验之谈。他真正是自学成才的典范。

二月河：我的自学生涯实际上是从大同这个地方开始的。我自学古文，实际上是在我们部队驻地的那些破庙里边的碑碣上，用铅笔把碑拓下来，然后自己在那个地方钻研的。在你读了这些东西后，回过头来再读《中华活页文选》，读《古文观止》，就像喝凉水一样。

旁白：社会生活中没有永久不落的太阳，文坛上也没有不落的太阳，人到抛物线顶点的时候，下滑的趋势也就是不可避免的了。这就是二月河洒脱的人生观。

许戈辉：因为很长时间没有再创作历史题材了，我想知道，就是离那种密集式的写作逐渐远了以后，您是一种解脱呢，还是会觉得心里特别痒痒，特别遗憾？

二月河：也不是解脱，也不是痒痒，就是感觉到一种无可奈何的怅惘，就是回想起自己当年那样的一种精神，那样一种勇气，夏天把双脚泡在水桶里面，我手臂上缠着毛巾，扇着芭蕉扇，我能够那样去写，感觉到自己现在已经没有那个力量了，感觉到一种失去不再来的那种怅惘，感觉到自己老了，感觉到自己很无奈的这样一种精神状态。可是如果你不行了，你还要在那个地方勉强去做，你是违天行事，强汉不能与天争，也就是说必须尊重客观规律。老老实实地说，自己不行了就不行了，就像太阳落山一样自然，太阳落山就叫它落山，二月河要死就叫他死去。只有这样一种心理状态，我认为才是一种健康的心理状态。你要是为太阳落山而悲哀，那么每天你都会悲哀，因为太阳每天都要落山的。

前年，我带着女儿一块上五台山去。五台山那个地方有一句话，叫做"上也五台，下也五台"。我去上五台是为了我的平安坠落，平安降落，我带着女儿去，是为了女儿能平安起飞。上也五台，那是她，下也五台，那是我。

旁白：从2003年开始，二月河将无偿签名改为有偿，并将签名获得的收入全部捐献给"希望工程"。他说这辈子的愿望是用捐款建成五个希望小学，让读不起书的孩子能去读书。

许戈辉：我听说您现在签书有一个条件的啊，叫做二月河签书要求付钱。

二月河：是的，不是说无条件的。有些人一签上百套，那你算算，这一套300块钱，100套就是三万块钱，你能一次拿三万块钱的话，拿出一两千块钱，给小孩们去读书，我自己也不要你的钱，反正你是给"希望工程"捐款。他就再生气，气死他也没啥说我的，他不能骂我，是不是？

选自《对话文化名人：名人面对面》，中国友谊出版公司，2007年

二月河:我从不含沙射影

王巧玲

二月河身宽体胖,小眼睛,一脸憨相,穿着随意,脚踏一双布鞋,但不穿袜子。"人家说我是大作家,土老帽。"他说起话来有浓重的河南口音。他自称是个粗人,当兵出身,做什么事都粗。"有什么事儿,你说吧","你直接说事儿吧。"他开门见山,直来直往。

"我决不含沙射影"

王巧玲:新作《胡雪岩》距离上一部作品《乾隆皇帝》有8年,这8年里,您一直在创作《胡雪岩》吗?

二月河:不是这样,我和薛家柱合写这部作品,我是第一作者,宏观的整体结构布局,以及人文观念、时代背景,我操心多一点。现在我已经不能具体做大量的文字工作了。因为我1999年中风了,医生告诫我不能大量地写作。我现在写随笔、散文,在报纸上开专栏,写人生感受,对一景一物的看法,也出了本集子,叫《二月河语》。

王巧玲:你怎么评价胡雪岩这个人?

二月河:胡雪岩是中国特殊历史时期产生的买办。这个买办既有中国文化的特征,又吸收了西方的东西。当时中国是自给自足的自然经济,基本没有什么外交。社会生活的主要矛盾是地主和农民的矛盾。后来,列强入侵中国。在这个时期产生了胡雪岩。他既有一定的爱国思想,又有依附外国人来实现自己的发财梦这样的思维。

他们说胡雪岩是政治家,我就笑了。他只能是个商人,就是个商人。如果是政治家,他不会只巴结左宗棠一个人,政治家不会只围绕一个人,还这么讲义气,政治家是不能讲义气的。按胡雪岩的个性来讲,他是大时代的弄潮儿,对当时形势宏观和微观的把握都是第一流的。他在政治上有脆弱的一面,倒台的最主要原因就是和左宗棠走得太近。左宗棠的敌人也很强大,当他们反扑过来的时候,就拿他当牺牲品。胡雪岩整体的经历是一个悲剧。他处于这样的时期,在政治倾轧下做了牺牲品。如果没有一个好的政府、政策,个人想实现富国、利己这样的目的,都是有很大问题的。

至于他的人情世故、娶姨太太什么的都是当时正常的事情,这不算是他的品质问题。现在杭州的老百姓都对他留有几分敬意。

王巧玲:这样一个人,对现在来说,有什么启发?

二月河:我不做任何对现在的评价,人们总是喜欢对号入座,想这个胡雪岩是什么意思,但是写历史小说就是在写历史,不要去考虑现在我们需要什么东西,根据这个去塑造历史是不行的。这是在写康熙、雍正、乾隆过程中,我给自己规定的严格的戒律,如果有任何蛛丝马迹,我都要把它去掉。你把历史的真实、艺术的真实呈现给读者,让读者自己去想。你不能企图去当读者的老师,你要跟读者当朋友,读者看了你的书后受到某种启发,那是读者自己的事情。在没有写康熙、雍正、乾隆之前,我就已经决定了,决不含沙射影,决不牵扯现在的,比如说反腐倡廉、经济政策、民族问题等。

别人骂我,一笑置之

王巧玲:网上有很多人骂你,你看了吗?

二月河:我都看了,怎么骂我我都知道,我一笑置之。我年轻时,读托尔斯泰的《战争与和平》,读5次,都没有读下去,那能说明人家托尔斯泰不好?也不能说明,你不会看书,只能说明你和《战争与和平》没有缘分。既然你二月河看不进去托尔斯泰的书,为什么不能允许人家看不进去二月河的书?尽管有人骂二月河,"老子恨不得杀了你!"那是惹急了才会说这样的话。夫妻吵架,骂天杀的,我杀了你;老子打儿子,说,我宰了你,那是因为关系到那了,才会这样。所以不要认真,不要别人骂你,你就跳,那说明你还不够大气。说不定我们俩面对面一起处处,还能成为哥们。人家读书反应强烈才会说这样的话,如果没有反应,人家还懒得说这样的话。我对别人对我的负面看法很不在意,可以说等于在马路上走着,看见对面的人咳嗽了一声,一点也不影响我。

王巧玲:台湾的高阳也写过胡雪岩,你们的《胡雪岩》有什么不同?

二月河:写作品有个忌讳,你写胡雪岩,我也写胡雪岩,我就不看你的胡雪岩,高阳的胡雪岩我就不去看。我在写《康熙大帝》的时候,凌力已经有过一个康熙,他们说你是不是去看看,我说我不看,一看就会影响到我。你完全是自己创作,干吗要让别人影响到你呢?凌力是很不错的女作家,我们之间也认识。在这个问题上,不要去想高阳怎么写,我应该怎么写。但是高阳其他的书,我还是看的,像《乾隆韵事》《慈禧前传》《玉座珠帘》等,写得相当好,用笔非常细腻,很温柔。这是二月河达不到的,我自己很粗,我是当兵出来的,做什么都比较粗。我和高阳,我们几乎是见了面。头天晚上,打电话,他的朋友说喝酒说起了我,想见见面,第二天,他就过世了。我们虽然没见面,但神交已久。高阳作品的缺点是稍微琐碎一点,深恐别人不明白。他这个人还是很值得佩服的,在我们历史小说作家中,还是个佼佼者。

康熙是英雄,洪秀全是恶魔

王巧玲:您的三部曲都是讲清朝的,《胡雪岩》也是,您为什么特别热衷清朝?一些读者观众认为你有过分美化帝王的嫌疑。

二月河:他们说是"唯皇史观"。我们总是在讥笑封建社会怎样怎样,但是我们对封建地主阶级到底有多少了解?我们既然是反封建,我们不了解封建社会,怎么反封建?你看,毛主席说《红楼梦》是封建社会的百科全书,你打开《红楼梦》看,那里面的封建阶级总代表是贾母,贾母是坏人吗?贾政是坏人吗?包括贾赦也不是彻底的坏人。这个东西是很复杂的东西,不要用阶级成分一句话来概括别人,把别人一笔抹杀。我们在讥笑封建地主阶级的腐朽无能,但那时候,有一年全国处决的犯人是29人。现在我们一年处决多少人,恐怕远远不是这个数。那是封建统治阶级的经验,难道我们就不去学吗?《康熙大帝》没写完的时候,责任编辑说,你一定要把康熙的阴险毒辣狡猾写出来。我说一定要把康熙的"大"写出来,康熙称之为"大帝"。

王巧玲:你特别强调贡献,所以出来后让人感觉这些皇帝都太完美了。

二月河:不讲贡献讲什么?就讲出身啊!这是个原则问题。如果仅仅因为康熙成分不对,是地主阶级总代表,我们就千方百计丑化他,妖魔化他,那我认为是不公道的。中国历史上,解决贱民阶层,我认为解决的最好的是两个人,一个是雍正,一个是邓小平。邓小平彻底地"一风吹""地富反坏右",阶级成分一下就没了。蔡伦是太监,郑和是太监,毕昇是平民,黄道婆是道姑,我们要歌颂。康熙是个帝王,我们一样要歌颂。

王巧玲:你看网上,你可以看到很多批评。

二月河:我的东西,我反驳吗,不值得我去跟他们说。因为我们用的标准不一样。他们用的阶级成分标准,说我是"唯皇史观",就没有什么可谈的,没有时间去跟他们扯这个,我就是"唯皇史观"了。你看"二月河吧"里的人自己都打起来了,看了发笑。骂我的话包括"汉奸","民族败类","河南有你这样的人真丢人"，多得很，不必耿耿于怀。我感觉就是别人打了个喷嚏，咳嗽一声，不必介意。我原则没错！

王巧玲：但是人性总会有弱点，有阴暗面的东西。

二月河：康熙也有啊，他帝王心术这些东西都有啊！封建社会的虚伪和残忍是制度的虚伪，是人际关系的虚伪，康熙为了防备自己的儿子，自己一个人住到畅春园里去了，这是批判不是？这是不是在说封建地主阶级的父子关系是怎样的？你一定要我用青面獠牙这种东西去说这个吗？就他们兄弟，24个儿子互相打，这不是封建社会里兄弟相残的一个典型吗？你非要把这个人说得很糟糕，那不对，那不是这么回事。你说封建社会很黑暗，封建社会的太阳也是黑暗的？那不对啊，封建社会的太阳也很灿烂。所以这东西各有各的看法，你得容许别人发表看法。

王巧玲：你在网上发表过自己的观点吗？

二月河：没有，我不发表这个。我跟你说这些的意思，就是我为什么要写康熙，我为什么这么写，我就说我这三个观点，"三个凡是"。至于对不对，由大家来看，由读者、由听众自己的良知去判断。你是农民起义，是贫下中农，烧杀抢掠，造成人民的痛苦，难道我也得歌颂？像洪秀全自己几千个老婆，却不允许别人两口子睡觉。我就要歌颂你这种人吗？我不歌颂。那你说二月河立场有问题，你不歌颂农民起义，可我就不歌颂他。这样的问题，天理人情我们都不能容忍的东西，我们还要去歌颂呀？那我们自己是个什么人啊？所以我不想跟人去辩论这个东西。

有个老先生说，听说二月河还要写洪秀全，我们还得替洪秀全捏把汗。你别捏那把汗，我写洪秀全，我肯定把他写成一个恶魔，很糟糕的一个人。说他那个天朝田亩制度，一天也没有实行过。我们看到一个本子，在江南那么多的省份，那么多年的统治，一天也没实行他那个天朝田亩制度。

可能讲到这个有点激动，我想还是应该按照这个历史，本本分分地按照历史原貌来写。"文革"中，说批林批孔，说农民起义把中国的历史贯穿起来，秦朝陈胜吴广，汉代张角，唐代黄巢，宋代就是宋江啦，费尽九牛二虎之力，把他们串呼起来了。都不是这么回事。

总体就是这样一个理念，如果理念说不清楚，这个书就没法写。因为我在当初写这个书的时候，极"左"思潮还在。1978年才开十一届三中全会，如果没有这次思想解放，不是你说什么就是什么。因为康熙这一生的贡献，我们就应该把他当成一个英雄来看，你说唯皇史观，你说我唯心主义史观，反正我就这么看，我就歌颂。我在几个大学里讲，我说你们几个人能站出来说，你们懂七国外语。我就不讲别的贡献，诗词、书法、音乐、医学、数学，写三篇地震论，我都不说这个,我就说外语,你们哪个人懂七门? 可能有个别有,但你其他方面不成,你不是全面的天才。

王巧玲:那你是不是很崇拜他?

二月河:你不能不崇拜啊,如果我们在这个地方,面对面坐着这样一个人,你说你对他服到什么程度,而且他很近人情,跟别人相处的时候,这种平民化的意识还是有的。所以这个人,不是能随便抹杀得了的。嗯,这个事儿说了不少。

《百家讲坛》是好事

王巧玲:最近,中国流行一股子历史热,三国热,明朝热……您是怎么看这个历史热的,您的小说也算历史热的一部分。

二月河:你这种看法,也算一种看法。我认为多少跟我有点关系,从我这本书(《康熙大帝》)出来以后,开始清史热,然后从清史,再到现在这些。我认为这是好事,不需要多说,整个人民、整个民族在学习历史,尽管有个别老师讲得不是很好,中央电视台还是好的。一个学校,有的老师讲得好一点,有的老师讲得差一点,但总体来说,是好的。

王巧玲:你喜欢谁讲的?

二月河:谁的我也没认真听,我也没有这个时间,偶尔看一看。我不能对具体人做出什么评价。

王巧玲:易中天在《百家讲坛》很火,他后来还出了一本书——《品三国》。

二月河:我不对具体人做什么评价,我认为总体还是比较好的。中央电视台不会随便抓一个人去讲。讲得大致很好,群众反映也比较强烈,对推动整个国家、民族学历史的热潮是有好处的。像刘心武讲《红楼梦》以后,很多《红楼梦》的书销售一空,人们开始去看《红楼梦》了,倒不是引导,就是这件事情,让更多人关注《红楼梦》,这就是大好事。

因为从新中国成立以来,《红楼梦》这种小说,除了"文革"中的畸形销售,量一直不是很大。但刘心武讲那个东西,什么目的,我们可以不去考虑。我不同意刘心武的观点,他那些观点,我都不同意,但是他讲一讲,我也认为不是坏事。作为那么有影响力的一个作家,在那样大一个媒体讲这个,是中央电视台自己做了一个很有意义的事情,至于讲课的人自身有什么问题呢,我认为无所谓。

王巧玲:但会不会有误导呢?

二月河:你要知道《百家讲坛》到现在时间也不是很长,任何一个新生事物,都会有一些粗糙的不够到位的地方,所谓泥沙俱下、鱼龙混杂,从总体来讲,只有洪水来了,才有这个事儿,如果总是一潭死水,对人们就没有什么刺激。从这个角度上讲,我们不要对讲课中出现的误导太介意,你误导了将来还会有专家纠正他,认为他讲得不对。你读了《红楼梦》,就会对刘心武说,你那是胡说八道的,你也要相信国民的素质,把读者估量得高一点,把读者看成自己的朋友。

王巧玲:如果《百家讲坛》请你去讲,你去吗?

二月河:我听说他们有这个计划,我现在苦于不说普通话,可能会受一些影响。但他们没通知我,我也只是听说这个信儿。可能吧。

王巧玲:那你会选择讲哪一段历史?

二月河:我会选择讲康熙、雍正、乾隆这段历史,但是现在没有做这样的安排,说这话不等于没说吗?

王巧玲:康熙、雍正、乾隆的这段历史也有人在讲,阎崇年讲过,你看过吗?

二月河:我都没怎么看过,只是有时候在电视上瞥一眼,也听到大家的一些评论。

王巧玲:你也研究《红楼梦》,不知道你研究《红楼梦》哪方面?

二月河:那是20多年前的事情,也是为创作《康熙大帝》做准备。现在出了本《二月河妙解〈红楼梦〉》,实际上是20年前写的一些感想体会,也不成体系。尽管现在我是《红楼梦》协会研究员,但是人家也是看在我是二月河,在其他方面作出的贡献,也是看在我与《红楼梦》的缘分,实际上现在我的红学研究处于停顿状态。

王巧玲:那你怎么看中国现在的红学研究?

二月河:是一个学术化、规范化的研究,很务实,对康熙、雍正、乾隆时期的经济政治研究都很到位,包括对曹雪芹家世的研究都不断有突破。我认为还是很有成效的。

王巧玲:如果让你选择,你愿意生活在哪个年代?

二月河:第一是没有这个可能。第二,我们现在这个时期是张扬民主和科学的时期,应该说,我们生活在现在,就应该是现在。在康熙时期,尽管他作出了那么大的贡献,但我们知道那个时候,整个北方治理,山东、河南、山西,整个黄河流域都处在自然灾害中,而且人们抵抗灾害的能力极弱,一亩地也就产100来斤、几十斤粮食,这样的生产状态,人们吃饱都成问题,哪能和现在比?现在人不知道饥饿是什么东西,讲饥饿的危险,他们也不能理解。我们不能把当时的情况和现在的类比,我们只是说你的假设不成立,另外,我们现在的生活也会成为历史。

到了明天,我们的谈话就会成为历史。也就是说,我们都生活在历史当中。我们看待过去的历史和今天,一切都是一个过程,而不是一种结果。任何事情都没有绝对的结果。所以我们不去做这种无谓之思,我当总书记会怎样怎样,你也当不了,省委书记、县委书记你都当不了。

鲁迅不能做朋友,王朔是个孩子

王巧玲:你平时看什么书呢?

二月河:看《清人笔记》,现在能让我投入去看的书很少了。一般的书,看几眼就看不下去了。其实,历史上,能持续让人们读下去的书寥寥无几。

王巧玲:你是不是几乎不看现代的书?

二月河:也看,但是常常不合我的胃口,看几眼就不再看了。《鲁迅全集》我都看了。

王巧玲:你喜欢鲁迅?

二月河:应该这么说,这个人我还是佩服的,但是我认为这个人是不能当朋友的。

王巧玲:为什么?他太苛刻?

二月河:他个性当中有弱点,用"苛刻"不合适,只能说他的才华什么的都很好,但是你和他打交道,我刚才说了,他太优秀了,我离他远一点。(笑)

王巧玲:你的朋友当中没有很优秀的人吗?

二月河:没有,我自己也不是很优秀。朋友,我还是选择平民意识、平民化的,能跟我一起打扑克、下棋、喝酒、谈天,没有什么正经事儿。你跟朋友在一块都是正经事儿,那你们不是朋友。你跟朋友在一块,你还常教育我们怎么说,马克思教育我们怎么说,立马就把你踢出去。这样的人交不到朋友。

王巧玲:你刚才说,鲁迅性格中有弱点,是什么呢?

二月河:我琢磨得不是很清楚,总而言之,鲁迅太优秀了,不能当朋友。

王巧玲:当下流行的书,你看吗?比如《于丹〈论语〉心得》。

二月河:我认为这本书是很有意义的,但是对我构不成很强的吸引力。

王巧玲:前段时间,王朔复出,又骂人,你关注这事吗?

二月河:我认为王朔是很有童心的作家,不要把他骂人的话当成认真的,以前不是骂过金庸吗?

王巧玲:骂过你吗?

二月河:没有。我觉得对王朔这样的作家应该多一分宽容和理解。王朔是个小孩子,小孩子在池塘里玩泥巴,把自己身上抹的都是泥巴。看见那边过来一辆中巴,抓起一把,啪,丢在中巴上,你说能有多大的错误,你要把这个孩子做怎样的处罚?

王巧玲:你这个比喻很形象。

二月河:实际上就是这么回事儿。他们说我很智慧,我说的意思就是要把这样的人当成孩子来理解。你就不至于说他一骂人挠人,就不行了。

王巧玲:你的作品大多被改编成了电视剧,你对改编后的电视剧满意吗?

二月河:电视剧是另一种艺术,不要拿小说和电视剧比。《雍正王朝》,我给打了59.5分,如果四舍五入及格,如果严格一点就不及格,他们都说我苛刻,评价太低。但是我问他们,哪一个电视剧我说及格了,没有。所以《雍正王朝》相对来说,还是比其他电视剧要好。后来有制片找我推荐编辑,我还是推荐《雍正王朝》的编辑。59.5分,我的最高分。《康熙王朝》那个电视剧,我八个字,一个字都不多说,"无话可说,不说什么"。

作家是丐帮,市场太重要了

王巧玲:前段时间有媒体搞了一个中国作家财富榜,您以1200万的身价位于第2位,您知道这个排行榜吗?对这个排行有什么看法?

二月河:我觉得这个事情,你们媒体应该大气一点。我知道巴尔扎克写了个《欧也妮·葛朗台》,葛朗台数钱,数的是自己的钱,现在这样的人也数钱,数的是别人的钱,我觉得连葛朗台的品位都达不到。替别人数钱,然后公布出去,这是什么样的心理状态?《康熙大帝》、《雍正皇帝》、《乾隆皇帝》这几部书原来拿的都是稿费,不是版税。《康熙大帝》河南文艺出版社一次性印了40万套,你知道我拿了多少稿费?8千块钱,这是事实。《康熙大帝》最初的稿费是千字7元,后来千字14元、20元、30元,再涨,我说不要了,我稿费30元就可以了。后来,改了版税,才有了一些收入。这件事不想多说,不愿意和葛朗台打交道。

王巧玲:你这次把《胡雪岩》的稿酬都捐出来,您是怎么看待财富的?

二月河:这不需要多说,没啥说的,捐出来就捐出来了。

王巧玲:你是那种视金钱如粪土的人吗?

二月河:那不是,金钱很重要,可以说没有钱寸步难行。但是,当你死的时候,你剩下一分钱和一百万,是一个结果。能做一点是一点,我给自己留的可能更多一点。因为这个社会需要钱,防止我将来看病没有钱,防止我万一有什么意外情况,我需要钱,借不来钱。我不该防止这些状况吗?在我考虑到这些之后,为社会做一点。

王巧玲：您应该算是那种特别有市场的作家，市场对您来说重要吗？

二月河：那太重要了，就像你到银行领工资这么重要。因为你的衣食住行就靠这东西。作为一个作家，一样也要掏房租、掏水电。如果没有市场就没有钱，没有钱，你就得另想办法。

王巧玲：您比较看重文学性，还是市场价值？您怎么看文学与市场关系的？

二月河：普通读者和专业读者（评论家），当然我尽可能都满足他们。如果说必须得罪一方，我得罪专业读者，我不得罪普通读者。历史的真实性和艺术的真实性，当然也希望能完美结合，如果说有矛盾，历史的真实性让位于艺术的真实性，因为我写的是小说，不是历史。

王巧玲：在当下中国，作为一位作家、知识分子，如何来体现社会责任感？

二月河：作家在家写东西，有提出社会问题的义务，但是没有解决社会问题的能力，也没有回答社会问题的义务。只能是提出问题，或对社会问题有所思考，能够给读者一些启迪。这就是作家的义务，如果尽别的义务，作家还尽不了。钱也没有多少钱，是不是？就算我有1200万，放到北京算什么呀，你也不用瞒我，整个北京富人家有多少，买个宅子1200万都不够吧，何况哪来的1200万？作家就是一种丐帮的形式，这比较切合实际。就算你是个头目，洪七公，你洪七公能有多少钱？

王巧玲：你这是和富人比，如果和平民比呢？

二月河：和平民比还算行，但是大多数作家都处于平民状态。那个富豪榜里，还有余钱资助社会的作家实在寥寥无几。体现在精神上，作家应该为弱势群体说话，应该关注弱势群体，我也提醒自己这个理念。资助贫困人群不是作家的社会责任，作家的社会责任主要是写书、写文章。

尊敬"80后"作家

王巧玲：现在"80后"作家，网络文学发展特别迅猛，您怎么评价"80后"作家和网络文学？

二月河：我认为网络文学、手机文学藏龙卧虎。一些年轻作家没有把作品正规发表，而是发在网上，我们专业作家有些望尘莫及。潜力巨大，问题很多，前途光明，应该用这几个字来概括。因为这毕竟是人文的体现，是群众、民众、老百姓，每一个普通人参与的文学创作。这是在单纯的书本出版时代所无法想象的。在唐代，诗歌如果只是掌握在李白、杜甫等人手里，唐诗也不会那么盛行。它是全民性参与，这是一个极好的兆头，问题也很多，需要引导，需要社会学家、政府、管理部门、专业读者、普通读者共同参与，使阳春白雪和下里巴人能同时并举。这个势头是让我感到最高兴的事情。过去我们投稿,要小心翼翼地巴结编辑,不给稿费都可以。我这个岁数的人都有这个经历。现在巴结谁啊,发表权从少数优势群体中游离出来了,变成普通民众可以共同参与的事情,这件事情本身的意义就是带有历史性的,有里程碑性质的。它真正的含义我们现在可能还不是很清楚。我认为,它甚至是比刚才谈到的《百家讲坛》更好的一件事情,《百家讲坛》我们可以不看,但是手机我们谁不用,谁不上网?尽管不是出版社正规出版的,如果都是出版社正规出版,又到了少数人手里。全民性参与,是公平竞争,出了一些令人惊叹的好作品。

王巧玲:对"80后"作家,有什么评价?

二月河:他们就是这支队伍的主体,将主宰文学艺术今后发展的前途和方向。我认为不管他们多么的不成熟都要很好地接受他们,尊敬他们,和他们很好地相处,以老作者的身份和他们多交流,可能对他们的创作有更多的益处。

王巧玲:你写博客吗?看别人的博客吗?对中国的博客热有什么看法?

二月河:我不懂什么是博客,不写也不看。和我刚才谈的意思是一样的,只要是全民性参与的事情,我都赞成。因为文学走向人民群众,人民群众参与文学艺术,这件事本身就带有划时代意义。

王巧玲:从你的言谈中,我感觉你应该是很有平民意识的人,但是你写的书都是关于皇帝的。

二月河:看我的书的人都是平民,是不是?当然贵人也看,但是多数是平民。这说明,不管你是创作什么题材,只要心中有读者,读者就会爱你。

王巧玲:你一直居住在南阳,通常作家、文人都比较喜欢待在北京这样的大城市,你没想过也搬到北京吗?

二月河:杀猪杀一把,各有各的杀法,我在这个地方,你不也从北京跑来了吗?

王巧玲:南阳对你来说有很特别的意义吗?

二月河:我在这个地方生活惯了,没什么特别意义。生活惯了就觉得这个地方不错。我1958年就来了,将近半个世纪。我在这有很多普通的朋友。我早上出去转转,人们纷纷跟我打招呼,卖菜的、卖肉的、修自行车的、抱孩子的。"凌老师你好","二老师,二先生",胡喊乱叫,挺舒服的。

王巧玲:他们看你的书吗?

二月河:不管看不看我的书,都感受到了一种尊重。我去买菜,在菜摊旁歇一下,卖油条烧饼的、切肉的,统统都站起来说,凌老师你好。你想,这种东西在别的城市有吗?人们对我这样的感情,如果我还因为别的城市房子高一点,马路平一点就跑到那去,那不是太没有良知了吗?到别的城市,尽管人们也会尊重我,但到那种地方我就会变成特别优秀的人,不好打交道。在这个地方,我也不特别优秀,我和不特别优秀的人能打到一块去。感到苦闷怎么办,早上出去喊一嗓子"卖呼啦糖的",就没了,什么也没了。

王巧玲:你的日常生活是怎样的?

二月河:写字,画画,写文章,写诗,再走一个小时路,"五个一工程"。

原载《新世纪周刊》2007 年 9 月 21 日

二月河、孙皓晖"秦清"对话

张定有　吴春刚

> 是英雄创造了历史还是人民群众创造了历史？这个问题二选一太难回答，是英雄带领人民群众创造了历史。
>
> ——孙皓晖

> 金庸是天才，王朔是鬼才，二月河是人才。金庸把黄蓉关在桃花岛上，如何吃饭、发不发工资都不用考虑，我却得考虑过日子的柴米油盐。
>
> ——二月河

是朝阳灿烂还是落霞美丽？作品要展开文学想象还是拒绝戏说？昨天下午，《大秦帝国》作者孙皓晖对话《落霞三部曲》作者二月河，两位大师一庄一谐，把南阳师范学院学术报告厅内的氛围"炒"得炽热。

"光脚"与"烟斗"间的交流

这场由河南文艺出版社和新浪读书频道主办的大师级对话，一周前就吊足了读者的胃口。昨日 14 时，南阳师范学院学术报告厅内座无虚席。与以往报告会不同的是，报告厅有 6 名保安把门，只允许南阳师院文学院的同学进入。

14 时 16 分，二月河和孙皓晖一前一后进场。由于是第一次见面，经介绍后，两位大师的手才握到一起，不事声张地在观众席上落座。

14 时 30 分，在主持人的引导下，二月河和孙皓晖走上了主席台。二月河先鞠一躬，然后像武林人士般向观众抱拳致意。孙皓晖见状，也采用了同样的致意方式。两人身后的背景布上，"朝阳与落霞：二月河、孙皓晖'秦清'对话"字样非常醒目。

二月河衬衫长裤，脚蹬皮鞋却没穿袜子，对话时操一口地道的南阳话，谈吐不失诙谐幽默；孙皓晖则着白色夹克，戴近视眼镜，手中把玩一支精致的烟斗却并不吸烟，讲着不太流利的普通话，让人感觉到他的学者气度。"论战台"上的两位大师,可谓一谐一庄,个性鲜明。

二月河重提"作家免税":是想让穷人看得起书

对话期间,南阳师院一位同学的提问,使二月河提起眼下的一个热点话题——今年3月,二月河赴京参加全国两会,有媒体报道二月河撰写议案呼吁免去作家的个人所得税。这个报道引起争议。"在这里我想重复一下这个话题,我是说了为作家免税的话,至今也不知道自己错在哪里,竟招来了批评!"昨天,二月河道出了"作家免税说"的背景。他说,全国人民代表大会召开的前一天,有记者问他带来议案没有,他说还没考虑成熟,一直在思考能不能提议免去作家的个人所得税,没想到第二天自己的言论就上了报纸。

二月河介绍,自己的本意并不是作家穷需要发财才提出免税,而是建议把免去的所得税补贴给出版社,以此限制图书的虚高价格,让穷人能看得起书。

"朝阳"与"落霞"同样美丽

话题一:巨著的诞生

二月河:有一次参加一个全国性的《红楼梦》研讨会,会上有人提出康熙对中国社会发展的贡献很大,这才动了写作的念头。落霞特别美丽、特别诱人,但夕阳西下,里边落后的东西也很多。中华文明在近代被西方文明撞得粉碎,康熙、雍正、乾隆这三代皇帝是有责任的,他们是一族,叫"回光返照族"。

孙皓晖:我长年研究历史,深感春秋、战国和秦王朝的历史淹没的时间太长,在后人的记载中大多以暴政、暴君为秦帝国定性。我发现这段历史对华夏文明太重要,就产生了探索的欲望。

话题二:帝国与帝王

孙皓晖:秦王朝符合帝国的基本特征:大国、专制、军事扩张。但它与罗马帝国又不一样,罗马帝国只是统一了国家,没有统一文明,所以很快欧洲就又分裂成众多国家。而秦帝国不仅统一了国土,作为国家标志的文字、度量衡等也都统一了,等于说统一了文明,这就是秦始皇对中国文明贡献独特的地方。

二月河:所写的三个皇帝,我最爱康熙,其他都称"皇帝",独称他为"康熙大帝"。我用三个标准来衡量历史人物:是否为国家统一、民族团结作出了贡献,是否对发展当时的生产力、改善民生有贡献,是否对当时的科技教育文化发展有贡献。在这几个方面,康熙都作出了卓著的贡献。

话题三:阴谋与阳谋

孙皓晖:我反对阴谋论,我所说的阴谋是指专门以人际恩怨揭示重大历史事件,眼盯后宫,不写大事件专写琐碎事。我主张写主流和主要矛盾,不要扯上阴暗的小事件。需要声明的是,我反对阴谋论但不回避。

二月河:康熙大帝堂堂正正的礼教治国就是阳谋,但现实中阴谋也是有的,有时还会成功。作品中有阴谋才有故事、有趣、有吸引力,能满足读者的心理需求。阴谋有戏,阳谋没戏。

话题四:戏说与虚构

孙皓晖:秦时期虽然距现在比较遥远,但历史大事多、历史人物多,写起来并不困难。我的原则是坚持历史事件不戏说,虚构也只用在事件的连接上。

二月河:我写的是小说,不希望读者当历史来读。我的读者不单指学者,书是给所有人看的。

话题五:写作与营养

孙皓晖:《大秦帝国》表现了当时的时代背景下,中华民族变法图存的强势生存状态,我们现在应当师法古代改革求变的精神,求变图存。

二月河:我力求把历史的真实告诉大家,同时也告诉大家,世界上最优秀的文化要进行沟通交流,产生杂交优势后才能立于世界民族之林。

原载《出版参考》(下旬刊)2008年4月

二月河访谈

阿　丘

主持人：大家好,欢迎做客《奋斗》,我是阿丘。在节目开始之前呢,我想来读一位作家的,在他的小说当中前面的一个自序:"假如这世上有人曾经和我同路跋涉过人生(唉……很遗憾,没有),他就能告诉你,我其实原本是个痴人。他会告诉你,我是怎样一个读书狂,在二十多年的漫长岁月里,我不曾在凌晨一点前睡觉;告诉你,我曾被管理员遗忘,关扣在图书馆中不自知晓;告诉你,我捧书走路,踢掉了脚趾甲,血流了一路,我浑然不觉。假如他看见我裁开包水泥的牛皮纸袋做卡片,一字一句地摘录那些劈柴纹理,他就只能如实说,二月河不过是文坛一痴。"我这么一念,您肯定知道我们今天的嘉宾是谁了,有请著名作家二月河先生,请坐。很多二月河的粉丝跟我一样,知道二月河是一个作家,但是很多人并不知道他的真名叫什么,您的真名真姓?

二月河：凌解放,凌云壮志的凌,解放军的解放。

主持人：哦,凌解放。

二月河：对。

主持人：很多人认识二月河先生,那其实认识不等于了解。来,一起来通过个小片,加深一下了解(小片)。

主持人：好,现在认识一下今天我们场上两位观察员,第一位是来自乌克兰的喜剧明星,博比·肯先生,第二位是我们中国,红楼梦学会会长张庆善先生。了解一个人物我们还得从头说起,二月河先生,看您的书知道您这个知识很渊博。

二月河：不敢当。

主持人：您小时候,我就想了,肯定是一个好学生,而且呢,肯定很受老师的喜欢,是这样的吗?

二月河：说这个真是让我很难回答,我小学留级一次,初中留级一次,高中留级一次,没有上过大学,是这样一个学生,一共留(级)了三级。

主持人：那高中毕业的时候多大年纪了?

二月河：高中毕业,又加上两年"文化大革命",这等于是留(级)了五年,这样我参军的时候已经二十三岁,已经超龄了。

主持人：你学习成绩又不好,那些知识从哪儿来的呢?

二月河：读书。有些时候读的很正规的历史资料,有些时候没有书读,从地上捡起一篇这种旧台历,也读。我这种学识的范围,恐怕不像一般的学者们经过严格训练的那种,你比如揣骨的、算命的、相阴阳宅子的、相面的,这些书我也读。但是我们写康熙大帝、写雍正皇帝、写乾隆,里边要写一个算命瞎子,你没有读过奇门遁甲,可以吗?你写个瞎子你就写不好,这就是读书的作用。《二十四史》,范文澜的《中国通史简编》,任继愈的《中国哲学史简编》,还有《资治通鉴》、《续资治通鉴》、《藏书》、《续藏书》,像这一类的书读得比较多,历史资料这方面的书比较多。

主持人：小说类呢?

二月河：小说,当然首推是《红楼梦》,当然四大名著,我不但有读而且有一定的研究。

主持人：对国外的小说呢?

二月河：(也)读了一些。

主持人：能不能告诉我们,您读书的一些心得和感受,告诉大家应该怎么读书,才能学为所用?

二月河：是这样,我后来读书呢,就是这个书拿到手里边,读过三页如果还是读不进去,坚决不读,不要逼自己。你绝不要说是这本书你读不进去,硬着头皮一下子把这本书读完了,浪费你自己的时间,也未见得你能学到什么东西,这是我个人的一点感受。

主持人：好,我明白了,这个读书还得有缘分,那么当学生期间读了很多书,当兵之后还有没有时间、机会读书呢?

二月河：我自学生涯主要是从当兵之后,我在学校读书没读成,是个失败的学生,但我是个成功的自学成才者。《二十四史》、《资治通鉴》,还有当时的一些《平法》,譬如这一类书,大致上都是在当时(读的)。大量地关注了历史、政治和哲学这方面的一些知识,这个时候我的古文水平,已经达到了可以像看报纸一样看这个明清以来的古文诗篇。

主持人：那当时读书的环境、气氛、条件怎么样?

二月河：没有,我这书多数是自己买的,我没有到过图书馆,原因是我这个人害臊,好面子。我有一次到图书馆去借王士祯的《渔洋诗话》,那个是线装本的,到图书馆去了以后,那个图书馆(工作人员)就呵斥我,(说)你有什么资格借这样的书,就是因为我这个政治地位比较低,跟图书馆的人也不大熟。从那以后,我一步也没有进图书馆,但是后来成名了以后,图书馆希望我能够有一个在图书馆(读书的)照片,他们就到我家去说这个事,我心想着,我过去也不是没去过图书馆,是人家呵斥了以后,我才没去,我说这也是应该反映这段历史真实,就到那个地方去,到图书馆去照了个照片。

主持人:二月河先生其实算是大器晚成的人,之前当兵也没当过大官,转业之后到了地方的宣传部是吧?也是一个小职员吧,小的政工人员,类似于像这样的,后来确实因为长期读书的积累,激发了他想宣泄、写东西的热情,就在四十几岁的时候开始写作。张会长,您觉得他这么能读书,读了那么多好书,他的读书方法其实也很可取,这是不是他今天成为著名作家的一个必然、必要的前提?

张庆善:我想是的,就是说二月河之所以能成为一个著名作家,除了他的天分之外,我想更重要的是勤奋。他看了很多很多的书,就是说哪怕是一个细节,他也要去从书当中找到知识,就是他的刻苦超过常人。据我所知,他当年创作的时候,最艰苦的时候头发都掉光了,所以如果他没有这种坚持啊,是不可能成就今天的二月河的。

主持人:知道您一直长期致力于研究《红楼梦》,我不知道是出于纯粹的业余的喜好,还是说想致力于在这方面成为专业人士?

二月河:我研究《红楼梦》,也是我的运气,冯其庸先生又推荐我当了这个红楼梦学会的会员。在学术界里面有两种成功的方式,一种是软着陆,你像庆善这样的,小学、初中、高中都很优秀,上了大学又很优秀,然后毕业了以后分配工作,各方面工作成就都非常突出,当了中国红楼梦学会会长,这是沿着一条铺满鲜花的道路走到了这里边;还有一种着陆叫硬着陆,硬着陆就是在飞机上边,没有降落伞,反正我这眼一闭,就这么跳下去了,二月河属于硬着陆,这个硬着陆容易摔死,我为了这个不要摔死,我分成两次,我先跳到《红楼梦》这个领域里边去,从《红楼梦》这个领域里边再一次跳跃,跳到这个文学界,大致上是这样考虑的。

主持人:张会长,您对二月河先生《红楼梦》研究的一些成就,您有什么看法?

张庆善:我认为《红楼梦》影响了二月河的创作。二月河的创作,包括在他的三个皇帝当中,很多人物都能看到《红楼梦》的一些影子。二月河成为今天的著名作家,是因为二月河的三部系列小说,他是把《红楼梦》作为老师来学习的,但形成了二月河自己的创作风格,至少在今天来讲,我认为呢,在历史题材的小说创作当中,二月河取得了相当高的成就。

主持人:我想问一下二月河先生,你最早的想当作家的这种冲动,有没有明确的方向?

二月河:我想写哪类书,哪类书我觉得自己最擅长,完全是一种非常朦胧的状态。1982年,在上海召开中国红楼梦学会的一个会,冯其庸先生就推荐我去参加这个会议,其中有一个朋友就讲啊,像康熙这样一个人在位六十一年,没有一部像样的文学作品,当时我感觉到脑子一热,我说我来写,大家也都当玩笑来(看)。有几个出版家就讲,你写我给你出(版),这就把这个事给捣鼓起来了。后来到 1985 年,这个书写得差不多的时候,到鸡公山开会,鸡公山开会就听到这么一句话,写短篇是现过现,写中篇是什么了,写长篇是胡球干。

主持人:胡球干?

二月河:用河南话说的,胡球干。我这才知道我自己胡球干了一年,但这个时候已经是胡球干,出版社已经认为不是胡球干了,这样的话,就是在梦里头度过了一个难关、一个险关,这样的,如果早听见这话呢,我可能就不写了,是这样个情况。

主持人:当你真正去写的时候,我想问一下,容易吗?

二月河:应该说是相当得苦。因为我在写书的时候还上着班,我和我爱人两个人的工资合计整整九十块钱,说句实在话,买一个电扇要一百八十三(元),买不起。夏天把两只脚浸到水桶里边,水凉,蚊子咬不到,是吧?冬天冻得那个墨水,当时用的是钢笔水,墨水都冻起来,到(凌晨)三点钟时候肚子饿了,又没地方买(吃的),有时候烟吸完了以后四脚朝地,在那床底下找烟头,这种事我二月河干过。

主持人:您还记得第一次,你的作品发表之后,您拿了多少钱的稿费?

二月河:这个稿费是不同的。这个我可以给你,在这个地方,给大家也都老实交代,《康熙大帝》第一卷,千字七元;《康熙大帝》第二卷,这随着我的身份不同,千字十四元;《康熙大帝》第三卷,千字二十元;《康熙大帝》第四卷,千字二十五元;《雍正皇帝》第一卷,千字三十五(元)。

主持人:哇!

二月河:到此打住,这是计划经济时,稿费里边的最高稿酬,这就是当时这个稿费收入情况,这也给大家说老实话。

主持人:好,今天其实呢,还有一位朋友来到现场。他也是咱们二月河的好朋友,来自总参兵种部的田永青少将,欢迎您!您是哪一年认识他的,多少年的好朋友?

田永青:我们认识时间还不长,有二十年的时间。1990 年我开始熟悉他,我比他大五岁,我今年七十岁,二月河是六十五岁。这个二月河同志成为著名作家,可能有这么三个方面。第一是才气,他说他的智力最多是中等,但是他酷爱文学和历史,有一定的才气。第二运气,他说他当了十年半的工程兵,锻炼了意志,积累了知识,这是运气的一个方面,他在部队这十年半很重要;再一个就(是)改革开放以后,政治环境、文艺环境宽松了,可以实事求是地用文艺形象的形式来写皇帝,在过去是不可能的。第三个是力气,二月河同志说他主要靠力气,他说,相信一个人再笨只要你认准一件事,你干它十年、二十年、三十年,每一天干它十几个小时,再笨,你也能干出一番事业来。我对二月河同志还有四句话:第一句话是,一塌糊涂数理化,三次留级,数理化学得不好;第二个是,一枝独秀文史哲,文史哲——文学、历史、哲学他学得好;第三句话是,一气呵成康雍乾,连准备带写近二十年的时间,五百三十万字,三个皇帝,二百六十八年(的历史);第四句话,一举成名二月河,我就说到这儿。

主持人: 博比·肯来自乌克兰,刚才二月河先生的表达,带有一定口音,就是河南方言,我不知道你听得懂吗?

博比·肯: 能听得懂。

主持人: 能听得懂?

博比·肯: 对,我挺佩服他的,说实话,二月河先生的那个(小说),拍成了电视剧《康熙王朝》,它跟那个历史比较接近,他写的东西还比较引人入胜,看起来很舒服,他的那个《康熙大帝》我真的挺喜欢看的,比较接近历史。我就想问二月河老师,比如说有的时候吧,虽然是那个年代,可是有的时候篡改,和珅、纪晓岚,还有刘墉,纪晓岚考上进士的时候,已经三十七岁了,那时候和珅还没出生,结果现在拍出来的电视,他们都同等年龄,斗过来斗过去,他们为什么要这么去忽悠老百姓?

主持人: 忽悠?

博比·肯: 对。

主持人: 一个外国人不远千里来到中国,对中国历史那么地较劲,这是一种什么精神呢?他对影视作品的那种想法,(就是)影视作品的那些事,是不是历史上就是真事?

二月河: 你像那个《戏说乾隆》,人家都告诉你是戏嘛!你为什么要认真呢?认真是你的问题,像你说那个《康熙微服私访记》、《宰相刘罗锅》,如果从严格的历史学的这个意义上说,那就根本不能看。我给大家打一个比方,你看电视剧里边,有个女侠客带上那么一大锭银子,去到酒店里边,"啪"把那个银子往桌子上一拍,"给我打酒来",她知道银子怎么花的吗?银子的消费概念,我可以给大家讲,三两银子可以供一个八口之家,当然不是富人,过一年,三两银子可以盖三间房子,而且这个银子还有成色问题,从99.7%的纯银到30%的杂银,能一样用吗?怎么测定,银子的计量单位,可以计量到两以后小数点以后十三位,两、钱、分、厘、毫、忽、丝、微、纤、尘、埃、渺、漠、模,是这样的一种计量单位。你怎么可能说,把三两银子放到桌子上,(说)你给我打酒,是吧?

主持人: 刚才博比·肯先生说得很好。就说这个,就是强拉硬凑地,把一些不相干的人物和不相干的事件、不相干的时代风格扯到一起去,他们以为读者喜欢,看不出来,你要把读者和观众看成老师,你不要把读者和观众看成你的学生,你这样来比照你的创作,不管是文学创作还是艺术创作,很可能就更到位一点。《康熙大帝》,您认为,忠于史实和艺术加工以及戏说,这两者之间的比例和关系,应该是怎么来调配?

二月河:应该说我这个康熙、雍正和乾隆这个书呢,是遵照历史的真实和艺术真实,双重真实的创作原则来写的,但是需要给读者作一个说明的是,历史的真实绝不是历史事件的真实。我给大家打一个比方,你就明白了,你比如说,你今天穿的是唐装,再过二百年,如果要有人写我们今天这件事情,也可能说你穿的不是唐装,是西装,穿着马褂也可能,你今天戴眼镜了,你身材不是很高,但是再过几年呢,人家都可能说(你)躯干伟大,因为他都没见过。这位女士穿的红衣服,她拉的是离子烫呢,还是鸡窝头?这个再过三百年以后,那由三百年以后的二月河来决定,但是今天到这里来了,听了二月河的讲座,有博比·肯先生,还有张庆善先生,还有我们这著名主持人,还有田大哥,还有一系列的朋友,这个事实不能改变。

主持人:很少发现您对现实题材的小说感兴趣,以后会不会写一些现实题材的小说呢?

二月河:写这个现实题材小说,在现实生活当中,我社会生活的这种阅历,实在太薄弱了。你想想我上学,上完学又当了十年的兵,当兵回来的时候,已经是三十三岁的人了,而且当兵又在深山里边,整座山被封锁。有人说二月河不会写女人,那山沟里就没有女人,他怎么能够写得出来呢?这个就是说没有这种生活,无论如何就创作不出这样的作品。

主持人:最近忙什么呢?

二月河:我这个人吧,用现在一句话来说,就是能吃能睡,没心没肺,保持一种良好的心态。我有一次在街上看见个搬运夫,拉那个板车的,很新的那种胎他就换了。他说,你不知道啊,我是拉钢筋的,我这一车要拉四千斤,你看这个胎是新的,实际上里边那个筋都断了。所以说二月河虽然在这个地方坐着,好像是精神还可以,气质也不错,但实际上二月河这里头,这筋都断了,所以说现在是随份、自然,按照这个读一点佛经,也读一点现在的书,写一点随笔、写一点散文,把自己的人生感受,传给年轻人,这个责任我就已经尽到了。

主持人:在节目的最后,希望二月河先生呢,在您的这个肖像前,为我们栏目留下您的一句奋斗感言。

二月河:字不好啊!

主持人:很好!

二月河：再掘一寸，即见黄金。奋斗就是说再掘一寸即见黄金，这一寸你不掘的话，没金子。

主持人：好，对，谢谢，谢谢二月河先生，希望大家通过我们的访谈，更加地了解二月河先生以及他的作品，好，感谢收看本期节目，谢谢二月河，下期节目我们再见。

原载《奋斗》2010 年 3 月 23 日第 32 期

现在的反腐力度读遍《二十四史》都找不到
——中央纪委监察部网站专访二月河

景延安　赵　兵　李　放

题记:2014年7月2日,在河南省南阳市一个爬满青藤的安静院落,我们见到了因《落霞三部曲》——《康熙大帝》、《雍正皇帝》、《乾隆皇帝》而为海内外熟知的作家二月河。近几年来,二月河因其对反腐败的论述不断出现在公众视野。通过两天的专访,二月河讲述了一位作家丰富艰辛的创作历程,一位历史研究者对当代政治生活的观察与思考以及一位文化传播者对于文化、教育的热忱与见解。从参军入伍、弃武从文、研究红学,到文学创作、建言反腐……整个访谈都闪耀着二月河先生的人生智慧和历史洞见,体现了其强烈的社会责任感与人文情怀。

我想告诉大家,我们民族曾经发生这样的事情

问:您创作的《康熙大帝》、《雍正皇帝》、《乾隆皇帝》三大历史小说,广受海内外读者欢迎。当初为什么选择这些历史人物作为创作题材?

二月河:1982年在上海召开的第三次全国《红楼梦》学术讨论会上有人提到,康熙对我们中国历史贡献很大,但是到现在没有一部像样的文学作品,我脑子一热就说由我来写。

中国封建社会从秦始皇开始算起,到宣统皇帝结束,辛亥革命以来,我们都是把注意力放到民族解放当中来看这两千多年政治历史的。从大历史的格局来看,当时还没有一部完整的文学艺术作品对中国封建社会的总体情况作较为全面的观照,包括中国封建社会的政治、经济、文化、社会还有军事等诸如此类的形态,因此需要有一部全方位观照大历史的作品。

问:您怎样看待您笔下的这些人物?

二月河:像康熙、雍正和乾隆这样的历史人物,我们用什么样的历史观来观照他们,这很重要。十一届三中全会后,提出检验真理的唯一标准就是实践。那么检验历史人物的标准也应该是历史的实践。我以这三点来评判历史人物:

第一,在中国历史上,是否对国家的统一和民族的团结作出过贡献;第二,在发展当时的生产力,调整当时的生产关系,改善当时人们的生活水平这几个方面,是否作出贡献;第三,凡是在科学技术、教育文化、发明创造这些方面作出贡献的就予以歌颂,反之就给予鞭笞。

我写皇帝并不是对皇帝情有独钟,而是这样的人容易带领全局。他们都是当时的最高统治者,而且他们所带领的时代又是中国封建社会最后一次辉煌,在回光返照中把中国传统文化的辉煌呈现出来。

这三部是皇帝系列,又叫"落霞"系列,我们的文明在那时像晚霞一样绚丽,同时又存在一些很要命的东西,这就是太阳要落山时的美丽与忧虑。忧虑的是我们的文明当中不只有精华,也存在糟粕,比如对于权力无原则地崇拜,对个人名利无止境地渴望和追求,文化上故步自封,夜郎自大等等。

我曾经给43位中科院的教授上课,问他们当中有没有人既是政治家、农学家、数学家,又是军事家、书法家,还精通几门外语。康熙就是这样的人。数学当中的一元二次根,他很早就解过,还有农学中在试验田种植双季稻,也是他。康熙甚至还组建了我国第一个皇家科学院。

如果商贸来往从康熙时期不停,西方工业革命的信息可使中国的工业革命大致与西方同步,或许就不至于有鸦片战争。所以我讲,康熙是中国的潘多拉。我写这三位皇帝,就是想表明,我们处在一个重要的历史转折关头却没有抓住机遇,与工业革命擦肩而过。我用这样的艺术形式来告诉大家,我们民族曾经发生这样的事情。历史总是在提醒我们,不要重蹈覆辙,作家的责任就在于此。

冯其庸先生说,你什么都不要搞了,《康熙大帝》就是你的前程

问: 刚开始创作时,有人质疑您,整个创作过程也非常不易,这么多年您是怎么坚持过来的? 动力和信心来自哪里?

二月河: 我年轻的时候也是雄心壮志,父母很早就参加革命,周围的人都算成功人士,于是自己也想将来做一番事业。可是,父母所在的部队调动频繁,我只好不断地转学。上学没有上好,小学、初中、高中都留级了,留到1966年。"文革"开始后,高考没了,去当兵,参军又十年,33岁才当了指导员。别人33岁当正团,我还是一个副指导员,我不想当官了,我想做点事情。不能做官就在文学这条路上走一走。于是,我走上研究《红楼梦》这条道路。我把我写的研究

文章寄给红学会,他们也没有给我回信。后来,我给红学家冯其庸先生写信,我说我写的稿子请您看一看,如果我真不是研究《红楼梦》的料,请您给我回一封信写几个字,我不在这儿浪费时间了。如果您觉得我是这块料,也给我回几个字。这封信去了几天,冯其庸先生给我回信了,洋洋洒洒一百多字,主要就是说觉得我可以,这样我就走进了《红楼梦》。后来,1982 年在上海召开全国第三次《红楼梦》学术讨论会后,我开始写作《康熙大帝》。

到 1985 年,我已经写了 17 万字的《康熙大帝》,冯其庸先生看过后说,你什么都不要搞了,《康熙大帝》就是你的前程。1985 年底,我写了 34 万字的《康熙大帝》,随后这个书就出来了。人生成功一个是力气,一个是才气,再一个还要有运气。

找一个省文联主席容易,找一个二月河难

问:您说曾有做官的机会,可您拒绝了,刚开始不是就想做官干一番事业吗?

二月河:也曾有过想通过当官有所作为的想法。可是在走上文学道路后转变了。十五年前省委组织部找我谈话,说想让我当省文联主席。我跟他们讲,我说我不会管人,这是第一。第二我不会管事。第三我不会管钱。不能管事、不能管人,又不能管钱,叫我来干什么?想当这个文联主席的人多得很,但是我要告诉你们一句,找一个省文联主席容易,找一个二月河难,我说我也不用考虑了。现在我是省文联名誉主席,不管事不管人不管钱,是一个自在人。我做事情比较专心,这也是一种定力。你如果拿不定主意,又想做官又想做事,可能官也做不好事也做不好。

鱼和熊掌不可兼得,你想发财就做生意,要做官就不能想发财

问:现在有些干部既想当官,又想发财,这种情况令人担忧。

二月河:是,鱼和熊掌不可兼得,你想发财就做生意,要做官就不能想发财。根本的问题是你自己有没有立场,这跟自己的价值观有关,跟自己受到的家庭教育有关。

在我小时候,因为钱的问题,我母亲不知道说了多少次。她说将来两个错

误你不能犯,一个是,不是你自己的钱你不能要。不是你的钱,一分也不能要。一个是作风上不要叫周围人对你有议论。这两条原则掌握住,剩下的问题家长可以帮你,朋友、老师都可以帮你,这两方面出了问题,别人帮不了你。这就为我以后的人生设立了一些不能逾越的杠杠。

历史告诉我们,腐败不会导致速亡,但腐败能导致必亡

二月河:我在几个场合一直对干部这样讲:腐败不会导致速亡,历史上没有这个效应,但腐败能导致必亡。满军入关的时候,只有8万5千兵力,吴三桂在山海关的驻军是3万5千人,合在一起就是12万人。汉族的兵力是多少呢?李自成的铁骑部队有100多万,加起来汉族的武装力量在400万人以上。可是12万人打400万人,却如入无人之境。为什么?因为你腐败了,400万人也就是一堆臭肉,不腐败,12万人也能变成一把剁肉的刀。崇祯皇帝最后是什么样子呢?只能跑到景山自杀了。这些历史的细节真切地告诉我们,腐败与每个人都有关联。不是说某人因为腐败被抓去了才有关联,那只是在来早与来迟之间的差别。到了某一天,腐败蔓延至全社会,社会糖尿病的并发症发作,你说你往哪里逃?毛泽东同志讲过,崇祯不是个坏皇帝,可是在那样的情况下,他又有什么办法呢?所以说到了那一天,大家知道的时候已经为时晚矣。人清醒是需要条件的。很多人清醒是在大祸临头时,在东窗事发时,在接受调查时。到那时清醒还有什么意思,错误已经铸成。

对权力的无原则崇拜是导致腐败的一个重要原因

问:文化中的糟粕反映在社会生活中会带来什么样的后果?

二月河:腐败问题,实际上就是这些糟粕带来的直接后果。比如,对权力的无原则崇拜是导致腐败的一个重要原因。蒲松龄在《聊斋志异》里的《夜叉国》中谈到"什么是官",答道"出则舆马,入则高堂;上一呼而下百诺;见者侧目视,侧足立:此名为官"。就是当官以后享受特权,产生一种与众不同的心理感觉。对权力的迷信和崇拜可以说是几千年养成的。古人讲,万般皆下品,唯有读书高,为什么读书高呢?因为读书可以接近权力,或者说有可能进入权力阶层。

那这种态势,要怎么改变呢?这就需要栽培除了权力之外别的值得崇拜的

东西,比如说学识、品性,比如说典型人物,如焦裕禄、吴金印等。需要给这些典型人物以社会地位,如果你只是简单地宣传这些典型,但是许多人在官员面前还是奴颜婢膝的,你叫群众怎么去崇拜典型而不去崇拜官员呢?

所以说要有游离出官本位的逻辑,让人们以其他的一些东西为荣为傲,才能分散对官本位崇拜的意识。这叫分一分崇拜,分一些给学者,分一些给那些在事业上有建树的人。这样人们就感觉到除了做官,还有其他事可做。我做学问,虽然不及官员,但是也能受到社会的尊崇,我的家族和我的亲人也会受到尊敬,那么这就可能会分散官本位意识。

如果腐败蔓延,经济再好、文化再好又能怎样?

问:有一种观点认为,经济高速发展,出现腐败问题在所难免,您怎样看?

二月河:中国的唐代和今天美国,有相同的地方。如都拥有世界上最强大的国家机器,武力都很厉害,都拥有世界上最高的 GDP。美国的 GDP 现在是占世界的 20%,唐代已经达到 40%。唐代的长安是国际大都市,当时欧洲的人来唐朝朝拜,很羡慕。到乾隆年间我们的 GDP 还有 30%,但是到了道光年间就发生了鸦片战争,中国就变成了半殖民地的黑暗旧中国。两千多年以来中国的 GDP 一直是世界第一,但是说落后就落后了。

经济水平高也好,文化程度高也好,都不代表你强大。腐败蔓延,经济再好、文化再好又能怎样?宋代是经济大国、文化大国,是世界历史上文化程度最高的朝代之一,但也是政治腐败、社会生活腐朽的朝代之一。今天,无论从哪个角度看,都不能说宋代的中国是个强国。现在,有的人在跟我交流反腐问题时,都会把经济文化和治理腐败混在一起说。但我认为,对经济实力不能迷信,对文化实力也不能迷信。对政治的腐败,不能拿经济的繁荣、文化的灿烂这些事去抵消。一个政权如果不能维护国家完整,不能维护民族团结,不能下狠心治理腐败问题,其他方面再强大,都不能成为一个强大的国家。不管你有多高的 GDP,多大的文化体量,如果腐败横行,都会轰然倒塌。

我们不能迷信任何东西,不能迷信 GDP,要把国家综合实力搞上去,这是最根本的问题。中央是太阳,阳光照射到每个人心中,需要折射,折射到每个角落,同时要注入信仰的力量。

什么叫正能量?人民在追求光明,追求幸福,追求健康,向往人人都美好的世界,那么这种信仰支撑可以说是民族力量的现实所在。这个问题要综合利用。所以说我们党一定要把自身的这种力量通过各个领域层次把党的阳光折射到各个层面去,让各个领域沐浴这种阳光,那么整个社会的正气便可这样培育起来了。

现在的反腐败力度,读遍《二十四史》都找不到

问:当下,深化改革与反腐败已成为人民群众关注的热点,尤其是党的十八大以来我们党坚定不移改进作风,坚定不移惩治腐败,党心民心为之一振。您是如何看的?

二月河:现在的"八项规定"很有效,在社会上已基本形成良好的舆论风气。以前没有感觉这种东西是见不得人的,现在大家知道了。这种东西不能反弹,一旦反弹,可以说是你永远也禁不住了,再搞那比登天还难。这个"八项规定"给全党干部确定了一个最起码的、公开的社会底线。当前,中央的这种反腐是在争取时间。争取时间干什么?就是争取时间深化改革、完善制度,制定长治久安的政策,因为腐败的问题惩治起来是很难的。贪官污吏在拼命地捞我们老百姓的钱,那老百姓当然是不满意的。我很拥护中央的决策,我们中央的决心很大,已经为老百姓所认知,大家也从心底拥护中央,因为腐败违反了人们最基本最公正的道德底线。自古至今,没有因反腐而导致国家或者民族产生危机的,原因就在于,反腐植根于人民群众最基本的心理诉求。

我们党的反腐力度,读遍《二十四史》,没有像现在这么强的。这种力度绝对是不见史册的,但反过来说,腐败程度也是严重的。没有见过杀鸡给猴看,猴子不怕,甚至杀猴子给猴子看,猴子也不怕。我笑谈说腐败是中外两种文化的恶劣基因掺和到一起产生的杂交品种。可能是改革开放以来,随着商品大潮,还有各种思潮,鱼龙混杂,经济抓得紧,在思想道德方面、信仰方面抓得松,融合在一起就产生了这样的社会现象。

腐败和意识形态无关,什么制度下都会产生腐败

问:有的人认为西方制度下腐败问题不那么严重,而您明确表示西方的制度不能用来约束中国的政治文化,为什么?

二月河:腐败和意识形态无关,不管什么样的意识形态,都要面临腐败问题。腐败是个社会病,不要把它和制度联系在一起。西方制度难道就没有腐败

吗？我才在新闻上看到，法国前总统萨科齐正接受调查。所以说，无论在什么制度下，只要不管，或者只要放纵，腐败肯定要滋生，要繁衍。但是在权力相对比较集中，或者对权力的监督相对比较少的情况下，就更需要高层领导人有清醒的头脑。基层负责抓这个问题的人也要有自律，要自律和他律结合起来，可能就会好些。

有人尝试用"西药"治理贪腐顽疾，但我不认为西方制度能约束中国政治文化。中国有中国的特点，不可能照搬西方。相应的制度，还得靠我们自己来建立。

中西医结合可能会比较好。比如治病动刀子，这是西医，把腐败的部分毫不惋惜地剜出去；同时也加强内服，就是严厉整治。可以说是秉刀斧手段，持菩萨心肠。秉刀斧手段，那就是该查的查，该处理的处理。但我们实际上是治病救人，还需要警示、提醒更多的人不要走这种路，不要在这个问题上玩火。刀斧手段当然是西医，同时也要内服一些我们国学的营养，让更多的干部别出这种差错，让真正脚踏实地干工作的人少一些顾虑。

腐败与人性有关

问：您说腐败和意识形态无关，更多的和人性有关，怎样理解从人性角度治理腐败？

二月河：贪欲是腐败产生的重要原因。但是人和动物不同，除了感性，还有理性。这种理性是后天的，它给你增加了警觉。如果没有这种警觉，父母的教诲，老师的教诲，领导的教诲，这些如果你都不在意，你难道还是个人吗？

秦始皇以来，历代搞文字狱，但是文化理性却始终没有泯灭，就是告诉你要做一个正派的人。孟子讲，人生三乐，父母俱在，兄弟无故；仰不愧于天，俯不怍于人；得天下英才而育之。这三个乐你放在一起看，就是说你怎样对天、对地，怎样对自己的祖宗、对自己负责任，这就是贯彻理性的责任心。如果你不孝不悌不忠不信不仁不义，这样的人，到现在仍旧是无法立足的。假如你讲外国人不孝不悌，不懂忠信礼义廉耻，他可能不在意，因为他们文化里没有这个基因。但如果是中国人，当你评价一个人时，就说我知道你这个人不孝顺，他就得满脸通红，站不住脚。这就是文化的力量，是社会舆论的力量。

懂得这个道理，对待贪官污吏，能不能把他的行为与其家族建立联系，在其心中树立家族荣誉感或耻辱感？这样，整个家族就会加强对子女的教育，可能家族的人就会说，咱家多少年都是忠厚传家，我们多少年都是正正派派做人，出一个贪官污吏会让我们一家人丢人。这样就把社会舆论力量这个砝码放进去了,这很可能比政府和上级的教育效果好很多。一生下来长辈就和我们讲,谁谁谁是我们家老祖宗,或者是说只要是贪污就不能进我们家祖坟,这是咱们家的规矩。通过这种方式能够有这样的家族荣耀感、家族耻辱感,能够渗透到我们的社会生活当中去。当然,这事做起来难度很大,但是作为一个理念提出来,希望引起社会的重视。

我们的社会学家、我们的教育家和我们的领导,需要共同努力树立这样的风气,我想可能会有一定好处。

把权力关进笼子里,笼子的钥匙放在哪?

问:纵览历史,有什么治理腐败的措施或制度值得我们借鉴?

二月河:我们现在说权力制约,把权力关进制度笼子里面,这句话说得非常到位。但是笼子的钥匙在谁那?钥匙要放在人民群众的手里面。如果权力关在笼子里,钥匙还在官员手里,那等于没用,笼子的钥匙要放在舆论监督和人民的手中,让反腐败更为公开更为透明。要让官员对人民的事业有敬畏感,对自己的工作有担当。要让他们有一种意识,民生即是天心,如果民生搞不好,天怒人怨,那还能做得下去吗?这样他就会格外小心。

郭沫若在蒲松龄的故居里写了一副对联:写鬼写妖高人一等,刺贪刺虐入木三分。他把贪和虐相提并论,是说当官的如果贪腐,看起来没有直接虐待别人,但是等于把别人的蛋糕分了,间接地虐待了别人。所以,切蛋糕的人要在人民目光之下做事,想偏心也要有所顾忌。

在人民监督方面,我们党已经采取了很多措施。通过新技术、互联网这种手段,比如通过我们中央纪委的网站实施监督,民众的介入度是空前的。过去不可能有这么多渠道,顶多就是写写信,现在很方便就可以把自己的意愿反映出来。可以说,这是我们中央顺应民意,也可以说是老百姓利用科技手段创造出来的这么一个结果。

我想在这里不妨谈一谈雍正的密折制度。这种制度是官员向中央和雍正反映情况而设立的,他们不一定光说负面的问题,还可以讲琐事,比如地方天气如何,收成如何,官员出了什么笑话,他都要给雍正汇报,作为中央掌握情况的一种材料。要了解情况,领导干部需要交一些基层朋友。这些基层朋友给你反映的情况也不一定大,就是把真实的情况反映给你,作为制定政策时的一种参考。像这么一种党与群众的联系可能会使中央进一步耳清目明,再加上互联网,人民通过网络跟领导进行相对直接的沟通,这些对有效监督都有所裨益。

讲道理要紧密联系生活，搞"活体"解剖

问：严肃的题材让您写得引人入胜，读者爱看，这启发我们来思考对党员干部的教育如何能入脑入心。

二月河：对于干部教育不要灌输，要结合我们民族、国家、社会和每个人的不同情况，放到生活当中针对案例具体分析。我们讲实践是检验真理的标准，不是拿理论来说，一个人走向成功或走上歧途，都有很多的社会原因、个人原因，需要从原因细化分析。

孔子、孟子的书今天很多人不会去读，但是"岳母刺字"这样的教育事例，大家都能记住，这是很实际的东西。岳飞为什么爱国呢？肯定受到孔孟之道的熏陶，但我们第一反应却是母亲对他的教育。我们在宣传的时候，能不能把这种东西宣传进去？比如，很多高官落马就是因为情妇，本来很优秀的这么一个人，因为养情妇需要钱，需要很多钱，怎么办？就只能从国家拿钱。我们现在讲，这是世界观改造放松了之类的话，这样说没错，但总是有教科书的味道。在不离开教科书的同时，又能细化出点有个性和针对性的东西来教育最好，也就是用"活体"解剖来教育。

再举个例子，我们的改革成果好比一个大蛋糕，谁来切这个蛋糕呢？是干部。你这个切蛋糕的人偏心眼，刀子偏一偏，往自己这边挪一下，你就走到了绝路。纪律检查委员会是干什么的？就是看着你的。你为什么偏这一刀，我就要查一查你，是为公还是为私？人民群众心里也跟明镜一样，我分多少蛋糕，你分多少蛋糕。这个蛋糕本身是人民的，人民的蛋糕切到你自己的怀里去，给你自己的子女弄很多钱，或者子女都出国，你自己在国内做官，你怎么叫群众相信你是廉洁奉公的好官？我想，用这种举例的方式来教育干部可能会好一些。

问：多年来大量的阅读与学习是您创作的源泉。对不从事写作的人，阅读有那么重要吗？

二月河：现在有些干部，包括老师、学生都不怎么读书。还是要提倡读书，读原著。同时，需要编写一些书作为教科书，比如写焦裕禄以及海瑞等清廉为民典型的书。这些讲官德的书，要成为公务员考试的内容，甚至要有一些具体的问题提出来，碰到这些问题你怎么做。要把典型的意义，慢慢地渗透进去。全体公职人员，尤其是官员要读书，全民也要读书，领导更要读书。读书、读报能让你了解世情、国情和民情，如果这些你都不知道，你什么官也做不成。比如，网站可以为读书的人提供一个平台，把他读书的心得与大家分享。

家庭的荣誉、社会的尊崇也是官员的"收入"

二月河：目前我们对官员的教育只是注重物质上别贪，这是最基本的。还应该注意，过去我们讲光宗耀祖，一个人做官了，祖宗也觉得光荣，不一定要发财。但现在的官员没有把尊崇的地位、人们的敬仰、自己对家族的贡献算进去，这很可怕。所以，要加强这方面的宣传，对自己家族的贡献，社会的尊崇，都应算成是官员的"收入"。

在《强项令》这个戏里讲，洛阳令董宣死后，在他家里只发现了一百多枚铜钱；另一个例子，清朝云南总督杨名时死后也是在家里只发现一百多枚铜钱，折合成人民币也就是十块八块的样子。杨名时在做官的时候没人敢给他送东西，被诬陷进了班房后过的生活比做官时还好。因为老百姓都把东西拿到班房里给牢头，让他们转给杨爷，放下就走。这是人民对你的崇敬，是你自己挣来的。应该把这种信仰传递出去：干部要爱惜自己，把自己美好的公众形象确立起来，可以给自己的家族带来更崇高的地位，这也是一笔无形的财富。

因此，我想应该把这种"收入"的概念放在学校、家庭教育中，让他们从小就知道什么叫体面、什么叫无耻。官员要对自己负责、对家庭负责，就要有担当，就要有做官的底线。突破了这个底线，就对不起亲人。

对反腐败，人民群众充满了期盼

问：请您从历史的角度来展望一下中国未来的反腐败进程。

二月河：现在的势头令人感到兴奋。我对现在反腐败形势的判断是"蛟龙愤怒，鱼鳖惊慌，春雷一击，震撼四野"。这种评价和大家说的中央高度重视，贪腐官员高度紧张，人民群众高度关注，意思大致上差不多。像现在反腐败做得比说得还好，人民群众感到振奋。这是实实在在地发生在民众生活中、饭桌上的事情，所以我想说的是，对反腐败人民群众充满了期盼，充满了渴望。同时，人民群众也是满怀拥护和全力支撑的能量，等待着我们党能有更多更大的成果，当然这是要讲证据的。治大国如烹小鲜，这是习近平总书记多次讲过的，这是要讲科学的，要一步一步地把事情做好。

问：想请您给今天的党员领导干部写一句寄语。

二月河：以前讲完课，一些地方请我题字，我就题了个"好好过日子"。但是很多非常聪明非常了得的人，就是不懂这五个字。要是懂得这五个字，何至于进去（坐牢）啊？何至于从这个坐标系的正数跌下去，你不是跌到零啊，你是直接跌到负数。后来，他们又让我题字，我觉得光说个"好好过日子"不像作家说的话，于是我又加了两句，"好好读书，好好读报，好好过日子"。好好读书可以增加自己的素养，好好读报可以了解国家大事，使自己当一个明白人。我见到很多人，一旦有了权势，就不安分了，忘乎所以了，人就走错路了。如果大家都堂堂正正做人，把事做好，大家都有这样的思维，尽管成绩有大有小，或者政治上有成功，或者政治上不得已，顶多是不得已而已，就不会去坐班房了。作为一个官员要守住底线，找到属于自己的位置，安分守己地把自己的日子过好，也是对社会作了一生的贡献。我讲课都是从这个角度说的，因为咱不是领导，那么咱就讲实实在在的话，大家都来好好过日子，就是个和谐社会。所以，我今天还是想跟大家说，好好过日子。

原载中央纪委监察部网站

"二"先生的本色

梁 桦

认识二月河已经很多年了,那时二月河的名字还不是很响,不像现在,在南阳的任何一家书店,他的书都是招牌书和畅销书;书店一条街上,他题名的"作家书屋"的牌匾醒目地悬挂着,显示出不同于其他书店的别样的文化品位。知道他是由于先读了他的《康熙大帝》,非常欣赏他在书中对于伍次友和苏麻喇姑之间爱情的描写,认为世间最美好的爱情莫过于此:匹配的才华、相知、相赏、坚贞和永远的心灵的守卫。特别是作者代拟的一句诗"霞是云魂魄,蜂是花精神"更是惹得我长吁短叹,心想,能把爱情写到如此境界的不知是怎样的人儿!

外表大气内心细敏

终于见到他了,在他兄弟结婚的喜宴上,两个新人都是我的同窗好友。我被引见给他,内心很是激动。虽然形象和我想象的有些不同,不是传统的儒雅精神而是身材魁梧(可能和军旅生涯有关),亲切随和颇有大将风度。宴席期间他把大家招呼得很好,颇有兄长之风,没有丝毫的作家架子,感觉总体上属于那种外表大气内心细敏的人,用现代的话说就是,很性情很大气很男人。以后,渐渐地见面多了便熟了。

本来就是大方人,加上出名后有了些钱,作家先生便更加大方,每次回去都不空手,总带有不少好吃的东西如烤鸭、鸡翅、各色水果等,惹得我等食客们十分高兴,热烈欢迎他时时回家。因此他回来往往是皆大欢喜。不仅老父看到出息又孝顺的儿子回来高兴,而且众食客们也高兴,既有好吃的物质享受,又有与他交谈时美妙的精神享受。看到哄得大家高兴,作家先生自然也高兴。于是,便开牌场。作家先生不喜欢打麻将,因为一打麻将便要赌钱,赌场人情薄,他为此深恶痛绝,便绝了麻将。我们的牌场便是纸牌,两副牌合在一起打双升,虽是老牌迷,但作家先生强调重在参与的精神,因此有些时候精力便放在了喝水抽烟谈话上,不专心的结果常常是失败,因此常常遭到"对帮"的指责。

"皇帝系列"出名后,他的笔名二月河便名震天下,本名凌解放便被一些有关他知识稍少的同志所不知,二月河便纵行天下,以至于有些人当面或是写信尊称他为"二"先生。"二"先生此时总是不点破,笑眯眯地接受。以后我们见他了也称"二"先生。

老老实实做人,实实在在做事

既是"皇帝"作家,多少有些皇帝的头脑和谋略,对生活也有相当老到和超脱的看法。他自己写书做人的原则是:"写书时,天下第一,因为我写的是帝王将相,须有凌驾一切的气魄;生活中,夹着尾巴做人,也就是要谦虚谨慎。"在他的会客室内,居中而挂这样一幅条幅:"无才可去补苍天,枉入红尘若许年,此系身前身后事,倩谁记去作奇传。"这首显示主人处世哲学的诗录自《红楼梦》,而《红楼梦》是他的最爱,他也是靠研究《红楼梦》最先崭露头角的。在他的书中,他较多写君子的"慎独",称它为一种做人的境界。而先生本人即是慎独的典型:不张扬、不骄傲,老老实实做人,实实在在做事,因此,才有了作者的今日成就。

二月河出名后简直成了南阳一宝,许多到南阳的人,上至高官要人,下到普通百姓,都想拜访他。请他签字的更是几乎每天都有,他总是随和处之,有求必应。但是,二月河怎么都没有得意,他说,对读者,对组织,他始终满含的是一种感激之情。他始终认为人生是一个精神旅行的过程,他希望过的是一种恬淡平易的生活。

现在出名了,对于读者对于创作,他更有如履薄冰、如临深谷的感觉。他一直强调自己"一无所有,是个初学者,要学会忘记"。前一段时间,河南省委组织部和他谈话,拟让他出任河南省文联副主席并进机关党组,副厅级待遇,这是个很多人翘首以待的职务,但他拒绝了。他说,感谢组织的关怀和厚爱,但由于身体的原因他不能出任这一职务,目前当作家比当官更适合他。

"二"先生的父亲凌尔文是官职不低的军队干部,母亲也是一位杰出的革命者,从小各方面条件优于他人,但是,他却为人平和热情,善良体贴,不因我们小一辈的幼稚或是凡人的粗庸而心生鄙弃,遇到烦心事向他倾诉,总能得到解说和方略。他那个小小的院子和客厅是很多人光顾的地方,来向他说各种新闻和各色心里话。他常说,别看我经常不出门,但照知天下事。因为他不上班,没有单位,没有领导,没有同事,有的只是朋友,和任何人都无害,怎样的话在他这里都安全,别人倾诉了他听了,也就如一阵风刮走了,再无声息。他说他知道很多人的私事和苦恼事,但仅仅是知道,别人愿意告诉他,但他从不主动想知道,更不传播,他只是安慰者和解剖者,因此这里是最安全、最温暖的友谊的空间。关于功名挫折和人事烦恼等这些朋友们向他倾诉最多的心里话,他总是坦承自己年轻的时候也有追求,也有过烦恼,认为年轻人追求功名不是坏事,是追求进步的表现,但要有正确的态度和对时局的正确分析并及时调整方向,因为功名不是人生最重要的东西。他以前在宣传部门当一个科长,以后就及时地调整了人生的方向。坐在对面听他批解,听那低沉的男中音、开怀的解忧的大笑,凝望那双智慧的双眸以及口中吐出的袅袅的烟雾,体会着一种崇高感和被关怀感,心便深深地沉浸了进去,与"二"先生对晤,实是人生的一大享受。

曾经有一段时间,我的生活遭遇到较大的烦恼,他竟看了出来,入木三分地指出来。我十分震惊于他的敏锐和深邃,一五一十地告诉他前因后果,他没有像一般人那样,开些万金油类的治标不治本或是怕承担责任的圆滑的通话,而是以父亲般的责任感告诉我行动的策略,语气冷峻,指向明确。以后的事实证明,他的意见非常正确。于是,心中的感激和爱戴就如春草随了时日更生,但现实中却没有什么可以回报给作家的。因此,每次给他打电话,第一句话总是充满深情的一句,"老兄,您好!""二"先生告诉我,在人的性格中,他较为欣赏的是乐观爽朗型的,这是一种最为健康的性格类型,洒脱,不汲汲于琐屑的生活烦恼,有大将风度,他希望人都向着这个方向发展。

最满意《雍正皇帝》

因为年轻,还是性情中人,或是欣赏水平有限,不大懂作品的价值,因此在他的作品系列中,我最喜欢的是《康熙大帝》,欣赏康熙的气魄和生活情趣,喜欢书中的那些聪慧义气和书生们的爱情绝唱,欣赏作者写作时携带的激情。有很多次,我固执地告诉他我最喜欢的,认为他写得最好的是《康熙大帝》,他便认真地说,《康熙大帝》是最先写作的,当时风格还不成熟,较为粗糙,不如《雍正皇帝》。他认为《雍正皇帝》是系列中最好的。我仍然坚持,他便笑说:"我坚决捍卫你最喜欢它的权利。"他的小说思想内容和生活内容非常丰富,可谓是要什么有什么,内中一些算命拆字等八卦的东西,他自称为"末技",但我们这些俗人们都很喜欢,有时就常追问他这些"末技"是从哪里来,抄的还是自己编的?他说,会有些参考,但大多是来自自己的脑中,来自读书的积累和自己知识的变通。俗人对"末技"关注更多的是它的实用性,我见了他便时不时地请他拆字,有空时他便不厌其烦地满足我们这些愿望。有时准确得令我们目瞪口呆,他便很快乐地像个小孩子似的哈哈大笑。

"二"先生"可怜"。母亲早逝,他很崇拜这位杰出的革命女性。而母爱的过早失去,对于孩子的精神总是不完满的。以后又因为长相不够英俊、身体较早发胖、长期军营生活导致他在找对象方面遭遇挫折,很是打击"二"先生,直到最后刘女士慧眼识英雄,才结束他老大无妻的局面。(可能是在谈恋爱方面屡受挫折,给"二"先生的心灵造成了一些阴影,以至于在有人采访他时他多次说,我不懂女性,我真的不会写女人。)

　　现在的"二"先生更是可怜,虽然有名有利,但是长期的写作却对身体造成了伤害,以至身体造了反,给他一个糖尿病,折磨他不得吃好东西。常常是大家大鱼大肉,"二"先生只青菜南瓜豆芽,晚上饿极想吃,与夫人商量半天结果是很慷慨地给一盘几片炸馍干。为此,"二"先生常常感叹:忆往日,我大肚汉……年少和年轻时的他很能吃,也更爱吃,属大声说笑、大碗喝酒、大块吃肉的梁山好汉型。小时候一次因有好吃的东西,他一下子吃得肚皮疼,结果三天没吃东西。他爱吃肉类的东西,更爱吃一些上不了台面的杂碎如"猪尾巴"等;年轻时工资的相当一部分都进了肚子,他说:"这好啊,吃得好,身体才会好,工作才会有劲儿;而且,进的是你的肚子,没进别的地方,这很保险实惠啊。"虽然他现在已是享誉海内外,但是在家中几十年如一日做饭的地位仍是没变,"没办法啊,你嫂子这劳模每天是12点多才回家,总不能饿着肚子等吧,再说,也得体谅人家点,咱毕竟不上班。"建议他雇个保姆,他便猛摆手,"算了,自己干一点权当锻炼,再说,多个人也不习惯。"

"二"先生的本色

　　"二"先生生性洒脱淡薄,崇尚自然,不爱打扮。房间物件大多以实用简单方便为主,穿衣服更是不讲究,常常是外短内长,我们便戏谑他"在赶年轻人的时髦"。一件套头衫一件半旧衬衣是常年的装束,西装很少见他穿,更没见系过领带。刘文平冬天发的一件式样陈旧的皮衣放在家中没人愿穿,便成了他冬天常见的行头,当然,还有一种式样极为普通的棉袄两件换着穿。有人给他照相,建议他换换衣服,行头齐整些,他的回应常常是"不用,这是本色"。但他非常钟爱草鞋,非常喜欢这种来自自然的东西给他带来的精神享受和身体愉悦,他曾经买(也许是人送的,忘掉了)来了很多双,交替着穿。一次,到他书房中,他正躺在一张沙发椅上高跷着脚看书。进去后就想表扬他的鞋,但不知怎的先表扬了他的沙发椅,他就问,难道没有别的可表扬的吗?又晃动了他的脚,我赶紧说:"草鞋好!"他就说:"就是嘛,我想梁小姐应该有此眼光的。"以后就常见他得意洋洋地穿着走亲串友。

南阳是河南的一个中等城市，经济不是十分好，农民又多，为了挣钱，农民推的三轮车便成了交通工具之一，也算街头一景。每次出去，只要时间不是很紧迫，作家先生便弃出租坐三轮，而且从不回价，定要多给，原因是"农民挣钱不容易"。因此，"二"先生与爱女在街头坐三轮晃悠悠而过也成了南阳街头一景。

他是嗜烟酒的，坐在他烟雾袅袅的书房听他畅谈生活、人生和他的皇帝系列，感觉别有一番滋味。他有相当长的抽烟史，年轻时初学抽烟是为了超脱险恶工作环境对生命造成的恐惧感（他当时是在煤矿挖煤），以后就成了习惯，再以后就成为写作时的一种氛围。他写作时要点香的，他说，在这种袅袅盘绕的清烟中，他似演员找到了道具般找到了历史的感觉，渐渐进入到创作中去。关于抽烟，他认为是一种精神上的享受，而不是一种身体上的摧残。他认为有比烟更为有害的东西，生命在于过程，在于质量而不在于长短。当然，为了家庭的幸福，他会控制着少吸烟。二月河对于烟非常随意，家乡最便宜的烟他抽，一些品牌烟他也抽，手边有什么烟就抽什么，从不挑剔，他要的只要一种气氛。以前，为了省钱，他买烟常常是整条地买，现在有很多人给他寄烟，装满了他一个冰柜，他不用买烟了，而且由于烟的品种增多了，刘文平开始收集烟。每当这时，二月河便感慨道："这是读者在给我压力啊。"关于酒，二月河常常检讨自己，年轻时太率性，酒喝得太多，以至于有"酒瓶"的外号。但相比烟，他的喜爱度就少了许多，因为酒是五毒之一，少饮有益健康，多饮则易乱性、出祸。"酒是色字头上一把刀，年轻人尤要注意。"现在他喝得很少，但认为有时喝一点好酒，只是想寻找一下昏昏然的好感觉。去年8月份，我从广州回家赴他家中拜访，我和刘文平操刀下厨，中午吃饭时他很高兴，打开了一瓶茅台劝我喝："好酒，喝一点吧。"这大概符合他遇到知己朋友，多喝几杯感觉也很好的性情。但他却是一杯后就转向了啤酒。

原载《中国文化报》2002年4月10日

丹青二月河

周同宾

二月河的画,我藏有多幅,其中一桃花,一寿桃。今日天气阴沉,寒意颇重,情绪不舒展,懒得读书写作,就拿出画看,看着看着,心里热热的,不禁就有话说了。

那天,满城风雨近重阳,诸文友相聚宴饮。酒喝到二八板上,邻座的二月河对我说:"给你画幅桃花,叫你走桃花运。"声音不高,别人没听到。桃花运云云,显然是玩笑话。我已老迈,常有迟暮之感,命相早定,运程绝不可能陡地染上妍妍的胭脂色。但桃花却是我之所爱,因为那是春的笑靥。

我等着那幅画,竟多天无消息。莫非是酒后戏言,不可当真?抑或贵人多忘事,早抛脑后了?

忽一天,二月河打电话:"画好了,你来拿吧。"不禁一喜,当即打的而去。

来到他家门外,惊起一群野鸟,不是麻雀,是大个儿的鸟。进门,见院内残雪未消,空地上撒有米粒、玉米糁。那是给鸟备的食儿。此时,鸟在枝头焦急叫跳,催人走开,再来捡食。他说,常常喂鸟,剩饭也做鸟饲料。特别是落雪天,人能吃饱,鸟去哪儿找食儿?忽想起,有次接他参加会议,车在院外等许久,迟迟不见露头,却原来一只什么鸟掉进水池,翎毛湿了,为救鸟误了时间,上车还没坐稳又说,后悔没用电吹风把它吹干。我暗自感叹,古人说仁德及于禽兽,这就是啊。——扯远了,打住。

却说我进屋还没坐定,他就拿出画卷。我展开一看,眼前一亮,心中一亮,夸赞道:"好。"他笑了,若弥勒佛。

携画归来,当窗细品,渐渐地,进入画境。见浓墨郁结成老干,树龄好似百年,铁一样凝重坚劲,略呈之字形,转折处抽出新枝,多直上,少斜倚,几无穿插(这是有意或无意地和传统画法闹别扭),便有勃勃的挺然翘然之气势。枝桠间,花开十余朵,粉瓣儿艳如美人腮;菁葵无数个,鼓胀着酽酽的绯红。枝头冒出几枚雏叶,不想招人眼,腼腆地尚未展开。于是乎,便酝酿出满纸暖意,便洋溢出满室暖意,煦煦然,令人舒服。窗外,高天滚滚寒流急,屋内,桃花依旧笑春风。

画上题诗曰:

> 夭夭修得诗经篇，
> 烨烨荒岭小家院。
> 浑然不计年轮多，
> 岁岁艳英赋春天。

哦，画的是《国风》里的桃树，灼灼了三千年的桃花，曾牵扯昔日少男少女性爱婚姻的夭桃。此树理应生长在野外，如李笠翁所说："惟乡村篱落之间，牧童樵叟所居之地，能富有之。欲看桃花者，必策蹇郊行，听其所至，如武陵人之偶入桃源。"

忽忆及南阳城东白河边，有桃林夹岸。春二三月，次第绽放，绵延十余里，绚烂似云霞。我去看过，几欲醉死花丛。二月河身居闹市，情系自然，时时牵念大地上的事情。彩墨挥洒，再现的正是爱的心象。这么说，前面写他爱鸟，也不算跑题。

久久看画，忽地心头一动，竟有了诗思，就也吟出一首：

> 若有东风过两鬓，
> 韶光伴我漫沉吟。
> 人生四季安排定，
> 宁有芳菲二度春？

交新春，本人年届古稀（古稀一词，让人丧气。又思忖，那是古稀，不是"今稀"，也就释然）。不知从哪儿引发，二月河突地想到此事，春节的鞭炮声还在响，就打电话向我求证。我说，真的。他说："给你画桃，不是这我是不画的。"我问，啥时候去府上取，他答："快。"

第二天和他联系，说："现在就来吧！"真是快，可能昨晚通电话后就乘兴泼墨，一挥而就了。

到他书房还没坐定，他就吩咐夫人去楼上取画。（伊是他的"上书房行走"。他在家中，有点四体不勤，养尊处优，若皇帝，若熊猫。琐事多由太太操劳。）我接过画，首先看见题跋中的"贼"字，立马说："孔子曰：'老而不死是为贼。'"（同时想起冰心晚年，曾欲请人将此七字刻一闲章，没人愿干。只一山东青年闻讯照办，老人很是高兴。）待把全文读一遍，我才豁然解悟，不禁大笑。他说，一时灵感而已。恰在这会儿，有人找他在书上签名。（二先生常干这活儿，我每次造访，几乎都碰上这种事儿。）遂告辞，连个谢字也没说。

回家，腾清凌乱的书案，摊开三尺横幅，静心读画。但见斜刺里雄劲一枝插进宣纸，旋即岔为二，一长一短延伸，长枝聚三桃，短枝带二桃。桃皆硕大如斗，红熟得饱满。何以画五颗？是否寓意《尚书》里的"洪范五福"？五福的最后一福就是"考终命"。偎依鲜桃的,有五七片叶,俱如掌,已苍碧出老色。还有,那桃放在荆条编的笤箩里。那物件儿,酷似我儿时东邻五奶奶家用的盛红薯盛窝头的容器,在当时就已古旧成了文物。

写到这儿,该抖开包袱,说他的题句,道是:

> 贼、贼、贼,二月河不思作文思做贼。天上去赴王母宴,逡巡窃得一枝蟠桃归,稽首笑祈吾友福寿康且齐。

最后的落款是"贼徒二月河"。却原来,我不是贼,他是贼。此贼厉害,竟效法东方朔,偷到西天瑶池了。

原载《青岛文学》2010 年 7 月 1 日第 7 期

大器晚成二月河

赵明河

初冬的一天,我有机会来到豫西南历史文化古城南阳,慕名前往著名作家二月河家中拜访。

这是市内一处古木参天的幽静大院,院内植着成排合抱的法国梧桐树,二月河的家就在大院内一处红砖红瓦两层斜顶老楼的独门小院中。小院铁门一侧挂着一个大报箱,门框红砖院墙上贴有一纸条,上书"请不要敲门,不要叫喊,没有预约,恕不接见。请打电话",后面是一串电话号码。我忙掏出手机打电话,二月河老师热情地前来开门,仍是留着短发平头,穿着不系扣子的灰色夹克,一如在郑州相见时一样的微笑,一样的厚道,一样的热忱。

握手寒暄后,二月河老师领我沿着小院内的碎石小径,到一层的书房。我好奇地仔细观察院内情景:这是一个约百十平方米的小院,就像普通的北方农家小院。靠院墙处长着几棵挺拔高大的杉树,靠院门一侧,用水泥砌着一个约八九平方米椭圆形的小鱼池,水泥上不规则地嵌着光滑的小鹅卵石,池水浅浅的,几条小金鱼在悠闲地游荡。鱼池另一侧种着蒜苗、青菜,红砖墙下靠着铁锹、扫把,墙上则长满了爬山虎。整个院落颇有在市井中寻求乡村闲适生活的味道,好一个都市里闹中求静的读书著作之地。

二月河的书房面积不大,普通的灰白色方块地板砖,墙上挂着一幅齐白石的画。书房中央偌大的平板桌上摆满了笔墨纸砚。自他的清帝王系列著作出版后,身体已大不如以前,就靠练书法和画国画修身养性。老师夫人热情地端来开水后,就客气地退出。

二月河点上一支烟,打开话匣子,我也渐渐了解到了他大半生来那令人敬佩的艰辛创作经历。

我是黄河的儿子

二月河,原名凌解放,祖籍山西省昔阳县,出生于抗战胜利后的 1945 年 9 月。当时,人们正沉浸于抗日战争胜利和上党战役报捷、家乡获得解放的欢乐之中。身为县武装委员会主任的父亲凌尔文和战友们经过一番研究，集体给这个新出生的婴儿起名"凌解放"，与"临解放"谐音，带有盼望和迎接解放的意思。

而"二月河"这个笔名，则是他年满40岁正式出版《康熙大帝》第一卷时，才首次使用的。当时，为了给自己创作的长篇历史小说起个相配的笔名，他顺着"凌解放"这3个字的意思找思路。凌者，冰凌也；解放者，开春解冻也。冰凌融解，不正是人们看到的二月河的景象吗？

他还着重说明，二月河特指黄河，即母亲河。二月是黄河冰开的季节，冬雪融化、万物苏醒的季节。他总是认真地说："我要记住自己是黄河的儿子。"1947年，刚刚两岁的他，便随同都是老八路的父母，过黄河南下，后又几经辗转，在河南南阳定居。他取笔名二月河，也是提醒自己任何时候都不要数典忘祖。

还有一层意思，是说在党的十一届三中全会之后，迎来了文学艺术的明媚春天。他自己的文学创作之路，正是沐浴着改革开放的春风化雨而起步腾飞的。他的创作活动，恰如春天冰凌解冻的黄河，浩浩荡荡，奔腾不息，一泻千里，好不壮观，于是他解释说，自己的原名和笔名本身就是个谜语，二月河是谜面，凌解放是谜底。

二月河的恢宏巨著清帝王系列历史小说《康熙大帝》、《雍正皇帝》、《乾隆皇帝》，三大部十三卷，洋洋千万字，发行数百万册。特别是根据他同名小说改编的电视剧《雍正王朝》、《康熙王朝》在中央电视台的播出以及海外版权的输出，更使得二月河英名远播，享誉海内外。有媒体赞誉说："哪里有华人，哪里就有二月河的读者，哪里就有二月河的观众。"就连当时的一位中央领导都对身边工作人员说："你们要多读读二月河的书……"

连年来，他的作品获得了"20世纪中文小说一百强"、"全国十佳长篇小说奖"等众多荣誉，但他最重视的只有两个奖项，一个是美国的"海外最受欢迎的中国作家奖"，一个是香港中学生评选的读书奖。因为前者是依据图书馆借阅率、书店销售率、读者投票率等多种调查结果评出的，自然最能直接体现读者的意向。后者让他略感意外：没想到中学生年龄段的人也能读得懂而且喜欢读自己的作品，令人欣慰。

然而，谁能想到，创造出如此惊人成就的二月河仅仅高中文化程度，40岁前，他甚至连一个"豆腐块"都没有发表过。而他将近不惑之年一旦下定决心写作，就埋头发愤，锲而不舍，一发而不可收。真正成名，并且名扬海内外时，已将近知天命之年了，真可谓典型的大器晚成。

更令人没有想到的是，二月河小时候并不是大家眼中听话的好孩子。他从小喜欢特立独行，率性而为，不受成规约束。因为那时父母工作十分忙碌，加之频繁调动,常常把他一个人留在家里或是寄宿在亲友家里。少儿时的他,调皮顽劣,不爱学习,又猴子屁股坐不住,经常逃学去摸鱼、抓螃蟹,而且字也写得歪七扭八,缺胳膊少腿,所以常常不被老师所喜欢,以致小学留级一年,初中留级一年,高中又留级一年,直到21岁才高中毕业。

不过,二月河虽然对正课不感兴趣,却对课外读物十分痴迷。上初中时,他就津津有味地读完了《水浒传》、《西游记》、《三国演义》等中国古典文学名著。读高中时,他又偶然读到了《红楼梦》,对这部书更是情有独钟、如饥似渴。然而老师并不喜欢功课不好又酷爱读杂书的二月河,称他是"饭桶"、"废物",甚至斥骂他"真是个没出息的大笨蛋"。

对儿时这段"不光彩"的经历,二月河从不隐讳,甚至常津津乐道地讲给别人听。正因为不堪回首,他才坚决地认为:"衡量一个学生的成绩,分数固然是一个重要的方面,但更重要的是要看一个学生的综合素质、个性和能力。这个世界是个多样化的世界,我们不能用一个统一的标准去要求每一个学生。"

他认为:"上帝是公平的,给每一个人以不同的才能。关键是做老师的要善于发现、欣赏每一个学生的长处,尊重他们,引导他们,帮助他们树立生活的信心和目标,因材施教,扬长避短,发挥不同的才能,培养不同的人才。不应仅仅用分数这个标准去衡量每一个学生,更不应对学习不好的学生进行挖苦、讽刺,这样会在学生的心灵上投下难以抹掉的阴影,对他们的日后成人、成才极为不利。"

为此,二月河在多次演讲中呼吁:"尊敬的各位老师,请善待您的所有学生,在他们青春年少时,给他们以充分表现自己才华和个性的机会,给他们以健康的心理成长历程的起点。"

博览群书才能厚积薄发

高中毕业后,二月河参军成为一名工程兵。那时,部队常年居住在山沟里,他开山、放炮、打眼、挖煤,什么苦活累活险活都干过。有一次点引爆,他差一点窒息在坑道里。如不是他急中生智,把军用胶鞋顶在头上,顺着巷道狂奔快跑,恐怕今天的文坛上就会因少了二月河而寂寞许多。还有一次,在推运装石料的翻斗车时,由于极度疲劳,他从两层楼高的河堤上狠狠地摔到了河滩上,所幸大难不死。

那时,部队业余生活枯燥乏味。二月河不想让大好时光白白溜去,他利用自己业余管理团部图书馆的方便条件,在艰辛繁重的劳作之余,广收博览,手不释卷,抓紧点滴时间,拼命看书学习。一有空闲,他就头戴矿灯躺在煤堆上,专心致志地研读英文版的《毛泽东选集》。当战友们进入梦乡之际,他躲在被窝里,打着手电筒津津有味地阅读《史记》和《资治通鉴》。他还阅读了古今中外的大量文学名著,并用水泥袋的牛皮纸做成卡片,写下了成捆的读书笔记。10年的军旅生活,他系统地阅读了中国史书的《二十四史》以及清史中的野史、正史,等等。

由于他在部队表现突出,当兵第二年就加入了中国共产党,两年后又提了干,而且是越过排级,直接从战士提升为副连级新闻干事,以后又当了连队的副指导员,直到1978年才转业到南阳市委宣传部工作,这时他已经33岁了。

当时,社会上正流行《红楼梦》研究热,本来对研究《红楼梦》就颇有兴趣的二月河也加入了进来,并且写过一些很有独到见解的论文,但没有引起人们的重视,论文发出很久,还是泥牛入海无消息。后来,著名红学家冯其庸先生看到了他的论文,慧眼识珠,称赞他的论文"想象丰富,用笔细腻,是小说笔法",决定在《红楼梦学刊》上刊登他的论文,并吸收他为全国红学会会员,还邀请他参加1982年10月在上海召开的中国红学会全国《红楼梦》学术研讨会。

就是在那次会议上,一些专家、学者由《红楼梦》谈到作者曹雪芹,由曹雪芹谈到他的祖父曹寅,又由曹寅谈到康熙皇帝。座中有人感叹,像康熙这样一位雄才大略的杰出人物、了不起的政治家,居然至今还没有一部像样的写他的文学作品问世,真是太遗憾了!这时,一直坐在一旁默不作声的二月河,开玩笑似的冒出了这样一句话:"我来写!"

一语既出,满室惊讶。所有人的目光都对准了这个来自河南的无名小卒,他们或许认为,这个面孔陌生、名不见经传的后生晚辈,是说妄言狂语,或一时兴起而已。

但二月河可不是在说大话、吹牛皮,以博众专家一笑。他说了就要做,而且一定要做好。他把专家、学者们在红学会上议论的话题,当作自己创作长篇历史小说的爆发点和起始点。从此以后,他凭着长期的积累和顽强的毅力,遵循历史小说"大事不虚,小事不拘"和"不求真有,但求会有"的创作原则,以一年一卷、30多万字的速度投入创作,硬是把清朝康、雍、乾盛世130余年间,既空前辉煌又行将没落的历史画卷活生生地呈现在了世人面前。

穿布鞋的大作家

读二月河的帝王系列小说,最让人惊奇的是,那浩如烟海般的史料,在作者笔下却运用得那样自如,似乎是信手拈来。而作者对清代历史、文化、政治乃至社会百态的熟稔更是令人感叹不已。

事实上,为了写好康、雍、乾三代帝王,二月河进行了高密度的资料搜集工作,做了大量卡片。像《清人笔记小说大观》、《清朝野史大观》、《清稗类钞》、《清史资料》、《故宫档案史料》,连清人当初的日记统统都搜集,包括宫廷礼仪、皇帝衣貌档案、食膳档案、起居注等。其中很多东西相当枯燥、闷气。

二月河坦诚地说:"这东西没有什么巧办法,需要对这一时期政治、经济、文化全方位地掌握、理解。当时,一斤豆腐多少钱,还有纯度10%的银子到99%的银子怎么识别,皇帝一年360天,什么时辰穿什么衣服,一般人家的住宅、官宦人家的住宅怎么布局,进去以后怎么确定方位,等等,都要了解。这样,写出之后没有专家挑我的刺,因为我拿的是第一手资料。"

二月河对文学创作精益求精,但在生活上却不讲穿戴,不修边幅,不拘小节。朋友们用6个字概括他的生活:"大作家,土老帽。"他敦实、憨厚、纯朴、本分,但又绝对不乏精明、睿智、机警、敏锐。在家时,他经常脚穿草鞋,身着宽衣大衫,而且往往是里长外短,正反不分。

有一次他应邀去某高校讲学,中午吃饭时T恤衫的前襟沾上了油渍,看着很不雅观。下午作报告前,他灵机一动,把衣服前后换了一下。听报告的数千名大学生竟然谁也没有看出来,有的还以为是大作家赶时髦穿着新式服装呢!回去后,二月河把这件事讲给家人听,笑得大家前仰后合,他还洋洋得意地说:"怎么样?我的聪明才智无人可比吧!"

还有一次,他去一个县城看望担任县委书记的老同学。传达室看门老头看他像个乡巴佬儿,猜测可能是来上访或是申请化肥指标的,说什么也不让他进去。实在没办法,他只好用烟盒纸做了个自制名片递进去,县委书记赶快跑出来,才见到了老同学。

二月河不爱穿袜子的习惯也闹出过不少笑话。前年冬天他应邀去西安电视台做人物专访的节目,主持人和摄像看他没穿袜子,好像有了一个重大发现,特意拍了一个特写镜头,并打出字幕,称他是"不穿袜子的大作家"。后来他应邀去马来西亚讲学,这是他第一次坐飞机,第一次出国。考虑到"国际影响",这一次他倒是穿上了袜子,但仍穿着布鞋,结果当地报纸又称他是"穿布鞋的大作家"。

成功源于专心和勤奋

由于我是教育界的,所以特别希望作家能对当今青少年的成长、成才、成功谈一些感想。二月河想了想,只说了八个字——专心致志,刻苦勤奋。

二月河是这样说的,更是这样做的。为了充实自己,多年来他在夜间坚持读书、写作,很少在凌晨 1 点钟之前就寝。二月河给自己制定了"三条守则":一是守时,二是守信,三是一段时间只做一件事情。他认为,只有坚持一段时间只做一件事情,才能专心致志,全力以赴,获得成功。

二月河刻苦学习是出了名的。有一次他到一家图书馆去看书,从上午看到中午,忘了休息,忘了吃饭,管理员锁了门他也不知道。下午人家来上班了,发现他还在那里看书。还有一次,他手里拿着一本书,边走边看,入了迷,脚趾碰在一块大石头上,鲜血直流,而他竟浑然不觉。

二月河笔耕不辍更是令人敬佩。上千万字的大部头系列著作,都是他一笔一画写出来的。为了追求最佳效果,他固执地不用流行的电脑进行写作。他风趣地说:"爱吃面条的人都知道,手擀面比起机器轧的面来味道好多了!"酷暑的夏天,他夜间坚持写作时,把两条腿放进桌下的一个水桶中,这样既能稍微凉快些,又可防止蚊虫叮咬。冬天的寒夜,他写作到凌晨两三点钟,实在瞌睡难耐,就用烟头烫自己的胳膊,以驱赶疲倦,清醒神经。

写完《康熙大帝》第一卷时,二月河因劳累过度得了"鬼剃头"。他的幼女抚摸着他的头说:"这一块像尼加拉瓜,这一块像苏门答腊,这一块像琉球群岛。"他原本帅气的国字形脸上,也被日月沧桑毫无情面地勾画了"年轮"。他就是这样,在南阳那块偏僻的小盆地内,日夜不停地阅读、思考、写作了 20 多年,其间他基本上没有离开过那个地方。世界上一般的人都耐不住寂寞,真正耐得住寂寞的人都不一般。二月河就是一个真正耐得住寂寞的很不一般的人。

"作为深受社会各界喜欢的作家,您对当代青少年有什么希望?"笔者最后提出这个问题。

二月河喝了口茶水,淡淡地说:"唯一的希望,就是希望青少年朋友能多读书,多读中国历史、哲学的书籍,多了解祖国的历史,特别是近代以来祖国和世界各国的兴衰历史。"

谈到这些,二月河又以他丰富的史学知识打开了话题。他说,近代世界,特别是 18 世纪以来,许多大国的盛衰兴亡,给人很多反思。在 18 世纪中叶,也就是中国清朝乾隆十五年(1750 年),中国经济 GDP 占全世界的 32%,居世界首位,欧洲五国英、法、德、俄、意总共只占 17%,只有中国一半稍多。但到 19 世纪中叶,也就是中国道光十年(1830 年),英国经历了工业革命,法国爆发了大革命,美国经历了独立战争建立了新的国家。这三件大事极大地改变了历史的走向。此时,中国的康乾盛世已开始走向没落,到 1900 年已是一落千丈,GDP 只占世界 6%,而欧洲五国已占到 54.5%。到了反法西斯战争胜利的 1945 年,美国的 GDP 已占世界 56%,世界经济领先的地位又被美国取代。

"为什么 200 多年前世界上最富强的中国,后来却衰落了?"二月河表示,他创作清帝王系列著作,正是想通过探讨中国最后一个封建王朝由盛转衰的历史,来深入反思,以期能对当今社会有些借鉴作用。

二月河感慨地说:"我想告诉青少年朋友的是,读书的作用是任何东西都取代不了的。如果文史知识缺失,将不利于青少年朋友健康成长和全面发展。读史使人明志,读史更能激发创造力。青少年要想人生有所作为,除了多读书,别无其他捷径。"

"一个人无论怎样笨,只要认准一件事,每天干它十几个小时,这样坚持一二十年,总会弄出点东西来。"自称"自己不聪明、很笨"的二月河,正是博览群书,在通读史书、锲而不舍的努力之中,才获得成功的。

原载《人民教育》2009 年 4 月 3 日

研究论文选辑

《康熙大帝》的意义
——兼论"大众文学"的历史走向

陈继会　陈贞权

　　历史小说的繁盛是近几年引人注目的一种文学—文化现象。潮涌潮退,鱼龙混杂,其间自不乏滥做者,但也确有不少呕心沥血之作,二月河的《康熙大帝》无疑是其中的代表之一。它的初版即在读者中引起较大的反响和好评,一版再版。嗣后,长篇电视连续剧《康熙王朝》的播映,再次掀起了"康熙大帝热"。耐人寻味的是,同广大读者热情真诚的反应相比,批评界显得似乎过于沉稳守成。也许是因为拘囿于既成的批评观念、批评视野,也许是因为《康熙大帝》的作者及这部长卷的出现过于突兀(二月河在此前不曾问津小说创作却带着《康熙大帝》突然闯入文坛!),批评界理应做出比现在更为热情的反应,然而却没有。《康熙大帝》是一部值得重视的历史小说。小说所表现出的史识——历史哲学、历史眼光,以及作者在创作中所追求的走向整合的艺术探索,赋予这部小说以不同寻常的意义。

史识:封建政治文化的理性审视

　　诚然,中国历史的许多朝代都会不断为后人提起,清朝更是一个不尽的话题。它不断被人议论,从最为切近的方面讲,延续了数千年的中国封建统治,在清朝画上了一个并不漂亮的句号;而且由于这一王朝统治者的腐败,致使中国历史跌入了"血和着泪竞淌"的近代社会。对于民族衰落的感慨,对于丧权辱国的耻辱,清朝成了一个集中清算的对象。从较为久远的原因讲,由封建正统观念引申出来的"民族正统论"(所谓"华夷之辨"),导致了对于清朝统治者(爱新觉罗氏)的排拒与敌视心理。二月河选定康熙作为他艺术创造的对象,是啃了一枚"酸果",但也因此从中见出了作者的历史眼光和艺术匠心。

　　鲁迅在《故事新编》的"序言"中,曾谈到对历史小说的看法。他说,创作历史小说大略说来有两条路子:一是可以称为"教授小说"的,即创作中需"博考文献","言必有据";一是"只取一点因由,随意点染,铺成一篇"。《康熙大帝》显然不属于第一种,但它又不全是第二种,倒是取了二者的一种融合,即在尽可能地注意到历史事实的同时,充分施展作者观照历史、表现历史的艺术才情。这样也许更合于时人对历史小说的需求。二月河在这部长卷中,表现出了历史小说作者应有的,但在实际创作中许多人却缺乏的"史识",即对于封建政治文化观照的理性精神。

《康熙大帝》在对封建政治文化观照时所表现出的理性的精神,大略说来,是从两个方面表现出来的。首先,作者以一种开放的历史眼光,以一种更为科学的历史观,去评价去表现康熙皇帝统御中国这一段历史,去表现他的文治武功。小说一反历史小说创作常有的由封建正统观念引申的姓氏正统论(诸如刘汉、李唐、朱明正统论),乃至由此扩而大之的民族正统论,以华夏一体的民族观、历史观再现历史生活,评价历史人物。

从某种意义上说,"历史"是当代史,尤其对于艺术创作中的"历史"。历史是过去时代的"文本",当代人应当从中不断解读到新的内蕴。而历史小说的作者,正是历史"文本"的阐释者。真正的历史小说作家,应当从中读出自己对于过往历史的鲜活的思考和探求。"反清复明"是过去乃至现在许多涉及清史的文艺作品(小说、影、视)反复写到的内容。这样的艺术处理,如若富于意味本无可厚非,即使在今后,也仍有其一席之地。但是,遗憾的是,我们在那么多的作品中,读到的仍是那样一种缺乏当代人眼光的令人沉闷乏味的观念和说教。在那些作品里,当代人似乎只配为消亡了的朱明王朝哀婉叹息(而万历之后的几代明皇帝也实在是颓唐窝囊!)。对于清王朝,即使连它其中的几位业绩口碑的帝王,也以为不值一哂,其理由颇堂皇简单,因为他们是汉族之外的"夷狄"。《康熙大帝》在表现这一历史实事时,从肯定康熙一统天下、开辟盛世的雄图大业出发,对于所谓的"朱三太子"内乱、吴三桂的反叛,给予明确的挞伐,高扬了国家统一、民族团结的真正历史精神。

历史上的康熙的确是一个不俗的皇帝。他8岁即位,14岁亲政,面对祖辈已经创下的基业,并不只去坐享其成。稚气而又聪慧的目光一上来就盯上了权倾朝臣的辅政大臣鳌拜,和自恃领清兵入关有功、拥兵自重的吴三桂。他16岁冒着偌大风险,夺宫集权,干脆利落地除掉鳌拜集团,20岁向吴三桂开战,历时8年而彻底取胜。但他并不以此为满足,治理黄河、淮河,疏通漕运,收复台湾,处理复杂的西藏、蒙古事务。政务之外,对于国学、西学广泛涉猎,其中部分科目造诣颇深,而且留下了类如《古今图书集成》的一批皇皇典籍。"历史"的康熙为二月河提供了可资依凭的艺术创造的原型,但"历史"并不是艺术。小说在"历史"康熙的基础上,为我们创造了一个更为动人的风流千古的艺术形象。全书以《夺宫》、《惊风密雨》、《玉宇呈祥》、《乱起萧墙》四卷,气势宏大地再现了一代帝王康熙的历史风采。《康熙大帝》给我们以恢弘之感——以"恢弘"来涵盖小说所表现的康熙的毕生功业,以"恢弘"来评说《康熙大帝》的艺术风貌,也许是最为合适的。无论是倡导一种国家统一、民族强盛的历史精神,还是为弘扬一种"天行健,君子以自强不息"的民族人格风范,还是为抒发"大丈夫建功立业于当世"的人生理想与感慨,二月河的确对康熙投以厚爱和敬意。作者以多彩的笔墨,极写康熙在文治武功上的显赫业绩;同时,作者也没有忘记展示、批判作为封建政治文化的重要一面,即康熙自己也陶醉其中的可怕的封建专制、统御的"帝王术"(这点我们下文还会提到)。康熙这一历史帝王,在二月河的笔下,的确风采熠熠,辉光闪耀,负载了多方面的历史文化信息。小说在这一方面的艺术成功,不能不得力于作者观照历史的理性精神。

《康熙大帝》观照历史所表现的理性精神,还突出地表现在作者对于"士"——中国古代知识分子命运的思考与表现。一部《康熙大帝》,康熙固然是一个重要的、成功的艺术形象,但我们还要说,全书写得最为感人的还是那一批胸存济世之志,身怀匡扶天下大才,却命途多舛、悲患忧戚、抑郁惆怅、不得善终的封建文人,如伍次友、周培公、陈天一、高士奇者。

立足于中国这块独特的文化历史土壤,中国古代的知识分子——士,一直处于一种"无根"的状态。他们始终是依附于封建统治者的一个阶层而不是一个独立的阶级。"兼济天下"始终是中国古代知识分子一个美好的人生理想,但历史为他们提供的选择机会十分有限而且境况窘迫。中国历史上"士贵耳,王者不贵"——尊重士的时代,也只是"周纲解结,群鹿争逸","士无常君,国无定臣","得士者富,失士者贫"的战国时代。群雄为争强斗胜,终成霸业,礼贤下士、敬士重士就成了当时统治者的必然选择——既是作为一种"姿态",显示统治者的眼光、胸襟,让天下士林去看;更是作为一种立国、治国的方略。但秦汉以降,天下一统的政治,又彻底改变了上述状态,士"志于道"变得更为艰窘。"无恒产而有恒心者,唯士为能"(《孟子·梁惠王上》第七章)。儒家的理想主义给予中国古代知识分子以超拔的人格风范。从孔子的"士志于道"(《论语·里仁》),"君子谋道不谋食"、"君子忧道不忧贫"(《论语·卫灵公》),到孔门弟子曾参的"士不可以无弘毅,任重而道远"(《论语·泰伯》),再到孟子的士"穷不失义,达不离道"(《孟子·尽心》),无不表现出中国传统知识分子以天下为己任,忧患系于民族,积极入世,身体力行的精神特征。正是这种价值取向的支持,才使封建社会一代又一代的知识者忧患民族,献身国家,精诚执着,前赴后继。

清王朝在中国封建社会又有其特殊性,即在一种传统眼光看来是"夷狄"治下的王朝。上文我们已经说过,康熙是一个不俗的皇帝。为了消解"汉""夷"

之间的隔膜,缓解当时的社会矛盾,为了广招(或曰笼络)天下人才,从而使清王朝长治久安,不管为了什么,康熙毕竟表现出了一种阔大的气度,未及讨伐吴三桂的战事结束,就急忙忙下令各级官员以"崇儒重道"为目的,向朝廷推荐"学问兼优,文词卓越"的士子,开"博学鸿词科",由他亲自主考录用天下人才,安抚士林。不排除康熙此举的功利心,但其中也不乏真诚,而处事中的执着劲,历史典籍与小说均有生动的记载和描写。作者以一种理性的眼光,观照评价这一历史事实,充分肯定康熙这一明智之举。但如果小说仅仅留笔于此,我们将深深为之遗憾。小说在充分肯定这一历史举措的同时,于不动声色处写了一个又一个士在康熙王朝中的坎坷仕途、尴尬处境、苦难命运,如伍次友、陈天一、高士奇。小说中的康熙对待身边的"士"(也包括其他仆从)那种"洞悉一切",那种刚柔并举,突然发难……读来令人不寒而栗。康熙毕竟是一个封建帝王,他固然不俗,但他的确可怕!二月河没有如其他历史小说作者那样,缺乏当代人对于历史的感悟和理性判断,在所谓"国家利益,历史发展"的堂皇的口实下,连封建帝王的无故杀戮无不一一首肯,予以称颂。二月河在《康熙大帝》中所表现出的对于士的历史命运的深深的理解、关注和同情,以及由此透示出的作者对于封建政治文化的冷静审视批判的精神,不仅赋予小说以清醒的理性品格,而且给历史小说的创作以有益的启悟。

整合:"大众文学"的艺术走向

讨论《康熙大帝》的意义,我们无法回避关于文学的"雅""俗"之争以及二者的整合问题。在本节中我们将引入"大众文学"的概念以区别于"通俗文学",并对《康熙大帝》在"雅""俗"整合中创造崭新的"大众文学"的艺术探索予以评价,并对"大众文学"的历史走向作一臆测。

文学的"雅""俗"之争是新时期后期(主要是在近几年)文学批评界的一个重要话题。批评界的任何理论之争总缘于创作界的启示与挑战。毫无疑问,这种理论上的讨论,同通俗文学的大量涌现有关;但若仅执此一端,似又不够全面,其实"雅""俗"之争还源于新时期一批试验、探索性的先锋文学的出现。后者极力追求一种"雅"——文学的精品意识,文学的贵族化倾向,小范围的阅读、欣赏趣味,而且又希望保持这种至尊的地位。严于区分,壁垒高筑,使得"雅""俗"之间的分野与畛域日见森严。其实,这种"紧张"多少有点人为化了。也许仅仅是为了固守点什么,而并未考虑到文学之于大众的正常关系,文学所面对的阅读现实和文学的全面平衡发展。

反观"五四"以来的20世纪中国文学,我们会从中获得许多启示。严守于文学雅俗之别在"五四"时期是不待言说的实事,因为新文学所面对的、需全力抗衡的是影响强大的旧文学,后者包括了大量的"恶俗"的古典白话通俗文学。30年代新文学仍不能不极其艰苦地与市民通俗文学争夺市场,包含着浓重封建色彩、以"通俗"为招徕的小市民文艺不能不受到挞伐。这种现象到了40年代,发生了较大的变化。服务于抗战的大局需要,30年代末民族形式问题的讨论,使新文学作者坚守了20年的"新文学意识"开始淡化,通俗形式受到重视。张恨水的《八十一梦》自不待说。这一时期解放区的文学创作,也特别鼓励通俗小说的尝试。《吕梁英雄传》、《新儿女英雄传》等,兴盛一时。通俗化与新小说之间的界域渐见模糊,融二者之长、作出不可磨灭贡献的是赵树理的小说。十七年间赢得大量读者的小说,如《青春之歌》、《红岩》、《铁道游击队》、《林海雪原》等,无一不注意和融入了通俗小说的手法,尤其如《林海雪原》。

新时期文学的"雅""俗"对峙与分野的再度强化,其间的原因,固然不能排除有来自通俗文学自身的因素,如部分通俗文学观念上的陈旧(诸如封妻荫子、忠孝节义、姓氏正统、鬼神迷信),与格调上的低下(文字粗俗、章法陈旧、热衷于凶杀色情),使得人们不能不贬抑、拒斥这一部分作品;但在另一方面,也因一批探索、试验性的"纯文学"的孤芳自赏,顾影自怜,画地为牢,谨慎提防(害怕夺走了读者)所致。因此,在一些批评者心目中,"严肃文学"(或曰"纯文学")与"通俗文学"成为势不两立的两派。

之所以将二者之间关系的"紧张"说成是人为化的,是因为造成这种"紧张"一开始就存在着两个重大的理论前提的失误。第一,是命名的失误。即僵死地简单地谨守着"严肃文学"与"通俗文学"的命名与分野。我们始终不同意这样一种区别与命名,因为它容易造成一种理论误区,而主张以"先锋文学"、"大众文学"、"通俗文学"来划分和命名。当代中国文学的发展格局,大略说来,实际上是由三种形态的文学组成的:一是为数不多的探索试验性的先锋文学;二是为数不少,但需要认真加以甄别、筛选的"通俗文学"(一般意义上的);三是大量的介于这二者之间融合了二者之长的,经过了整合的高品位的"通俗文学"(狭义的),即我们称之"大众文学"的文学。在一定意义上说,除了极少数实验性新潮小说外,新时期大多数成就斐然的所谓"严肃文学"作家,如王蒙、张贤亮、蒋子龙、冯骥才、邓友梅、高晓声……他们的创作都可以冠以"大众文学",都可列入"大众文学"作家之列。未来中国文学的发展,试验性的新潮文学将依然存在,而且应当允许存在,因为它将给发展中的中国文学以生机、活力、挑战和希望,实现同世界文学的交融对话。这类文学在一定时期也许仍会搅动文坛,掀起不小的波澜,但它不会雄居文坛,独领风骚,而且读者群依然不会很大。一般意义上的通俗文学仍会"旺长",无法也无须遏止,但要引导、整合,提高其品味格调;而"大众文学"将会继续是中国文坛雄居重镇的拥有较大读者群的文学品类。这将是一种被整合、升华了的富于生命力和文化市场的文学。一种高品位的通俗文学——大众文学,不仅是赵树理等一批新文学大家数十年孜孜以求的目标,而且,也是文学更好地服务于读者,更快地适应现实文化消费,服务于社会主义精神文明建设的美好追求。以上这些话曾在一次学术会上说过,距今已三年多了,后来的文学发展部分应验了上述说法。一些从事"严肃文学"创作的作者,对于"新写实小说"以及最近的所谓"文化关怀"小说的探索,《康熙大帝》一类优秀的历史小说的出现,佐证了这一点。

  上述界说,可以明显看出我们对当代文学理解、选择的态度与取向。对于"大众文学"我们热情地予以肯定和张扬,以为它会在多重意义上实现文学的价值功能;而对于试验性新潮文学持一种理解和宽宏的态度,对于一般意义的通俗文学,则持更多的保留态度。批评界对于《康熙大帝》缺乏足够的理解和热情,也许因为陷入了文学分类命名的误区,缺乏对于小说的认真的阅读,却先入为主地设定某种结论。作品具有可读性,受到读者大众的欢迎,未必就走入"恶俗"之流。我们之所以将《康熙大帝》归入"大众文学"之中,正源于对其思想倾向、价值取向、文化态度、艺术品位上的认同,其间不乏作者探求的"严肃"性、"文学"性,这是可以明见的。

  导致"雅""俗"关系紧张的第二个理论前提的失误是,只认定二者之间的对立、对峙的关系,否认二者之间融汇整合的可能性。批评界对于文学"雅""俗"内涵的界说虽意见纷呈,但分野是存在的(不论分野是不是一种科学的态度);但是,同时也存在着雅俗汇融整合的可能性。中国现代文学已有过实践,新时期文学也有了这种整合的实绩。一般意义的不去说它,即以王蒙、刘绍棠、冯骥才论,他们部分作品的大众化倾向明显可见,更不必论及那些有意为之的"通俗化"的作品。莫言更是一个很好的个案。他的"红高粱家族"系列小说,其间"民间文学"、"通俗文学"的手法、味道溢于文字,增强了其作品的可读性,但并未因此降格以求。在一种开放、宽松的文化氛围下,在一个大众文化消费更多样化的时代,我们为什么还这样谨守畛域,偏安一隅呢?严于区分,壁垒高筑,从积极意义,可能会抵御部分媚俗的通俗文学作品对于真正的文学神圣性的亵渎;但人为地画地为牢,也会使文学日见孱弱,丧失了它固有的蓬勃的活力。

  话题回到本文的讨论对象《康熙大帝》。作为一部在"整合"中求新的作品,的确不是一部随意之作。以历史小说论,作者在思想史、文化史的理论准备上是认真的。以《红楼梦》研究为契机,围绕着清史研究,他学研有成,厚积薄发,实为不易和难得。围绕着《康熙大帝》及其他清史小说的写作,作者广泛爬梳历史典籍,深入实地(江南等)体验、观察,其为文态度是严肃而真诚的。作者在这部小说中,融通常所说的"纯文学"的笔法(诸如细腻的心理描写,艺术氛围的营造,追求语言的文学性等)与"通俗小说"的手法(如故事的整一性、事件的传奇性、人物的动作性,及注重凸现人物性格等),使得《康熙大帝》不仅内蕴丰厚,具有较高的文学品位,而且又极具可读性,这多方面的探索和尝试,值得我们去认真思考并作出理论上的阐释,从中发现这部小说对于日益发展的"大众文学"的意义。

自然,这并不意味着《康熙大帝》已经尽善尽美,它仍有一些值得商讨的地方。第一,从文化选择的态度上说,作者似乎过于珍爱他笔下的康熙,这多少影响到对于康熙的更为清醒的审视、观照。创作固然需要作者热情地拥抱自己笔下的人物,但对于表现对象应有的审美距离也是不可缺少的,尤其是对于康熙这样的封建帝王。第二,同小说所要表现的康熙大帝的历史业绩与四卷本的容量相适应,整部小说在结构上还未显出应有的"史诗"品格,因而呈现出迭出的华采章节与全书整体结构之间的不平衡;在其另一方面,从现有的小说的章法手段来看,作者已显得相当圆熟老到、从容自然。但因是皇皇四卷,待到一口气读下来,在深味其从容裕如之妙时,也因其圆熟而生出对于小说结构新鲜求变、富于阅读的挑战性的渴望。第三,小说一些情节在艺术处理上因过于追求"传奇"性而多少影响了作品对于情与理的传达。"传奇无冷热,只怕不合人情。"在这个意义上,任何传奇都是允许存在的;但同时,任何传奇都是有"度"的。上述种种,也许已近于偏爱之后的苛求。即使如此,《康熙大帝》在理性地观照封建政治文化,在整合中作新的艺术探求的努力,其意义与价值已彰明不误。而且,二月河仍在艰辛地跋涉之中,对于一位艺术家来说,这应是最为可贵的。

原载《中州学刊》1991 年第 5 期

诗与历史的困惑与选择
——论二月河"帝王系列"的审美特征

张书恒　许宛春

从审美特征上看,新时期历史小说始终在"雅"与"俗"之间徘徊,使对历史小说的创作与评价形成了无形中的两极。长期以来,所谓的"雅"、"纯"历史小说明显占据着上风,代表着历史小说的基本创作走向,也成为衡量一部历史小说成功与否、价值高低的标尺。因而,当二月河的"帝王系列"以另一种面目出现时,这种"陌生化"的审美特征让人一时感到无所适从,从而产生出"批评的困惑"。所以,对二月河"帝王系列"审美特征的探讨,将有助于我们认识这一系列作品的意义和价值。

应该如何看待二月河"帝王系列"的审美特点和美学追求？首先需要注意的是,二月河"帝王系列"也是随着20世纪80年代中期以后出现的时代创作主流的产生而产生的,它与80年代中期以后的创作主流是合拍的。从小说的美学追求方面讲,"帝王系列"既与纯历史、新历史小说有着千丝万缕的联系,又有它独特的价值体系。也即是说,在对待"历史的真实"的态度上,"帝王系列"继承了纯历史小说以考据、实证等"正史"资料为依据的纯历史小说的基本品格,使小说表现出历史小说的严肃性与历史可信性,却又不为"正史"资料所拘囿,在一些非主要事件和人物的描绘上敢于发挥自己的想象力和重构力,真正描绘出如新历史小说所追求的"我心中的历史"的历史基本形态。由此,作者为读者演绎出了"康雍乾盛世"130多年的历史。

在对待"历史的真实"这一历史小说创作最具争议性,且可操作性最强的问题上,二月河与其他纯历史小说作家一样,持严肃谨慎的态度。在对待重大历史事件和重要历史人物时,作者严格按照"正史"进行书写与描绘,注重考据与实证,力求做到"书必有据"。比如《康熙大帝》中的智斗鳌拜集团,平定"三藩"之乱和"朱三太子"杨起隆暴动,东收台湾、西平噶尔丹的斗争;《雍正皇帝》中的九王夺嫡、清理亏空、摊丁入亩制度、士民一体当差、西南改土归流、火耗归公等清初政治、经济、军事、文化方面的重大历史事件,作品都有或详或略的交代与展现。作品对重大历史事件的表现,对提高小说的"纯历史"品位是不可或缺的。我们虽然不能要求二月河将"帝王系列"写成一部专业性极强的历史著作,但同样不能否认的是,就目前历史小说界的评价标准而言,历史小说不与所谓"正史"结盟,不在最大程度上表现出"历史的真实",作家往往是出力不讨好的。这也许正是包括二月河在内的诸多作家强调"书必有据"的内在原因。

原因或许还在于,历史小说尽管不是史学意义上的信史,而是讲述历史的文学,但历史的客观与真实不仅是一切严肃的史学家追求的最终目标,而且也是长期以来衡量纯历史小说作家功力的重要标尺。因为正如研究历史必须首先有史,史家手中没有材料是无法凭虚架构历史一样,历史小说首要的还是要以史说话。因为中国是个史学大国,史学著述浩如烟海,在今天看来,它们都可以作为史料,但仅有这些是不够的,举凡文集、方志、碑铭乃至家谱、诗歌、小说,都具有史料的价值。这些史料芜杂繁琐,真伪相兼,需要下功夫考据、辨伪,这些史料虽不如史学著述用起来简捷方便,但对作家而言,如果没有多方面细节的真实,小说的史学价值就会大打折扣。作家陈建功在谈及二月河作品时就说:"二月河掌握的知识很全面,比如他写北京的运河,枯水期只能到通州,水涨时能到朝阳门,这都是有据可查的。"①亦如二月河自言,如果没有《扬州画舫录》之类的资料,对于从没有到过扬州的他来讲,要想在书中表现出扬州清代的整体风貌是不可能的。二月河创作中对翔实资料的依赖由此可见一斑,这对营造作品历史氛围、还原历史时代特征是不可或缺的。

"帝王系列"在还原历史方面难度最大的,当属对三位封建帝王的塑造了。从作品的基调、作者在作品中所投入的笔墨,以及对几位帝王的评价看,作者是深爱他笔下的这些人物的。即使如此,作者仍能抛开主观情感好恶,依据史实逐次对他们进行刻画,使他们的性格随着作品的全面展开而不断发展与完善,最终构成鲜活的艺术生命。比如康熙,他作为一个来自蛮荒之地,出身游牧民族的皇帝,在清王朝最困难的时期,仍能出于本阶级长远利益考虑,崇尚汉族传统文化,宣扬"满汉一体",尊崇程朱理学,开设博学鸿词科以罗致汉族封建知识分子。这些措施都为清初社会政治的稳定和经济、文化的繁荣铺平了道路,奠定了基础。就他个人而言,他精算术,会绘画,能天文,能外语,8岁登极,15岁庙谟独运智擒鳌拜,19岁乾纲独断,决意撤藩,四下江南,三征西域,征台湾,靖东北,疏浚河运。应当说,他是一个有较大作为的皇帝,这是作者二月河在经过了长达两年多的研读史料、深入理解这一人物身上的文化内涵后得出的结论和看法,是比较符合历史事实的。但这只是一个问题的两个方面之一。康熙作为一个封建帝王,他不可能超越他所处的时代和他所代表的那个封建阶级。虽然在政治、军事、文化上他做出了一定的成绩,开创了"熙朝盛世"的历史局面,但

---

① 宋寅:《二月河〈月昏五鼓〉预告帝制终结》,《文汇报》1998年10月13日。

也应该注意到的是,他并非一个千古完人。虽然他一心要做个千古完人,为此,他宵衣旰食,勤于政务,但最终仍避免不了康熙末年政务废弛,官吏腐败,国库亏空的局面,这是不以康熙的个人意志为转移的历史趋势。特别是康熙晚年的九王夺嫡之争,反映出了康熙个人政治生活的悲剧。二月河从这些方面入手,从另一个侧面写出了康熙虽有运筹帷幄、决胜千里之才,却也不乏多疑猜忌,阴险狡猾,手腕多变,以及内心焦虑、孤独的性格发展的总特征。正是基于对重大历史事件、重要历史人物和一些细节资料方面的多方研读、考证,使"帝王系列"在整体上表现出了"纯历史小说"的特征。

然而,正如前所述,"历史的真实"在历史小说的创作中虽是重要的,不可轻视的,但历史与想象在历史小说的创作中绝非平分秋色,在根本上历史小说首要的应该是它的艺术创造力和生命力。也就是说,历史小说的成功首先应该取决于它的艺术创作,而不是它在多大程度上还原了历史的真实,在多大程度上表现了所谓的"信史"。即使是像刘斯奋等一批声称自己的创作是"书必有据"的历史小说作家,但在具体的写作过程中,我们仍然可以时时处处看到作者创作的影子。其实,所谓的"书必有据"也只不过是作家一厢情愿之谈,它只能说明作者的一种创作态度,而并不是这些小说创作的全部。因而历史小说的另一重要作家凌力就说:"即使是历史上存留下来的史料,也带着著作者爱憎好恶的色彩,真正的董狐直笔是没有的。我只能根据我的观察认识和理解,写我心目中的历史人物和历史事件,而写事件最终还是为了写人物,所以,我的任务归结为一句话,就是去写我心中的顺治和康熙。"①历史事实也证明,在历史小说的创作中,忠于历史的真实,处处"悉遵正史"、"考核甚详"者,成功的范例是很少有的,这即前人所说的"事事皆实,则失于平庸"。相比较而言,二月河在谈及自己的创作主张时则显示出了几分机智与狡猾。他在谈及《康熙大帝》的创作时,戏用《红楼梦》术语称其为"真事不隐,也要假语村言"。他说:"我觉得最难办的是实写与虚写。太真,便像一枚意大利金币,干黄枯,而写得太假也未免招人非议。于是,我采用了'真事不隐,也要假语村言'的用笔原则,庶乎使它同时具备'历史'和'小说'的双重特性。"②

亚里士多德在论及历史与文学的关系时曾说,"历史"说的是已经发生的事,而"文学"则说的是可能发生的事。我国新文学的主将之一郁达夫在他的《历史小说论》中也说:"历史小说的好处,就在小说家可以不被史实所拘,而可

---

① 凌力:《路漫漫其修远兮》,《文学评论》1992年第1期。
② 二月河:《真事不隐,也要假语村言》,《二月河作品自选集》,河南文艺出版社,1995年,第217页。

以利用历史,小说家的利用历史最大利益,是在历史的事件的多且富。"他对作家拘于历史事实的做法很不以为然。"历史小说,既然取材于历史,当小说家创作的时候,自己是不能完全脱离历史的束缚的。然而历史是历史,小说是小说,小说也没有太拘守史实的必要。往往有许多历史家,常根据精细的史实来批评历史小说,实在是一种煞风景的事情。"①在这里,先哲们都已不同程度地区分了历史与艺术相互联系又有差异的不同属性,说出了历史与艺术的各自可能性。所以,对于历史小说和历史小说作者,首先要解决的并不是"书必有据"的历史问题,而是在注意解决历史事件本身表现的同时,尤其要注意事件以外的历史生活的表现;不仅要写某一历史档案中记载了的东西,而且也要写某一历史事件档案中所"没有"记载的东西。这对作家要求的就不仅仅是扎实的资料功夫,还有资料以外的功夫。比较起来,后者的功夫可能更重要些。

二月河"帝王系列"的创作就恰恰印证了后者功夫在历史小说创作中的重要性。正如史学界所公认的"清代无正史",即使是目前最正统的清史,也是那套经人裁剪过的《清史稿》。众所周知,修改历史是清代一个比较独特的现象。冯尔康先生是国内史学界倡导给雍正翻案的代表,曾誉雍正为"中国历史上为数不多的比较杰出的帝王之一"。但冯先生对雍正伪造历史的劣行也深有体会。中国素有标榜直笔的"史官文化",虽然实际上历代帝王都干预修史,造成"实录"不实,但像雍正那样不仅伪造历史,而且涂改档案、伪造史料则还是罕见的。在对照了雍正"加工"过的《朱批谕旨》、《上谕内阁》等档案与故宫中幸存的原件后,冯先生也感叹曰:雍正"爱改史料,实是一大毛病"。清代这种修改历史的癖好给所谓的"信史"也增添了水分,因为它不可避免地要受到修订者的个人喜好,以及统治者思想意识的影响。这不仅是"清代无正史"一说的来由,恐怕也是由来已久的清宫戏泛滥成灾的真正原因。亦即任何一个帝王都可以被编者"戏说",任何一件历史故事都可以被敷衍成篇,编造、人为的痕迹就占据了较大成分,清代这一无正史的现象确实在最大程度上为作家提供了发挥想象力的机会,满足了他们编织故事的嗜好。即使是清代的一些重大历史事件,由于清史的不可信性,也同样有很大的争议。比如关于康熙的死因、康熙传位诏书的真伪、雍正皇帝的死因等这些清代的悬案,正统的清史记载也模棱两可,令人生疑,民间也有多种传说。此外,史料的匮乏也为作者提供了构筑历史的机会。如二月河多次谈到《夺宫》擒鳌拜的写作,写了《少年天子》的凌力也说:"即使在《康熙实录》、《康熙起居注》、《清宫述闻》等重要历史资料中,也很难找到在

---

①郁达夫:《历史小说论》,《创造月报》1926年4月第1卷第2期。

辅政初期深居宫中由太皇太后抚育教养小玄烨的活动记载。"①可见,即使是对待一些棘手的重大历史问题的处理,二月河也能不拘于历史与成见,另辟蹊径,用艺术的眼光与手法,进行合理的虚构与想象,从而构筑了一方他自己的"历史"之域。

对雍正皇帝这一形象的塑造同样能显示出二月河艺术功力的特点。传说中的雍正是一个有着"谋父、逼母、弑兄、屠弟、贪财、好杀、酗酒、淫色、诛忠、任佞"十大罪状的独夫暴君,和有着"心胸狭窄、刻薄寡恩、深沉狡诈、心口不一"的两面派作风的"伪君子"。他初以"矫诏"篡位,终被江湖女侠吕四娘所杀,身首异处。民间的传说反映了大众对暴君的抗争,以及对清明政治的向往心态,其中也不乏当初一些失意的封建文人对他的有意歪曲与中伤;而二月河笔下的雍正皇帝,却是一位勤于政务,办事干练,腹有雄才大略,外表却又沉稳镇定,不苟言笑的"冷面王"形象。特别是关于他勤政爱民的描写,刻画出了一位与历史、传说迥然不同的封建帝王。这是作者既有历史的、辩证的态度,又注重历史的自我建构的结果。当然,我们不能要求小说作者必然在作品中解开这些历史留下来的谜团,正如我们不能要求今天的历史学家们一定要破译当时的遗案一样。因为这不是小说家的责任。对于作家而言,写出自己心中的历史,写出自己对历史人物与历史事件的认识与理解,只要这些认识与理解是合理的,并且合乎当时的时代、文化氛围,于历史、于文学、于读者都是一种贡献。

纯历史小说对待历史的严肃性与新历史小说对待历史的自我建构性是二月河"帝王系列"两大审美特征。但这些并不全是二月河在当代历史小说界"立世"的根本。真正显示二月河"帝王系列"个性特色的,是小说中所体现的通俗性,亦即二月河的"平民情结"。他在谈及历史真实与自我创作原则的关系时也称:"我认为两者是可以统一的,如果必然要得罪一边的话,我得罪资料,在不违背大的历史史实的原则下,那些小的历史史实我并不拘泥,因为我必须讨好我的读者。"如果我们将二月河的这番话与以刘斯奋为代表的纯历史小说派相比较,差异是很明显的:前者为"讨好读者"而"不拘泥于历史",后者要"为历史负责"而力求"书必有据";前者遵循的是一种世俗情怀,后者则要"补正史之缺"。二月河这里所说的"不拘泥"历史在我看来并不是要远离历史事实,而是主张在遵循历史真实的基础上,充分发挥作者的艺术想象力和创造力,使作品达到艺术的真实。由于二月河的创作始终与读者的兴趣好恶紧密相连,使"帝王系列"带有鲜明的"平民化"特点,通俗的色彩很浓,他的"必须讨好我的读者"的历史

---

① 凌力:《〈天子—孙子—孩子〉:有关〈暮鼓晨钟〉创作的思考》,《当代作家评论》1994年第1期。

小说观中也包含有通俗性的因素,是二月河"平民化"创作观念的体现。基于这一点,我们将二月河与纯历史小说派和新历史小说派区分开。这也是"帝王系列"成为当下历史小说第三条创作道路的原因。

在我们对二月河"帝王系列"的"通俗性"展开讨论之前,有必要对"通俗文学"与"通俗性"做一些概念上的界定与辨析。什么是通俗文学？鲁迅先生在谈到《京本通俗小说》时说:"其取材多在近时,或采之它种说部,而杂以惩劝。"在鲁迅看来,通俗小说的题材多来自现实生活(主要是近时的市井生活),其作用在于"娱心",用现在的话说就是娱乐作用;也"杂以惩劝",也就是教育作用。鲁迅先生的这种论断似乎是一切优秀的文学作品必须具备的基本素质。而另一位现代文学的健将郑振铎先生在《中国俗文学史》中则指出了俗文学有六大特征:"一,是大众的;二,是无名的集体的创作;三,口传的,流传许久方定型的;四,新鲜的但粗鄙的;五,想象力是奔放的,不保守,少模拟;六,勇于引进新的东西。"如果将鲁迅先生有关通俗文学的界定与郑振铎先生的作一对比,不难发现即使是同一时期的大家,对通俗文学的理解也不一样,甚至差异很大。事实也证明,通俗文学的标准只是相对的,它要受到时代、社会时尚和个人审美趣味的制约,而且任何一种雅俗文学观都可能会被后来的理论所代替。许多昨天被视为俗文学的作品今天被作为雅文学而加以广泛研究,古典名著《红楼梦》便是简单的例证。反之亦然。

如果依照鲁迅、郑振铎二位先生对通俗小说的界定,我们不难得出结论:所谓二月河"帝王系列"的"通俗性",并不能等同于"通俗","帝王系列"也并非一般意义上的通俗小说,"通俗性"只代表了作者二月河的一种创作理念和审美原则,或者说它只是"帝王系列"的一种客观存在。其实,二月河"帝王系列"这种雅俗合流,融大俗于大雅之中的创作倾向本身,即是新时期以来诸多作家的写作和生存策略。众所周知,20世纪80年代中期以来,随着市场经济体制的发展和商品价值观念的建立,思想界也在发生着一场深刻的革命,由文化的失范造成的经典价值观念转移,理想主义激情消退,以及大众文化的兴起也引起了文学创作观念的变革,特征之一便是通俗文学的抢滩登陆,与雅文学分庭抗礼。与此同时,由于雅文学越来越远离大众,雅俗文学之间也在潜移默化地相互影响与交流,从而构成20世纪80年代中期以来雅俗合流的创作倾向。这种一方面不改变雅文学的品质,另一方面又不丧失读者的写作策略,无疑是新时期小说创作的一种新的走向。

二月河"帝王系列"是20世纪80年代中期以来雅俗合流创作倾向的鲜明体现,而在创作观念上,则得益于作者的"世俗情怀"。可以肯定地说,如果作品中没有那些"通俗性"的东西存在,"帝王系列"也许不会有目前那样较为广泛的读者层,它得到的可能仅仅是史学家或文学评论家的喝彩。倘如此,"帝王系列"也就会被湮没在新时期浩若星汉的历史小说之中。这到底是二月河"帝王系列"的幸呢?还是不幸呢?因而,对"帝王系列""通俗性"的总结,似乎显得更为重要。撮其要,大致包括以下几个方面。

首先,"帝王系列"表现了公众热心关注的题材。稍微有点历史知识的人都会知道,清朝不仅是中国几千年封建帝制社会的一个缩影,也是中国的封建王朝中最没落、最腐朽的一个代表,无数个丧权辱国的不平等条约使每一个有良知的中国人至今历历在目,记忆犹新。人们在了解了它的腐朽没落的同时,更加渴望了解它的鼎盛,而"帝王系列"所展现的"康雍乾盛世",正是清朝处于鼎盛时期社会风貌、民俗风情、人文特征、文化氛围的形象反映,同时,这一时期也是清代由盛转衰的一个社会转型时期(二月河曾将"帝王系列"命名为"落霞系列"就包含了这一时期社会变革的深刻历史内涵)。这种大规模、史诗式地反映这一特定历史时期的文学作品,从近年来历史小说的创作看还不多见,"帝王系列"的出现在一定程度上满足了广大读者的"视野期待"。

其次,在于作品中所表现出的知识性、趣味性和作者多方面的知识功底,这些都为作品的可读性增色不少。作家陈建功在谈到这一点时也感叹道:"我们的许多作家缺乏当作家的基本素质。太史公在评论老庄的时候说老庄其学无所不窥。一个作家不光在写作上应有基本的水准,而且在各方面都应有丰富的知识才行。我看二月河的作品很兴奋,作品所描写的生活场景和人物形象极其丰富,有宫闱秘事,也有市井风情,有庙堂权贵,也有江湖奇才,真是三教九流,五花八门,无所不包。"因此他认为:"一个作家不仅要学者化,还要世俗化。"如果说"学者化"是对作家基本素质的要求,那么"世俗化"在我们看来,则是对作品内部结构与外在形态的综合要求,它要求作家始终抱定一种世俗情怀,并在作品的写作过程中充分调动自己的知识储备,以增强作品的可读性与趣味性,使之更适合一般读者的阅读欣赏需要。从"帝王系列"中也确实不难看出,作者在作品中表现出的对医学、棋艺、天文地理、宫廷生活知识、文坛奇事、插科打诨等知识性、趣味性东西的熟练而全方位的掌握,增强了作品的可读性和趣味性,这些材料的适时运用与表现强化了作品的"通俗性"色彩,是"通俗性"的表现。香港著名记者梁家荣在读了《乾隆皇帝》后说:"读完《乾隆皇帝》,顿感失落。因为不知何时二月河才会有另一套旷世之作。看过'落霞系列'后,似乎当今作家的长篇小说都没有意思了。"①这种感叹代表的恐怕不仅仅是论者的个人感受,它大致上说出了"帝王系列"的引人入胜之处。

---

①潘耀明:《读二月河〈乾隆皇帝〉小札(代序)》,明窗出版社,2000年。

最后,是作者在作品中所集中表现出的"拟古"追求。也即是说,在作品的语言风格、叙事方式、语汇等的运用上,作家追求的是一种类似于古典白话小说的风格特征。作家这种"拟古"追求无疑会给习惯于"言文一致"的叙述方式的当代读者带来一种"陌生化"的阅读感受,从而强化作品的阅读效果。具体地讲,它包括三个方面的内容:一是作家将大量诗词歌赋联文乃至笑话和民谚民谣引入小说,它们被有机地融入作品的故事情节之中,成为小说极具可读性的精彩部分;二是作家在叙述故事时尽量使用当代已基本不用的文言词汇,甚至不惜创造生词,以求得一种有别于当代小说叙事语言的风格;三是作家在叙事过程中,从用词到句法到行文风格都力求与现代叙述习惯相"间离",尽量模仿古典白话小说的叙述风格。这种"拟古"的语言追求同时也使作品的语言得到雅化①。当作家将诗词歌赋散曲联文等这些我国传统艺术形式融入作品的时候,读者从作品中感受到的,就不仅是故事情节,而且也包括语言艺术的典雅之美,作品也因此别具一种艺术的魅力。至于作品在某些情节设计、人物语言以及细节等方面的拟《红楼梦》、拟《水浒传》、拟《儒林外史》等古典名著而使"帝王系列"产生出的强烈艺术效果,则更是自不待言的事实。

通过以上论述不难看出,二月河"帝王系列"在审美选择上与新时期历史小说相比,既有密切的联系,又有比较鲜明的个性特征。这种个性特征最主要表现在作者打破了长期以来历史小说"雅"与"俗"二元对立的状态与格局,将二者融为一体。特别是在对纯历史小说引入新历史小说创作机制,和对纯历史小说的通俗化的极力张扬方面,使二月河表现出了一个纯历史小说家独有的风格特点,这些特点的出现,使"帝王系列"在审美特征上表现出了一种有别于新时期任何一种历史小说创作流派的特征,我们姑且称之为"二月河体"。这恐怕是二月河"帝王系列"的审美品格在新时期历史小说中的独特意义。

原载《河南大学学报》(社会科学版)2001年5月第41卷第3期

---

① 韩敏:《论长篇历史小说〈雍正皇帝〉》,《通俗文学评论》1997年第2期。

长篇历史小说《雍正皇帝》研讨会纪要

刘学明

1月22日,长江文艺出版社和北京四汇文化公司在中国作协文采阁联合召开了长篇历史小说《雍正皇帝》研讨会。在这次会议上,与会专家畅所欲言,高度评价了这部小说杰出的艺术成就和巨大的思想内涵,同时也指出了这部小说存在的一些不足之处。现将这次会议的发言记录摘登如下。

周百义(长江文艺出版社社长):长江文艺出版社和北京四汇文化公司在中国作协文采阁联合举行长篇历史小说《雍正皇帝》研讨会,各位领导、专家和学者在百忙之中出席这次会议,在此我们表示衷心的感谢。参加这次会议的领导、学者有:中国作协书记处书记陈建功先生,中宣部出版局张玉国先生,中国社科院文学研究所《文学评论》主编蔡葵先生,以及著名评论家吴秉杰先生、牛玉秋先生、林为进先生、胡平先生、白烨先生、丁临一先生、朱晖先生、贺绍俊先生、罗强烈先生、王必胜先生。参加这次会议的还有《人民日报》、中央电视台、《光明日报》、《中国青年报》、《文艺报》、《北京日报》、《中国图书商报》和《新闻出版报》等首都新闻单位的记者,以及全国各有关发行单位的朋友们。

我们长江文艺出版社是一个历史较为悠久的老社,成立于1955年。四十年间,共出版了一千余种读物,其间出版了《跨世纪文丛》、《老舍小说全集》、《中国新诗库》等一批受到读者欢迎的图书。《雍正皇帝》是我社近年推出的长篇历史小说,先后已印行十余万册。香港明窗出版社、台湾巴比伦出版社已买去该书版权并用中文繁体字本在港台两地出版。此书出版后曾经荣获河南省政府第二届优秀文学艺术成果奖,湖北省畅销图书奖。北京四汇文化公司和海南洋浦浦光公司斥资上千万元,正在筹拍由罗强烈先生改编的六十集电视连续剧。

当然,这部长篇历史小说,由于作家的艺术才华,显示出了它独特的认识价值和审美价值,但我们清楚,受到读书界的好评并不意味着这部小说完美无缺。今天我们在这里召开这部小说的研讨会,其意义就在于请各位学者对这部小说的优劣得失加以批评,我们一方面可以集中大家的意见,和作者二月河商榷,以便今后进一步加以修订;另一方面,也可以总结出历史小说创作的某些规律,为今后的文学创作以及出版界提供可资借鉴的经验和教训,也为《雍正皇帝》电视连续剧的改编提供有益的帮助。总之,我们希望各位专家学者不吝指教。

陈建功(作家、中国作家协会书记处书记):这次会议本来应由中国作协创研部和长江文艺出版社联合召开的,但由于《雍正皇帝》一书参加了第四届茅盾文学奖的角逐,所以不宜以中国作协的名义来开。在这里,我首先代表中国作协创研部对这次会议表示热烈的祝贺。

《雍正皇帝》一书,我们中国作协创研部的同志都看过,都非常喜欢,纷纷希望创研部能出钱替每人买一套。但当时北京没有这书,我们便只好向出版社求援,希望能给我们"赞助"几套,可见这本书的魅力所在。一会儿还有很多评论家将对这本书发表很具体的意见和感受,我就不多谈了,我想主要谈这么几点。第一点,我们中国作协创研部以扶持文学创作为己任,我们当然鼓励紧密结合时代、反映现实生活的作品,比如最近我们将召开长篇小说《苍天在上》的研讨会;但同时,我们对凡是弘扬民族文化、丰富民族情感的优秀历史小说也同样抱有很大的兴趣,持极力扶持的态度。第二点,我想谈谈这部小说给予我们的启示。二月河先生我虽然不认识,但我看了小说之后,我感到很震惊、很惊讶,我一直在想一个问题:我们的作家到底应该是什么样子?我们的许多作家其实缺乏一种当作家的基本素质。太史公在评论老庄的时候说老庄其学无所不窥,鲁迅在评论《镜花缘》的作者时也说过类似的话。一个作家不光在写作上应有基本的水准,而且应在各方面,山川名物、地理历史、诗词歌赋,包括下九流,都应有丰富的知识才行。所以我看到这部小说时感到很兴奋。小说写到了扬州、安庆,又写到了北京,这些都是我很熟悉的地方。我非常挑剔,想发现它究竟有没有漏洞,但目前为止,我还没有发现太大的破绽。二月河这位作者太厉害了,他对历史、对各方面知识的掌握太全面了。比如说他写北京的运河,枯水期只能到通州,水涨时能到朝阳门,这都是史料中所提及过的。作者不是北京人,但他对北京的很多建筑掌握得非常准确。王蒙曾提倡过作家要学者化,我觉得二月河先生是具备这样的水准的。另外,我还感觉到,一个作家不仅要学者化,还要世俗化,要有对三教九流、民间百态的丰富的知识积累。二月河先生在这方面对我的启发很大,不光对我,对当今的文学界也是寓有启示意义的。

这部小说给我的第三点启示体现在它对传统的民族形式和新的表现手法的结合上。本世纪初,传统的章回体小说已经被新潮小说贬抑得很低很低了,但张恨水坚持、摸索写章回体小说新的路子,他认为要写出一种既为中国人爱读的但又有新的内容的章回体小说。由于他的持之以恒,终成一位大家。二月河先生虽然没有他的文学声明,但通过他的作品可以看出,他是一位很有艺术自觉的作家,他非常自觉地把传统的叙事方式和现代的叙事方式结合起来,写出了一部普通老百姓喜闻乐见、雅俗共赏的小说,这也对中国未来小说的发展道路是一个很大的贡献。

我就泛泛地谈以上三点。我希望与会的诸位专家畅所欲言,有好说好,有坏说坏,以利于当代文学创作健康、繁荣地发展。

白烨(评论家、中国社科出版社副主编):不久前也是在这个场合,召开了一个河南省作家研讨会,二月河也来了。河南省作家群主要以反映现实农村生活题材为特色,所以在会上大家主要谈的是张一弓、周大新等,而二月河基本上是在大家视野之外的。后来我在会上发言时说,河南出了个二月河是了不起的,他既是对河南作家群的一个丰富,在全国的历史小说创作中,也是一位非常有功力、非常了不起的作家。我在会上讲,中国作协创研部为了搞好第四届茅盾文学奖评选工作,专门组织了一个读书班,《雍正皇帝》的价值是被我们这个读书班"读"出来的。当时它混在一百三十余部小说里,和其他的小说没有什么区别。二月河这位作家的名气也不太大,在这之前虽写过一本《康熙大帝》,但书出得不大好,影响也甚为有限。读书班的丁临一先看了这书,评价极高,高得令人吃惊。他甚至认为在《红楼梦》之后没有别的书,就数这本《雍正皇帝》,百年不遇。大家听临一这么一说,都抢着去看,看后大家的意见是一致的:这本书确实不错。有些同志虽然认为它不能与《红楼梦》相提并论,但都认为它确实是几十年来少有的一部历史小说佳作。

我读了这本书后,感受比较多,主要谈两点,一个是史文融合,另一个是雅俗共赏。在我看来,一部好的历史小说应是历史科学和小说艺术的有机结合,过于游离历史、过于虚构不行,过于紧贴历史,读起来没有什么味道,也不好。我觉得《雍正皇帝》正是在这方面作出了它的成功尝试。作者是以忠实历史的态度,去全方位地恢复历史和再现历史。作品所描写的生活场景和人物形象极其丰富,有宫闱秘事,也有市井风情,有庙堂权贵,也有江湖奇才,真正是三教九流、五花八门。蔡葵先生曾经有一句话,说作者要什么有什么,几乎没有他不熟悉的,没有他不能写的,的确如此。我觉得小说在主要人物的塑造和主要情节的安排上表现出一种清醒的历史意识和艺术魅力。总的感觉是以此起彼伏的典型冲突来构筑作品和塑造人物的,以灵动而丰赡的文笔来表现政治斗争之残酷和人情人性之复杂,常常在不动声色中令人惊心动魄。例如康熙两选太子、两废太子,九位阿哥争夺皇位,包括雍正即位后的斗争,都反映了政治斗争的残酷性。

小说中的人物都写得非常好,主要人物除了康熙、雍正之外,十七个阿哥也个个有个性。除此之外,如隆科多、张廷玉、邬思道等,都不失为典型人物。(我唯一不满足地是它对女性形象的刻画弱了些,但仍然让你看得有滋有味。)小说里的人物性格并不单一和线性,充满了发展中的复杂性。比如说雍正这个人,在九个阿哥中他算是比较厚道、温和的,但后来为了争夺皇位和巩固皇位,他的性格逐渐变得专断多疑,刻薄寡恩,从而写出了一种权力与人性的相互纠结以及对人的命运的深刻影响,只要人一被卷进了政治斗争的漩涡,就身不由己,各种恶的东西可能被互相激发出来,进而变成你死我活、互不相让的斗争。……总之,由于作者非常注重史与文的融合,既忠实于历史又不拘囿于历史,所以小说展现出的是一种有呼吸有生命、血肉丰满的历史,而不是干巴巴的史料堆积,具有很强的艺术魅力。

第二点,我觉得《雍正皇帝》在雅俗共赏方面也作出了一种成功的尝试。小说在对人物形象的塑造以及语言的运用等方面都体现了一种雅中有俗、俗中有雅的美学追求。尤其是它的语言,真是写什么像什么,既不生涩,又不粗俗,整个文笔干净利落、自然流畅,具有极强的表现力和感染力。这一点我们在读其他的小说时是很难看到的。在当代作家中像二月河这样文笔的人,恐怕也是非常少的。同时,《雍正皇帝》使用的是章回体的结构方式,但它的章回体是一种"现代章回体",既保留了传统小说的某些意味,又不单纯是明清时代"且听下回分解"的方式,它在传统的章回体形式里又加入了许多现代手法,从而发展了章回体的创作路数。事实证明,这种创作方式是很受读者欢迎的。《雍正皇帝》接续了传统又发展了传统,是真正具有中国风格和中国气派的历史小说。读这部小说的感觉,可能我们只有在读《三国演义》、《水浒传》这样的大古典名著才有相同的感觉。

蔡葵(评论家、《文学评论》主编):我曾问过写《少年天子》的凌力同志一个问题,就是她在创作历史小说的过程中,遇到的最大困难是什么?她说最大的困难是找不到感觉,找不到那种对历史环境、历史氛围的感觉。她的话使我很受启发,为此我还翻阅了许多材料,并找到了鲁迅的著作来印证她的感觉。鲁迅曾经也想写历史小说,想写《杨贵妃》,但最终没有写出来。为什么呢?我在鲁迅书信集里找到鲁迅写给别人的信,信中说他到了长安一趟,但看到的景象却和头脑中原来为写杨贵妃而构想的唐时雄浑的气派完全两样,结果把他脑子中的感觉完全破坏掉了,一个字也写不出来。由此可见,把握对历史的感觉对历史小说的创作确实至为重要。当代很多历史小说令人不太满意的地方正在这里。它们写的虽然是历史,但总令人感到不像历史,要么太陈旧,要么太现代,找不到那种对历史的感觉,创造不出特定的历史氛围,小说里面的人和事仿佛纸扎的傀儡一般。而《雍正皇帝》与这些小说不同,它是那种真正意义上的历史小说。它通过丰富生动的细节描写，展现出了康熙、雍正时期富有生活气息的民俗风情、人间百态，从而营造出了一种极其浓厚的历史氛围。在这种氛围里，历史人物和历史事件可以自由地、自动地活动起来，而无需作家多费气力。我觉得《雍正皇帝》成功的最大奥秘就在于此。《曾国藩》我也很喜欢，但在全面展现一个历史时期的人情百态、社会生活方面，《曾国藩》要差一些。

另外有一点，我觉得这部小说用得上恩格斯的一句话，即"莎士比亚剧作的情节的生动性和丰富性"。《雍正皇帝》从第一个字开始，从第一回开始，便不讲废话，一个情节连着一个情节，一环扣一环，有时优美舒缓，有时惊心动魄，确实具有莎士比亚剧作情节的生动性和丰富性。例如写到康熙第一次废太子，短短两三回间，却写了八九个层次，先写了太子被废的缘由，次写老大老三的争风吃醋、落井下石，最后又写雍正的老实与精明，在急风密雨之中作者又不失时机地补上太监何柱儿一笔……情节起伏跌宕，一波三折。

这部小说的人物性格也富有典型性。我还是信奉马克思的话，即小说要刻画"典型环境中的典型人物"，那么对于历史小说来说，就是要刻画历史环境中的历史人物个性。对于雍正这个人，知道他从小就是个很冷酷、很多疑的人，他爱搞文字狱，什么"清风不识字，何故乱翻书"，什么"维民所止"，还有他篡改遗诏，将"传位十四子"改为"传位于四子"等等。但这部小说着力将雍正塑造成一个政治家，写出了他作为一个政治家的品格。雍正为什么"忍"？这是由于畸形的宫廷生活挤压出来的，使他不能够像普通的老百姓那样正常地喜怒哀乐。雍正也有柔情的一面，例如他对狗儿、坎儿的同情，对小禄、引娣的怜爱，都体现了这一点。雍正之所以"忍"，是情势所逼而不得不然。这样就将雍正由于特定历史时代所造就的历史个性生动而深刻地凸现出来了。小说中还有许多人物都刻画得极富个性，如邬思道、李卫、老大、老二、老三、老八等。我并不认为小说里的个个人物都是典型，但几个主要人物都是富有典型意义的。

最后我还想说一点，历史小说不应仅仅是关于历史的演义，"历史在任何意义上说都是现代史"，所以它还应有作家对历史独特的思考与见解。一部好的历史小说，它不能单纯只有情节的生动性和丰富性，更重要的是要有思想深度。在这种意义上说，《雍正皇帝》情节的生动性和丰富性是它的优点，可能也是它的局限。

丁临一（评论家、《昆仑》杂志社副主编）：《雍正皇帝》这部小说我特别喜欢。在中国作协组织的读书班上，我曾说过《雍正皇帝》是一部五十年不遇，甚至百年不遇的好作品。我说这话绝不是故作惊人之语，而是很慎重、很负责地说的。我认真地回想了一下我所读过的能给我印象较深的古今中外的文学作品,我觉得《雍正皇帝》确实是一部难得的历史小说佳作。感受最深的有以下几点。

第一点,作家非凡的驾驭历史的能力、结构作品的能力和刻画人物的能力。在整个谋篇布局上,在情节的安排上,我觉得可和金唐相比。它的周密严谨、曲折复杂、首尾呼应,出人意料又在人意料之中,常常是一波未平,一波又起,没有什么孤立的人或事,始终在交错中向前发展,这种把握情节的能力确实是非凡的。从刻画人物方面来看我觉得它有《红楼梦》的味道。小说中的人物尤其是主要人物,没有哪一个可以用我们头脑中固有的观念或概念去套它。无论是皇帝、亲王,还是大臣、民众,都富有突出的个性以及隐含其中的性格动机与历史内涵。《雍正皇帝》里的许多人物形象,可以说极大地丰富了或者说填补了小说人物画廊的人物形象。很多人物是我们在以前的作品中从来没有见到过的,有一种很强烈的陌生感,这种陌生感是能够带给读者极大的审美享受的。

第二点,我想突出讲一下这部作品的价值究竟在什么地方。小说的情节很精彩,人物很精彩,但更重要的是《雍正皇帝》通过对康熙、雍正两个朝代的深刻剖析,入木三分地揭示出了封建王朝官场政治、宫廷政治的种种弊端。这一点是我们迄今为止历史小说中找不到或很少看到的。《雍正皇帝》对于封建制度的把握达到了前无古人的高度,可以这么说,它是中国官场政治的百科全书,中国宫廷政治的百科全书,比如说,无论是康熙还是雍正都想把国家治理好,道理很明显,"朕即国家",家国一体。尤其是雍正,每天批奏折两万多字,几乎活活累死。那么为什么治理不好呢?若论为君之道,雍正不能算昏君;若论为臣之道,雍正手下的一干大臣如张廷玉、田文镜、李卫等也不能算是庸吏,但国家仍然弊端百出。清理亏空,结果不了了之;狠抓廉政,官员却照样贪污。什么原因呢?小说对封建制度的把握在这里已超越了对人与人关系的简单剖析,而是切到制度本身,写出封建专制制度的某些本质的东西:一是它的虚伪性,二是它的残酷性,这两方面是互为表里的。可以说,在二月河的笔下,我们读到的关于封建王朝的虚伪性方面的东西,比任何一本小说都要多得多,深刻得多,形象得多。很多地方对我们今天认识封建王朝有很大的帮助。这也正是《雍正皇帝》最大的价值。

最后谈谈对《雍正皇帝》总的感觉。我感觉小说的第一卷、第二卷、第三卷无懈可击,第三卷稍微差一些,比如它写到贾士芳的神通、写到雍正与乔引娣的乱伦,这就使小说稍稍滑向通俗文学的套数。另外,小说中也存在着一些小问题,比如说十三爷曾向雍正哭诉,说他和十四爷同年生的;但十七回又说小十四爷两岁,前后显得不太吻合。

雍文华（评论家、中国作协创研部副主任）：在中国作协组织的读书班上一部分人认为《雍正皇帝》是一部高层次的通俗小说，另一部分人则认为它是一部大雅若俗的严肃文学。我是极力主张将之定位在后面一种意见上的。我对这部小说之所以评价甚高，是因为它符合我心目中的历史小说，我认为优秀的历史小说必须具备三个标准。一、必须反映历史真实，必须在大的框架下符合历史事实。《雍正皇帝》虽有大量的虚构，但小说的骨架、主要的内容都有历史史实作为依据。不仅九王夺嫡、清查亏空、士民一体当差、打击科甲朋党、西南改土归流、西北两路用兵、年羹尧和隆科多的大狱、设立军机处等等雍正朝的重大举措，都在小说中有真实的反映，就连所谓的雍正改诏，封尹继善的夫人为一品夫人等具体的历史事件也严格遵循历史真实。《雍正皇帝》不是像《戏说乾隆》那种随意生发、胡乱编排的通俗作品，也不是"六经注我"式的纯以主观意识来解释历史的新历史小说。二、要营造出一种特定历史时期的生活氛围，成为再现历史生活的一幅风景画。这一点是一部历史小说成功与否的关键所在，也是历史小说充分体现其文学品位的关键所在。在这一方面，作者可以大量地发挥他的想象，充分显示他的文学才能，并不会因受到历史事件的局限而使之削弱。如果说历史小说必须以重要的历史史实作为构架的话，那么光有这个构架并不能完整地再现历史，只能成为干燥、枯瘦的编年史。只有把笼罩所写历史史实的历史氛围、文化底蕴、民风风俗精心地组织进去，历史小说才会不仅有构架，而且也有充盈的血肉、美丽的肌肤、光彩照人的颜色，才有鲜活、生动、具有气韵的历史生活的再现。以这个标准去衡量历史小说，许多作家便显出功力不足来，包括凌力。但二月河不一样，让人感到很震惊，他写什么像什么，确实很见作家的功底。三、要写人物的命运，要在人物的命运中写出历史的崇高、历史的壮烈、历史的冷峻、历史的悲剧意识和历史的沧桑感。如果说要用现代意识来观照历史题材，那么在这方面作家可以大量地发挥自己的思想。《雍正皇帝》通过对康熙、雍正时代社会生活的全面再现，寄予了作家对人生、对社会的理解与思考，也寄予了作家的人生理想和政治抱负，这使得小说具有较高的审美价值和认识价值。

小说也存在一些缺点，比如说我们一方面佩服作者传统文化修养之深厚，但另一方面也看得出，作者在某些方面还不太老到，比如说作者自作的一些律诗、对联等，从平仄、对仗、粘连到意境的营造方面还稍欠功力；再如小说中有些地方写得太"过"，比如雍正在视察黄河的时候大段大段对狗儿、坎儿讲述小福、小禄的故事，似乎有失身份；京兆尹范时捷被十三爷胤祥揪着耳朵骂娘一事，则显得不太真实等。不过我不同意丁临一刚才说的写雍正和乔引娣的乱伦是败笔，我认为它不是通俗小说的东西，而是严肃文学的东西，因为它写出了一个人即便到达权力的巅峰,但内心仍深感孤独的痛苦。这里正显示了作者的深刻之处。

牛玉秋(评论家、中国作协创研部研究员):我首先觉得这部小说的结构很好。康熙、雍正时期的那段历史,可以说是千头万绪;作者在小说中描写到的历史事件,也是千头万绪的,但作者能从这千头万绪中拎出一条头绪,然后又以这条头绪把千头万绪串联起来,给人一种繁而不乱的感觉,很具匠心。乔引娣这条线我是不太欣赏的,我认为它是小说的一个弱点,但即使是这样一个弱点,作者也是经过精心构织的,从第二回开始就已经把乔引娣这条线安排进小说中了。我在读这部小说的时候曾经想,怎样把乔引娣这条线改得更好呢?但我发现,要改动它其实是很难的,真是"牵一发而动全身",必须有通盘的考虑才能把这条线处理好。

其次,我觉得这部小说的人物刻画得非常好,富有立体感。小说中的有些场面写得相当不错,比如说邬思道刚出场时在酒楼上遇见车铭,他以其才智和人格斗败车铭的权势,这个地方作者用的是大泼墨大写意的笔法,展现了邬思道性格中的一个方面。但出了酒馆以后,邬思道对戴铎说道:"(我)心气再高人已凋残,我这人还有什么指望?只有心智可用,有谁能知?只有口舌之利,难道连嘴也封住?"短短几句话就把他内心深处的那种深刻的痛苦写出来了。他的性格中不仅仅有那种潇洒、豪迈、傲气,还有怀才不遇的深深的痛苦与无奈。仅这一个场面,即使没有后面的一些情节,就已经把邬思道的性格很立体化地呈现出来了。另外,我觉得小说中有些人物性格本身就是很富魅力的,最突出的是第一部里的十三阿哥。雍正对他的评语是"天不能拘,地不能束,心之所至,言必随之,行必践之",这份豪爽、这份率真真令人心向往之。我们生活在现代社会,试想人若活到这个份儿上,确实够自在的了。另外有一点,我觉得作者很善于写出人物性格的细微差异。作者经常对比写的是十三阿哥和十四阿哥,两个人的性格是相仿佛的,都很爽气,而且都是于军伍之中成长起来的,但两个人一个有心计,一个没心计;一个出身卑微、没人护持,一个出身高贵、备受呵护。两个人就显得很不一样。在小说创作中,这种细微的差别最能见出小说家的功力。

最后我想谈一谈这部小说的不足。我觉得这部小说的女性形象较弱。这部小说写到的女性形象不少,像凤姑、兰草、小福、小禄、阿兰、巧姐、乔引娣、郑春华等,但都显得比较单薄。我觉得作者对帝王心术揣摩得非常细腻,但对女性的心理活动揣摩得不是很透,表现得也不充分。比如说郑春华,她和太子的奸情是被康熙亲自发现的,但她却不死,一直苟延残喘地活下来,后来直到听到太子第二次领兵未成的消息才死去,这里面是大有文章可做的。她等什么?盼什么?我觉得是可以深入表现一下她的心理活动的。另外,如果不把乔引娣处理成雍正的女儿的话,表现起来也许会更方便些。而紫姑、阿兰、巧姐三人的形象有点雷同,也是其不足。

胡平(评论家、中国作协创研部研究员):小说里康熙对雍正有一句考语"耐烦不怕琐碎",我觉得这部小说也具有这个风格,这种风格也是《红楼梦》的风格。我最近也触及了一下历史题材的小说创作,感到历史小说创作最难的是写得琐碎。《雍正皇帝》就其情节、语言、结构而言,并不超过一般的纯文学作家,但一般的纯文学作家都达不到二月河对历史细节的掌握,不能够像他那样写得琐碎,而这种功夫往往是历史学家去下的。二月河骨子里是一个纯文学作家,他又肯下历史学家的功夫,所以他能够取得令人瞩目的成绩。另外,历史学家写的东西在细节方面比二月河有过之,但为什么写不出味道、不耐看呢?主要是"化"不进去,二月河则"化"得非常好。比方说拆字,"美"字一拆,拆成"八王大",再一拆又拆成"大王八",非常贴切、自然、有趣,相当不简单。再比如说讲笑话,有个太监要求十三王爷讲个笑话,十三王爷便讲:"有一个人——"不说了。别人问:"下头呢?"答曰:"没下头了。"这种笑话完全是作家创造出来的,极富灵气。这是历史学家难以写出来的。二月河这位作家不仅具有历史学家的历史知识,也具有作家的灵感和才气。

邬思道这个人物写得稍微过了点,他几乎什么都看得透,令人觉得有点不可思议。而且他不在官场,他对雍正不可能起那么大的作用。不过这个人物仍写得相当得好,我觉得作者之所以这样写,可能是为了将自己的历史观和人生哲学通过邬思道来表现出来。

周百义:由于时间关系,有些评论家未来得及发言,在此表示歉意。听了诸位专家学者的发言,我感到深受启发。今后,我们长江文艺出版社愿意出版更多更好的书籍,奉献给广大的读者;同时也希望中国作协以及在座的专家学者能对我社图书继续予以关注和指导。再次对与会的专家学者表示感谢!

原载《当代作家》1996年3月25日

评《曾国藩》与《雍正皇帝》的竞领风骚

胡 平

中国当代历史小说创作在 90 年代进入高潮,代表这一时期创作上最高成就的曾经是《曾国藩》(唐浩明著),而现在看来,它能否与后来横空出世的《雍正皇帝》(二月河著)平分秋色或已成为问题。当然,就发行量而言,后者还远不能与前者抗衡。但在文学界,《雍正皇帝》好评如潮,呼声渐高,甚至有人称之为 50 年乃至百年不遇的佳作。因此,把两部三卷本长篇历史题材作品放到一起加以比较,会是一件很有意思的事。

《曾国藩》与曾国藩

坦率地说,写曾国藩和写雍正,题材上的分量无法等量齐观。曾国藩历来就是一位有争议的人物,"誉之则为圣相,谳之则为元凶"(章太炎),集善者恶者、功过毁誉于一身。在史学界,自朱安东先生写出《曾国藩传》以来,关于曾国藩的讨论早已热火朝天;而在学术圈外,人们真正认识曾国藩却始于长篇小说的出版。唐浩明最大的功绩,在于以文学的形式将这位传奇人物推向大众。

《曾国藩》在历史题材创作方面取得的进展是突破性的。首先,它是当代第一部以"反派"人物为主人公的多卷本历史小说,这里"反派"的概念依然适用于对曾国藩的政治历史评价。曾的主要历史作用是以其"回天之力"延缓了中国最后一个封建王朝的崩溃。他残酷镇压民众革命,倡"就地正法之制",兴"抽厘聚敛"之风,"杀人割地"取媚洋人,这些历史事实今天看来也是事实。作者无意宽宥他的罪恶,但又必须立足于曾的角度去重新审视那个腥风苦雨的时期,再现人物复杂的心理世界。这种难度可想而知,但作者创造性地做到了这一点。

其次,作者完全摆脱了此类创作中常见的写史与写人、复述事实与塑造人物的互相纠缠和冲突,真正以文学的方式处理题材,以写人和塑造人物为主,同时注意把握人和历史之间彼此制约、相生共存的关系,人物的人格成长与实现的过程贯穿始终,从而完成了曾国藩由历史人物向文学人物的转化,这一创作经验是值得记取的。

再次,作品中曾国藩的人物性格表现出的丰富性、矛盾性和对立因素间的强烈反差是过去历史小说中鲜见的。他既儒雅,又酷毒;既谨慎,又刚烈;既无奈,又坚忍;既威严,又勤俭;既入世,又超俗。所有这些对立因素被浇铸在完整的统一体中,显示了作者复现历史人物和历史环境的生动技巧。

最后,也是最重要的一点,作者采取文化的视角,以曾国藩的文化心理发展脉络为重点结构全篇,凸现了主人公作为封建时代最后一个大儒力图按照儒家理想诚意、修身、齐家、治国、平天下,实现立德、立功、立言的人生目标的奋斗过程,使这个形象超越时空的局限,成为中国封建传统文化精神的具体体现者,获得长久的审美价值。同时,也使上述三个方面的写法获得内在的根据和合理的协调,在相当广阔深远的背景下展示了个人命运与时代潮流间悲剧性的冲突。这正是《曾国藩》取得成功的关键之处。

但也还是要看到,不是从史学而是从文学的角度评价作品,《曾国藩》在艺术上的粗疏和缺陷是明显的。唐浩明本质上仍然是一位历史学者,他对曾国藩其人的研究和理解达到了精深的程度,却不等于可以在同样的水平上运用艺术手段。《曾国藩》截取主人公40岁后创办湘勇卷入战争的生涯,在惊心动魄的场景里塑造人物,却未能使情节真正显出有声有色。作品在形象的渲染、细节的刻画和语言的锤炼上不及一部普通的小说。当然,即便有再多的说道也不能掩蔽这部力作的光彩。

《曾国藩》得到的社会反响某种程度上已经超过这部书自身的意义。它问世于当今"国学热"的社会文化氛围之中,"国学热"标志着部分国人开始放弃曾经热衷追求的西方文化价值观念,承认国情,并转向从中国传统文化价值观念中寻找精神支柱。《曾国藩》的适时出版,使曾国藩一夜之间重新成为万人顶膜的人格偶像。

今日的国学热不等于儒学热,曾国藩也不曾做过一位纯粹的儒学家或理学家。自他弃文从戎,他就失去了成为学问家的前途。他的学问更多的是一门经世致用的学问,即在一个社会性质发生激烈变动、社会矛盾复杂丛生、传统文化已不能完全适应现实发展的历史时期,集中国古今思想之大成,吸收一切对统治阶级有用的思想,对应现实国情而提出的一整套解决国内外矛盾的实用策略。他能够在清朝统治下位极人臣,凭一介书生扫平太平天国,功高震主之际保全后路,即充分印证了其思想派系的实用性。

而今的国学热于某种意义上正是从本土文化中挖掘一些并非绝对正统然而经世致用的学问的热潮。所谓"经商要读《胡雪岩》、从政要读《曾国藩》",读来读去读出"厚黑"二字也未必不会。

曾国藩的思想体系博大宏远,不是仅仅采取实用态度就能够注释的。他的人格力量、无为中求进取的精神、深刻的政治眼光、用人之道、顾全大局和廉洁自律的操守、坚忍不拔的意志和诚信待人的原则仍然值得世人称道。他的思想体系根本上是为了适应一种人治社会,但又未能借此挽救一个腐朽王朝的覆灭。曾国藩的人格是理实化的人格,而不是理想化的人格。

总之,《曾国藩》也是一种现象,谈《曾国藩》首先要谈曾国藩。

《雍正皇帝》与二月河

同为清代著名历史人物,雍正远不如曾国藩那样容易激起人们的兴趣。曾国藩是人臣,与百姓同属皇上的奴才,处境和心理上更接近普通人;雍正"孤家寡人",普天下找不到第二个与他有共同经验的同类,其命运也就难以引起更多人的共鸣。

而二月河是专写帝王传记小说的,在《康熙大帝》之后和《乾隆皇帝》之前,他写了《雍正皇帝》。这部书1991年初版时几乎默默无闻,到1995年底才忽然被一伙行家发现,搅动了文坛。这部印有墨线插图的章回体小说起初混在一大堆通俗读物里没有人理睬,但是当有人一页页翻下去时,竟爱不释手,读完后目瞪口呆的感觉无以形容。

很长时间没有读到过这种作品了,那是真正的小说。读小说应该是一种享受,这部小说给人带来的享受是全方位的,要什么有什么。

长期以来我们看惯了两种历史小说:一种是由历史学家写的充满史实而缺少情趣的小说,一种是由小说家写的不乏想象力而缺少实感的小说。现在有了《雍正皇帝》,便令人大喜过望。

《雍正皇帝》的大雅若俗首先表现在以描写"帝王行止、宫廷秘闻"为题,逐步将读者的兴趣引向波谲云诡、危机四伏的宫廷政治。人们读"雍正"会与读《曾国藩》有类似的感受:作为人臣,曾国藩时时仰人鼻息,处处如履薄冰;作为人主,雍正却也把自己置于举目无亲、断无后路的境地。东方集权政治的特色,是将所有权力、荣耀集于皇帝一身,皇位便成为天下窥觊的焦点。生为皇子,雍正降临人世就拥有继承最高权力的幸运,同时也决定了他一生都要在骨肉残杀和多疑防范中度过。康熙生有十数子,一部《九王夺嫡》已将九个王爷间你死我活、灭绝人伦的争斗表演得轰轰烈烈;至《恨水东逝》,雍正强占弟媳,兄弟间的仇隙仍未了结。整部《雍正皇帝》以陷于乱伦的雍正和引娣双双自戮为结局是深有用意的。无论谁一旦登上王位,便不再可能保留正常的人性。康熙和雍正两代君主都成功地维持了自己的统治,又都在极度绝望的心境中撒手人寰。小说从特殊角度揭示了封建文化反人性的本质。

雍正并非庸君,当他登上最高统治地位,"国家即朕"时,治理好国家的愿望使其与一般只顾升官发财、不知社稷利益的臣子区别开来。他勤政、肃贪、革弊、改制,依靠股肱重臣、擢用新人、巡视防务、体恤民心,不可谓不勉力敬业、呕心沥血。但由于天下只是他一个人的天下,又有几人能像曾国藩对咸丰、同治那般效忠?到头来仍是千疮百孔、力不从心。《雍正皇帝》在深刻批判封建制度和官场政治的全部虚伪性与腐朽性上超过了以往许多作品。

二月河对创作主题的深刻把握显示出他是一位正统的纯文学作家,而他的创作方式又显示出他是一位充分学者化的纯文学作家。

《雍正皇帝》的写法是《红楼梦》式的,即不仅依靠主题、人物、情节结构等方面的生动,还依靠大量的繁密的日常生活细节的描写,这种写法对于一般从事历史题材创作的现代作家来说难于胜任。《雍正皇帝》中康熙对雍正有一句重要考语:"耐烦不怕琐碎。"这句话也适合于评论这部书的艺术风格。《红楼梦》就是"耐烦不怕琐碎"的,琐碎到一个籍贯、一件器物皆有所考的地步,经得住细细玩味,所以有了"红学"。《雍正皇帝》虽不能与《红楼梦》相比,但二月河深受《红楼梦》影响,敢于使用大手笔的写法,足以见其功力。

要知道作者是在写了三卷《康熙大帝》之后又写《雍正皇帝》的,《雍正皇帝》中对于每个出场人物的服饰、重要宴乐的场面以及皇帝出游的盛况等等仍有详尽的描写,有的长达千言不止,且与《康熙大帝》的同类内容区别开来。如他写买人时根据"发为血余、齿为骨余"来挑选,写杀人时刽子手留下一层皮来卖人情,写放赈时"饭,一日两舍,插筷子不倒,毛巾裹着不渗,凉饭团子要手拿着能吃"的标准,写宫墙内太监粘知了、扫道路的情景,甚至写当时的经济生活细部,都令人惊叹作者历史知识的渊博。而书中的语言,以及书中人物随时赋来的诗词,又表现出作者旧学底子的深厚。

同时,二月河的小说与历史学者写的小说又有很大不同,他更善于把历史知识"化"开,溶解在作品的各种艺术成分之中,秋水无痕。这是由于他是小说家的缘故。他长于编织情节,如康熙帝临终召见顾命大臣隆科多一节,先展示遗诏罗列其罪名着即赐死,惊得隆科多冷汗浸出;接着又宣读另一份遗诏,褒奖其忠诚托以大事,使隆科多懵得晕头转向,反差之下,将隆科多收制得服服帖帖,这个情节就设计得很精彩。当然,他也工于刻画人物,写雍正得势前后的性情改变,由"龙骧虎步"到"豺声狼顾、鹰视猿听",仅寥寥几笔就勾勒得出神入化,亦可视为一绝。这里重要的是小说家的想象力,如张德明给八王爷拆个"美"字,释为"八王大",激起八王爷的野心。到了邬思道那里,又分析为"大王八",消去雍正一片疑惑。这就属于创造性地运用历史知识,专为表现八王构思,生搬不来。

《雍正皇帝》的成绩表明,作家学者化比学者改写小说厉害。知识靠的是死功夫,创作却要有天分(当然有些学者也是有天分的)。不过,在目前都忙着与时间赛跑、抢先出书、将名抵利、竭泽而渔的创作氛围中,又有几人肯像二月河那样每日四小时坚持看书积累学识呢?

将《曾国藩》与《雍正皇帝》放在一起比较,它们同为力作,各具千秋,都有竞领风骚的资格。从文化现象的角度看,《曾国藩》无疑比《雍正皇帝》更值得重视;从文学角度看,《雍正皇帝》虽然不无缺憾,但在艺术上远比《曾国藩》圆满。究竟站在何种角度上评价作品,就要看评价者的立场了。我倒宁愿选择后者,因为文学毕竟是文学。

原载《当代文坛》1997 年 8 月 15 日

评二月河的长篇历史小说

杨世伟

新时期以来,长篇历史小说创作一直呈现着兴旺发达、长盛不衰的态势。转业军人出身的二月河(原名凌解放),以1985年出版的《康熙大帝》第一部《夺宫》而异军突起,随后他的《康熙大帝》的后三部及《雍正皇帝》(三部)和《乾隆皇帝》(共六部,尚未出全,本文将不涉及)的相继问世,使他成为长篇历史小说创作队伍中的一名佼佼者。

二月河从清朝帝王中选取康熙、雍正、乾隆作为艺术表现对象,可谓是既具历史眼光又具艺术眼光的。在中国几千年封建王朝统治中真正能够建功立业、彪炳青史的帝王,屈指可数,而这三位却可置列其中。清王朝距今并不十分遥远,通过各种媒介,我们对自鸦片战争以来它的腐败、昏庸、愚钝、丧权辱国知之较多,而对他们的父祖中就有这样三位有作为的皇帝的功业,却知之不详。用文学的媒体让更多的人知道这段历史,应该说是很有意义的,一方面,可以对历史有更全面的了解,更重要的是可以从清王朝前后期形象的巨大反差中,总结出很多历史的经验与教训。从艺术的角度看,康熙和雍正,都是在纷纭复杂的斗争形势中创造了业绩,而又具有鲜明性格特征的历史人物,特别适宜艺术的表现。题材本身提供了很好的契机,就要看作者以怎样的历史观和艺术手段来加以驾驭了。

一

康熙在中国历代帝王中,算得上杰出的一位。他的功业表现在政治、军事、经济、文化等各个方面。作品全方位地塑造了这个帝王形象,着重表现了康熙的雄才大略和文治武功。他少年即位,而面临的国内政局十分严峻,沧海横流方显出英雄本色,这个少年才俊,年轻的皇帝,却能审时度势,大胆决断,精心策划,周密部署,取得了一个又一个的胜利。正像《雍正皇帝》第一部第九回所概括的:"他精算术,会书画,能天文,通外语,八岁登极,十五岁庙谟独运智擒鳌拜,十九岁乾纲独断,决意撤藩,四下江南,三征西域,征台湾,靖东北,修明政治,疏浚河运,开博学鸿词科,一网打尽天下英雄,是个文略武功直追唐宗宋祖,全挂子本事的一位皇帝!"这也就是作者在《康熙大帝》中要向我们展示的一位帝王形象。

在纷纭复杂的斗争形势面前,康熙充分显示了自己的政治韬略和治世才能。对盘踞南方数省、势力强大的三个汉王的存在,他早就洞悉了这对刚刚建立不久的清帝国的威胁,对中国统一局面的威胁,而在国力、军力都不很强大的情况下,仍力排众议,决心撤藩。他的高明还在于,他并不轻举妄动,而是周密部署,长期准备,选贤任能,剿抚结合,终于取得了平定三藩的胜利。另外,在以武力收复台湾上,在亲征噶尔丹、平定其叛乱上,在击退俄国对东北的进袭、签订边境条约、巩固边防上,都表现出他作为政治家的胆略,他的军事统率才能和政策运用的纯熟。他精心筹划,在治理黄河水患上也取得成效,还采取了蠲免钱粮的举措。

通过作品中这些生动具体的描绘,我们看到了一个少年俊秀、雍容大度、挥洒自如,颇具个人气质魅力的皇帝形象,同时也看到了一个与绝大多数只知骄奢淫逸、置国家民族大事于不顾的封建帝王不同的,有雄心大志、有抱负有作为的皇帝形象:他反对封建割据,要实现中华民族的大一统;他要使百姓休养生息,社会繁荣,创建太平盛世。应该说,他的抱负基本实现了。小说不仅浓墨重彩地展现了康熙的功业,写出了他在历史上做了什么;而且剖丝析缕地写出了他之所以能建功立业的主观与客观因素,写出了他在具体情势下怎样做的情态、心理。康熙的成功,当然主要是因为他的作为适应了客观形势的需要,人民要求国家统一,要求社会稳定、经济发展,他顺应时势与民心,使统治阶级的利益与人民利益在一定意义上暂时统一了起来。但由于皇帝在封建专制统治国家中的绝对权威地位,他的个人品赋、思想、政治风格,对他的成功也起了极为重要的作用。这后一方面更为作家展开人物性格描绘提供了广阔天地。

康熙的思想作风中,最重要也最具新意的就是他注重客观实际、讲求实效的作风。他虽然极力推崇孔孟之道和程朱理学,把它作为维护封建统治的思想基础,但在处理政务上,却又常常不受它的拘囿而比较尊重实践和实事求是。正是凭着这一点,才赢得了他许多战略构想的成功的。早在他15岁亲政前后爆发的历法之争中,他的这种思想作风就开始显露出来。是采用顽固守旧派杨光先的《大统历》还是采用西洋传教士汤若望、南怀仁据西法制定的《时宪历》?这里虽然包含着政治思想的斗争,但康熙却采取了尊重客观实践的做法,让两派亲到观象台做实际测验,结果证明《时宪历》是准确的,康熙尊重这个实践结果,不以这是破坏祖宗成法的西洋之法而摒弃之,而决定改行《时宪历》,这一精彩情节对刻画康熙清新务实的政治家形象起了重要作用。在治理黄河水患和漕运这一关系国计民生的重大问题上也是如此。在如何治河上,也存在两种意见的尖锐对立。对此康熙也不轻下结论,他的六次南巡,每次都与视察河工有关,他进行实地考察,掌握第一手资料,结果实践证明,治河能臣靳辅、陈潢是基本正确的(由于政治原因,他在处理靳陈二人上是犯了错误的),由于实际的考察和不断地钻研,康熙自己也已成为真正具有发言权的治河专家,成为治河的决策者、指挥者,并取得了巨大成效。他的这一思想作风在他一系列重大行动中都有所体现。一个拥有至高无上权力,可以"朕躬独断"的皇帝,能够不随心所欲,滥用吐言即法的天子威权,而是根据实际情况,尊重事实,明智地处理问题,这确是难能可贵的。这也是他在封建帝王中可以独树一帜的地方。

　　在这个人物形象身上,作家还刻画了他具有的其他好的品质,诸如天资聪颖、勤奋好学、不重享乐、不辞辛苦、勤于政务等,都对康熙朝政治产生了好的影响。有个细节很耐人寻味。在讨论是否撤藩的御前会议上,两种意见针锋相对。当反对者提出从钱、粮考虑,尚无力讨平"三藩"时,主战的户部尚书米翰思当即说:"我户部有钱买粮,可以支用五年!"康熙不禁惊愕,问道:"去年地震修殿,你不是说没有钱嘛!"米翰思大声回答说:"万岁此时说修殿,臣还是没钱!"有人马上请治米翰思欺君之罪,康熙纵声大笑说:"国家有此良臣,朕有何忧?让内务府记档,米翰思赏穿黄马褂,赐双眼花翎!"这是很高的奖赏。这与慈禧动用海军军款修建颐和园,形成鲜明对照,康熙取得了平定三藩的胜利,而在中日甲午战争中,慈禧却惨遭败北。

　　作品真实地塑造了康熙这个有雄才大略的皇帝形象及下面我们将要谈及的他的继承人雍正这个同样有作为的帝王形象。然而同样真实的是,不出百年,清王朝的统治乃至整个中国的封建主义统治,就在他们的子孙后代手中倾覆了,坍塌了。其实,这正是历史运动的必然结果。反观康、雍的所作所为,没有哪一点是触动封建主义和清朝皇权统治的根基的。康熙与西洋传教士有不少的接触,他对西方科技也有浓厚的兴趣,但他并没有放眼世界,仍然采取闭关自守的政策,科技也只是他的个人爱好,而没有作为一项事业去发展。满州贵族统治特权的不可触动,任何整顿吏治的举措都举步维艰,名实乖离,腐败现象也无法根除,所以康熙、雍正仍然只是个维护封建专制主义统治的君王,是维护满州贵族统治的君王。清王朝是中国最后一个封建王国,中国封建社会已发展至晚期,它的即将灭亡是必然的,所谓康熙盛世,或康雍乾盛世,只是中国封建主义统治的回光返照而已。如果作者把这样的历史意识更多地融入他的艺术构思,也许就可使他的历史小说更具历史典型性,达到更高更完美的艺术真实。

二

雍正这个人物无论在历史把握和艺术把握上都有很大的难度。雍正是个谜。一个将"传位十四子"篡改为"传位于四子"的传闻，就使这个人物的所有行为都打上了问号。《雍正皇帝》全书最后一回中张廷玉在心中说："雍正是个谁也说不清的人，像这个世界，谁也解释不清。"这大概也是作者的心曲。越是说不清的事，越能引发人们的兴趣，总想探寻一个究竟。雍正在这场储位之争中到底扮演了怎样的角色？绵延很久的这场斗争给康、雍两朝的社会和政治带来怎样的影响？最终，雍正是怎样一个人？这也是作者塑造雍正这个人物形象时不得不探寻答案的问题。我以为，作品给我们的回答是：第一，这场储位之争是不可避免的，是残酷，甚至残忍的；第二，雍正是康熙从江山社稷考虑而最终选定的合法皇位继承人；第三，雍正是个充满性格悲剧的人物。作者在这样回答问题的时候，仍不时打上几个问号，使形象带上几分朦胧色彩。

储位之争，在中国历代封建王朝中是司空见惯的，而康熙朝的这一斗争却有自己的特点。康熙早已册立的太子胤礽因贪欲、庸懦且屡教不改而被废弃，致使储位空悬。康熙子嗣众多，且不乏能人，他有意让几个阿哥在参与政务办差中各显本领，择优胜者选之。用意虽好，而效果极坏。因为这本来就不可能是一场平心气和的合法竞争，于是储位之争变成阿哥间水火难容、你死我活的角逐，酿成康熙几乎无法驾驭的严重的政治危机。康熙并非没有预见到这种后果，作为父亲，他曾动情地对人说，这是否太无骨肉之情，并常为此而落泪，而作为皇帝，他说："其实，天家本就无骨肉之情可言。"雍正作为干练的、勇于任事的年长阿哥之一，或真或假，或隐或显，或主动或被动，都不可避免地成为这场角逐中的一员，在太子被废以后，他参加角逐就明朗化、纲领化了。那么谁是胜利者，这就要看参加角逐的阿哥们各自的政治品质和采取的斗争手段了。

雍正的一个突出的性格特点是刻薄，为人不够宽容，反映在处理公务上则表现为坚持原则、毫不通融和严酷执法。康熙后期，沉浸在前期的文治武功上，吏治上有所放松，积弊渐多。官员们大量从国库中借款，几乎把国库掏空。因此清理积欠，是整顿财政的大事，也是整顿吏治所必须。雍正和胤祥被派往户部主持此事。兄弟二人真的毫无顾忌，大刀阔斧地干了起来，"在京清理积欠，逼死19员命官，弄得朝野沸腾"，他的性格派生出的这种政治作风恰正符合了当时形势的需要，正像宰相马齐说的："不管别人怎么说，难得四爷和十三爷这片心，真正是赤心为社稷，如今的吏治还了得？一手从国库里挖银子，一手向百姓敲骨吸髓。你看看，当考官收孝廉的钱；当军官吃当兵的空额，捞军饷；断案收贿赂，收捐赋火耗加到一二两，大清的天下，也真得有四爷这样的人痛加整顿,不然,非叫蛀空了不可!"而在张五哥事件被揭出后暴露出的法纪被破坏的严重程度,更突出了整顿吏治的重要性。所以在康熙召集诸王子和大臣的会议上,雍正鲜明地提出了自己的主张:"吏治是当今第一要务,是一篇真文章!"而这正是康熙与三辅政几天来密议的主题,于是"康熙的眼中陡然放出光来"。雍正就此提出了一系列具体做法,首先就张五哥事件指出宰相有责,应予处分(其实马齐、张廷玉、佟国维都已主动提请处分,康熙未允),然后提出整顿吏治要"雷厉风行,捡着几个贪赃枉法的官员,着实清办他一批……该杀的要杀一批,不可心存慈软,不可如同以往,只办小官不办大吏!"这里一个细节倒是一个很好的注脚。胤禛听了雍正的条陈后暗道:"天生的刻薄,真无药可医。""刻薄",就一个人的个性来讲,并非褒词,但在当时的形势下,却变成了一种政治上的长处。康熙对雍正的条陈予以首肯,一些具体做法立即予以实施,并当众表扬说:"四阿哥这人耐烦不怕琐碎,做事认真有条理。"按照雍正的谋士邬思道的说法,这是康熙当时对阿哥们能够做出的最高的考语。

康熙最厌恶、最反对的就是阿哥们私结朋党,借以扩张势力混乱政局。而在这个重大问题上,雍正和他的主要对手胤禩有着明显的区别。比起声震朝野、庞大的"八爷党",雍正没有形成一股有形的政治势力——四爷党。用邬思道的话说:"他的力量在于他自己的人格和权威上。"雍正常自我标榜为"孤臣",这又是与他的刻薄孤僻的性格有关了,但又恰恰显出了在这场政治斗争中的优势。

雍正在他的谋士邬思道的策划下,在这场储位之争中采取的策略也是很巧妙的。康熙在第一次废太子时引起的政治动荡,使他非常害怕阿哥们的斗争进一步激化而搞得朝局不可收拾,危及他的统治。雍正的策略正是:一方面时刻不忘他的政敌,采取果断措施打击政敌;一方面又引而不发,不使矛盾公开化。雍正密使年羹尧围剿江夏镇,拿住胤禩门人——私建百官密档要挟官府并为他聚敛民财的任伯安,并将私档查抄到手,这对"八爷党"是一大打击,并引起他们的极度恐慌。但雍正并没因此对"八爷党"大张挞伐,而是做了另外一篇文章。他当着众阿哥的面,将私档一把火化为灰烬,同时通过太子将此案交由"八爷党"的胤禩处理,结果只杀了任伯安而对幕后的"八爷党"没做任何追究。康熙南巡回来问此事为何处理这样草率时,雍正此时做了一番出色的答对。他先是主动出来承担了责任,在指出这个案子的背后很可能要牵连到阿哥和朝臣后,说道:"萁豆之火不燃,则兄弟相安,党争之纷不起,则朝局相安。为此,儿臣甘冒阿玛重谴查办首恶以震慑奸徒,焚券灭据以安定上下人心。"又说:"儿臣明白父皇心意,要借此案振肃朝纲,查奸惩佞。但国家之弊积重难返,不是一件案子就能理得顺的。儿臣左思右想,中夜推枕,要办得稳妥,既不伤皇家体面,又不搅乱朝局,只有镇之以静,徐图整顿。如此,惶惶人心自定,党争之氛不起,君臣上下相安,小人辈也无隙可乘了。"这一番答对,当然很合康熙心意,于是在召集百官训话时,又当众表扬了他:"四阿哥(雍正)幼年时朕看有点喜怒不定,近十几年来读书有成,养性修德,做事稳健干练,知体循理。可见天下事,事在人为。"并同意他的请求将幼年时有喜怒不定之病的考语从起居档中撤出。

雍正还表现出对康熙身体和情绪的关注,维系好皇室难得的父子亲情,这当然也博取了康熙的好感,认为他有"诚孝"的美德。

总括起来看,作者把储位之争的前前后后、来龙去脉作为刻画雍正性格的一场重头戏,铺垫渲染,精雕细刻,取得了极好的艺术效果。具体的艺术描写表明,雍正在储位争夺中的表现存在着两种内涵,一方面是为了争夺储位的需要而采取的策略,这就带有一定的权术和阴谋的因素;另一方面是为社稷考虑,从治理国家、稳定朝局的需要而采取的措施,这虽然也是对他的政敌的打击,但看起来又不完全带有储位之争的色彩,而是符合当时社会政治斗争的需要,具有了某种为"公"的因素,加之他采用的合法的斗争手段,使得他在储位之争中的表现具有了合理性。睿智的康熙不会不注意到这一点,雍正为自己的继承大统奠定了基础。这一切细腻而富于层次感的描写收到了风起云生、水到渠成的艺术效果。

雍正的主要政敌就是八阿哥胤禩。关于胤禩集团,在《雍正皇帝》第一部《九王夺嫡》第二回,用戴铎的概括,开宗明义就已论定:"所谓'八爷'却是八阿哥胤禩,与九阿哥胤禟、十阿哥胤䄉、十四阿哥胤禵,统是一窝子势力,朝野称为'八贤王'最是得罪不得。这干人见事就躲、见人就笼络、见利就夺,连皇太子也不敢招惹。"作者正是按照这一总的概括逐渐展开胤禩等人的形象的。胤禩就聪明才智、韬略干练讲,在众阿哥中也是佼佼者,康熙在选择皇储时也并非没有注意到他,但由于他的贪欲和野心,尽管老谋深算,却无法掩饰其迫切夺得储位的意图。他的明目张胆的结党营私,以"宽仁"的面目,在朝中形成庞大的势力,甚至有谋刺太子、威逼康熙的意图,这当然引起康熙的警觉,在夺嫡斗争中败北,也就是必然的了。

雍正的后期对手是胤禵,他以精明干练,得到康熙的喜爱,并授之以兵权。康熙在雍正与胤禵两人中进行选择。但毕竟胤禵是"八爷党",虽有治军的经验,却没有雍正那样的从政经验和文治功夫,更没有雍正那样的符合康熙意图的明确的政治纲领和整顿吏治。加之雍正的认真的实干精神、注重实效和坚毅果断的性格,都得到康熙的赏识。

至此,雍正继位之谜这一至今仍存有疑问的重大历史疑案,二月河以他的艺术创作,形象地为我们廓清了、破解了——雍正是康熙的合法的,也是合乎逻辑的继承人。这是作者根据大量真实的历史资料,分析了当时的社会状况、政治形势,把握了斗争中登场人物的政治思想、个人品赋和性格特点后而得出的历史判断。当他把这种判断转化为形象,变成真实的、具体的、可以感受的历史画面时,他给予我们的甚至比历史学家给予我们的更加可信,更容易被接受。

如果仅仅只是为了形象地回答按封建正统观念,雍正继位的合法性,那作品的价值将大大降低。其实,继位的合法与否,并不决定皇帝的好坏。这场储位之争,固然是统治阶级的内部矛盾,但作者看到的,并不只是完全出于贪欲而形成的一场狗咬狗之争。他看到了这场斗争中隐含着更为深刻的历史内容,即这场储位之争,实际上也是一场政治路线之争,亦即历史将沿着怎样的轨迹向前发展:是减轻人民负担,缓解阶级矛盾、民族矛盾、官民矛盾,促使社会安定、生产发展、社会进步,抑或相反。无论是康熙还是雍正,都是比较开明的、负责任的封建政治家,他们都是主张前一种政治路线的。康熙由于没有处理好立储问题,而遇到了很大的政治危机,但终于力挽狂澜,最后选择雍正继位,从而成功地解决了接班人问题,使清朝的统治沿着一条比较健康的路线发展下去。这样,作者就把打得死去活来看去似是一场历史闹剧的储位之争,处理成一场历史的正剧,也使这两位帝王在这场斗争中所充当的角色具有了合理性、正义性,使读者在回顾这一场真实的历史事件时,精神有所寄托,有了倾向性,在情感上有所参与。

雍正在励精图治、勤于政务和个人生活的清谨上都不亚于乃父。雍正的这种性格作风与贯穿在他整个政治生涯中的惩贪奖廉、整顿吏治,是有内在联系的。在雍正的治理下,国力的强盛大大超过康熙时代,应该说,雍正为政清明,为百姓做了些好事。然而就是这样一位有成就有作为的皇帝,无论是在他生前或身后,甚至直至今天,始终存在着对他的非常尖刻的非难,诸如阴谋夺嫡、杀兄屠弟、杀人灭口等等,在历史上留下了千古骂名。这难道不是他个人的命运悲剧吗?作者是按照这样的对人物的把握去塑造雍正这个形象的:他的帝位是合法继承来的(这在前面已有论述);他杀死隆科多不是为了灭口,而是因为他卷入了胤禩的阴谋活动中;他迫害死胤禩、胤禟也许有些真实,但那不是算旧账,而是他们有现行罪行。"八爷党"始终把他视为眼中钉,必欲置之死地而后快,特别是在雍正登极之后,他们的行动更是变本加厉,策划了几次大的阴谋,必欲把雍正拉下马来,取而代之,并且成功地把隆科多和雍正的儿子弘时拉上了贼船。雍正为维护自己的帝位,为维护政局的稳定和社会的稳定,就必须与"八爷党"进行殊死的斗争,树欲静而风不止,"八爷党"是政治动乱的源头和中心,他必须加以清除。

雍正的命运悲剧可以说来自于由他的性格特点决定的他的政治风格。在雍正整个政治生命中贯穿着两件大事,一是毫不容情地打击政敌,一是毫不容情地整顿吏治。他成功了,他艰难地赢得了政治稳定和社会稳定,百姓得到休养生息,促进了经济发展。本来舆论应该是在同情雍正一方的,然而两个"毫不容情"却酿成了他个人的命运悲剧。"打击"和"整顿"绝不会像请客吃饭那样令人愉快,那意味着很多人利益的丧失甚至生命的毁灭,很多人仇视他是必然的。他的敌人既然不能在实际上战胜他,那么他们就采用另一种方式——舆论,去战胜他,摧残他。从这个意义上说,他的敌人胜利了,那种毁灭性的舆论至今仍折磨着他的亡灵。雍正的悲剧是精神的悲剧。

作品把雍正之死处理为一场无意中乱伦的悲剧:他从弟弟胤禵那里夺过来,对之情有独钟,最终与之发生了绝对不该发生的关系的引娣,竟然是自己的亲生女儿,结果双双自杀死于非命。这个情节完全是作者虚构的。这样的虚构过于离奇,因它不可能发生在雍正身上,而失去了艺术真实性。尽管作者一再强调雍正感情的纯正,但这惨烈的爱情故事终不能给人以美感。如果说这个情节设计是为强调雍正的悲剧,然而这个爱情悲剧的内涵与雍正真正的性格悲剧并没有内在联系,事实上倒把雍正的悲剧内涵转移了。如果这个惨痛的结局是对所谓的雍正的残忍性的惩罚,那么整个作品所构建的雍正的性格悲剧则被彻底颠覆。无论从哪个意义上说,这都是有损雍正形象的失败设计。

三

二月河的三部长篇巨著之所以获得成功,得到广大读者的喜爱,是作者充分发挥了形象思维和艺术想象能力以及较好地发挥了长篇小说叙事功能的结果。

传统历史小说,是以真实的历史人物和历史事件为蓝本而加以演义的。"演义"并不是一个艺术科学概念。那么,历史小说与历史的界限在哪里呢?区别就在于两种思维方式的不同,小说家运用形象思维,高明的小说家必须有很强的具象才能,把他对生活的感悟、历史的感悟,通过具体的、真实可感的画面传播出来。历史虽也有事件的叙述,但它毕竟是科学,是要从事件的叙述中概括出历史的发展规律,是要在叙事过程中加以抽象。近代小说理论家别士曾说"史文简素"小说则详,他举《水浒传》中武大郎一传说:"若以武大入《唐书》《宋史》列传中叙之,只有'妻潘通于西门庆,同谋杀大'二句耳……"而就这两句话,在小说《水浒传》中则可以演义出有情节、有场景、有画面的真实可感的有声有色的故事来。别士用繁简来区分文学和历史,自然不是科学的语言,但从中确能使我们感悟到形象思维与抽象思维的不同。文学家必须具有丰富的想象力和极强的变抽象为具象的能力，才能创作出脍炙人口的文学作品来。所以对叙事文学的小说来说，必须要有情节、有场景、有细节、有画面，而这一切又离不开人物之间的矛盾冲突，还要深入人物的心灵，解剖人物的精神世界。

就历史小说而言，它的艺术想象包含两方面的内容：一是对历史事实，即客观的真实的人物和事件加以具象，使之成为可以感知的生活画面；一是在不违背历史真实的前提下，虚构一些人物和事件，使作品的人物和情节变得更为丰富、更为生动、更为完整。两者有时也难截然划分。历史小说只有在这两方面都充分发挥了艺术想象，并使两者有机地融合起来，才能最终与历史划清界限，完成自己的艺术再创造。有些论者在谈及历史小说的艺术特性时，常常只着眼于作品纯虚构部分，这多少有些偏颇。诚然，合理的虚构会有助于作品达于更为理想的艺术真实，但历史小说的艺术功力首先应表现在对历史事实的具象能力上，有些历史小说作者由于在这一点上缺乏艺术想象力，而使作品显得乏味。其实，这一点才是历史小说是否具备艺术真实性的基础所在。

二月河在具象历史真实上，显示出了很强的想象力。比如关于康熙的传位遗诏这个既很确定，又存在疑问的历史公案，二月河通过对康熙最后时日的几个场景的具体描绘，就把这个重大的历史事件，演化为生动可感的真实的历史场面。先是有康熙传见隆科多，有方苞和张廷玉在场，由张廷玉向他宣示了两份给他本人的康熙遗诏，用康熙的话说，就是托孤给他，在方、张的监督下，让他做宣诏使，宣读康熙的传位遗诏。又有将胤禩等七个阿哥扣在畅春园，唯放出雍正外出传旨，释放胤禔、胤礽、胤祥进园见皇上最后一面，给他以活动布置的自由。最后是康熙弥留之际向19个阿哥宣读遗诏，先是由张廷玉宣读冗长的遗诏前一部分，然后作品是这样描绘这一场景的：

> 跪在第二排的胤䄉乍着胆子道："这么长的诏书，还该将继位的事说清楚。到底万岁传位给谁呢？"
>
> 胤禛觉得头"嗡"地一响，心立即提起老高。方才康熙确曾说过传位给自己的话，却不是当面讲的，是自己辞别出来，在廊下听康熙说"你们不是要知道传位给谁么？朕不瞒你们了，就是方才奉旨去赦胤禔、胤礽、胤祥的四阿哥！"如今手无凭据，十阿哥当场发难，康熙已奄奄一息无力处置，该怎么办好？
>
> "畜牲……可恶……"康熙的喉结动了一下咕哝了一句，吃力地侧转身，浑浊的眼睛盯着胤䄉，只是说不出话。
>
> 胤禟一脸假笑，说道："阿玛当心身子骨儿，别生气，老十问的是：既是

遗诏,理应说说嗣位的大事嘛!"康熙咬着牙,一脸狞笑,仿佛聚集着最后的力量,半日才道:"传!传四……四阿哥……"

"儿臣在!"胤禛激动地一挺身,膝行一步大声答道。

"四哥真是自作多情,"胤禵哧地一笑,"没听皇上要传的是十四阿哥?阿玛真圣明,十四阿哥文才武略都是出尖的,大清有福啊!"胤禛平静地一笑,说道:"我不知道传我做什么,只知道皇上传的是我——阿玛,您有什么旨意?"胤禵见康熙神色大变,已全然不能说话,因见胤禩在胤禛目光威逼下竟自有点气馁,顶上一句说道:"人人都听见了,皇上要传十四阿哥!"

胤禩见胤禵支持自己,勇气大增,竟也跪前一步,叩头道:"皇上不要理四阿哥,他是昏了头了!十四阿哥在肃州,正日夜兼程回来给您请安。有些话怕来不及说,皇上您只管吩咐,乱臣贼子们作不了反!"

"你……你好……"康熙牙关一咬,竟"忽"地坐了起来,指着胤禩浑身乱抖。半日,抓起枕边念珠砸了过去,眼前一黑,就什么也不知道了……

——(《雍正皇帝》第一部第五十回)

于是殿内乱作一团,阿哥们吵成一团,直至隆科多乾清宫取回传位遗诏,宣读道:"皇四子胤禛人品贵重,深肖朕躬,必能克承大统。着传位于皇四子胤禛——钦此!"至此才安静下来,胤禵等虽仍有不服,但在胤祥的带领下已不得不在胤禛面前俯首称臣了。

这些紧张的、扣人心弦的场面的描绘,就把复杂的雍正继位之谜具体真实地展现出来,使人如身临其境。这里的人和事,都是真实的,但这些场面,却谁也未曾亲历,所以当把真实的历史具象为场景和画面时,这本身就是一种虚构。二月河在这方面显示了自己的艺术功力。

作者为追求更完美的艺术真实,也虚构了一些并非实有的人和事。比如对方苞、邬思道、李卫这三个人物就做了非常大胆洒脱的虚构。三个人虽然都是历史上实有其人,但他们的作为、地位以及他们在康、雍两朝政治中所起的作用,作品中的形象,却远远超过真实的历史人物。

历史人物方苞是古文大家,"桐城派"的创始人,早年因戴名世《南山集》一案受牵连而下狱,但康熙欣赏他的文学才能,并未治罪,并征召其直南书房,南书房虽是康熙与权臣处理政务的机要重地,但经常在此出入的多为张英、高士奇等,而且没多久方苞就改直蒙养斋编书去了。作品中的方苞,是康熙在微服私访中遇到的,并被请到京城,命为布衣宰相,成为康熙无话不谈的第一近臣、第一谋士,在康熙后期处理储位之争中,起了举足轻重的作用,这就与真实的方苞有了很大的出入,是为作者的虚构。

还有邬思道,历史记载,他只是田文镜的幕客;还有记载说,他是雍正的密探,这恐为传说,不足为据。作品中的邬思道,是雍正在藩邸时收留的门客,才具、学识出类拔萃,他洞察政局,为雍正准确地分析斗争形势,帮助他下决心、做布置,是雍正时刻离不开的心腹谋士,是他谋得皇位的第一功臣,这些恐怕完全是作者的虚构了。

这两个人物的大胆虚构,在作品中起了很重要的作用。第一,有利于作品一些主要情节的设置和发展;第二,这两个人物可以看作康熙、雍正两个人物的补充和衬托,因为帝王的心思,是很难自己公开表达的,这两个人物则在某种程度上揭示了两位帝王的思想和用心;第三,有助于揭示康、雍两朝宫廷政治斗争的形势和特点,它的尖锐性、复杂性,揭示了帝王术以及所谓的政治内幕等;第四,这两人的智慧、才思、机敏,也使人物形象具有了独特的艺术魅力。

作品中的李卫在雍朝政局中的地位与重要性与历史人物基本相符,唯独在出身上做了大胆的虚构。历史人物李卫,虽非科举出身,但也绝不像作品写的那样,是雍正做阿哥时出外办差收留的孤儿,名叫狗儿,绰号"鬼难缠",是一个大字不识的白丁,后来却做到了封疆大吏。他聪明伶俐,精明干练,在诙谐、调侃中非常洒脱地处理政务,别具一格,令人赏心悦目,虽然多少有些离奇,但仍可算能使人物和作品生辉的艺术虚构。

除此之外,在非主要的历史事件和人物上,作者还做了大量的虚构,调动了多种艺术手段,有言情,有武打,有公案,还有大量的诗词歌赋与笑话的穿插,使作品张弛有致、色彩斑斓,呈现出丰富的历史生活图景。但是这些虚构并不都是成功的,比如其中的"才子佳人戏"就有设置过多的弊病,且多数雷同,除个别一两个尚有情致外,余者多为浅薄的通俗故事。

二月河的长篇历史小说《康熙大帝》、《雍正皇帝》把真实的历史人物和事件的具象与人物和情节的虚构相互穿插、融合,使之浑然一体,呈现出一幅活生生的历史图景,完成了一次成功的艺术再创造。重要的是,它的成功给予我们的启示:作为叙事文体小说三要素的人物、情节、环境,其重要性仍是不容怀疑的,特别是长篇小说作家,努力锤炼这方面的功力,对提高长篇小说的艺术质量将会大有裨益。

原载《文学评论》1997 年 9 月 15 日第 5 期

历史·人性·现代性
——读二月河的历史小说《雍正皇帝》

潘　峰

《雍正皇帝》这部作品是二月河作品中最成功,也是作者风格最突出的一部,曾获茅盾文学奖提名奖。前不久,还被改编为电视剧在中央电视台黄金时间播出。下面仅就作者处理历史题材与现代性,发掘人性,重新阐释历史,沟通历史与现实等方面谈谈自己的看法。

一、既探求历史审美意识,又赋予历史现代性的阐释

中国历史小说,往往存在两个倾向,一是重史实,轻虚构和艺术创造,是信史的羽翼,没有作家的独立意识,成为历史通俗演义。如在现代文学史上,蔡东藩的《二十四史演义》,这种演义的价值,正如吴趼人所云"使今日读小说者,明日读正史如见故人;昨日读正史,而不得入者,今日读小说而身临其境"[1],其价值在于史而不是文。另一个倾向就是完全采取媚俗倾向,完全失去历史严肃性,由一点因由随意渲染,迁就浅薄粗俗的欣赏趣味,成为消遣的历史故事。作为以历史题材为内容的作家,首先要具备驾驭历史的能力,即"史识"。现代历史观认为,历史本身是没有意义的,意义存在于现代人的甄别、选择中。作家的"史识"就是对历史题材独到的选择。其次是作者能从历史中超脱出来,用当代人的眼光去观照历史,赋予历史新的意义,正如克罗齐所言"一切历史都是当代史",历史的价值在于现实。二月河正是用文学的语言和艺术的手法去复活、再造历史,给读者以感性和鲜明的审美意象。作品首先以历史的重要事件作为叙述经纬,以历史人物作为构筑故事的框架。雍正皇帝是历史上颇有争议的人物,在政治上"远不如其父之宽大,然志气之高,综治之才,所为中主不逮。……建革之政,足述者甚多"[2],是满人汉化的过渡期,也是清王朝在中原统治的巩

---

[1] 吴趼人:《历史小说总序》,《月月小说》1906年。
[2] 萧一山:《清代通史》,中华书局,1985年影印本,第866页。

固时期,但同时亦有各种各样的传说,历史记载也毁誉参半,"胤禛任法独断,急狭多疑,刻薄寡恩"①,在皇位争夺中,其"入侍投环与烛影斧声,弑父屠弟"②,最后因求长生不老服丹药而死于非命。面对这位在历史上充满歧见的皇帝,作家如何去评判,正如二月河所说:"我站在故宫博物院看到《雍正朱批谕旨》,线装本足有半米多高,千余万言。在位十三年,康熙、乾隆、唐玄宗都不能比。……他是历史上一位勤政皇帝。"③这就决定了作者选择历史题材,阐释这段历史事件和历史人物,给予是非曲直的判断,是基于雍正为百姓、为国家勤政的核心上。第一部《九王夺嫡》围绕争太子、争皇位的焦点展开。稳重而又胆小、孤傲而又平庸的太子胤礽;被誉为"八贤王",圆滑而又多谋的皇八子胤禩;聪明果断而有将才的十四王爷,这些都是问鼎皇位的实力派,皇四子雍正既无天时也无人和,无心追逐皇位,但最终夺得宝座。作者在处理这段历史的过程中独具匠心,既否定了传说中雍正皇位是靠隆科多矫诏遗嘱,将"传位十四子"改为"传位于四子",又否定了"弑父屠弟",而是凭借自己踏实的办事作风、过人的才干,对大清江山的赤诚之心、对百姓的仁爱得康熙赏识,选中雍正做接班人。在主持户部、吏部工作中,清理负债官员,力图扭转官场积弊,不畏权势、沉稳果断,"宁肯自己背黑锅"④,弄得官场对四爷怨声载道,但雍正是从国家大局、百姓利益着眼,不惜得罪大臣,不像胤禩植党市恩,沽名钓誉。这就既走到了历史的背后,又将现实置于前台,对历史事件、历史人物作出了合情合理的解释,我们现实生活就是缺乏这样官员,"不惜落个刻薄寡恩的名声,也要做些实事"⑤。

第二部《雕弓天狼》是雍正大展宏图、励精图治的时期。八爷被夺皇位,三爷、十四爷被囚禁,大将年羹尧被赐死,这些历史事件似乎印证了历史的流言,在这里,作者又一次发挥了小说家的才能,对历史事件进行了更充分、更自由的营构。雍正推行了一系列新政,但习惯于康熙宽松政治的官员,对新政形成强大的阻力,并与对雍正统治不满的八爷、十四爷等人乘机勾结起来,危害根基不稳的新生政权,为了国家的前途,雍正没有妥协,又一次承担了残害骨肉的骂名。作者既是站在现实去回眺历史(雍正是处在两难境地,不得已而为之),又是借历史来揭示现实。正如鲁迅先生所说:"在中国搬动一张椅子都要流血。"二月河对历史人物的评价基于历史功绩和现代价值观而不是历史流言。中国

---

① 萧一山:《清代通史》,中华书局,1985年影印本,第887页。
② 萧一山:《清代通史》,中华书局,1985年影印本,第857页。
③ 二月河:《新年杂感》,《匣剑帷灯——二月河作品选》,长江文艺出版社,1994年,第227页。
④ 二月河:《雍正皇帝·九王夺嫡》,长江文艺出版社,1991年,第145页。
⑤ 二月河:《雍正皇帝·九王夺嫡》,长江文艺出版社,1991年,第149页。

的改革已经过了二十年,中国人习惯安于现状,因循守旧的习惯势力时时在社会中抬头。历史与现实在这里找到了共通点,改革是披荆斩棘,甚至被当时人误解。作品既有"历史感"又有"时代感";既要探索历史的底蕴,总结出历史经验教训,又有作家的审美追求;既给历史一个真面目,重新审视历史,又反观我们身边的现实,通过历史的轨迹,从纷纷扰扰的现实中理出一个头绪;既超出历史,又跳出现实,将现实注入深蕴的历史内容,将历史用现代的眼光去阐释。

二、将历史放在以人、人性为本位的宏大叙事背景下,倾注了强烈的民族忧患意识和人文精神

在历史研究中,黄仁宇先生提出了一个大历史观,即"个人能力有限,生命的真意义,要在历史上获得,而历史的规律性,有时在短时间尚不能看清,而须要在长时间内大开眼界"①,而在《雍正皇帝》中,作者则是通过历史的风俗、习惯、语言和服饰去营造一个历史的"语境",将这段历史放在中华民族求生存、求发展的民族历程的大背景上涂抹。对于历史小说,如何在历史的大背景下处理历史真实与艺术虚构,多有争论或歧见,但对历史小说来说,不管是"七实三虚",还是"三实七虚",作为小说首要强调的是作品的艺术真实感染力。黑格尔也认为"不应剥夺艺术家徘徊在真实与虚构之间的权利"②。二月河正是在不违背历史的前提下,展开艺术想象的翅膀,从人与人性的视角解剖历史事件和重塑历史人物。

首先,作者将历史人性化、平民化。他善于将历史事件和家庭故事交织在一起,通过特定历史时代普通人物的生活遭遇,反映历史上的社会矛盾,用普通人道主义的人性去虚构历史事件,复活人物行为。皇四子雍正对人民苦难的同情,民族的责任感,来自于他对黄泛区人民的微服私访,来自于洪水中九死一生的逃乱,将历史人物建立在生活真实和人性真实的基础上。雍正顶住强大阻力,让全国老百姓一律平等即"脱贱籍",居然源于游历中邂逅的汉族女子小禄,一辈子难忘对她刻骨铭心的爱,小禄的不幸被烧死触动雍正让各民族平等的愿望。康熙是历史上很有作为的皇帝,有胆有识,深谋远虑,十二岁就杀鳌拜、平三藩,深知治国为政之道,但对子女之间争权夺利、骨肉残杀却无能为力,"哀其不幸,怒其不争",最后竟以不立太子为结局。晚年的康熙极盼儿孙满堂的天伦

---

① 黄仁宇:《万历十五年和我的大历史观》,《万历十五年》,中华书局,1995年,第261页。
② 〔德〕乔治·黑格尔:《美学》(第1卷),商务印书馆,1984年,第353页。

之乐,但是"皇家无亲情",权力扼杀了人伦,作者描绘了老泪纵横、面对夕阳西下的康熙形象,从侧面看到少年得志的英明天子,拥有四海,却又凄凉的慈父形象。对雍正形象的刻画,也是世俗化、情感化。雍正被称为"冷面王",对贪官绝不手软,对部下几近冷酷,对子女、家人也是严厉、苛刻。但在书中有近二十次痛哭的场面,他外表冷淡,但"五内俱沸,酸热之气翻腾"①。作者对雍正的精神世界进行了探索,对他的情感进行了升华,他的哭泣,伤心的是不被世人理解,心灵的孤独,"举世混浊而我独清,众人皆醉而我独醒",他是因袭历史的重负又洞悉了未来的痛苦者,雍正的形象犹如陈子昂所咏"念天地之悠悠,独怆然而涕下",作者将人物在人性的基础上凝聚升华。

其次是历史人物情感化、性格化,发挥人物身上的人性美、人情美,沟通历史与现实之间的对话。作者美化那种传统的人伦和道德,赋予其纯洁、温馨的光环。王富仁认为"人类的历史是由人类创造的,人类历史发展的原动力不能到人的外部世界去找,它存在于人的本身,存在于人的自然本性之中"②。雍正与十三皇子胤祥的兄弟之情,超出了权利之争。不管坎坷,还是坦途,胤祥都忠心耿耿地做雍正的臣子,最后为国家劳累成疾、鞠躬尽瘁,但仍不忘雍正的安危。这种兄弟真情来自于互相尊重,幼年时其他兄弟都骂胤祥为"野种",而雍正给他尊严、人格,以弟弟之礼待他。

作者对雍正时期"三位模范总督"的重塑,更是将人物性格复杂化和人情化。三位总督田文镜、李绂、李卫,三位都是为了报答雍正的知遇之恩,忠心耿耿、清正廉洁但风格各异。河南总督田文镜清廉俭朴、鞠躬尽瘁,他做到封疆大臣,八十岁的老母还靠种菜养活自己。田文镜经常在黄河大堤上挽起裤管,风里来雨里去,最后累死在黄河大堤上,但是他僵化教条、固执守旧,在官场上是众叛亲离,下级官员对他是阳奉阴违,百姓民不聊生,自己终落得孤独死去的下场。李绂却是外方内圆,好大喜功,最后无功而终。只有无父无母,孤儿出生,连自己名字也不会写的两江总督李卫,才是真正的楷模。既能将国家政策因地制宜,变通执行,又能体恤下人,自己却两袖清风。总督大人请客,只有重要的客人,做菜才能买鸡;给皇上送礼,只能送老婆做的布鞋。做人不拘小节,外圆内方,不管是谁他都敢说敢骂,但实事求是。因为官俸太少,建立"养廉银"制度,就是"既要惩治贪官,又要官员有生路,不要逼官贪污"③。作者将李卫描绘成目不识丁,却比许多读书人都做得好,原因就在于李卫身上的人性美与人情

---

①二月河:《雍正皇帝·九王夺嫡》,长江文艺出版社,1991年,第379页。
②王富仁:《中国现代历史小说论》,《现代作家新论》,山西教育出版社,1998年,第345页。
③二月河:《雍正皇帝·九王夺嫡》,长江文艺出版社,1991年,第421页。

美,在做官时真正为老百姓着想,他来自于社会底层,更同情、理解人民,知人情晓事理,能找到人与人之间的共通处,远远胜于那些熟读四书五经的老学究。笔者看到这里简直模糊了历史与现实的界限,思维在历史与现实之间跳跃。作者既对历史作出了合情合理的虚构,在几千年的中国封建社会,中国都是以"人治"为本,皇上是以德教化天下,形象意义大于管理权威,中国的法律、制度只不过是人治、伦理、道德的附庸和弥补,所以田文镜想完全依靠制度,闭门造车去管理,"以一人之力扭天下之习",则是悲剧。只有李卫既通人情又讲制度,在人格上洁身自好,拥有朴素的人格魅力,才能游刃有余,成就一番事业。作品在人与人性的审美把握上,去重塑历史人物,使历史与现实寻找到相同的价值观和审美意蕴,发掘了一种共有的民族精神。

三、用现代的价值观、审美观及欣赏习惯,沟通读者与历史、读者与文本,得到广大读者的认同

二月河的作品问世以来,再版达几十万册。在大众文化消费中"火爆",而评论家对此反应冷淡,主要是评论家认为其通俗文学作品,难登大雅之堂。评论家们一面大肆鼓吹文学的平民化、大众化,但骨子里却又将文学审美贵族化。二月河的作品正是介于严肃文学与通俗文学之间,在传统与现代、读者与文本之间保持了合理的张力。既迎合着市民圈又固守着主体性,其作品表现出雅俗共赏的美学特征。

文本的构建体现了传统与现代的融合,符合读者的审美心理。所谓传统,是指在一定的文化背景及历史传统中,长期积淀下来的,人民大众约定俗成的一些简易明确地把握生活及表现生活的艺术方式。雕龙走凤的皇宫、繁文缛节的宫廷仪式,民俗、俚语的刻画,都带读者走进了历史的迷宫;邬思道与表妹、李卫与翠翠、雍正与小禄之间都演绎着几种不同模式的经典爱情故事;性音、文觉武斗的描绘,通过历史知识及逻辑推理寻得了大批宝藏;邬思道那种上知天文,下晓地理,未卜先知而又无欲无求的谋士形象;雍正身上体现的不仅有作为一位国家统治者的德与才,还具备侠与义的风骨;雍正与十三弟胤祥终生不相负,更多建立在义的基础上的"士为知己者死"的相知,等等。作品体现了中华民族性格中的共性,浸透着传统的价值观念及文化取向,即替天行道、打抱不平、为民请命、江湖义气、忠贞不渝的婚姻观等。这些都是传统文化遗留给市民文化消费的欣赏习惯,满足了读者的期待心理。

但作者在表现传统民族性格的同时,赋予现代人的理想,对传统作出反思和探索。正如王富仁所说:"中国读者更希望历史小说家拨开历史家不得不叙述的大量历史事实迷雾,让我们看到现象背后即那些对中国历史发展具有确定意义的东西。"①雍正形象的再创造不是一般意义上的明君,而是矛盾复杂体,既具有民族事业心和责任感,是远见卓识的改革者,又有自我表现欲和虚伪的功利思想。作者关注小人物的生存境遇、生活的艰难,并在小人物身上看到崇高和真、善、美。做死囚替身的张五哥,在法场中被康熙解救,做康熙侍卫时始终是逆来顺受,忠心耿耿;民间女子乔引娣,人生波涛中始终如一,不畏权势,宠辱不惊。这些小人物的性格、品格,正是坚韧、勤劳的中华民族的脊梁。另外,作品外松内紧、悬念式的情节,寓庄于谐的风格,"一树千枝"的叙事方式等艺术手法的运用,使历史具有了可读性,符合传统的审美习惯,又符合现代人的心理需求、价值评判,打通了历史与读者、文本与读者的隔碍。二月河以自己的作品在通俗文学与高雅文学之间搭起了一座桥梁,坚持严肃认真的创作态度,写历史入乎其内,又出乎其外。严肃立意,深化了作品的思想境界,又讲究作品的可读性与艺术的感染力。

当然,这部长篇小说也难免有些缺陷。如将雍正的死因,归结为无意中与失散女儿乔引娣的乱伦而最终自杀,这段情节松弛,游离,人物形象也支离破碎。雍正形象过度的拔高,超出了历史人物与"历史语境"之间合理的张力,使人感到某些不真实性,语言有些地方也略显粗糙。

原载《语文教学与研究》1999 年 6 月 1 日

---

① 王富仁:《中国现代历史小说论》,《现代作家新论》,山西教育出版社,1998 年,第 413 页。

评二月河"清代帝王系列"小说

张书恒

新时期以来,长篇历史小说的创作取得了前所未有的成就,出现了一大批优秀的作家作品。在这些作家作品中,二月河及其"帝王系列"有其特殊意义。二月河自80年代中期开始历史小说创作以来,迄今已出版了以清初社会历史为背景的"帝王系列"《康熙大帝》(四卷)、《雍正皇帝》(三卷)、《乾隆皇帝》(六卷)共计五百余万字,显示出其不凡的创作实力。"帝王系列"全面再现了清朝初年的三位有为皇帝康熙、雍正、乾隆的政治生活。由于作品以"正史"为基本线索,而在一些非主要人物和非重大历史事件的塑造和描绘上,作者发挥了自己独到的重构能力,并辅作品以大量的社会风情和人文景观的描绘,这就使作品既具备了"史诗"的品格,又呈现出"平民化"的特质,表现了雅俗合流的倾向。

中国是一个"史官"文化高度发达、历史积淀异常深厚的国度,每一历史时期都留下了许许多多宝贵的历史资料和文献,这些所谓的"正史"已经成为中华民族宝贵文化遗产的一个重要组成部分,也成为众多历史小说家进行创作的材料来源和创作准绳。近年来,人们的历史观发生了很大的变化,历史的"真实性"问题在小说创作中也遭到了更多人的质疑甚至颠覆。这一现象的出现缘起于西方"新历史主义"理论的影响(这一问题将在后文论及)。不过一般来说,历史小说应该以"正史"为依据,尽可能地还原历史的真实。既然历史小说必须遵守历史的原则,在作品中最大程度地还原历史的真实,摆在二月河面前的最大问题就是,到底以一种什么样的创作观念切入清代历史的深处?

清代自康熙至乾隆历时一百三十余年,在这百余年里,清王朝经历了众多的内忧外患,政权由飘摇到稳固的艰难时期,最终把我国几千年的封建政权统治推向了最后一个辉煌,史家称之为"康乾盛世"。怎样把"康乾盛世"这一百多年的辉煌在作品中再现出来,对二月河来讲无疑是一项艰巨而又浩繁的文学工程。此外,相对于汉民族而言,清代是一个外族当权的王朝,特别是它后期的腐败和无能,给整个中华民族带来了不尽的灾难和耻辱,面对这样一个表现对象,是用狭隘的大汉族主义观点对之审视和批判,还是以历史的眼光、开放的心态进行客观的评价和描绘,如何对三位封建皇帝——康熙、雍正、乾隆——进行塑造和定位;尤其是作为历史小说,如何摆脱历史资料的规定,更深层次地去挖掘有利于展示当时社会风貌的素材,以避免小说只是干巴巴的史料堆砌,等等,这些都成为二月河"帝王系列"创作所要面临和解决的问题。而且,这些问题处理得合理与否,不仅关系着作品艺术品位的高低,而且也关系着作品是否具备了"历史小说"的品格。

从一定意义上讲,一部历史小说的气势是否宏大,是否具有"史诗"意义,在很大程度上取决于它是否能准确、逼真地再现当时的社会历史场面,能否在庞杂零乱的历史事件中筛选出决定未来发展方向的重大历史事件加以表现。"帝王系列"在这方面的艺术处理应该说是相当出色的。我们仅从《康熙大帝》一书中即可领略到二月河历史小说的这一特点。历史上的康熙自八岁登基(1661年)至六十九岁猝死(1722年),历时六十一年,在这六十一年时间里,尤其是其青少年时期,正值清朝初定中原,政局不稳,内忧外困的时期。内有鳌拜的觊觎朝政(康熙元年),以吴三桂为首的"三藩"之乱(康熙十二年),北京"朱三太子"杨起隆领导的八旗家奴起义(康熙十二年),等等;外有内蒙察哈尔布尼叛乱(康熙十四年)、准噶尔首领噶尔丹的多次叛乱(康熙二十七年、三十五年)和俄罗斯的进犯(康熙二十二年);此外还有康熙二十年的收复台湾,等等。这些都是康熙早年在政治上、军事上的一系列重大行动。这些历史上的重大事件在作品中都有精细的刻画和描绘:无论是第一部《夺宫》中的智斗鳌拜集团,还是第二部《惊风密雨》中的平定"三藩"和与"朱三太子"杨起隆的斗争;也无论是第三部《玉宇呈祥》中的东收台湾、西平噶尔丹,还是第四部《乱起萧墙》中的皇位之争,对于这些重大历史事件,作品或正面描写,或侧面叙述,都能做到剪裁合理,腾挪有致,调度有方。小说这种在"正史"基础上的对宏大历史场面的描绘,再现了清初壮阔的历史图画,也展现出"帝王系列"的"史诗"风范。

如果说对重大历史事件的真实再现显示出"帝王系列"的"史诗"风范的话,那么对作品主要人物的精细描绘和塑造则表现出二月河对历史真实的尊重态度和开放心态。康熙、雍正、乾隆是清代,也是我国封建社会的三个有作为的皇帝。康熙、乾隆在位都达六十余年,做了许多稳固国防,奖励生产,有利于社会安定的大事;雍正虽只做了十三年皇帝,但他在位期间国力也得到极大的加强,为"康乾盛世"的最后辉煌打下了坚实的基础。但从另一方面说,他们却是那个腐朽没落的封建统治阶级的代表。对于这些人物,作者以历史的、辩证的态度,充分展示和肯定了他们对国家和民族所作出的积极贡献;而且,更多从生活中入手,从多个侧面对他们的思想、行为进行描绘;同时,也不避讳存在于他们身上的种种弱点和不足。正是这些立体化的描绘,最终构成了人物鲜活的艺术生命。比如康熙这一人物,正像《雍正皇帝》中所说:"他精算术,会书画,能天文,通外语,八岁登极,十五岁庙谟独运智擒鳌拜,十九岁乾纲独断,决意撤藩,四下江南,三征西域,征台湾,靖东北,修明政治,疏浚河运,开博学鸿词科,一网打尽天下英雄,是个文略武功直追唐宗宋祖,全挂子本事的一位皇帝!"①对于这样一个"一代令主",作者除了细致地表现了他在军事上运筹帷幄、决胜千里的武功外,还以较多的篇幅描绘了他政治上的文治韬略和生活中的明爽豁达。他招民垦田,修治黄淮,蠲免钱粮,厉行节约,特别是开"博学鸿词科考",为自己网罗了一大批知识分子。当然这些都是作者对他的正面描绘,为康熙这一人物形象打下了一个明亮的底色。在第四卷《乱起萧墙》中,在围绕废立太子和夺嫡谋位的问题上,作者展示了康熙性格中的另一方面:多疑猜忌、阴险狡猾、手腕多变、心狠手辣。这种对其性格的多方面描绘和展示,也符合康熙这个有着超人才华和胆略的封建皇帝性格发展的内在逻辑。

雍正在历史和传说中是一个争议最大的人物,是一个有着"谋父、逼母、弑兄、屠弟"的骂名,和"心胸狭窄、刻薄寡恩、深沉狡诈、心口不一"的两面派作风的"伪君子",但同时他又是一个励精图治、锐意改革、勤于政务的封建皇帝。他在位的十多年里,采取一系列措施:整饬吏治、严禁党争、废除"贱民"、发展生产、巩固边防、加强中央集权,基本上铲除了康熙末年产生的党锢之争和官吏腐败现象。他曾自言:"朕立志以勤先天下,凡大小臣工奏折,悉皆手批。"对于这样一个褒贬不一、莫衷一是的人物,作者不囿成见,以充实的历史资料为依据,不仅厘定了雍正为合法皇位继承人这一历史疑问,而且也从多个侧面塑造了雍正这位心机颇深、办事干练,腹有雄才大略,外表却又沉稳镇定、不苟言笑的"冷面王"的形象。乾隆皇帝可以说是目前影视及文学作品中出现最多,也最上镜的一位清代皇帝。他那英俊潇洒、风流倜傥、狂放不羁的品行在读者的脑海里早已形成了定势,这就为二月河塑造好这一人物带来了许多不利的因素和创作上的局限。二月河却能独辟蹊径,扬己所长。他的《乾隆皇帝》不以野史为据,不随意点染生发,不戏说历史,而是以史实为据,表现了乾隆在处理政务时的机智果断、潇洒自如,为读者塑造出了一位正如纪晓岚所言的"圣学渊深,精明强干,历世练达,都是经天纬地,一点也不亚于圣祖世宗。若论勤政,精力打熬,千古帝王没一个及得上"的帝王形象②。

对重大历史事件和三位帝王的真实再现和描绘,显示出二月河"帝王系列"不凡的大气之象。但这只是支撑"帝王系列"得以站立起来的骨架,它还必须由

---

① 二月河:《雍正皇帝·九王夺嫡》,长江文艺出版社,1991年,第38页。
② 二月河:《乾隆皇帝·日落长河》,河南人民出版社,1994年,第206页。

充裕的内在"肌质"的填充才能充实活泛起来,这些"肌质"的材料同样来源于作者对清代历史资料,包括《清史稿》、《清圣祖实录》、《清世宗实录》、皇帝《起居注》等一些正统史料的深入研究,以及对《清稗类钞》之类的稗官野史的搜罗。在"帝王系列"中,作者显示出其对清代皇家宫廷生活知识的全方位掌握,诸如君臣的衣帽服饰、宫廷礼仪、典章制度、食膳规律、嫔妃进御,其他还有政权机构设置、官员配置方法、权限职责范围等等,作品都有详细交代和表现。所以,读二月河的"帝王系列",有时犹如在读一部专业性很强的清代历史文化研究著作,这也显示出二月河自称的"半个历史学家"的深厚学养。

即使是作家严格按照史实来进行写作,也只能是其在"接近"历史状态下对历史的自我重构。因为历史是不可能"复制"的,所谓"历史的真实"也只是小说家在一定的历史史实基础上的文学操作,它永远也摆脱不了作家主观意识的规范和制约。钱钟书先生讲的"史家追叙真人真事,每须遥体人性,悬想事势,设身其中……庶几入情合理"①,便非常形象地说出了历史真实与作家主体意识参与创作之间的关系。而且小说之所以是小说而不是科学报告或历史著作,也就在于作家可以运用历史提供的有限知识和资料,进行艺术形象和社会生活的重构和创造,以使作品达到"艺术的真实"。

历史小说说到底是小说家根据一定的历史资料进行的虚构和创造。虽然二月河的"帝王系列"在总的特征上是对清初重大历史事件的再现,但在一些细节方面,诸如对一些有争议的历史事件的结论和评价上,对次要人物的塑造上,以及对小说文化品位和深层意蕴的表现上,仍然显示出其独到的见解和重构力。在历史传说中雍正是一个"矫诏"夺位,恶贯满盈,终被江湖女侠吕四娘所杀,身首异处的暴君形象。即使是在目前国内史学界,对于他的评价也是毁誉参半的,特别是他在谋得"大统"之位的方法和手段上,即他是勾结隆科多篡改康熙遗诏,还是如遗诏中所言"皇四子胤禛人品贵重,深肖朕躬,必能克承大统"的正当皇帝,更是说法不一。在《雍正皇帝》一书中,作者通过对诸多正史、野史,以及民间文学和传说的条分缕析,探幽烛微,艺术地再现了康熙临终之即那惊心动魄的一幕,并把作者自己对这一问题的研究结论形象化地展示了出来。作品不仅得出了雍正是合法皇位继承人的结论,而且也使这一结论在具体历史场景的演示下显得更加真实可信。这是作家发挥自己的艺术想象力,对历史进行自我重构的结果。虽然目前史学界在谁为康熙合法继承人的问题上仍然分歧较大,有关康熙"遗诏"的真伪也是见仁见智,不能统一,但《雍正皇帝》对此事件的形象描绘和分析,从文学的角度上对史家也是一种参考。

---

①钱钟书:《管锥编》,中华书局,1979年,第166页。

二月河在他的"帝王系列"中,除了对重大历史事件进行自我认知的重构外,还以独特的方式,在自己擅长的领域表现了他对中国传统文化的深刻理解和重构力。他的这种对传统文化的重构主要体现在他所塑造出的一大批"士"人形象上,其中包括伍次友、周培公、高士奇、熊赐履、张廷玉、刘墨林、邬思道、方苞、曹雪芹、贾士芳等。作品细致地描绘了这些封建文人,在儒道释三种人生哲学的长期培育下所形成的思想和行为方式。他们都是在几千年封建正统文化的熏陶培育下成长起来的,一个个满腹经纶,才力过人,诗词歌赋无所不能,圣传义理无所不精。在他们身上鲜明地体现着传统文化的精髓和实质,出将入相,佐君勤王的儒家积极"入世"思想成为他们人生意义的最高准则和目标。然而,这些文人,他们大都是汉人,在一个外族当权的时代,他们只能在夹缝中求生存。他们虽都有积极"入世"的愿望,却又时常处在"伴君如伴虎"的旦夕危险之中。因此,儒家文化中积极"入世"的进取精神与道释文化中消极"出世"的明哲保身态度的矛盾一直在他们身上鲜明地体现着。当他们在生活上、政治上一帆风顺的时候,"治国、平天下"的思想就占据上风,他们不甘寂寞,努力进取,意欲在险恶的政治舞台上一展英姿;当他们在生活上、政治上失意时,往往或退避山林、修身养性,或浪迹江湖,追求自我与自然的和谐;有的甚至皈依佛门,万念皆空。作品中的伍次友、周培公、高士奇、邬思道、曹雪芹等人,无不在他们的命运到达极致时,走上"宁静"、"无为"的"出世"之道。

儒与道是支撑中国传统文化主体的两大柱石,也是中国古代文人处理政治事务,应对猝然巨变的理论依据。这种进可攻,退可守的圆滑哲学也培养出了一代代封建政治的牺牲品。二月河在作品中对这种文化特征的理解和表现是颇有见地和深刻性的。正是基于这种认识,二月河以自己的眼光和标准对儒道学说作了自我新的阐释和再现。像熊赐履、张廷玉、邬思道、方苞、曹雪芹等都是有稽可查的,但基本上只是只言片语的记载,其生平事迹大多都语焉不详,这恰恰给二月河提供了充分发挥自己艺术想象力的机会和条件。作品中的这些人物,他们处事精明,机敏过人,本该在政治生活中大显身手,但最终都摆脱不了命运的捉弄,过早地退出了政治舞台。这是否也代表了二月河的人生态度和世界观呢?其他人物像伍次友(谐音"无此友")和高士奇,这两个完全虚构的高"奇士",都是才高八斗、学富五车的文人形象。一个沉稳持重,一个狂放不羁,他们分别代表了两种不同类型的封建文人形象,并且都深得皇帝的厚爱与恩宠,但同样没能摆脱退出江湖、归隐山林的结局。应该说这些文人形象只是二月河对传统文化认知和再现的心理符号,这些文人的最终遭遇不能不说是二月河的"心性"使然。

那么是什么原因导致了二月河这种世界观和人生观的形成?二月河有段

自述颇能说明问题:"我确实有'出世'的思想……这种意识在作品中不可避免要流露出来,作品中那个人物一旦红极了,我就'宰'他,或让他掉下来。这种意识也是道释两家的那种自我超脱,我在这里寻求一种精神上的安慰,一种超意识的情感。"①二月河的这种"超脱"意识,使他在作品的政治权力斗争中看到的更多是人与人的钩心斗角、尔虞我诈,这种意识也决定了二月河"帝王系列"的基调是沉重悲惨、鲜血淋淋的。

众所周知,二月河的"帝王系列"主要以场面宏大,描写社会时代风云的诡谲变幻见长,它更关心对重大历史事件和重要历史人物的再现与刻画,但作品对政治斗争的险恶、人际关系的淡薄、权谋机变的微妙、君臣兄弟的倾轧等方面的描写也可谓是玲珑剔透、惟妙惟肖。尤其是对宫廷之内的皇储皇位之争的再现与重构,不仅表现出二月河在处理重大题材方面手法的老到和成熟,也显示了二月河对这一问题所包含实质的思考。因此,我们在作品中看到的皇储皇位之争,时时处处隐含着险恶、阴谋、欺诈。这固然是作者依据历史事实创作的结果,但我们也不能忽视了作者主体意识进入作品后对作品基调的制约作用。在这些宫廷斗争中,康熙为了保全自己的皇位不受侵犯,可以将亲儿子——太子胤礽再废再立,最终使其"复以罪废,锢于咸安宫";胤禔为谋得太子之位,以镇魇之术加害与他构成威胁的兄弟胤礽;而雍正在夺得皇位之后即囚禁了与他同为兄弟的政敌胤禩、胤禟等人。这一如作品中康熙所讲"天家本无骨肉之情"。这些事件本身来源于史料,但在这些史料的加工处理和具体细节的操作上,我们不能不把它归因于二月河丰富的艺术想象力和创造力,这也是二月河帝王系列对历史文化进行重构的具体表现之一。

概而言之,"帝王系列"对一大批封建文人的行为、心理、思想特征的表现和描写,体现出二月河对中国传统文化精髓的深刻理解和把握,这是这一系列作品颇具文化品位的支点;作者通过对宫墙之内、帝王之家皇储皇位之争的描写,更是把自己对历史文化的认知和重构延伸到造成这种文化特点的根处,从而揭开了罩在生活于那个社会环境里的人们脸上的那层温情脉脉的面纱。从这一意义上讲,二月河对这些历史文化特征的揭示与重构具有"醒世"的作用。

三

二月河是一位旗帜鲜明地声称自己是为了大众写作的历史小说家。他在

---

①《卧龙论坛》,1993 年第 4 期。

谈到历史真实与艺术真实的关系时讲:"我认为两者是可以统一的。如果必然要得罪一边的话,我得罪资料,在不违背大的历史史实的原则下,那些小的历史史实我并不拘泥,因为我必须讨好我的读者。"①不拘泥于历史史实并不等于不尊重历史史实,而是说出了二月河对艺术真实的自我建构能力,也反映了他"必须讨好我的读者"的"平民化"写作倾向。不善于"包装"自己,也从不写"创作谈"的二月河以作品与读者展开了对话。他的这种"平民化"写作与那种生怕一旦沾上个"俗"字就会坏了自己一世的英名,更怕有损于自己作品品味的思想形成了极大的反差。在这种"平民化"艺术观念的支配下,二月河在"帝王系列"中,以独有的方式向读者展示了他的"平民情结"。

中国的历史小说缘于古代的"讲史",是从史传中衍生出来的通俗文学形式。虽然作者一再声称自己所写的故事是有根有据的,但小说仍然被看成是稗官野史,不能加入到诸如诗词歌赋之类的所谓"正统"文学中去,它的阅读对象和范围多被限制在市井百姓之中,这就决定了历史小说从一开始就是大众的、通俗的。这种小说形式的最大特点就是采用章回体制,每章有回目,以概述该章内容,结尾有套语,以起承前启后的作用,很适合大众的阅读欣赏口味。二月河"帝王系列"的"平民化"写作特点之一,就是作者能根据大众欣赏习惯的需要,适当地采用章回体这种大众喜闻乐见的,也更能显示自己创作个性的艺术形式。

鲁迅先生认为小说源于休息。他说:"人在劳动时,既用歌咏以自娱,借它忘却劳苦,则到休息时,亦必要寻一种事情以消暇。这种事情,就是彼此谈论故事,而这谈论故事,正就是小说的起源。"②鲁迅先生的这段论述很明确地提出了小说的娱乐消遣功能,也说出了小说源于生活的平民化、大众化特质。作为这种平民化、大众化特质的特点之一的章回体制,也是为适应这种特质的要求而出现的。心系大众的二月河对于在市民阶层中耳熟能详的传统形式不会熟视无睹。从一定意义上说,是章回体这种传统化的艺术形式选择了一直坚持"平民化"写作的二月河。这种艺术形式在现当代的小说创作中已很少见到,这不能不说是二月河"帝王系列""平民化"写作的特色。

以细腻的笔法在作品中描绘出一幅清初社会的市井风俗画,是二月河"帝王系列"的另一特点,也是二月河"平民化"写作的又一特征。虽然二月河的"帝王系列"是以展示"康乾盛世"的百年辉煌历史见长,但作品并不拘泥于对

---

① 《卧龙论坛》,1993 年第 4 期。
② 鲁迅:《中国小说的历史的变迁》,《鲁迅全集》(第九卷),人民文学出版社,1981 年,第 302 页。

历史的再现与重构。在二月河看来，如果小说仅以展示历史为主，势必会使作品成为枯燥乏味的历史演绎，这也会削弱小说的可读性，必须配之以大量庞杂的其他东西和材料。因此，他在再现与重构历史的同时，还不惜笔墨精心描绘当时社会的市井民情风俗。庙堂之高，江湖之远，无不被他尽收笔底。他力图在更为广阔的社会历史背景中，多侧面地展示出"康乾盛世"的社会历史和人文景观。作品这种波澜壮阔的历史场面描绘与生动逼真的社会风俗画卷的融合，使"帝王系列"又带有"世情小说"的某些特点。这一特点在《康熙大帝》和《雍正皇帝》中已有所展示，在《乾隆皇帝》中，随着清代国力的增强和社会的安定，以及城市化、市俗化的出现，小说的这一特点也得到了充分的发挥。作品对清代的饮食服饰、里巷杂业、蓬门荜户、宫廷庙堂、典章文化、礼仪乐章、青楼红粉、勾栏瓦肆，五花八门无不展示，三教九流、七行八作无不涉及。因此说，读二月河的历史小说，既是一定清代历史知识的学习，有一种历史的苍凉感和纵深感；又是在欣赏一幅清代的《清明上河图》，给人以审美的享受。

对众多知识性素材的展示和运用，显示出二月河的丰富阅历和多才多艺，这也是构成二月河"帝王系列""平民化"特征的主要因素之一。曾经是军人出身的二月河，在对待作品的态度上并不像一些"科班"出身的作家那样，非要将自己多年的学术研究成果赋之以形象，写出一部专业性很强的历史小说。他的知识大多来自"课外"，来自他多年的刻苦自学和积累。他认为从某种意义上讲自己是个"杂家"，这也算是他的夫子自道。这种"杂"就表现在对知识性素材的运用上，由研究《红楼梦》起步，最终闯入小说创作领域的二月河，在从事创作之前的数年里进行了大量的阅读准备工作，古今中外的优秀文学名著和《二十四史》《清史稿》这样的正统历史著作自不必说，就连一些枯燥乏味，让人望而却步的论著，如五经四书、三坟五典、八索九丘、医学棋艺、天文地理、麻衣神相、奇门遁甲等，他也都广泛涉猎。这些材料和知识在他日后的创作实践中都能适时地予以表现，而且不给人以生硬突兀，卖弄才情之感，反而给作品增添了可读性和无穷的趣味性：《雍正皇帝》中对贾士芳法术的描绘，作者俨然是一位道行高深的气功大师或武林高手；《康熙大帝》中对康熙病理的分析和药方的处置，作者又像是一位医术高明的江湖郎中；对皇家膳食的配料和制作过程的详细介绍，使作者又像是一位能做宫廷大宴、满汉全席的美食家；而作品对诗词歌赋、散曲的穿插运用，以及对高士奇歪诗戏诸儒的描写，使作者又像是一位才高八斗，却又怀才不遇的落第文人，等等。这些描绘亦庄亦谐，令人时而捧腹，时而叹息。

当看惯了那些板着面孔却又振振有词的历史说教之后，再回过头来看二月河的"帝王系列"，确实有一种赏心悦目的轻松感。这种轻松感是非常适合大众的欣赏心理的,也符合二月河"必须讨好我的读者"的创作思路。这并不是作者媚俗或从众,而是他抓住了从来历史小说的平民化、通俗化的特点,并把这一特点发挥到极致。而且,作者对这些知识性材料的运用,并不是把它们与整个作品割裂开来,孤立地铺陈演绎,而是时时刻刻把它们放在与作品情节发展有必然联系的内在逻辑之中,使之与整个作品融为一体,使整个"帝王系列"产生出举重若轻的情韵。

这一特点的出现,是二月河广泛吸收借鉴古今中外优秀文学遗产,尤其是我国古典文学遗产,并使之与当前社会生活紧密统一的结果,使读者在阅读时产生借古鉴今的审美心理效应。如作品中诗词歌赋的大量出现显然是受古典名著《红楼梦》的影响和启发;《乾隆皇帝》中对新科状元庄友恭中状元后喜不自禁,以致痴迷癫狂的传神描写,使我们马上想到《儒林外史》中的范进中举后的丑态;《雍正皇帝》中盐漕两帮追杀争斗又有金庸小说的影子;而《乾隆皇帝》(卷一)对贺露滢被害案的描写,又使作品带有公案小说的特征,等等。这些情节与事件的加入是作者对正史资料的补充和延伸,也是作者对古今优秀作品的借鉴与"戏仿",为"帝王系列"增添了无穷的阅读乐趣。如果读者再对作品深入理解的话,还会轻易地发现"帝王系列"对诸如马踏宴席、贺道台死因等一些事件和场面的描写中,还蕴含着更深一层的意蕴。

四

二月河的"帝王系列",既尊重历史,尽量按照历史的本来面目书写,又不为历史所拘囿,在一些非主要历史事件和历史人物上敢于充分发挥自己的想象力和创造力;更主要的是,尽可能多地借鉴古今中外的优秀文学传统和文学遗产,在作品中展示所反映时代的社会历史文化和人文地理景观,从而使作品产生出雅俗共赏的艺术效果。这也是本文总结出的二月河"帝王系列"的三个主要特征。与时下某些以一部作品一炮走红的作家不同,80年代末就已出齐《康熙大帝》四卷的二月河当初并未能得到国内文学和评论界的青睐,只是当他的作品在几年内十几次再版,盗版更是铺天盖地,他本人也被港台评论和新闻界誉为"文坛一杰"之后,他才真正引起国内评论界的注意。这种"墙内开花墙外香"的情形可谓是国内文坛的"二月河现象"。这一现象从另一方面讲也是"帝王系列"雅俗共赏品格的反证。"帝王系列"所以能受到读者和评论界的好评和厚爱,主要是因为作者在创作中较好地处理了以下几组关系。

第一,历史与艺术的关系。毫无疑问,历史与艺术的区别主要在于,历史是历史学家根据有限的知识和史料进行的理性判断和认识；而艺术则是艺术家根据有限的知识和史料进行的形象创造，并由此勾画出艺术家自己心目中的图像。两者都是从"知识"和"史料"出发，依据不同的手段和思维方式达到了再现历史的目的。历史与艺术的这一不同特征决定了历史著作与文学作品之间相辅相成、互相依托的关系，同时也决定了文学作品与历史属于不同的体系，有各自相对独立性的特点。

应该看到的，在"新历史主义"、"一切历史都是当代史"的观点影响下，近年来历史小说的创作观念发生了很大的变化：历史的真实性遭到质疑，创作前必要的历史资料准备和考订工作被潇洒地略去，历史仅仅成为作家精心制作节目时的帷幕和道具，作家们凭借这一道具，在历史的帷幕上任意地涂抹出一个个由血与泪、刀与光、情与仇共同交织而成的现代图画，历史的严肃性与庄严性在这种颇具当代意识的言说过程中被消解殆尽；而另一方面，一些作家"固守"历史的阵地，在创作中严格按照历史的真实书写，即使是一些次要人物和事件也不敢稍加穿凿，这种历史小说固然在一定程度上表现出了历史的真实，却失却了文学作品应具备的艺术的光辉，使作家作品成为了史料的附庸。

对以上两种创作倾向的得与失，我们不能在此妄下结论。不过，除此之外，历史小说创作还有没有第三条路可走？即除了再现与重构之外，作家是否还有所作为？二月河的"平民化"写作为这一问题作了回答。也可以说，"帝王系列"的"平民化"特征是沟通历史与艺术的桥梁。它吸纳了历史小说以"正史"史料为依据的历史小说本质，又接受了历史小说源于民间，为大众服务的特性，结合作者自己多方面的深厚修养，为历史小说的当代性提供了存在的依据。历史的真实在"平民化"的激发下不至于呆滞，艺术的想象在"历史的真实"的规范下更显出生机，形成历史与艺术之间的张力。

第二，雅与俗的关系。雅与俗是文学创作的一对矛盾，但也决非水火不容。恰恰相反，它们是互为依托相生的关系。没有雅就没有俗；反之，没有俗更何谈雅。当然，它们也并非"1+1"的简单相加，而是相互渗透，互为融合的一体。很难想象，失去了俗的支撑的所谓雅文学的面目会是什么样；同样，没有雅的存在的俗文学又会走向何方。

既然雅与俗的关系是相互依存的，在创作中就没有理由将它们割裂开来，对某一方面作片面的追求或夸大。这种情况在当代历史小说创作界还是普遍存在的。作家大多对"俗"讳莫如深，为避"俗"甚至不惜牺牲历史小说的大众化特性，更注重在小说的艺术形式和表现方法上寻求变化。这固然是小说"雅"的表现，但也容易使历史小说走上"雅"的极端。

历史小说的"雅"并不只表现在采用何种表现方法和艺术形式上。譬如长期以来被公认为通俗小说的标志的文体——章回体,也并不一定都是俗文学的专利,决定其文学价值的关键还要看作品所反映出的思想内容如何。我国古典名著《红楼梦》采用的是章回体。从内容讲,它讲述了发生于宝黛钗之间的一个凄迷哀伤的三角爱情故事。俗人爱看俗故事,它适应了大众的阅读欣赏口味,具有俗文学的特点。但《红楼梦》所反映的决不简单是一个才子佳人式的恋爱悲剧。它的深层意蕴在于,通过这一爱情悲剧,揭示出了以四大家族为代表的封建统治阶级必然崩溃的历史命运,展示了封建家长对青年人理想和爱情的毁灭与摧残,也表现了青年人崇尚自然、追求个性解放的民主主张和要求,等等。这就不是通俗小说故事曲折、思想浅显的特点所能涵盖的。反观二月河的"帝王系列",作品在章回体形式的包裹下为读者设计出了一个个惊心动魄的故事和场景,并通过这些故事和场景,反映出了作者对发生于宫墙之内的倾轧(封建政治的残酷与险恶),人与人的钩心斗角(对人性的展示),以及作者对传统文化支柱儒道释互补现象的理解与认知,等等。而且,作者在作品中对古典诗词歌赋及散曲的大量运用和穿插,使作品更具文人气息。有论者称"帝王系列"有"《红楼梦》笔法",原因概出于此。"帝王系列"最值得称道和总结的,也就是它在艺术上雅俗共赏的品格。

第三,历史与现实的关系。历史小说如何与现实沟通,如何表现当代意识,是历史小说必须面对和回答的问题,也是历史小说创作中必须处理好的关系。创作界对此也是有深刻教训的。"文革"前十七年历史小说创作受到时代政治的影响和局限确实很大,一些作品在极力表现现代意识的同时,却不自觉地淹没了自己的思想及其艺术个性;与此相反,80年代中期崛起的"新历史小说"派又走上了另一个极端,作家在尽心展示作品的现代意识和自我思想时,却忽略了历史小说最基本的品格:历史的真实。把历史只是当作一块橡皮泥任意地扭捏把玩,这种对历史的真实可以忽略不计的颠覆行为,使历史小说的历史意识完全失去了意义。

二月河对历史与现实关系的处理是从他的历史观念入手的。在他看来,"一个朝代的兴衰与它的'气数'有关"①。他的这个多少有点"唯心"成分的思想,实际上也包含了辩证法的物极必反、盛极必衰的观点。所以,他的创作更多的是关注历史的深层内涵,以及人作为一个生命实体的存在与意义,更注重从历史的深处揭示出其文化的内涵。他在尽可能尊重历史真实的同时,更希望借历史以回答今天的事,给人以历史的借鉴。他说:"'以史为鉴可以知兴替',如果各个阶层看了'帝王系列'都有一些自己的感受,那对社会就是一种贡献,我

---

① 《卧龙论坛》,1993年第4期。

的用心是善良的。"①二月河历史小说的这种"镜子"说,是他在作品中真实再现历史的基础上,广泛研究了大众阅读心理之后得出的结论。它既与现实有密切的联系,由于有历史真实的规范和制约,又使这种联系之间保持着一定的距离,从而产生出艺术美感。

原载《文学评论》1999 年第 2 期

---

① 《卧龙论坛》,1993 年第 4 期。

以史著文　以文立史
——谈长篇历史小说《雍正皇帝》的现实价值

武嘉路

随着电视连续剧《雍正王朝》牵动千家万户，二月河的长篇历史小说《雍正皇帝》也引起了人们广泛关注。读罢全书，感到这确是一部难得的历史小说，而且最主要的创新之处，就是塑造了一个与以往文学作品完全不同的雍正皇帝的形象。他锐意改革，力排众议，朝乾夕惕，废寝忘食，为营造清朝的康乾盛世作出了重要贡献。

在过去的一些文学作品，如《吕四娘演义》、《血滴子》当中，雍正皇帝是一个奇坏无比的反面角色。他阴狠狡诈，矫诏篡位，弑父逼母，杀兄屠弟……最后自己也不得善终，被吕四娘割去了头颅，以一个十三斤重的金头埋在地下，而这部作品却在对历史真实充分把握的基础上，写出了一个全新的雍正，尽管它与电视剧《雍正王朝》不完全相同，既没有把雍正当作一个完全的正面形象来塑造，也写了他的阴冷、残酷，工于心计的一面，但是他的主流是改革者，敢于向阻碍改革的势力开战，从而赢得了清朝的一度繁荣和昌盛，雍正朝的改革是全面的，从经济到吏治到风俗，囊括了社会的方方面面。特别是经济上的绅民一同当差、一同纳粮和摊丁入亩制度的实行，有力地削弱了缙绅的特权，减轻了农民的负担，对于增进国家税收、促使民富国强起了重要的作用。而整顿吏治，严惩贪官污吏，更使雍正朝政治清明，增强了国家的财力，至于移风易俗，提倡淳朴节俭，也限制了从皇亲国戚到一般官吏的特权，缩小了官民之间的差距，所有这些改革雷厉风行，势如破竹，并在很短的时期内取得了很大的成就，同时这也使雍正皇帝成为中国封建社会中的难得的一代改革家，可以这样说，如果没有雍正皇帝的改革，就没有清朝的所谓"康乾盛世"。

就中国的传统文化而言，重因循而厌改革，所以历代的改革家多半没有什么好下场，并且身后也多半被丑化得一塌糊涂，雍正也没有逃脱这样的历史怪圈，他的改革触动了一些既得利益者，这些既得利益者在适当的时机就会群起而攻之，这是雍正在死后受到惨烈攻击的根本原因。《雍正皇帝》的成功之处，就是没有被传统的说法所左右，而是把雍正皇帝放在改革的风口浪尖上，并以此为线索展开了改革与反改革的斗争，包括诸王子争夺皇位的斗争，反对朋党的斗争,清理顽固保守派的斗争,等等。过去的一些历史学家、文学作品的创作者,所以因循旧说,就是由于没有站在改革的角度来看待雍正,而是孤立地看待一个个历史事件,雍正失去了改革、进步的色彩,剩下的就是他的专断、残酷、不近人情了。《雍正皇帝》的巧妙之处,是不掩饰雍正的专断、残酷、不近人情,但把这些写成是改革得以顺利进行的基本人格条件,这就变得可以理解了,比如书中所描写的雍正与八阿哥胤禩的斗争,虽然并不否认这里有争夺皇位的成分,但是也着重指明了这里有改革与反改革斗争的实质,胤禩为了与雍正抗衡,就必然结成朋党,就必然要组织反对派。但雍正的反对派最为坚决者当然是那些改革的反对派。于是胤禩就与这些人混到了一起,并以反对雍正所推行的新政为号召,以维护祖制为旗帜,演出了一场逼宫的惊心动魄的闹剧,经过这场斗争,雍正进一步认识到改革与反改革的斗争是你死我活的,绝不能手软,所以他抄了胤禩的家,并将他禁锢起来,赐之以"阿其那"(即满语中的狗)的恶名。如果单单把这种结果写出来,人们自然会感到雍正完全不念兄弟手足之情,是那么阴险而残酷。但是当把这场斗争和盘托出以后,人们就不会再太多地责备雍正,而会感到这种结果是水到渠成,完全是事件自身的合乎逻辑的发展,政治斗争是你死我活的,容不得任何的心慈手软,今天高居庙堂之上,明天就可能成为阶下囚,而自己所执着的事业也会付诸东流。

小说不仅写了雍正对于政敌心狠手辣的一面,而且也写了他对于改革的中坚力量的惺惺相惜,百般体恤,极力庇护的一面,而这是一般的改革家难以做到的。作为雍正以帝位之尊,是可攻可守,进退自如的,他满可以利用别人做改革的马前卒,而在朝野的一片反对声中,他又可以舍卒保帅,以缓和反对派所施加的压力;但是他没有这样做,而是顶住压力,力排众议,始终如一地保护身处改革第一线的中坚力量,这主要体现在他对待李卫和田文镜的态度上。李卫作为浙江巡抚,田文镜作为河南巡抚,都是推行雍正新政的中坚力量,因此他们遭到了朝野保守力量的联合攻击,造谣污蔑者有之,上书弹劾者有之,恨不得食其肉而寝其皮,必欲置之死地而后快。作为雍正帝完全可以牺牲这两个人,以平息众怒,然后再通过他人将新政继续推行下去。而雍正没有这样做,他执着地认为这两个人是推行新政的两面旗帜,朝野的保守力量反对这两个人的目的是反对新政,是把矛头指向雍正,因此决不能妥协,否则,新政就不能得以为继,甚至皇权都难以巩固。所以他为了保护这两个人,不惜与满朝的公卿作对,充分地显示了他那种英勇无畏、敢开顶风船的大无畏精神,以及破釜沉舟,不实行新政决不罢休的决心。由此可见,雍正对待他人的态度,包括对他人的爱恨、舍取、陟黜等等,并非是喜怒无常,没有原则,也并不是一味的薄情寡义、刻薄少恩,而是以政治家的眼光去审时度人,只要为推行新政作出成绩和贡献的就坚决予以支持,只要阻碍和反对新政推行的就坚决打击,不惜采取极为严酷的手段,而这才是雍正的真实性格和人格,小说把这一点突出得极为分明。

正是由于雍正皇帝的推行新政,实行改革,清朝的国力得到了极大的提高。康熙朝表面上是太平盛世,但是无论是在政治上还是在经济上都存在着很大的危机,朝廷内部的夺嫡之争、贪官污吏的横行、边陲的战乱、国库的空虚,都困扰着最高统治者。雍正登基以后,大刀阔斧、雷厉风行地进行了整顿,清除异己力量,整顿吏治,推行新经济政策,在他执政的十三年中,基本上廓清了朝廷的各种危机,国库由康熙时的储银七百万两上升到五千万两,人民的负担大为减轻。我们常常称康乾盛世,如果说康熙是开垦的一代,乾隆是收获的一代,那么雍正就是耕耘的一代,没有雍正辛勤耕耘的十三年,为乾隆奠定了发展的基础,哪里会有乾隆盛世?面对这样的历史事实,难道不应该给雍正皇帝以一个公正的评价吗?长篇历史小说《雍正皇帝》的功绩,是一反历史旧说,重新审视这段历史,给雍正以一个较为公允的评价。并且由于它是小说,是以史著文,以文立史,而不是枯燥的历史论文,所以能把这种评价体现在人物塑造之中,为我们刻画了一个血肉丰满性格复杂的改革家的形象。正因为这样,使它拥有广泛的读者,几年连续十一次再版,累计印数达二十五万套之多,这还不包括各种改编本和缩写本。这种广泛的社会影响,在我们实行改革开放的今天,具有一定的现实意义。

原载《中国图书评论》1999年2月28日

二月河"清帝系列"小说得失谈

齐裕焜

二月河致力于营建"清帝系列",《康熙大帝》4 部,《雍正皇帝》3 部,《乾隆皇帝》6 部,于 1985 至 1999 年间陆续出版,百科全书式地展示了清代最强盛的 130 年历史生活的广阔宏丽的画卷。

以正史为基本线索,重要人物和重大事件基本上是于史有据的,而在非主要人物和事件上又充分发挥了艺术虚构和创造的能力,展示了清代社会风俗和人文景观,使作品具有宏伟的"史诗"规模;史诗的规模与通俗小说写法结合,使二月河"清帝系列"小说雅俗共赏,很受欢迎,但也存在一些缺陷,如思想深度不够,内容比较芜杂,描写比较粗俗,影响它成为艺术的精品。

雄才大略 创大清盛世

清初,以一百多万人的少数民族入主中原,统治幅员辽阔、人口上亿的国家,其困难程度超过了历史上任何一个王朝。顺治时期主要任务是夺取政权,扫荡明朝和李自成起义军的残余势力,建立起一个统一的王朝。而康熙、雍正、乾隆在此基础上,经历了众多的内忧外患,巩固政权,发展经济,最终创造了我国封建社会最后的辉煌时代——"康乾盛世"。

作者摒弃了狭隘的大汉族主义观念,以开放的心胸,选择了最能表现历史发展的重大事件,公允、客观地肯定康熙、雍正、乾隆这三位杰出的历史人物的历史作用,逼真地再现了当时惊心动魄的斗争和经济繁荣的景象。

三位帝王都具有雄才大略,都有创建太平盛世的雄心。作品选择了一些重大事件表现他们的杰出才能和性格特点。康熙主要通过他智擒鳌拜,平定三藩之乱等表现他的胆识和智谋。例如鳌拜逼迫康熙杀掉建议禁止圈地的苏纳海、朱昌祚、王登联三大臣之后,又逼迫他杀掉辅政大臣苏克萨哈,甚至气势汹汹要弑主篡位,形势有一触即发的危险。康熙估计当时的形势,还难以除掉鳌拜,因而隐忍不发,作暂时妥协。待到一切部署就绪,以迅雷不及掩耳之势,一举除掉这个势力盘根错节的集团。

通过康熙治理黄河，开博学鸿词科等表现他的气度和胸襟。他对黄河为害，导致灾民遍野，深感痛心，决心治理黄河。他亲自出巡河防，对靳辅、陈潢的治河方针，虽经多次反复，但他经过实地考察，肯定了屡遭朝臣弹劾的靳辅，使治黄工程收到一定成效。他为了笼络汉族知识分子，开博学鸿词科。可是一些汉族大儒并不买账，有的故意漏答试题，有的故意写错字、押错韵。如果不取他们，"大名士尽都黜落孙山，与不办博学鸿词科何异？"如果都取，又怕"鸿儒们暗笑朕没有实学，看不出卷上毛病"，"论其用心，他们待朕甚是刻薄的"。而对这样尴尬的局面，他采纳高士奇的建议，全部录取，同时在考卷上加批语，指出谬误之处，既显示他的宽大又表现出博学、精明。

在表现康熙体恤民情、网罗人才、明爽豁达的同时，又表现他性格中多疑猜忌、阴险狡猾、手段高明的一面。在《夺宫》中，他重用九门提督吴六一，把军权交给他的同时，又给魏东亭一道密诏，"以防变中之变"。而对魏东亭也不放心，派人装作魏东亭的看门人，潜伏在魏东亭身边五年，魏竟没能察觉；而且康熙还把魏东亭的母亲（康熙的乳母）留在身边，以控制魏东亭。苏麻喇姑想到："'这个情理通达、爽朗可亲的少年天子，猜疑之心竟如此之重'，不由得打了个寒噤。"

对雍正的描写更能体现作者的匠心。雍正在历史和传说中是争论很大的人物，是一个有着逼父、逼母、篡改诏书、弑兄屠弟的恶名，是"心胸狭窄、刻薄寡恩、阴险狡猾、心口不一"的伪君子。作者根据对大量史料的研究和辨析，对雍正这个人物作出了独立的评判。《九王夺嫡》这一卷，通过康熙末年宫廷内部形势的分析，太子的二次废立，八爷党的阴谋活动，而胤禛（雍正）不结党、不营私，沉着应对，终于取得康熙的信任，传位于他。在第二部《雕弓天狼》里又补充了一个情节，即康熙曾征求方苞的意见，传位给那个皇子好？"方苞答曰：'观圣孙！佳子佳孙，可保大清三代昌盛！'"康熙非常赞成这个看法，而他早已看中了雍正的儿子弘历（乾隆），让弘历搬入宫中，跟他念书，由他亲自培养。通过这些描写，康熙传位给雍正就得到十分合理的解释，从而排除了雍正篡改诏书，将传位十四阿哥改为四阿哥的传说。

作者通过改革吏治、征办贪污、发展生产等重大事件的描写，说明雍正励精图治，政绩显著。国家库银从康熙时的七百万两增至五千万两，为乾隆盛世打下良好的基础。

作者通过雍正上台之后，与八爷党，与年羹尧、隆科多等人的斗争，说明八爷党不甘心失败，时刻觊觎皇位，甚至利用弘时谋害弘历，妄图夺位。年羹尧飞扬跋扈，企图成为割据一方的军阀，与中央政权分庭抗礼。隆科多与八爷勾结，阴谋发动政变。因而，雍正和他们的斗争，弑兄屠弟、诛杀功臣则有其合理的一面,是"树欲静而风不止",被迫不得不采取的镇压措施。

但是,作者也并非一味美化雍正。通过雍正处理八爷党、年羹尧、隆科多等,说明他心机之深沉,手段之狠毒。他在当皇帝前后,活埋了与八爷勾结的管家高福儿;即位之后,将知道他很多机密的心腹坎儿(周用诚)杀掉;邬思道虽然已急流勇退,但他仍派人监视,时刻控制着他。通过这些描写,比较全面地写出雍正,这个有雄心、有才干,但又心胸狭窄、心狠手辣的"冷面王"形象。

在过去的小说、戏剧作品里,乾隆是一个风流潇洒、放荡不羁的风流天子。二月河的《乾隆皇帝》,除了保持他风流倜傥的性格特点外,还以史实为据,着重表现他建立极盛王朝的雄心壮志和处理国家大事上的机智果断、捭阖自如的才能。通过他"以宽为政"方针的贯彻,调动了地方官员的积极性,实行较为宽松的经济政策,促使经济达到高度繁荣;通过他对官吏的任用,可见他对培养人才的重视,特别是注意提拔年青的官员如傅恒、刘墉、阿桂等人,委以重任;而对贪污腐化和变质的官员如高恒、钱度、勒尔谨、刘康等人的案件又能严肃惩处,使朝政整肃;对战败而又掩饰、推诿,甚至嫁祸于人的张广泗、诺敏、庆复等人则能明察秋毫,揭露真相,为被诬陷的兆蕙、海兰察等人主持公道;对大小金川的战争和"一枝花"的叛乱,则采取镇压与招抚并重的方针,一方面坚决镇压,一方面对朵云夫人、易瑛等尽力招抚,虽多次受挫,但终于平定了动乱,巩固了政权。

作者是围绕着政治斗争来塑造这三位帝王形象的。但是,作者摆脱了惯常的对历史人物进行简单的是非善恶的道德判断,而着重表现历史发展的必然性及其个人的欲望、性格间所形成的矛盾冲突,从而塑造了三位性格复杂血肉丰满的帝王形象。

历史小说必须表现当代意识,灌注时代精神。有的历史小说在极力表现当代意识,强调为现实服务时,却不自觉地淹没了作家自己的艺术个性,成了"时代精神的传声筒",给人虚假的感觉;而有的历史小说则一味表现作家自己的心灵,任意"颠覆"历史,甚至胡编乱造,失去了历史小说的基本品格。而二月河在"清帝系列"小说中,通过这三位帝王和历史重大事件的描写,在尊重历史,展示历史真实中灌注了时代精神,特别是他们励精图治、勤于政事和惩办贪污腐化、整饬吏治这两点,引起广泛的共鸣,人们从历史的镜子中得到了启发和教益。

围绕着三位皇帝,作品描写了当时的皇亲贵族、文武大臣达二三百人之多,其中给人印象较为深刻的至少有二三十人。在皇族中,康熙的几个儿子:大阿哥胤禔轻狂愚妄;曾为太子的胤礽庸懦无能又刚愎自用;三阿哥胤祉貌似清淡,但仍寻找机会,以逞其私;八哥胤禩貌似慈善宽厚,但心怀异图,善于笼络人心,为夺取皇位而殚精竭虑;胤禟摇鹅毛扇子,出坏点子;胤䄉则鲁莽浮躁,成为胤禩、胤禟借的炮筒子;胤祥勇敢机智,有一股侠气;胤䄎敢于任事,但私心较重,缺乏坦荡的胸怀。雍正的三个儿子,弘时愚而诈,不自量力,妄图夺取皇位,自取灭亡;弘昼以荒唐顽皮的面目出现,实是聪明绝顶,以此作为明哲保身之计,以便在皇家残酷斗争中保存自己。通过这些皇子各自的性格和相互关系的描写,揭示皇室内部的残酷斗争,正如康熙所说:"天家本无骨肉之情。"

在相臣中,给人印象深刻的有索额图、明珠、熊赐履、张廷玉、马齐等人。索额图心怀叵测,结党营私,在公忠面貌下包藏祸心。明珠从底层爬上高位,表面一团和气,但实际十分阴毒、贪婪。他不动声色地破坏了伍次友和苏麻喇姑的婚事,使这一对情人终身郁郁;他暗示周培公与图海关系密切,共掌兵权有危险,引起多疑的康熙的警惕,将周培公打发去奉天;又让何柱儿娶周培公的情人阿锁,致使周培公精神受到很大打击,不久病重而终。熊赐履正直迂腐,恪守儒家之道,但见机隐退,又颇有心计;张廷玉清正廉洁,勤于国事,但不求利而求名,为了死后的名誉如入太庙、求谥号等喋喋不休,惹怒了乾隆,自讨没趣;马齐忠厚憨直,似乎愚憨,但在关键时刻,如隆科多派军队入畅春园,阴谋造反时,他却能从容应付,可谓"吕端大事不糊涂"。

在封疆大吏和朝廷大臣中,田文镜急于报恩,处事僵化,累得吐血也不能治理好河南,还陷入四面楚歌的困境中;而"叫花子总督"李卫却能潇洒自如,举重若轻,在貌似荒唐的举措中把两江治理得井井有条,还有忠贞直谏的史贻直、杨名时、孙嘉淦、窦光鼐等等,不畏危险,敢于仗义执言。靳辅、陈潢、杨香必、于成龙等人为百姓利益,不畏强权,敢于坚持己见,为封建官吏树立了良好的风范。

在权臣中,年羹尧和隆科多给人的印象最为深刻。年羹尧是皇帝家臣,他血洗江夏镇何其残酷狠毒,令人发指;他立功之后,不知韬晦,飞扬跋扈,终招杀身之祸;隆科多是皇亲,又是托孤重臣,在康熙托孤之前,就首鼠两端;雍正上台后,又经不起诱惑和威胁,不得已上了贼船,终致身陷囹圄。还有出身下层、精明强干的钱度,只为贪恋女色而失足;贵如皇亲的高恒、纳亲,雄心勃勃,而志大才疏,结果以身败名裂而告终。

通过这些人物的描写,说明作者对封建统治集团政治斗争的险恶、权谋机变的微妙、人际关系的复杂,有着深刻的理解,对我们了解封建政治关系也很有启发意义。同时,这也是全面反映清代历史的史诗式作品所不可或缺的。

机智儒雅 展现传统文化

二月河"清帝系列"小说引人注目之处还在于塑造了几位文人学士的生动形象。如伍次友、邬思道、高士奇、方苞、纪昀、刘墨林等。这些人物或史有其人,加以开掘渲染;或史无其人,加以虚构生发,从而表现作者对传统文化的深刻理解和卓越的重构能力。

伍次友、邬思道和方苞三人是以帝师身份出现的。伍次友,史无其人(谐音"无此友")。邬思道,只是野史记载的人物。如李岳瑞的《春冰室野乘》中有《田文镜之幕客》一节,记载"邬某者,绍兴人,习法家言,人称为邬先生"。他曾问田文镜是否想当名督抚,为田文镜起草参隆科多的奏疏。"疏上,隆科多果获罪,而文镜宠遇日隆。"后田文镜和他疏远,"邬先生愤而辞去"。自此文镜奏事,"辄不当上意,数被谴责"。不得已又招他回来,每天要给馈银五十两。后来雍正也知道邬先生,在文镜请安奏折上批:"朕安。邬先生安否?"文镜死后,邬先生不知所之,传说"已被召入禁中矣"。方苞作为"桐城派"领袖,著名散文家,虽在康熙时"入直南书房",雍正时也当过侍讲学士、礼部侍郎等,但他始终只是一个文人,在政治决策方面并未发挥很大作用。作者把这样三个或虚构,或传说,或并未参与中枢机要的人物写成了帝师,在政治决策中发挥着举足轻重的作用。通过他们探究封建君王的政治权术,也就是所谓的"帝王之术",从而深刻揭示了封建政治文化的特点和根源。

伍次友在不知康熙(龙儿)身份之前,给他讲解经、史,从历史经验中给康熙极大启发。例如讲到陈朝大将军梁冀的专横跋扈,毒死年幼的质帝时,说:"审度当时时势,以梁冀之恶,四面树敌,已触犯众怒,人心丧失。若能韬晦等待时机,外作大智若愚之相,内蓄敢死勇士,结纳贤臣,扶植清议,时机一到,诛一梁冀,只用几个力士就便可以了。"康熙除鳌拜,就是按照这个策略施行的。伍次友还精辟地分析了当时的形势,指出要防止鳌拜和吴三桂"两匹野马合槽作乱",建议"先稳住三藩,不动他们的藩位,诛了鳌拜再说",为康熙除鳌拜、平三藩制定了战略方针。除掉鳌拜之后,伍次友又为康熙制定了削藩的方略。

邬思道在康熙诸子争皇位时,透彻分析了太子、八爷、十四爷及朝臣们的动向,在康熙第一次废太子时,面对朝廷大臣纷纷举荐八爷入主东宫时,建议雍正提出恢复太子之位,让康熙看到雍正不结党、不营私,没有入主东宫的野心,与八爷结党营私有根本不同,从而取得康熙的信任;在诸王子斗争激烈时,要平定西北边境的叛乱,考虑派个亲王去青海领兵平叛,邬思道建议雍正提出让十四爷去当大将军,既让康熙看到雍正顾全大局的态度,又笼络十四爷,使之与八爷拉开距离。在康熙临终前,把信任的大臣张廷玉、马齐、王掞、方苞统统免职,雍正也被免去了内务府的差使,雍正惊慌失措,以为大祸将临。而邬思道对他说:"您真得好好参详一下万岁的帝王心术!""万岁这是在预备后事!""凡黜落的都是能员干吏。……现在统统将他们监押保护了,新主登极,一纸赦书,立地就成了皇帝得用臣子!万岁这一计虽苦,也算菩萨心肠啊!"当康熙临终前,邬思道"当机决大事",为雍正登极,防止八爷党作乱,作了周密的部署和防范。

方苞为康熙传位于雍正和康熙去世之后雍正顺利登极出谋划策。雍正即位后第一道密诏就把已赐金还山的方苞召入宫中,从此方苞作为康熙留给雍正的"智囊"发挥重要作用。他要雍正警惕隆科多与八爷的勾结,要雍正下决心铲除八爷党,"为天下计,为皇上计,也为皇上骨肉亲情不遭惨变计,您不铲掉这个'党',顶多做个善终皇帝,想振作颓风,刷新吏治为一代令主,恐难遂心愿"。后来,他又为除掉年羹尧,为处置弘时的阴谋作出了贡献。

伍次友、邬思道、方苞都是在几千年传统文化熏陶下成长起来的,在他们的身上鲜明地体现着中国传统文化的精神。出将入相,为帝王师是他们人生的最高理想,体现着儒家积极"入世"的思想,但他们又都是汉族知识分子,在满州贵族当权的时代,他们处在被怀疑、被疑忌的地位,时常有"伴君如伴虎"的危机感。因此,当他们感到危机迫近时,或在生活上、政治上失意时,就采取道释文化中消极"出世"的态度。伍次友先浪迹江湖,后归入空门;邬思道先"中隐于市",后退隐山林;方苞"以足疾坚辞",不肯当官。他们虽然满腹经纶,才华横溢,但都不可能实现人生理想,能保善终就很幸运了。他们的命运给人以迷惘、悲凉之感,在他们身上概括了封建时代正直而有才华的知识分子的悲剧命运。

高士奇、纪昀、刘墨林与伍次友等人的人生哲学、理想抱负是相同的,但他们又有不同。高士奇等人在政治决策上没有起重大作用,他们出众的才华,深厚而驳杂的学问,机智幽默的谈吐,充分体现中国传统文化中高雅精致的一面。如果说伍次友等人表现出来的是大气磅礴,那么高士奇等人则是小巧玲珑了。

高士奇,史有其人。少落魄,卖文为活,后以才华敏赡受宠于康熙。从《康熙大帝》第三部起出场。他机敏的应对、诙谐的谈吐,把索额图府里的几个幕僚,所谓"燕北四儒"的汪铭道,通州名士陈铁嘉、陈锡嘉,讽刺讥笑得无地自容。在明珠府上,无论是猜谜语、对对子,还是谈禅论道、品评诗文处处机智幽默,令微服到明珠家的康熙大为赏识,称他是东方朔再世,叫他入直上书房,起草诏诰,参赞政务,同时插科打诨,消闲解闷。到太皇太后寿辰,众人都献重礼。明珠、索额图的礼都值万两以上,连理学家熊赐履的礼物字画、寿面等"最简薄"的也值二百多两银子。而高士奇送了一株万年青,栽在木桶里,并取名"铁箍一桶万年青",象征大清一统江山传之万年。礼物虽轻,含意深厚,博得康熙的赞赏,众大臣折服。心机之灵巧,令人叹为观止。高士奇为苏麻喇姑治病,他知道苏麻喇姑是因为婚姻不幸而心灰意懒,导致重病,所以他用心理疗法。一席谈话,使苏麻喇姑神清气爽,顿觉病愈。高士奇开了一张奇妙的药方:"养身摄珍过大千,无思无忧即佛仙。劝君还学六祖法,食菜常加二分盐。药引:出宫走走。"这药方完全是为苏麻喇姑治心病的。通过这些描写,高士奇这个东方朔式的人物跃然纸上。

刘墨林在《雍正皇帝》的第二部出现,不久就在年羹尧军中被年羹尧杀害,这个人物着墨不多,但一出场就风流倜傥,滑稽多智。他下围棋赢了二百两银子,说除用一百六十两送老师李绂做盘缠上任外,还要用钱买半部《论语》。大家听了不解,说《论语》没听说"拆开卖的,你买半部做什么?"刘墨林说:"赵普谓'太祖臣以半部《论语》助陛下平天下,以半部辅陛下治天下'。我学生生不逢时,没赶上世祖、圣祖平天下之时,只好买半部细细儿读了,好使雍正爷治天下啊!"对答机智巧妙。接着写他在钟粹宫与空灵和尚的一番辩偈斗法,一个诙谐有趣、机智狂放的风流才子可笑可爱的形象历历在目,给人留下难忘的印象。

纪昀作为乾隆身边的文臣,不但学问渊博,诗文俱佳,而且作者突出他"武夫之魄,文秀之心"。他喜食肉,在皇帝面前一次竟吃了三斤肉;爱抽烟,在抽烟时,皇帝召见,把烟锅子塞进靴子里,烧了鞋,灼伤了脚,在皇帝面前出了丑。他时时妙语解颐,博得乾隆的欢心。作者为纪昀这个大学问家、理学名臣涂上了喜剧色彩,赋予其活泼可爱的性格。

二月河的作品在展示传统文化方面,还表现在对清代宫廷生活和市井生活的生动丰富的细节描写,展示了色彩斑斓的清代社会的文化景观。

作者不但对重大的历史事件和重要人物形象作了精心描写和艺术重构,而且对清代宫廷生活细节有着丰富的知识和全面掌握。清代宫廷生活,既继承了前代汉族帝王的宫廷制度,又有满族特有的生活习惯和礼仪习俗。作者详尽交代和描写了当时君臣的衣帽服饰、宫廷礼仪、典章制度、机构设置、官员配置、饮食起居、嫔妃进御等等,表现了浓郁的清代宫廷文化的氛围,对塑造帝王和大臣们的形象起了重要的衬托作用。

作者还把笔触伸向市井社会。里巷杂业,蓬门荜户,瓦舍勾栏,酒楼妓院,道观佛寺,茶肆赌场等等都如画地描绘出来。青楼红粉、和尚道士、江湖艺人、侠客镖师等等,三教九流的人物历历在目地展示在读者面前。读了二月河的作品,我们仿佛置身于清代社会生活中,又目睹了当时的百姓生活,又接触了诸色人等。

史诗规模　通俗小说的品位

二月河的"清帝系列"小说具有史诗的规模,却采取了通俗小说的写法。他在谈到历史真实与艺术真实的关系时说:"我认为两者是可以统一的。如果必然要得罪一边的话,我得罪资料,在不违背大的历史史实的原则下,那些小的历史史实我并不拘泥,因为我认为必须讨好我的读者。"为了"讨好读者",也就是使读者喜闻乐见,作者继承了古代小说的传统,采取了通俗小说的形式。主要表现在以下几个方面。

一、采取章回小说形式,以生动有趣的故事情节取胜。

二月河的小说采取了古代章回小说的形式。这种章回体在现当代小说中不多见,但为了适应中国一般读者的欣赏习惯,二月河仍采用章回体,每回都有对仗的回目,概括每回的内容,对仗工整,通俗易懂,使读者一目了然。如"大觉寺虚情哭假友,畅春园贤臣说弊政";"放厥词浪子受鞭笞,明是非慈父行家法"(《雍正皇帝》);"宦海炎凉群臣告病,世情险恶紫姑殒命";"夜巡城偶遇畸零女,显武功惊退劫路客"(《康熙大帝》)。

二月河是编织故事的高手。他注意小说的娱乐消遣功能,继承古代小说以生动曲折的情节来推进故事、塑造人物的传统,整部小说靠生动惊险的故事情节取胜,一个故事套一个故事,或惊心动魄,或优美动人,波澜起伏,妙趣横生。《康熙大帝》第一部《夺宫》以鳌拜、班布尔善企图弑君篡位和康熙准备铲除鳌拜集团为矛盾斗争的中心事件,鳌拜等人探听康熙、伍次友行踪,企图谋杀康熙,嫁祸于人,于是就从搜索尼府,绑架明珠,翠姑挡驾,穆里玛围店,吴六一办饼会,何志强入鳌拜府,到"老太师落入法网,小毛子杀贼立功",智擒鳌拜为止,故事紧张得令人透不过气来,深深吸引了读者。同时在紧张的故事中,又展开伍次友与苏麻喇姑的恋情,及伍次友与康熙师生的交往,在急管繁弦中插入轻柔舒曼的描写,有张有弛,增加了读者的审美快感。

二、融历史、人情、侠义、公案小说于一炉。

二月河对古代小说十分熟悉,他将几种类型的古代小说融于清帝系列中。作为历史小说,它继承了传统历史演义小说的写法,以时间为经,以历史事件为纬,以"兴废争战之事"为小说的主要内容,所以,在清帝系列中,作者按照时间的顺序,展开描写,焦点集中在宫廷政治军事斗争和关乎国家兴亡的重大事件上。如《康熙大帝》第一部以除鳌拜为中心;第二部以平定三藩为中心;第三部以治河和收复台湾,巩固边境为中心;第四部以选定继承人为中心。

围绕着重大历史事件,作者展开了广阔的社会生活的描写,宫廷生活、市井景观尽收笔底,绘制了清代宫廷和市井生活的宏伟画卷。同时,穿插了苏麻喇姑与伍次友的恋情,胡宫山与李云娘、翠姑,李云娘与伍次友之间复杂的感情关系;雍正与乔引娣母女间的恋情和乱伦关系;乾隆与棠儿、王汀芷的风流韵事;刘墨林与苏舜钦、周培公与阿锁的爱情悲剧等等,具有人情小说的特色。

《康熙大帝》中,山沽店、池心岛的战斗,胡宫山、李云娘的武功,皇甫保柱的行刺;《雍正皇帝》中雍正在花渡口黑店遇险,弘时派人在黄河上追杀弘历;《乾隆皇帝》里刘统勋、刘墉父子与黄天霸等人剿捕"一枝花"等人,其情节之惊险、武功之高妙与武侠小说相比,毫不逊色。

《康熙大帝》里杨起隆与宫中太监勾结,制造牛街清真寺事件,在镇江谋杀康熙;《雍正皇帝》里八爷派紫姑、乔姐等人埋伏在胤祥身边,刘墨林在年羹尧军中遇险;《乾隆皇帝》里道台贺露滢在清查德州知府刘康案件中被谋杀等等,其曲折、惊险以及悬念设置、破案侦察等手段都是公案小说的写法。

二月河把历史、人情、侠义、公案熔于一炉,使小说情节跌宕起伏引人入胜,具有很强的可读性,表现了中国通俗小说的民族特色,具有中国老百姓喜闻乐见的民族形式,这是二月河小说深受欢迎的重要原因。

三、小说语言既具有古代小说的韵味,又适合现代人的阅读欣赏习惯。

当代作家写历史小说,语言是个值得研究的大问题。完全口语化,则失历史感,不像古人说话;过于文言化,则使当代读者难以读懂。二月河向中国古代白话小说特别是《红楼梦》学习,他作品的语言具有"拟古"的特色,既有古代语言的韵味,又通俗易懂,明白晓畅。作者将大量诗词、歌赋、联文、笑话乃至民谚、民谣引入小说,成为故事情节的有机部分,使小说语言雅化,具有古代语言的韵味,但又可读懂。如邬思道在扬州酒楼与车铭的一番唇枪舌剑,写得趣味盎然。车铭虽与邬思道同榜孝廉,但此时已是扬州太守,而邬思道却是潦倒书生。所以,车铭趾高气扬,利用邬思道跛足残疾,挖苦他:"架着双拐,行动如倩女荡秋千,站立似谢家碧玉树。"邬思道立即回敬他:当年一起读书,"出题'昧昧'。好像就是车仁兄,把'日'字边写成了'女',开篇惊人,说'妹妹我思之',我只好接了句'哥哥你错了'——不知如今可有长进!"一句话说得哄堂大笑,使车铭狼狈不堪。作者叙述语言追求"拟古化",给读者带来陌生感的阅读效果。人物对话,按不同人物的身份,或典雅,或通俗,既像古人说话,又可看懂。但还达不到个性化的程度,如三位皇帝的语言就无大差别。

二月河用通俗小说的形式写清帝系列,总体上是成功的,尤其是《雍正皇帝》更成熟一些,但是,也有较大的缺陷,就是杂质过多,还不能成为艺术的精品。

1. 芜杂。作者搜集引用了当时的野史、笔记,一些作家的小说、诗文、笑话等,这对丰富作品,使人物血肉丰满、故事生动有趣是必要的。但是,选择不精,堆砌过多,有的并不恰当。如"夏器通"的故事,是当时社会上流传的政治笑话。晚清八宝王郎小说《冷眼观》21 回就写了这个故事。二月河把这个故事抄来,安在明珠身上。这就不恰当,因为《冷眼观》里的宰辅"春秋已高,饮食不化",又"双耳重听",所以才闹出这个笑话来,而《康熙大帝》里明珠出场时是顺治十八年(1661 年),20 岁出头,这时是康熙九年(1670 年),明珠不过 30 岁左右,而且精明干练,耳聪目明,怎么会闹出这类笑话?

2. 荒诞。有些情节放在武侠小说或神怪小说中,虽然荒诞无稽,但读者容易理解,不致误会,或信以为真。但是这些情节放在以史实做基本框架的清帝系列小说中,就很不恰当。例如道士贾世芳的故事。清代野史《悔逸斋笔乘》中《纪贾世芳事》条说李卫推荐贾世芳给雍正治病,开头还有效,"王公贵戚,争相延治","然未及数日,上疾复作,须再诵咒,初尚有验,久之疾乃愈增,世芳亦无如何矣。未几,遂弃天下"。到乾隆即位,"立命诛之,缚至市曹,利刃不能入。监刑者出其不意,直刺其腹,恚然洞胸而入,死,乃断其首而枭示焉"。这则故事虽写贾世芳有异术,还是揭露他的法术不灵验。二月河利用这个人物,写了一位气功大师,如果有分寸,也无可厚非,但作者过分夸大,贾世芳为雍正治病,认为是番僧在作祟,于是仗桃木剑,念符咒,天上响起惊雷,不久,太监报告番僧已在神武门外被击毙,"掉在河里飘起来啦!"这不是在误导读者相信贾世芳的法术吗?这在一部以真实的历史人物和真实的历史事件为主体的历史小说中难道是合适的吗?

3. 粗俗。清帝系列小说中有一些描写过于粗俗,如乾隆妃子那拉氏与太监王八耻的性关系,高恒嫖妓,"荒唐王"弘昼用妓女劳军等情节都写得十分粗俗,甚至不堪入目。有些笑话、有些人物的语言也粗俗下流,影响了整个作品的格调。

总之,二月河用通俗小说的形式来表现百科全书式的清代百年辉煌的历史,取得可喜的成就,但是,作者在"讨好读者"时,表现出某些媚俗的倾向,影响了作品的成就。如果去掉这些杂质,缩短一些篇幅,就会写得更精粹些。

原载《福建师范大学学报》(哲学社会科学版)2000年4月20日第2期

人性视域:历史小说美学新质的开启

管 宁

不论从何种角度来考察新时期小说的整体发展态势,批评界早已确认这样一个事实:随着商业社会的逐步形成和进一步发展,小说创作所面临的形势日趋严峻——文化消费的多元化和人们价值追求的物质化倾向使得文学人口以日胜一日的速度大量流失。但这一令人忧虑的境况在小说家族中的历史小说那里却是个例外:且不说20世纪80年代文坛繁荣兴盛时期,历史小说以其别具一格的审美特质备受读者欢迎,就是进入社会经济、文化大转型、商业气氛日见浓厚而文苑渐趋凋零的20世纪90年代,历史小说依旧葆有对读者的吸引力,以文坛幸运儿的身姿受到广泛的青睐。

历史小说的走俏,既与大众读者对于历史故事的偏爱密切相关,也与身处变革时代的人们在潜意识中对于从历史演革中寻求可资当下文化建构参照的历史经验的渴求相关联,但更为重要的因素还在于:历史小说除了提供历史故事和历史经验外,作为以人为表现中心的文学作品,它还提供了种种文学化了的异彩纷呈的历史图景和众多个性化的栩栩如生的人物形象。那些置身于特定历史图景中的历史人物所显现出的与现代人相同或相异的人性形态,无疑是最令现代读者感兴趣的。虽然曲折离奇、波澜起伏的历史故事具有莫大的美学魅力,但这种魅力的形成,显然离不开故事中活生生的人物行为。事实上,正是人的丰富复杂的心理、情感活动所支配的人的行为的集合,才构成了大大小小、林林总总的历史事件和历史运动。因而历史小说美学魅力的核心,还在于人性,在于特定政治体制、历史环境、文化环境乃至生活环境下的人性表现。这种被置放在某一历史情景中的人性表现,虽然在许多方面与今人有相通之处,如人的妒嫉、宿命、性爱、友谊、亲情、仇恨、理解、爱、尊重等人性因素在任何时代的人身上都存在,但由于生存背景的迥然相异,这些因素的表现形态就不可能与今人一致,而具有区别于现代人的独特形态。正是这种独特的人性形态的展示,才构成了历史小说的特殊魅力。新时期之初,在人们尚未摆脱泛政治意识巨大阴影的时候,历史小说的创作不可避免地要受当时意识形态下历史观念的束缚——历史的主体是由代表着历史前进方向的被剥削、被压迫阶级与阻碍历史前进的腐朽的统治阶级之间的斗争构成的,这样的历史主体构成不仅带有很强的政治色彩,而且带有明显的群体性运动的性质。体现在历史小说文本中,便表现出对于重大历史事件本身的关注,由历史事件铺衍而成的故事情节便成为小说文本的核心,而人物则仅仅起着贯穿情节、勾连事件的一种道具作用,仅存的一点有限的人性表现不仅被事件所遮蔽,而且受既有观念的影响,难免有概念化的痕迹,如《金瓯缺》和凌力早期作品《星星草》等。这些作品所形成的着重于写历史事件的创作模式到20世纪80年代仍被继续沿用,虽然一些作品已逐渐将重心移向对人物的描写,但尚未完全摆脱在写历史中附带写人物的模式。如李晴的《天京之变》,顾汶光、顾朴光的《天国恨》,鲍昌的《庚子风云》,任光椿的《戊戌喋血记》《辛亥风云录》等,作家历史书写的落脚点依然是放在历史事件和故事上。这不仅仅是作家历史观使然,同时也是作家人性意识觉醒程度的反映。真正实现从写历史中的人物到写人物的历史的创作取向大转变的,则是进入20世纪90年代以后的历史小说创作。

20世纪90年代商品经济的汹涌大潮,在带来经济格局的深刻变化和物质繁荣的同时,对于20世纪80年代已经松动的传统理性框范又一次构成新的巨大的冲击。这种冲击的力度之大,使传统的道德理性、观念理性和价值理性发生了极大的变化,新的社会现实存在必然会诞生与之相适应的新的观念意识,人们道德感的淡化和趋利意识的强化,形成了这个时期人的价值理念演变的总体趋向。同时由于社会经济结构中公有制和多种所有制共存格局的形成,导致人们道德准则、价值准则多样性和多元化的现实特征存在。在这样一种社会现实和精神氛围里,不仅人性的表现有了更为复杂和多样化的形态,而且人们对于现实人性乃至整个历史、文化所持的观照视角也有了新的变化,变得更开阔、更具有人性意识和人性深度。这一切必然要对作家的审美观念、审美取向产生深刻的影响,反映到这一时期的历史小说创作中,便表现出审美着眼点的移变上。作家不但将目光投向在既往的历史视野和观念中被视为体现着人性负面因素的反面人物,而且对这些人物身上存在的人性的正面因素也给予充分的表现,同时对身处复杂历史情状中的历史人物之人性形态的表现亦有新的突破,从而使历史小说在人性描写上具有更为丰富的内容和更为恒久的审美价值。唐浩明的《曾国藩》《旷代逸才》,寒波的《龚自珍》《刘鹗》《石达开》,陈斌的《李鸿章》,李全安的《左宗棠》,巴根的《僧格林沁亲王》等历史小说;凌力的《倾国倾城》《少年天子》《暮鼓晨钟》,二月河的《康熙大帝》《雍正皇帝》《乾隆皇帝》,颜廷瑞的《庄妃》,吴因易的《明皇系列》(四部)和《则天皇帝系列》(四部)等帝后系列小说,均对风云际会、波诡云谲的历史烟尘中的人物进行了深入的人性描画和开掘,为新时期小说的人性绘写提供了一幅色彩斑斓、摇曳多姿的艺术画卷。

为了便于对历史小说的人性描写有一个更清晰、更突出的认识,我们将主要就 20 世纪 90 年代出现的部分有影响的历史小说作品进行考察分析。在文学作品中,人性描写事实上就是对特定环境中具有个性特征的人的欲望、心理和灵魂的逼近和把握。就历史小说这一特殊的小说门类而言,其人性描写通常要求作家首先进入所叙写时代的历史情景(这是就一般的、传统意义上的历史小说而言的,新历史小说即先锋小说不在其列),然后再进入这一历史情景中人物的心灵世界,实现这两个层次的进入是历史小说能否具有成功的人性描写的重要条件。除此之外,当然还需要作家拥有不囿历史成见和艺术传统的独到的观照人物、洞悉心灵的角度。惟其如此,历史小说才能产生具有深厚人性内涵的人物形象。

唐浩明的《曾国藩》由于摒弃了泛政治意识时代对曾国藩这个历史人物的既成看法,而依凭诸多史料绘写出曾国藩的真实的历史面貌,这其中虽然也有因对史实史料的拘泥而未能更充分地发掘这一人物的人性内涵,但曾国藩所处的晚清社会风云际会、矛盾重重的历史时代和文化氛围,必然形成他极为复杂微妙、深邃难测的心灵世界,这就为人性描写提供了广阔的空间。任何一个文学形象,其人性蕴涵的丰富与否,通常与人物表现出来的个性心理特征(如能力、气质、性格)的突出程度以及个性意识倾向(如需要、理想、信念、价值观等)的强烈与执着程度有着直接的关联。人的诸多心理和行为表现事实上是个性心理和个性意识倾向的外在现实表现,人的个性心理特征越鲜明突出,个性意识倾向越强烈,在其面对现实世界时,尤其是在面对错综复杂、矛盾交织的现实境况时,越是可能演绎出莫测难辨、繁复多姿的人性形态来,从而表现出丰富的人性内容。

在《曾国藩》中,唐浩明抓住了曾国藩这一历史人物的最主要的特征作为其人性表现的切入点,通过他着力绘写出人性的复杂性和矛盾性特征,从而提供了一个有着丰富人性内涵的人物范型。要展呈体现于曾国藩身上的人性的复杂性和矛盾性,进而揭示出这种复杂性和矛盾性的个人性特点,显然离不开对这一人物独特的极富个人性特点的思维方式、情感特征、价值理念、精神世界的深入细致的摹写。个性心理特性和意识倾向是形成区别于他人的人性形态的关键的、基本的因素。唐浩明正是从对曾国藩独特的个性心理和意识倾向的悉心着墨与精心铺写的基础上,绘状出体现于人物身上的充满复杂性和矛盾性的人性形态。

出身于地位卑微的农民家庭的曾国藩,其童年生活环境的贫寒使他对自身地位的低下有明确的意识,天资聪颖的他自然不会甘于这样的现实,出人头地的欲望自幼就埋藏于胸。随着他学识才能的增长,随着他政治视野和人生视野的扩展,其在仕途上向上攀援的欲望日趋强烈,逐渐成为其人生追求的一种内在动力。同时,由于曾国藩自幼便受到儒家学说的浸染,儒家的入世思想正好强化了他改变现状、建功立业的人生欲望。他博学多才,广为吸纳各家学说,曾拜一代名师唐鉴攻理学,对法家、道家、佛家的思想亦不生疏。这使他不但成为传统文化的集大成者,而且成为传统文化的实践者、承传者和捍卫者。于是,曾国藩早年所萌生的单纯的人生欲望与其后所接受的传统文化意识便实现了一种内在的结合。但这种结合不可能是密契无间的——自我的人生愿望不可能与传统儒家文化在所有的价值取向上相一致,即便是儒家文化本身也充满着内在的矛盾性。在此我们已能看出曾国藩在人格结构和人性形态上的基本轮廓,而这一人物在作品中所表现出的丰富的人性内容,都是源于这一基本的人性形态的,其人性表现的复杂性和矛盾性,也是由于基本的人性形态在面对变幻莫测的人生遇际和冷酷险恶的官场权变时的一种心态调整与灵魂搏斗的表现。

在作家笔下,曾国藩的人性构成中,强烈的入世精神和奋斗意志所构成的价值理想与对谦恭和蔼、仁爱诚信的人格境界的自觉追求所构成的道德理想是同时共存的。就二者的关系而言,我们不难看到,在曾国藩身上,价值理想是高于道德理想的。当道德理想与价值理想相一致时,他可以把道德表现得非常完美;而当道德理想与价值理想发生冲突,妨碍了价值理想的实现时,他便会毅然舍弃道德理想,以确保价值理想不受损害。这种反映了曾国藩深层个性心理特征的信念,往往会导致道德理想与价值理想的冲突与矛盾,从而表现出他外在人格行为的矛盾性。这种矛盾性最明显地表现在他对太平天国的无情剿杀和冷酷凶狠上。在他眼里太平天国被视为违儒家正统思想的草寇流民,他们的作乱起义行为是大逆不道的。因而曾国藩在剿灭太平军的过程中,一改他平日的儒雅风度和仁义情怀,不仅使尽刻毒奸险的心机诡计,而且手段凶残酷毒,毫无怜悯之心,与他儒雅的一面形成极大的反差和强烈的对照,几乎判若两人。这两种有着极大反差的性格表现,事实上仍是曾国藩内在道德理性与价值理性激烈冲突的结果。正是由于这种冲突才构成了人性的复杂性和矛盾性。

历史题材小说中,绘写天子皇帝是一个特殊的领域。皇帝作为一国之君,不仅体现着封建时代至高无上的赫赫权势与威仪,同时还象征着一种超尘脱俗的荣华富贵。但这一切可为人们体会和想象的关于皇帝的概念,其实只显示着皇帝外在的、人们观念中的形象内容。而事实上,由于具体的历史情状的复杂性和具体的某一个皇帝所具有的特异天性,皇帝并非都如人们所想象的那样,而是有着极大的差异性。在人们一般观念中,皇帝拥有至高无上的权力,可随心所欲、无所顾忌,然而就某一个具体的皇帝而言就不尽然;种种政治的、经济的因素常常会困扰着皇帝,使他的思想、情感和心理活动受到来自诸多方面的影响和制约(当然作为帝王在许多方面又可以不受约束),这就使得皇帝在面对这个世界时,他所持的情感方式、思维方式和表达方式就往往显得与众不同。这种不同虽然有天性所使然的因素,但更多的是面对复杂的现实情境时不得不对自身进行调节的结果。凌力的《少年天子》可以说较好地把握了历史描写与人物描写的关系,透过顺治皇帝福临这个少年天子形象,揭示出深刻的人性内涵。

就《少年天子》中顺治皇帝所处的历史时代而言,同为帝王,福临所面临的政治难题、宫闱权变、社会民族矛盾显然要比太平盛世时期的王朝复杂得多。于是,在福临身上,作为帝王的社会角色和责任与作为一个人的情感和愿望之间的矛盾冲突便显得格外激烈、突出。凌力正是抓住了这一点,不遗余力、浓墨重彩地加以表现。这位少年天子所处的历史情境,事实上是一个只能产生悲剧的时代环境,偏偏这位少年天子又有那么多宏大的理想、那么炽热的情感,却唯独没有承受人生挫折的坚强意志。他想推行"满汉一体"这一在当时有利于巩固清王朝统治的政策,却遭致满族大臣的竭力抵制;他想变后宫祖制,亦招来种种不满和怨恨,导致一系列后宫事件;接踵而至的挫折,带给福临的是深重的心理阴影和精神负累。由此人们不难想象出这位年轻皇帝在其短暂的24年生涯中,当他众多的理想抱负竟然无一能圆满实现时,内心深处该会有怎样的浩叹,尤其是在抗拒这些失败的过程中,其身上的种种人性因素该会有怎样的纠葛、撕缠和搏斗。

作为同是描写帝王的小说,二月河的"清帝系列/落霞三部曲"《康熙大帝》、《雍正皇帝》和《乾隆皇帝》,以更为宏大的规模、更加多彩的笔墨展示了特定历史情境中的人性形态。当然,由于作家创作观念、审美追求不同,同样涉笔帝王描写,甚至写了同一个皇帝(凌力《暮鼓晨钟》写少年康熙),其表现的人性形态及人性内涵也就不尽相同。凌力的历史小说,虽然体现着以写人为中心的特点,力图以各种艺术手段描绘出有着完整的人性构成和丰富的人性蕴涵的人物形象,但她事实上在对历史材料的运用方面,还是持传统的较为严肃、严谨的态度,在创作风格上,也体现出高雅文学的品位。而二月河关于历史小说的创作观念则与凌力不尽相同。对于史实与虚构的关系,二月河抱持这样的观点:"我既忠实于历史的真实性,又忠实于艺术的真实性。当两者发生矛盾时,我在总体上忠实于历史真实的前提下对历史细节的描绘让位于艺术的真实性;当读者与专家发生矛盾时,我尽量地去迎合读者,历史小说允许虚构。"很显然,对于艺术真实性的偏爱和读者审美趣味的注重,成为二月河创作历史小说的一个重要的美学取向。但面对历史素材,作家以怎样的方式来把握历史、进入历史,怎样处理历史和现实的关系,则在相当程度上决定着作品的美学内涵与人性内涵。二月河认为:"历史小说创作者既不能抱取一种旁观者的身份和不介入的态度,也不能把历史看成是与现实社会毫不相干的东西,要把自己投入进去。找到历史与现实之间的脉息,让历史真正活起来,既让读者感到真切、地道,又让读者有所鉴戒和教益。"如果说凌力是循着历史的印迹去全面再现作为完整的真实的人而不是观念的人的人生道路的话,那么二月河则是打通了现实与历史的联系,接上了现实的人与历史的人之间的人性脉息,既考虑到历史情境中的人受当时客观环境和文化氛围的制约与影响,又将今人的某些情感、观念渗透于历史人物的塑造中,使历史人物身上所体现出来的人性形态,不仅具有那个时代社会、文化、宗教等方面的规定性,而且蕴含着现实人在情感、意识方面所具有的某些特征。这是作家迎合读者口味的结果——当代大众读者不单是想从历史小说中看到不同于现实的社会人文风貌,而且渴望在历史人物身上寻觅某种精神和情感的共鸣点。基于这样一种审美追求,二月河的历史小说在人性表现上便显示出其独特的内涵。

《乾隆皇帝》(六卷)以其浩繁宏大的篇幅着重表现了一心开创清王朝盛世的乾隆,如何壮怀激烈、励精图治、宵旰勤政、执着坚韧,精心绘写出一个睿智聪颖、机敏能干、气度不凡的帝王形象:不论是审时度势、竭力推行"以宽为政"的方针,以期通过实行较为宽松的经济政策,促进经济的快速发展;还是殚精竭虑为平定边疆而进军大小金川、为肃清叛乱而调兵遣将追捕白莲教女首领"一枝花";也不论是任人唯贤、破格起用年轻有为的官员,还是为整肃朝政,惩治贪官腐败毫不心慈手软,都充分显示了乾隆作为一代明君所具有的雄才大略、胆识魄力与人格品性。这无疑是乾隆身上最主要的人性光彩——他在一国之君这个角色位置上淋漓尽致地施展了他的政治才干和智慧。但乾隆作为一个帝王并非时时刻刻都埋头政务、思考治国兴邦之策,在政事之外,皇帝的生活有着多方面的内容,读书、吟诗、听戏、书法、骑射、闲游、私访、寻花探柳等等,不论与治国有无关系,都可以从不同侧面呈现出人物的人性光彩来。事实上在《乾隆皇帝》中,作家确也花费了相当的笔墨表现了日常生活中的乾隆。这方面的描写,虽然既有与政事相联系的,也有纯属一己私情的,但都对乾隆形象的表现起了至关重要的作用,使之更为血肉丰满,更具有耀人眼目的人性光彩。

《乾隆皇帝》在对帝王的描写上有一个突出的特点,便是彻底摆脱了人们对于帝王的既成观念的束缚,摒弃了写帝王之性情必处处体现帝王之尊贵威仪的模式,而将帝王视同普通人,具有普通人的喜怒哀乐,只是帝王所处的环境、地位与常人不同而已。在这样一种创作观念的支配下,我们看到的乾隆皇帝就不仅有威镇四海的皇权尊严,也有常人的七情六欲,充分显现出作为真实历史情境之中而不是观念形态中的皇帝形象,使人物拥有更为丰富的人性内涵。乾隆一朝曾动用大量人力物力围剿殄灭与朝廷对抗的女教主"一枝花",然而正是这个富有传奇色彩的江湖女杰,不但与追剿她的乾隆有过奇特的相遇,而且有一番曼幻迷离、推心置腹的交谈。对于胸怀壮志、励精图治的有为君王乾隆来说,对"一枝花"这样的逆匪本不会心慈手软,但当他结识并知晓了对方的身世后,便产生了特殊的情感态度。一方面是国法之理,另一方面是异样之情,在情与理的矛盾冲突中,乾隆选择了情(当然这种选择是以"一枝花"隐居不再危害朝廷为前提的,只是不治罪对方而已)。这种选择尚不能从徇私枉法的角度去理解,乾隆显然不会以牺牲王朝的安宁作为满足一己情感需要的代价。"一枝花"的身世之所以能唤起他深切的悲悯之心,表明这位君王不仅有着刚毅果决的王者品格,而且有着体恤弱者的深厚的同情心。"一枝花"非同寻常的经历铸就出的特殊气质固然是引起乾隆注意的重要因素——这种气质带给乾隆的是一种迷离莫测的神秘感,从而勾起这位探知欲望强烈、情感丰富的君王的莫大兴趣;但真正使乾隆心生怜悯之心的,是"一枝花"独特而悲凄的身世。这种怜悯之心透露出的是作为帝王的乾隆精神情感世界的独特一面:这位性情中人的君王,对于情谊情意的倚重有时会超越世俗理性的层面,进入一种超拔于一般社会准则的精神境地,体现出乾隆非同一般的个人情怀与心灵世界。由此所显露的人物之人性内质便显而易见了。

综观唐浩明、凌力、二月河的历史小说,我们不仅看到了作家如何在历史的特定情境中去把握人物的人性形态,同时也看到具有不同创作观念和人性认知的作家,在人性表现上所体现出的不同角度和特点,从而拓展了人性描写的空间,丰富了作品的人性内涵。相对而言,唐浩明、凌力的作品在对史料的运用上较为严谨,注重于历史感的体现,基于这种观点而创作的作品,就人性表现而言,就带有明显的属于那个时代社会条件的种种印痕,是人的一般本性在那个特定的历史情境中的具体显现。曾国藩、顺治皇帝福临各自身上所体现出的复杂、矛盾的人性内质,除了他们与生俱来、异于他人的个性心理特质外,还与客观外在条件,即他们所处的社会历史条件密切相关。二月河的小说,虽然也忠于历史的真实,但由于他奉行在处理历史真实与艺术真实发生矛盾时,"尽量去迎合读者"的创作准则,这就使他的虚构在一定程度上稍有偏离历史的真实,但这种偏离在损害历史感的同时,又有其扩展想象的自由度、充分发掘人性内涵的艺术作用。二月河的帝王系列小说因此也就区别于既往的同类作品,在全面地、多角度地展示帝王形象所包孕的人性内容方面,显现出其独特的贡献。

原载《东岳论丛》2001 年 10 月 18 日第 22 卷第 5 期

性别话语下的历史叙述
——凌力、二月河历史小说创作比较

张喜田

中国一向以"信史"为传统,即使是历史文学创作,也是以尊重历史为指归。凌力和二月河也均称尊重历史,前者认为"历史小说必须是文学,有历史感。强调文学,是要求它有艺术感染力,有形象,有审美价值;强调历史感,便是历史小说之所以区别于现实题材小说的基本属性"①。后者称,"没有人改写历史,所以我们必须尊重历史的真实面目"②。二人同是表现清代生活,但由于是两个不同的创作主体,尤其是性别的差异,必然造成他们对同一历史题材的不同叙述,本文拟就凌力的《暮鼓晨钟——少年康熙》和二月河的《康熙大帝·夺宫》为例,来分析二人的历史小说创作。

一、"中华民族"观念及"仁爱"思想

历史小说创作需要熟悉历史,要有小说家的写作技巧,更需要有在广阔的社会阅历和深刻的人生感悟中形成的对史实的判断,以及对历史的总体把握与深层理解,也就是史识。两位作家均有见解独到而精湛的历史观,重点表现在"中华民族"观与"仁爱"思想上。

两位作家均写清代帝王系列小说,一曰"百年辉煌",一曰"落霞"系列,都肯定了清王朝在中国历史中的重要作用。清王朝在中国历史上是一个比较特殊的王朝,一方面,是少数民族入主中原,是"夷狄"对"华夏"的统治,是游牧文化对农业文化的改造,民族、文明之间的差异、对比、冲突比较突出,而另一方面,清代又是一个比较有成就的王朝。因此,表现这样一个王朝,更能体现作家的政治观、历史观、民族观、文化观。在两个作家的创作中,均体现了"中华民

---

① 凌力:《从〈星星草〉到〈少年天子〉的创作反思》,《少年天子》,十月文艺出版社,1987年,第697页。
② 马福运:《一语天然万古新 豪华落尽见真淳——著名作家二月河先生访谈录》,《河南师大学报》2000年1月15日。

族"的观念,抛弃了大汉族主义思想,写出了满族也是中华民族之一员,而清王朝在封建统治中也比较有成就,出现了几代明君,如康乾盛世等。

二月河认为:"清朝是中国封建社会的最后一个王朝,是封建社会发展的兴盛时期,又是封建社会走向衰落的时期。这个特点是中国以往任何一个朝代不具备的。"① 而凌力也指出:"康熙皇帝玄烨是中国历史上为数不多的有作为的皇帝之一,是一位成功的政治家、伟大的君主,他的一生用'辉煌'来形容,也许并不过分。"②

两位作家均描写了康熙的才能与远见卓识,但二者的侧重点不同。清朝初年,民族矛盾十分突出,如"嘉定三屠"、"扬州十日"等。而这两位作家对此现象均有表现,但态度不同,凌力强化这种对立,而二月河却淡而处之。凌力提到了"哭庙案"、"奏销案"、"通海案",重点描述了"明史案"。满族统治者认为,江南"哭庙案"、"奏销案"、"通海案"等十宗大案下来,杀一小批,整肃一大批,狠狠煞住了南蛮子的气焰,一平他们胸中长期积蓄的委屈和怨愤。如今又来了个"明史案",那些桀骜不驯的蛮子文人,还敢不夹住尾巴、老老实实地听喝吗?几个不驯服的汉臣何足道!……他们对汉人尤其是汉族知识分子进行了残酷的镇压。作家凸显了满汉冲突,这无疑体现满汉差别,以及中心与边缘、统治与被统治的对立,这是历史或现实中的性别冲突造成了作家对差异的敏感。

满汉之争体现了作家性别之争的观念。"等级制建立在男女两性自然关系的理解基础之上。……从男女两性关系的立场出发,就十分容易理解主权国家与殖民地之间的关系。要使战争合法化,常见方式就是鼓吹男子汉气质(保护弱小的妇女儿童),宣扬对上级、父辈、国王的忠贞,将男子汉气质与民族强大混为一谈。"③因为作家的女性身份,使其对女性与男性的差别、弱势地位的女性的被压迫处境深有体会,从而对差异而造成的不平等特别敏感而至深恶痛绝,进而大量描写了满洲贵族对汉人的压迫与屠杀,反映了被征服者的悲哀与悲愤。

凌力在对满文化的批判时,也对汉文明有所批判。她写到了华夏文明与西方文明的冲突,如"天算案"便是争夺文化霸权的表现。而在叙述此事件中对中国文化的批判,如对杨光先的阴险、奸诈、尖刻的描写无疑是对儒家文化的批

---

① 李海燕、谭笑:《晚霞璀璨 黑暗将临——二月河谈他的"落霞"系列小说》,《东方》2000年第4期。
② 凌力:《暮鼓晨钟——少年康熙》后记,十月文艺出版社,1997年,第889页。
③ 〔美〕琼·斯科特:《性别:历史分析中一个有效范畴》,《妇女:最漫长的革命》,生活·读书·新知三联书店,1997年。

判,儒家文化是一种以男权为中心的文化,孔子曾声称"唯小人与女子难养矣"。这种区别也显示了作家的矛盾,一方面作家对满人对汉人的残酷统治(诛杀)深恶痛绝,鞭挞淋漓,而满人之所以这样做,是要僭越正统文化,是边缘对中心的占领,是处于边缘状态的清朝占有者对以"正统"、"华夏中心"自居的汉人的一种驱逐或报复,使其处于边缘状态,并得以臣服。而女性的处境何尝不是一种边缘状态,而作家描写正是要把埋没于历史尘埃中的杰出女性挖掘出来,使其重放异彩。另一方面,也隐藏着作家的良苦用心,满汉冲突是强权对弱者、对理性的野蛮摧残和残酷绞杀;而这正是处于强势地位的男权文化对女性的真正作用的抹杀。"天算案"更是理性与野蛮的冲突,是膨胀的政治野心对客观存在的抹杀。性别的差异造成对一切差异的敏感与关注。

任何一个王朝都是统治人的,而儒家思想则是政治统治的精华。尽管是少数民族入主中原,但要想有所作为,必须实行儒家的仁政。"仁者,爱人。"二月河认为,中国的文化是博大精深的,孔孟以来的中国文化传统是渗透到每个中国人的血液里的,是任何力量打不倒的[①],而凌力也认为康熙、雍正、乾隆他们祖孙三代皇帝,以"敬天法祖、勤政爱民"为座右铭,医治战争浩劫遗留的创伤,努力实现中国传统文化长期提倡和颂扬的仁政,给中国平民百姓带来了一个半世纪的和平与繁荣[②]。

但是凌力在提倡仁政的前提下加入了基督教思想,即"博爱、平等、自由"。仁政是讲帝王之术,是如何驭民的,是帝王与平民、统治与被统治的关系,是以等级为基础;而基督教思想是讲人与人的关系的,是平等的。她具有一种人道主义的思想,对战争对平民的迫害深恶痛绝,所以在她的作品里一再出现传教士汤若望,他是顺治的师父,是孝庄皇太后的义父,很多华人成为他的信徒。且不说作家抛弃了传统的对传教士的误解,恢复了传教士的本来面目,更重要的是作家把传教士当作一个为了正义、信仰而不惜牺牲自己的生命,并且用自己的仁爱思想来影响统治者的存在。在二月河的作品里提到了汤若望,但没有重点描写他,对他的信仰也没有提及,而重点通过伍次友的"帝师"作用,重塑了儒家学说的至高无上的地位。

前者体现了女作家的慈善心肠,后者体现了男作家的出将入相的"入世"心态。

[①] 李海燕、谭笑:《晚霞璀璨 黑暗将临——二月河谈他的"落霞"系列小说》,《东方》2000年第4期。
[②] 凌力:《暮鼓晨钟——少年康熙》后记,十月文艺出版社,1997年,第890~891页。

二、宫廷情趣与朝廷斗争

历史是由一系列事件、场景组成的,而政治斗争为其主要成分。而对男女作家来说,他们关注的焦点不同,女性比较关注家庭内部,而男性则相对关注外面的社会,因此,凌力着重关注宫廷生活与宫廷情趣,而二月河则着重关注朝廷斗争。

凌力着重写后宫生活:写祖孙、兄弟、夫妻等的日常生活及伦理关系,着重反映一种柔情,通过家庭、婚姻、爱情、友谊来渲染历史人物的成长环境。太皇太后的生日、公主的结婚典礼以及皇帝的完婚,写得隆重而雍容华贵,既显示了皇家的高贵与典雅,同时也显示了帝王之家也与普通人一样,也有天伦之乐与缠绵亲情;也写了少年们的嬉戏,体现了少年人的率真与童年情趣,同时表现了少年男女的友谊与朦胧的爱情,从而强化了家庭对主人公的作用,使背景变为前景。关注家庭解构了后宫为祸水的传统观念,宫闱也由神秘、绮靡、淫荡变得世俗化、生活化。

而二月河大量描写朝廷及外面的世界。如伍次友煮酒论功名,倭赫父子受戮,三臣联折被杀,苏克萨哈喋血,康亲王杰书倒戈,白云观、池心楼弑君与救驾……件件事紧锣密鼓、风云而至;件件事扣人心弦、波谲云诡。而这多为权力与野心使然。

二人的描写重点可以通过对主人公康熙的表现即见端倪。凌力笔下是一个平民式的少年康熙,而二月河笔下是一个天子式的少年康熙。

康熙8岁登基,是一个娃娃皇帝。在凌力的笔下,也写到他的为政之道,如"天算案"中假扮太监登台观察,学习天文、历法,与鳌拜斗智斗勇,但更能震动人心的则是他的家庭生活。他虽然年幼,却具佛心,笃于亲情友于弟妹,是仁爱之君。同时也暗示了女作家的良苦用心——希望男人即使贵为天子,也要多一点对女性的关怀,对男子汉、白马王子满怀顾盼。

但他毕竟是一个皇帝,他的行为必然要与政治发生关系,始终与权势相伴。因为自己的少年贪玩,而使倭赫四侍卫被杀;皇位也时时拘束着自己的行为,如不能与两小无猜的冰月结合,在选择贵人时也要与政治相权衡。因为是孩子,尚未定型,有时率性而发,显得怪僻与不合身份,其实他的一些行为是天性使然。他的行为总是充满孩子的天性,即使与权臣周旋也是以孩子的天性(好奇、懵懂、贪玩等)来迷惑他们。

作家也写到了康熙与权臣的周旋以及官场行为,这显示了官场对人性的扭曲与压抑,他只能委曲求全、虚与委蛇,这与后宫的率真天性形成了强烈的对比。作家通过孩子的眼睛描写了朝廷斗争,如倭赫四侍卫被杀、天算案、明史案、圈地案、苏中堂被杀以及鳌拜被擒等。通过孩子的眼睛,或稀释了紧张,或置于幕后,使重点突出。

作家不仅写到了宫廷的天伦之乐,还写到了平民的生活。如同春与梦姑的久经磨难、不改初衷的恋情,感动了要杀他们的人,最后"有情人终成眷属"。而他们二人的爱情又引出了王爷对梦姑的痴迷、福晋对同春的迷恋,但同春、梦姑二人均不被富贵、权势所动。而玛尔赛对鳌拜的感情则显示了"富贵不能淫、威武不能屈、贫贱不能移"的纯真爱情,即使鳌拜被囚也愿同囚,以示爱情之真诚与纯洁。

大量写爱情,这一方面体现了女性作家比较关注感情生活的特点,另一方面体现了作家对历史的看法,历史不仅有事件,而且有人物;不仅有大事,而且有小事;同时也表现了女性在历史中的作用,在历史的进程中,爱情、家庭起着润滑乃至生死攸关的作用,而爱情的一极——女性则是至关重要的。太宗皇帝(皇太极)因敏惠元妃的仙去忧郁而死,造成了顺治的少年登基;而董鄂妃乌云珠的去世则使顺治出家,造成了康熙8岁就做了小孩皇帝。凌力抹去了历史的神秘面纱,加入了自己的合理想象,实现了历史与本文的对话。不再拘泥于历史事实,因为历史本文和文学本文同属一个符号系统,历史的虚构成分和叙事方式同文学所使用的方法十分类似①。通过对历史的阐释与虚构,显示了自己对历史的理解。

而二月河作品里对皇宫的生活描写不多,对皇室的爱情、友谊、亲情几乎没有着墨,而苏麻喇姑与伍次友的恋情、胡宫山与李云娘(翠姑)、翠姑与明珠之间的关系的表现重点不是爱情,而是体现了传统的士大夫情绪:郎才女貌、英雄救美等思维模式。

康熙也几乎不见童年的情趣、孩子的天性,一出场便是少年老成,学习帝王之术。二月河重点在朝廷的斗争中塑造了康熙这个少年皇帝的复杂个性。作者倾力于在波谲云诡的政治斗争、宫廷纷争、权谋机变中,艺术地展现帝王在特定的历史条件下的非凡才干和历史功绩。8岁即位的康熙,从师伍次友,努力学习;在险恶的政治环境中,与权高势大的辅政大臣鳌拜展开惊心动魄的斗争与较量:鳌拜逼迫康熙杀掉建议禁止圈地的苏纳海、朱昌祚、王登联三大臣之后,又逼迫他杀掉辅政大臣苏克萨哈,甚至气势汹汹要弑主篡位,形势有一触即发的危险。康熙估计当时的形势,还难以除掉鳌拜,因而隐忍不发,作暂时妥协。待到一切部署就绪,以迅雷不及掩耳之势,一举除掉这个势力盘根错节的集

---

① 张京媛:《新历史主义与文学批评》前言,北京大学出版社,1993年,第4页。

团——"15 岁庙谟独运"智擒鳌拜,表现了康熙的胆识和智谋。

在表现康熙体恤民情、网罗人才、明朗豁达的同时,又表现他性格中多疑猜忌、手段高明的一面。他重用九门提督吴六一,把军权交给他的同时,又给魏东亭一道密诏,"以防变中之变"。而对魏东亭也不放心,派人装作魏东亭的看门人,潜伏在魏东亭身边五年,魏竟没能察觉,而且他还把魏东亭的母亲(康熙的乳母)留在身边,以控制魏东亭。苏麻喇姑想到:这个情理通达、爽朗可亲的少年天子,猜疑之心竟如此之重,不由得打了个寒噤。作家表现了一个少年老成、深懂权术的小皇帝,而少了儿童的天性和少年情趣。

后宫的人性化和朝廷的兽性相对比,女人的柔情与男人的无义成对比——家庭与政治做对比,显示了男女作家的关注重点与思维方式的差异。

三、帝王之师:女性与士大夫

两位作家均写少年康熙如何获得政权与巩固政权的过程。少年人必定有一个受教育的成长过程,而在这个过程中,外人起着重要的作用。两位作家在这一点上表现得截然不同。

凌力表现的帝王之师为庄太后。庄太后是科尔沁草原的少女,并没有受儒家文化的影响。她既有普通女性的悲欢离合,又有太后的雄才大略;既有慈母的菩萨心肠,又有母后的权谋与威严。自顺治十七年(1660 年)秋天起,不幸就固执地缠住了她。她最喜爱的干女儿兼儿媳妇董鄂贵妃病故,揭开了灾难的序幕。五个月后,儿子顺治帝去世,犹如摘去了她的心肝。皇家的灾星不退,刚入康熙二年(1663 年),皇帝的生母,进徽号为慈和皇太后的康妃又去世了!太皇太后已经欲哭无泪,心被悲哀折磨得近于麻木。沉郁和悲凉始终像两条绳索捆绑着太皇太后的心,不得解脱。可为了皇室的稳定与利益,只能不顾正义与臣子的生命,借辅臣之刀杀出天子威仪皇上尊严,值得!只是委屈了四名侍卫及受株连的费扬古等人,何况四辅臣执政以来,深得八旗之心,专横跋扈形迹未显,驳回他们,很容易使自己处于违逆众心的不利地位。她认为,当年太祖太宗皇帝开创江山,杀人如草。因怨望和大不敬而杀却的大臣也不在少数,算不上失德……显示了为政者的残酷。

老鹤飞不动了,小鹤还不会飞。辅臣权重,危及社稷,但她又不能轻易动作,只能委曲求全,暗中操作,藏而不露,旁敲侧击,使她的心思权臣摸不透。长期以来,太皇太后不预外事,但江山社稷是她爱新觉罗家的,她岂能不管?在"天算案"中,她对官吏的任命与调度及对公主出嫁的安排,则显示出她从来就不曾真正不预政事。朝廷内外的人和事,她全都了若指掌、成局在胸。这根本不是个坐享晚年之福的老祖母,她仍然和30年前、20年前一样,内秉风雷之气,外持静怡之容,是一位杰出的女人。她的一番布置,举重若轻,不着痕迹,有多么精巧!为政精到,常人是万万不能及的。给未成年的玄烨大婚,也是一举两得:既表示了归政的要求,又笼络住辅臣,不至于伤他们的心。但是她毕竟势单力薄,有时显得力不从心,与康熙成了相依为命的祖孙俩,所以只有精心培养康熙的帝王之才:官场斗争、权术之争。她对康熙的成才起着举足轻重的作用。作家强化了在人的成长过程中,母亲的作用,而庄太后无疑是凌力的贡献。她忍辱负重,周旋于满汉、朝廷与贵族之间,她为两代统治之母,顺治、康熙统治中,她起重要的作用,显示了她的非凡才能。康熙的智擒鳌拜,就是她精心调教的结果。

而苏麻喇姑、孔四贞也是非常有亮色的女性。苏麻喇姑扶持康熙、帮助治理后宫,起着很大的作用。四贞以少女而开军府、袭封爵,掌定南王事,遥制广西,维系定南王旧部,与平西、靖南、平南三藩成犄角之势。作家把尘封于历史中的女性发掘出来,闪现出璀璨的光芒。

二月河的作品中有亮色的女性也不少,但这些女性重点表现在儿女情长上,并未显示出有多少政治才能。苏麻喇姑比较独特,政治、官场、宫廷均有作用,但她是作为伍次友的陪衬出现的,作家重点表现男人的丰功伟绩。伍次友在不知康熙(龙儿)身份之前,给他讲解经、史,从历史经验中给康熙极大启发。伍次友等是在几千年传统文化熏陶下成长起来的,在他们的身上鲜明地体现着中国传统文化的精神。出将入相,为帝王师是他们人生的最高理想,体现着儒家积极入世的思想,但他们又都是汉族知识分子,在满洲贵族当权的时代,他们处在被怀疑、被疑忌的地位,时常有"伴君如伴虎"的危机感。因此,当他们感到危机迫近时,或在生活上、政治上失意时,就采取道释文化中消极"出世"的态度。伍次友先浪迹江湖,后归入空门。他虽然满腹经纶,才华横溢,但都不可能实现人生理想,能保善终就很幸运了。他们的命运给人以迷惘、悲凉之感。在他们身上概括了封建时代正直而有才华的知识分子的悲剧命运。

庄太后以女性给康熙以影响,伍次友以传统士大夫给康熙以影响。作家性别不同,就表现出了推动历史发展的英雄也不同。

人们现在一般认为,不存在普遍的、超历史的人类本质,人类的主体性由通过各种不同的方式去界定和确定我们的地位的文化符码(culture codes)来产生;也不存在客观性,我们是在语言中体验世界,我们所有对世界的表现,对于本文和过去(the past)的阅读,决定于我们自身的历史地位,决定于寓于其中的价值和政治①。历史是被人叙述的,在叙述的过程中,也叙述着叙述者自身。凌力、二月河通过对同一历史的不同叙述,显示了自己的文化身份,表达了自己的历史观。

原载《河南师范大学学报》(哲学社会科学版)2001年第5期

---

① 〔美〕朱迪思·牛顿:《历史一如既往——女性主义和新历史主义》,北京大学出版社,1993年,第90页。

当代历史小说中的明清叙事

吴秀明

在新时期斑驳纷纭的历史小说大潮中,明清叙事无疑是一个引人瞩目的亮点。尤其是20世纪90年代以来,愈来愈多的作家把目光投向中国晚近的这充满风云变幻的历史时空。这是因为明清鼎革之际社会矛盾和文化纠葛的尖锐复杂,与当下中国社会的大变革和文化转型有许多脉息呼应之处;中华民族由盛转衰的那段历史大动荡以及由之而来的人性大曝光,"与小说艺术应当高度集中的写作要求正好一致"①。尽管在这之中,也许无法不打上现时代的某些潜隐的印痕,甚至并不排除间或仍存在着戏说、野说、闲说历史等现象;但从总体来看,毫无疑问,绝大多数的作家都是写得很用心的,创作路子也相当严正。特别是像姚雪垠的《李自成》(四、五卷),凌力的"百年辉煌"系列(《少年天子》、《倾国倾城》、《暮鼓晨钟》)、《梦断关河》,唐浩明的《曾国藩》、《旷代逸才》、《张之洞》,二月河的"落霞"系列(《康熙大帝》、《雍正皇帝》、《乾隆皇帝》),刘斯奋的《白门柳》,熊召政的《张居正》,张笑天的《太平天国》,蔡敦祺的《林则徐》,马昭的《世纪之门》等一批长篇历史小说,给人留下深刻的印象。因此,在个人化、欲望化叙事颇有点失控的今天,它们就显得格外凝重厚实。正是基于如上的事实和道理,我认为当前历史小说家的明清叙事,不仅仅属于历史小说,也属于整个时代的文学。它所体现出来的思想艺术指向,与世纪交替的文化反思潮流十分合拍,给我们以许多深刻的思考。

本文为了论题的集中,拟以凌力、唐浩明、二月河三位作家的作品为中心进行考察,试图通过这颇具代表性的个案分析,从一个侧面对20世纪90年代以来的历史小说创作进行归纳和总结。当然,这里所说的历史小说是指以一定的历史事实为基础创作而成的这类作品,也是就当今学界多数人认同了的、中国传统意义上的历史小说而言,它们是有一定的内涵的;并不将目前盛行的只有虚的背景而无实的内容的所谓"新历史小说"包括进来。这是需要说明的。

---

① 刘斯奋:《〈白门柳〉的追述及其他》,《文学评论》1994年第6期。

一

　　历史小说作为一种独立的小说体裁,具有某些特定的写作规范。在通常所说的历史与艺术的关系上,古往今来的创作实际上各行其道,各领风骚。鲁迅当年曾将它分为"博考文献,言必有据"和"只取一点因由,随意点染"两类①。今天的情况当然就更丰富也更复杂了,除了姚雪垠为代表的社会政治型历史小说之外,还有年轻新锐创作的现代主义历史小说(如赵玫的《高阳公主》)、新历史小说(如苏童的《我的帝王生涯》)、新故事新编(如李冯的《另一种声音》)等。且每个作家亦往往都有自己的考量和处理,真可谓争奇斗艳,姿态纷呈。

　　面对历史小说的这种日趋多样的创作趋向,凌力、唐浩明、二月河作出了自己的选择。他们彼此的艺术个性和审美趣味不同,但在追求艺术描写的历史性、质定性和整体性,尽可能地复现历史原貌方面,却具有惊人的相似或一致之处。凌力在谈《梦断关河》的一篇短文中就坦言相告:"认真倾听历史的声音,尊重客观的历史真实,应该是我写历史小说的基础。"②二月河、唐浩明也多次表白:他们的"落霞"系列、《曾国藩》等小说的创作,不仅"既忠实于历史的真实性,又忠实于艺术的真实"③,而且内中"所写的大多都是真的","当中主要人物的姓名、家世、生平经历等,也与历史记载相符",即使虚构也"是有可能发生的,也就是说,将虚构的成分置于整个小说的历史氛围中是浑然一体的,令人可信的"④。这便使他们在众多的"主义"和类型中,不能不对现实主义情有独钟,反映在创作中,就是普遍采用建立在深入历史研究基础上的那种史传式的客观写实和理性把握的宏观叙事。而现实主义,无论是作为一种艺术哲学或美学原则,还是作为一种创作方法,它原本就与辩证唯物主义、历史唯物主义具有密切的理论渊源关系,在真实地再现历史及其本质,反映历史的深度和广度上,的确较之其他样式具有难以企及的独到优势。所以这样的结果,自然就给他们的历史叙事带来了为一般作者所没有的艺术品格和真实效应:不仅在诸如吴桥兵变、清初入关、顺治临朝、康熙除霸、雍正夺嫡、太平天国、中法战争、洋务运动、戊戌变法等一系列重大事件描写上,悉按当时的历史"本事"演绎,与历史原型保持异质同构的"胶着"关系;而且内中还全方位、大容量地融进事件之外的山

---

① 鲁迅:《〈故事新编〉序言》,人民文学出版社,1973年。
② 凌力:《倾听历史的声音》,《光明日报》2000年7月20日。
③ 李海燕、谭笑:《晚霞璀璨　黑暗将临——二月河谈他的"落霞"系列小说》,《东方》2000年第4期。
④ 唐浩明:《〈曾国藩〉创作琐谈》,《文学评论》1993年第6期。

川名物、宫廷礼仪、典章制度、机构设置、官员配备、饮食起居、农事桑麻、民俗风情等各类生活场景，以及自己深入历史所得的研究成果。这无疑使小说因此更切近历史的本色，实现最大限度的历史还原，从而散发出浓浓的历史感。这一点，在当下"戏说"历史成风的情况下，尤为难能可贵。

当然，这也许不是最主要的，关键还是要看历史小说还原什么，怎样还原。我们今天所说的历史，其实包括"历史本体"与"历史认识"。按照福柯的说法，前者属于文献知识，后者属于意义知识。只有将文献知识上升为意义知识，历史小说才能在史实还原的基础上表现出一种重诠历史的价值判断的意义指向。这也是现实主义的本质规定之所在，是历史小说创作的一个根本要旨和难点。上述三位作家之所以值得称道，主要也就在于此。就拿凌力的"百年辉煌"来说吧，该作品系列浓墨重彩地再现了崇祯五年（公元1632年）至康熙六十一年（公元1722年）期间明清两个朝代的重大历史事件和重要历史人物，这其中就融入了作者个人对王朝兴亡的历史理性思考和以"变"为要领揭示历史的思想认知："'人间正道是沧桑'，变化确是天地人间的大道，是事物的客观规律。写长篇更得注重这个'变'字。"①在这里，最具价值并让我们赞赏不已的，应该说主要还是作者的史识而不是它所还原的史实本身。同样道理，是二月河笔下的"落霞"系列展现的宫闱争斗，尤其是雍正与"八爷党"之间的储位之争，它显然具有鲜明的时代特点和作者个人情感色彩，包括站在整个社稷民生和社会稳定高度来审视封建帝王个人作为的历史认识，甚至包括赋予某种通古鉴今的现实的生存体验（如对雍正的"恶与孤独"主题的叙述）。简言之，他对雍正的"翻案"及其悲剧的描写，已远远超出了传统的"历史演义"的范畴，实际上变成了"把自己投入进去"（二月河语）进行重塑的个性化历史的产物。至于唐浩明的皇皇八大卷、洋洋二百多万言的三部小说在这方面似乎就更突出了，他的以文明、社会进步而不是以阶级、政治意识形态为取向的人文立场，对知识分子和民族文化既认同又批判，同时又将其纳入世界整体格局进行重构的历史理念，不仅极大地激活、提升了题材本身固有的厚重的史实内涵，而且使其笔下的曾国藩、杨度、张之洞因此具有很强的现实性和关照性，并让我们由此及彼对古与今、中与外、情与理、理想与现实、个体与群体等关系问题作出深刻的反省和别具新意的阐释。总之，唐浩明作品的成功，让人觉得有"味道"，最根本的是得益于作者厚积史实基础上的新颖而不失稳健的历史眼光。福柯曾说过，历史小说不应简单地局限在"解释文献、确定它的真伪及其表述的价值，而是确定文献的内涵和制订

---

① 凌力：《天子—孙子—孩子——有关〈暮鼓晨钟〉创作的思考》，《当代作家评论》1994年第1期。

文献",依靠作家的知识素养和理性认知,使历史由文献"这样一种无生气的材料","重新获得对自己的过去事情的新鲜感"①。上述三位作家的创作,又一次为这个观点提供了证据。

不过尽管如此,我们不应让凌力、唐浩明、二月河作品中"史"的因素夺去太多的注意。毕竟,历史小说是小说而不是历史;既为小说,就不能偏离塑造人物及追求小说自我美学规范的基点。而作为具有丰富创作经验和艺术积累的中年作家,他们自然也深谙此道,并努力实践各具个性化的史、诗结合或曰融史于诗的审美转换和创造。文学硕士出身的唐浩明于此似乎较为谨慎、规矩,他特别敏感于捕捉凝聚着复杂社会历史关系的"蜘蛛式"的典型人物——一头连着宫廷帝王后妃,一头连着各级地方官吏的朝廷重臣,以此为主线,用一种俯瞰般的整体观照和全知全能的叙事视角,笔力雄健地再现一段历史的风云波涛。从书写的气质来看,他的创作大体属于史传式的历史正剧。作者注重历史氛围和文化气息的营造,强调叙事情节因果链的前延后递,并将它纳入历史大框架中按照现实主义的事理逻辑进行编码。这就使其不仅散发出浓浓的书卷气,而且有很强的理性穿透力。当然有时他也有失分寸,表现出了颇明显的重史轻诗倾向,故艺术描写未免质胜于文,显得有点拘板,缺少应有的韵味和张力。

相比之下,凌力、二月河就洒脱得多,更具灵性的特点。凌力以前也比较偏重历史还原,强调主要内容要有史可稽,是一种学者型的较为正规的历史小说写法。从《少年天子》开始,她就有意识地进行历史人化、内化的探索,并取得了骄人的成就。20世纪90年代以来,她的历史小说大体走的也是人化、内化的创作路数,继续描写重大历史事件和历史事变中的人的生存及其精神心理状况,将历史转化为活生生的心史和情史;同时又在虚与实、大与小、轻与重、英雄传奇与世俗生活、真善美与假恶丑等一系列关系处置上有新的拓展。尤其是反映鸦片战争的近作《梦断关河》,其众所周知的血与火的内容被巧妙地虚化为作品的背景,正面向我们展示的则是完全虚构的普通人——一个梨园世家在时代风雨纵横交织的背景下发生的爱情传奇故事。这种独出机杼的创作视角和聚焦谋略,不但对凌力本人甚至对整个历史小说创作而言,都是一次难得的突破和超越。它使作者笔下的历史显得格外厚实而鲜活,充分显示出现实主义创作方法有着通向艺术至境的多种手法、多条渠道。二月河则又有别于凌力,在历史真实与艺术真实之间,他自述更偏重于后者。这不仅表现在虚构的自由度更大,进入作家历史叙事中的,除了正史外还有大量的野史、民间史、神话传说甚至妖道鬼神(这方面描写,有些地方显得过火,如《雍正皇帝》中的人妖斗法就明

---

① 米歇尔·福柯:《知识考古学》,生活·读书·新知三联书店,1998年,第6~7页。

显失之荒诞);更为主要的还是在于在寻求史、诗结合的同时,特别进行了通俗化写作的探索,为历史叙事的雅俗共赏作了卓有成效的成功尝试。如采用章回体形式,评书口吻表述,熔历史、情爱、武侠、推理等小说因素于一炉等。因而故事情节波澜叠起、环环相扣而又层次分明、脉络清楚。传统的历史小说到底如何进行审美转换,寻找既合乎小说艺术又契合市场规律及读者需求的新的历史还原的叙述方式,最大限度地发挥娱乐消遣功能,处理雅俗之间的关系,二月河的创作对我们无疑是很有启迪的。

二

受潜在的民族情感的驱动,包括明清叙事在内的历史小说都加强了对传统文化资源的发掘。与粉碎"四人帮"初期将凌厉笔锋投向帝王将相,饱蘸血泪地反封建不同,作家似乎更多也更愿在传统文化及其封建上层人物身上寻找人物品性中的积极正面的东西,凌力、唐浩明、二月河也是如此。所以,历史温情在他们笔下弥漫开去,传统文化显示出了前所未有的迷人色彩;其有关的顺治、康熙、雍正、乾隆、曾国藩、张之洞、杨度等描写变得可亲可爱起来,他们普遍被作者"翻案"为戡乱治世的英杰和忠勇仁义的传统文化的代表。这表明作者们在观念上超越了简单狭隘的阶级论、本质论,运用恩格斯有关"历史合力论"对传统文化进行理性的审思。这一点,他们的创作谈可以佐证。如二月河就曾说过:"中国的文化是博大精深的,孔孟以来的中国文化传统是渗透到每个中国人的血液里的,是任何力量打不倒的。"[1]凌力也认为:"康熙、雍正、乾隆他们祖孙三代皇帝,以'敬天法祖、勤政爱民'为座右铭,医治战争浩劫遗留下来的创伤,努力实现中国传统文化长期提倡和颂扬的仁政,给中国平民百姓带来了一个半世纪的和平与繁荣。"[2]已有的大量事实也告诉我们:中华民族的文化传统是富有生命力的,即使在步入由盛转衰的晚期——明清时期,在内忧外患的刺激下,它也能调动起全部力量和精华,作最后一搏,实现一次回光返照式的中兴,产生出一批历史人物。也许正是从这个意义上,凌力、二月河才将他们的多卷本作品命名为"百年辉煌"和"落霞"系列,显示了强烈的民族自尊与对文化重建的期盼。这与新历史小说致力于消解颠覆,流露浓厚的虚无颓废倾向,形成了鲜

---

[1] 李海燕、谭笑:《晚霞璀璨 黑暗将临——二月河谈他的"落霞"系列小说》,《东方》2000年第4期。
[2] 凌力:《〈暮鼓晨钟〉后记》,十月文艺出版社,1997年。

明的反差。

但这样说并不意味作者就不写历史的负面,主观随意地美化和粉饰笔下的明清历史。而是相反,基于现实主义立场,充分正视其中可怕的异质,对它在走向"落霞"过程中所展现出来的衰退没落有着足够清醒的认识。在他们看来,虽然明清之际中国社会各方面在原有的体系框架下达到了极致,固有文化也显得相当璀璨夺目,但它毕竟是西山迟暮,沉入黑暗的趋势不可逆转,其封建文化的劣根性也表现得最为淋漓尽致。尤其是上层政治集团的腐败丑恶,以及专制政体内部的残酷诡谲的政治权力、政治权术的运作,更是达到了登峰造极的地步。于是,他们往往带着不无矛盾、痛苦乃至惆怅的心情对此进行批判揭露,这使得他们的作品无意中平添了一种微妙而复杂的况味,并深深触摸到了中国晚期封建社会的某些规律性的东西。唐浩明的深刻犀利,很重要就表现在透过貌似正常平静的一些人事变动,来揭示其背后隐含的惊心动魄的政治角逐和权力斗争。如《张之洞》上卷第二章有关张之洞"破格越级简拔"为朝廷重臣并出任山西巡抚一事,表面上看,它只不过是朝廷下的一道谕旨,但作者洞幽烛微的描写告诉我们,实际上它却包含了当时晚清君臣干员之间极为诡谲复杂的政治用心和机谋权变;最高统治者慈禧越级提拔张之洞,是为了制衡功高自大的李鸿章、曾国荃等人;醇王极力举荐,是意在拉拢;堂兄张之万中间斡旋,主要是为了扩大自己在朝中的势力。而作为政治利益最大受惠者的张之洞,为了未来的政治前途,也为了保持一点清流的名节,他在接到谕旨的当天晚上,独自一人前去醇王府拜谢,对醇王动之以情,恭谦应答……其他类似的情节和场面在书中比比皆是,包括前面两部作品《曾国藩》、《旷代逸才》。不妨可以这样说,张之洞及曾国藩、杨度所谓的立德、立功、立言,他们无一不殚精竭虑而又无可奈何地借助于政治权力这根魔杖,被置于当时满汉之间、庙堂之上和群僚之间的权力角逐的网络之中。这就从一个侧面向我们揭示了知识分子与封建集权体制之间的暧昧关系:一方面,为了经世致用,贡献自己的政治智慧,往往千方百计地进入权力机制、介入权力斗争,因为有位才有为,只有这样,才能改变其整体的功能结构;另一方面,一旦进入权力机制和介入权力斗争,就不能不与政治权力合谋,不可避免地学会了权力机制派生的特有的狡诈和残忍,其智慧则变成世故圆滑、尔虞我诈,甚至异化为可怕的反人性反人道的阴谋诡计,最后成为权力斗争的受害者和迫害者。作者对集权专制下知识分子的生存处境和文化命运可谓洞若观火,鞭辟入里。

如果说唐浩明主要从知识分子和官场文化角度揭示封建王朝内部残酷的政治杀戮、权力斗争,那么凌力、二月河则侧重从帝王及宫廷文化层面探讨这种政治杀戮、权力斗争与专制独裁王权结合给整个社会带来的巨大吞噬力。这是一个比官场更可怕也更诱人的特殊场所,它拥有了封建专制政体的全部狡诈和阴谋,实际上成了一切政治杀戮、权力角逐的大本营和策源地,能把人性中最卑鄙、最丑恶的那部分私欲如挑拨是非、钩心斗角、排斥异己、争权夺利、父子反目、兄弟倾轧等激发出来。处在这样的权力机制中,作为皇权化身的封建帝王,即使有良好的个人素质,也都不能幸免。凌力《暮鼓晨钟》中的冲龄天子康熙形象塑造便具有这样一些特点,作者倾力在险恶的宫廷斗争中展示他智擒鳌拜、夺回大权的非凡智慧和胆识;但同时也表现他少年老成地学成帝王之术,他那天资聪颖、坚毅倔强性格中的另一面,即随着年龄的长大和形势的严峻,而为人处世日趋多疑、刚愎暴烈,这与他在后宫的率真天性形成了鲜明的对比。

  当然,最典型的恐要数二月河的《雍正皇帝》,他所描绘的宫斗要比凌力的叙述更来得严酷惨烈,扣人心弦。围绕着雍正的"夺嫡之谜"、励精图治以及"恨水东流"等重大史事,作者将人们引向波谲云诡、危机四伏的深宫内廷,用他那极具渲染力和观赏性的生花之笔描写了四爷雍正与兄弟"八爷党"之间展开的一场惊心动魄的权力争夺战:双方斗智斗勇,斗权斗术,阴谋诡计无所不用其极,把上自康熙皇帝、后宫皇后嫔妃、弘时皇子,下至年羹尧、隆科多、张廷玉等大批重臣以及谋士、太监、宫女等都拖曳进来,搅得宫廷内外腥风血雨,狼烟四起。以至连作为最高存在的康熙都无法摆脱它梦魇般的纠缠,不仅在有生之年为儿子间的相互争斗和残害而伤心焦虑,耗尽心机,而且在弥留之际都不得安宁地走完生命的最后旅程,被这帮时刻觊觎皇位、毫不顾惜父子之情的儿子们活活地气死。而作为赢家的雍正,他也正是靠察言观色、沉着应对,采取一系列政治手腕和权术,才问鼎九五,实现其整顿吏治的政治抱负的。作者以较多的篇幅展示,在九个阿哥中,雍正本来尚比较温和厚道,但他一俟介入权力斗争,就逐步变得刻薄寡恩、不择手段。为了争夺皇位和巩固皇位,他殚思竭虑地博取康熙的信任,拉拢十三爷、年羹尧、隆科多,甚至对跟随和效忠自己多年的心腹下毒手。他在当皇帝前后,活埋了与八爷勾结的管家高福儿;即位之后,将知道很多内情的手下坎儿杀掉;而对"智囊"人物邬思道也不放心,虽然邬已急流勇退,但他仍派人监视,时刻加以控制。可见其心机之深沉、手段之狠毒,难怪悉知他的邬思道形容说:"四爷豺声狼顾,鹰视猿听,乃是一世阴鸷枭雄之主。"而生活在这样尔虞我诈权力机制中的封建帝王也许他个人是"自由"的(黑格尔认为古代的中国只有一个人是自由的,这个人就是皇帝[①]),并享有至高无上的权力,但他内在的人性是寻觅不到灵魂的安妥,而必然陷于无可排解的孤独。这种孤独不是传统意义上缺乏心灵与心灵的对话,而是根本就不存在着这种对

[①]〔德〕乔治·黑格尔:《历史哲学》,上海书店,1999年,第127页。

话的可能。因为他由己推人，往往对周围的一切充满了怀疑猜忌，是真正的孤家寡人。《雍正皇帝》的结尾，作者安排雍正死于乱伦的悲剧，他宠幸最多、寄托了最大心灵对话可能性的，竟然是他自己的亲生女儿引娣。这个结局明显是作家的一种大胆的想象，引起了不少的争议，但是这种安排的确写出了雍正令人绝望的孤独和无法超越的历史规定。虚与实的比例在此都是无关紧要的，重要的是想象的某些素质已经悄悄地发生了的变化，它多少融进了一些先锋文学的因素，并且颇富意味地将权力描写与人性嬗变有机地结合起来。

明清题材历史小说中的这种权力叙事有其深刻的必然性、合理性。权力本来就是政治的重要组成部分，是驱动历史发展的一个基本要素。正如英国历史学家阿克顿所说："历史并非清白之手编织的网。使人堕落和道德沦丧的一切原因中，权力是最永恒的、最活跃的。"而中国作为一个具有几千年悠久历史的高度集权的国家，在这方面就更是得到极度的膨胀。从一定意义上讲，几千年中国历史就是一部权力争夺的历史。因此，自《三国演义》以始，古往今来包括凌力、唐浩明、二月河等作家在内的历史小说将艺术描写建立在对政治斗争及其斗争策略或权术关心之上就很自然的了，甚至像唐浩明的《旷代逸才》，"更把它作为贯穿全书的一根链条"（唐浩明语）也不难理解。这是历史对作家选择的结果，也是当代历史小说作家求取历史真实（历史还原）、诠释封建文化乃至承续历史经验和人生智慧的一个重要途径或方面。因为无论是作为一种行为还是作为一种手段，从某种意义上讲，权力运作实际上表现了人的政治智慧和人生智慧，它在客观上不能不说是人类历史经验的一个特殊的积淀和组成部分。而从艺术创作的角度审视，权力角逐、计谋权变的诡秘性、不定性，它本身就蕴含着极为丰富复杂的叙事资源，只要稍加转换，就可以写成相当曲折动人的作品。这一点，对虚构受到一定限度的历史小说来说显得尤为重要。加上文化市场的诱导以及读者探秘心理的期待，历史小说创作中出现的包括上述明清题材在内的权力叙事现象就不仅可以理解，而且也具有为其他描写所不能取代的独到意义和价值。

然而在肯定这一切的时候，我们不应忽略这些作品所写的权力角逐毕竟寄植在封建文化基础之上，是封建政体的衍生物。它所体现出来的政治智慧和斗争经验虽不能说都与社会历史发展无益，但它的核心是等级制的，是人治式的专断，与现代民主政治完全相背离。"这种智慧却并没有带来社会的进步和经济的发展，没有带来现代中国的繁荣和富强，它起到的是恶化社会环境、阻碍人类进步的作用。"① 至多也只能起到历史循环的作用，从本质上讲是反人性反人

---

① 王富仁、柳凤九：《中国现代历史小说论》（三），《鲁迅研究月刊》1998 年第 5 期。

道的。正因此,我们在进行艺术描写时就应该将其纳入现代民主和人性人道的整体框架中加以理性审思。这里的关键,是要确立权力叙事现代性的逻辑基点,凸现权斗有关的真实的总体历史背景,揭示权斗具体的性质所在及其意义指向。以此反观《暮鼓晨钟》、《雍正皇帝》、《曾国藩》、《旷代逸才》、《张之洞》等作,应该说它们对此也是注意的,其中有些描写,如上文提到的雍正从得势前的"龙骧虎步"到得势后的"鹰视猿听"的性格嬗变,他的孤独,他与引娣乱伦而双双死于非命的悲剧结局;又如《曾国藩》中的曾国藩为了免遭朝廷非议,逼迫兵败的同胞兄弟隐姓埋名去出家,从此与黄卷青灯为伴等,还以自己独到的识断眼光和深刻的批判态度,令人战栗地揭示了权力杀戮的极度残酷及其对人性的可怕扭曲和异化,从而也就在思想艺术上有效地实现了对传统权力观的超越。

当然,这只是举例。就总体而论,这样人道主义性质的权力叙事尚不多。不少作家的有关这方面描写似乎还停留在古代史家的认知水平上,因而未能充分显示作为现代人应有的文化超越和审美创造力;情感上也往往流露出对权力运作的欣赏同情,有的还借人物之口发出诸如"皇上也难呀"之类的感叹,为权谋者辩解,将对权力的知晓(叙述)与权力的皈依不适当地混为一谈。这样的作品也许在历史知识、人生智慧和生存处世给人以阅读的愉悦,却难以在精神上带给人们以震撼和新的启悟;这恐怕正是它们在官场颇为"走红",以至成为"从政之道"、"从商之术"的形象教科书的深层原因。上述三位作家的创作,类似此弊也不能说没有。如《雍正皇帝》中历史进步和民本立场的逻辑基点就过于薄弱,与紧张酷烈、触目惊心的权力叙事显得不那么相称;有关引娣这个审视雍正的"第三只眼睛"的人物描写,赋予其理性批判的色彩也嫌淡。另外,像《曾国藩》、《旷代逸才》等作,在权力叙事方面也或多或少存在重述多于创造、同情多于批判的问题。看来,以人性人道为基点实现对古代历史家权力观的超越,包括精神取向、思想认知也包括艺术审美的超越,这个问题有必要引起当下历史小说作家的高度重视。否则,他们所创作的文化历史小说的原有文化优势不仅难以得到有效发挥,处理不当,甚有可能滑向与时代社会相悖的轨道上去。

三

探讨明清题材的历史小说创作,还不能不述及中西文化冲突方面的内容。这也是近年来历史叙事的一个新的生长点。可能是与题材的普遍下移(从古代下移到近现代)不无有关吧,现今的不少作家已不满于过去垂直式的古今关系的创作思路,而是放开眼光,努力从横向的中外尤其是中西关系角度锲入进去,站在世界文明的高度来观照历史,正面直接地表现民主、自由、平等、科学等时代话题,从而给历史小说带来了不少生机和活力。像刘斯奋的《白门柳》、马昭的《世纪之门》、蔡敦祺的《林则徐》、吴果达的《李鸿章·海祭》、张笑天的《太平天国》、陈军的《北大之父蔡元培》等,都明显地体现出了这种意向,尤其是刘斯奋的《白门柳》,更以其自觉写民主、颂民主的高远立意和文化加诗情的描写在同类题材中脱颖而出,备受好评,而荣获第四届茅盾文学奖。可以这样说吧,几乎所有的明清或近代题材的历史叙事,都程度不同地涉及这个问题,它们从来没有像今天这样普遍关注于民主、自由之类话题,重视文本中西文化内涵的阐发。这样的结果,毫无疑问,它当然不能不给相对单一滞后的历史小说的整体构成和水平带来一定的改观,使之新颖警策,以更大的时空范围和更具现代的思想去激活历史,创造历史。为什么在整个世纪交替的历史小说创作中,明清叙事较之其他时代的作品往往显得更有思想冲击力,与时代社会更有一种精神连接的对话关系,这恐怕是其中一因。

在了解了当下历史小说的总体情况之后,我们就可更具体切实地展开对凌力、唐浩明等作家有关这方面求索的探讨了(二月河的创作对此很少涉及,这里就暂付阙如)。

不妨还是从凌力说起。她虽不能说是最早的,但无疑是迄今为止当代历史小说中进行中西文化关系探索的少数作者之一。她的《少年天子》在描写清初宫廷斗争时抛弃了一般人对西方传教士的误解,以充满韵致之笔为我们刻画了一位热心宣扬西方博爱、仁厚基督精神的文明使者汤若望形象。此后的《倾国倾城》《暮鼓晨钟》,在满、汉、洋文化对峙的聚集点上,又进而对此作了较深入的揭示。如《倾国倾城》在叙述吴桥兵变、明王朝覆亡时有这样一些围绕西洋火炮的情节:孙元化善用西洋火炮,筑炮台抵御清兵;朝野保守势力则把火炮当作"妖术",利用一次炮筒爆炸事件否定这一先进的防卫技术;而率兵进攻登州的皇太极和范文程却乔装潜入登州城,探寻西洋火炮的秘密。这样的情节想象与设置,就寓意深刻地将兴亡治乱的历史题材与西学东渐的历史由来联系起来思考。

当然,真正正面展开叙述并且在整体上有创意的当推 1999 年下半年出版的《梦断关河》。不同于 20 世纪八九十年代众多的反映鸦片战争或抵抗外侮的作品(如穆陶的《林则徐》等),《梦断关河》不仅构思独特,视觉新颖——通过玉笋班戏子的不幸遭遇来反映鸦片战争给人民带来的深重灾难,将大历史与小历史、国事与家事有机地融为一体,使历史进程内化为人的命运的流程,显示了强烈的民族自尊心和正义感;更为主要的是在中西文化关系问题上,摆脱了以前历史叙事完全按照阶级关系或本土文化的创作模式,至少在以下两点融入了自己独到的见解(自然也包括吸收了史学界在这方面的最新研究成果)。一是将中英战争性质的定位与个中蕴涵的新旧文明之间的冲突结合起来。一方面,作者义正词严地揭露这场侵略战争的凶残暴虐,另一方面又从经济、军事、政治、科学各方面如实显示近代的西方后来居上,处于明显的强势地位。相反,此时的清王朝则全方位地落后了,他们对战争的认识,与千年前的赤壁之战、淝水之战并无根本区别,重视的是权变谋略。更为可怕的是思想观念的落后,甚至愚昧到了用女人马桶和妓院月布沿江排列去"破"所谓的英军炮火进攻,用占卜求签的荒唐之举来"决定"战争总攻的时间……这样的描写,"两相对照,在军事思想的观念上,交战的双方仿佛差着好几个世纪。所以,侵略者每战必胜,而清王朝各路兵马不是英雄战死,就是望风溃逃,百战百败"。这就注定了"这场战争不可避免,这场战争中国的失败不可避免"①。而正是借助于这样痛切而严酷的历史叙述,它表现了作者对中西文化冲突的思考已超越了传统惯见的中国"单纯受害者"的狭隘层次(这往往是道德情感层次),而推进到了更加深邃的对文化和体制反思的层次。二是将这场侵略战争的描写与两国人民之间的关系严格区分开来,用现代宽阔的胸怀看待和处理当年这段历史。小说通篇,浸渗着浓烈灼人的民族情感,但作者并没有将战争责任简单归咎于参战的士兵,把参战的双方简单纳入二元对立的思维模式中。相反,还颇为"出格"地为我们塑造了一个反战的英军军医亨利的形象,叙述了他与玉笋班戏子天寿之间从孩童起就结下了深厚的友谊,最后他俩经过了一番曲折磨难还成了一对恋人。作者还用相当的篇幅,揭露清王朝统治者对外御敌无能而对内杀人夺物有方,他们在西方殖民者入侵的非常时期,对人口和文明程度都占优势的汉族广大人民群众的防范更严甚至大肆杀戮,将抗洋与反汉荒唐地联系起来,视为一体。该书第四卷有关镇江满洲将军海龄在英军兵临城下之际,以"杀汉奸"为名残酷杀害无数汉族百姓、血染小校场和城墙内外的描写,就可见一斑。据说这是真实的历史而不是出自作者的虚构,这就更令人震悚,使人痛心。由之,它也体现了作者深挚的人道主义思想,并自觉地将反侵略与反封建、爱国主义与反抗专制结合起来,这就十分难能可贵。这样的写法,较之同题材的其他描写战争的历史小说,无疑是更见深度,也更具艺术魅力。

就中西文化冲突中的人性化、灵性化描写而言,唐浩明的《张之洞》似不及凌力的《梦断关河》,多少显得有些粗疏呆板。但是,男性作家擅长的理性思辨,也给他这部长达125万字的反映近代洋务运动的长篇新作增添了不少的深度

---

① 凌力:《倾听历史的声音》,《光明日报》2000 年 7 月 20 日。

和力度,显得厚重大气。它让我们看到中西文化冲突除了最激烈、最极端的民族战争形式外,更多、更普遍并且往往更深刻的还是表现在传统文化内部产生的结构性、功能性的裂变,即通常所说的近代维新变法。当然,严格地讲,这样的题材内容早在20世纪80年代初就有人写过,如任光椿的《戊戌喋血记》、周熙的《一百零三天》等,且在《曾国藩》、《旷代逸才》中作者也曾有所涉及。但前者的创作旨意主要在为"改良主义"翻案,歌颂其爱国主义的义举,故题材本身固有的中西文化冲突内涵被淡化了;后者也即作者的《曾国藩》、《旷代逸才》两作,因人物原型所限,这一主题亦没有成为作者在此所要表现的重点。因为对曾国藩来说,他当时的主要忧患来自传统社会体制内的太平天国起义而不是西方的外部威胁,所以无论就他还是就作者而言,都无意于中西文化冲突方面花费太多的笔墨。至于杨度,虽然其生活的近代末期已具备了这种历史选择的可能性,但他迷恋于帝王之术而不悟的行为却偏离了时代本质,因而也难以承担起此严肃的文化冲突的主题。只有到了张之洞这个比曾国藩稍后,而又毕生深深卷入时代社会的矛盾漩涡中,并身体力行地实践"中体西用"的晚清重臣兼知识精英身上,借助于这一具有特定文化语码的人物载体,作者关于以传统文化应对西方文化、实行近代转型的思想,才算找到了可以较完美呈现的题材对象。

  作为当下历史小说的一部凝重厚实之作,《张之洞》关于近代中西文化冲突的思想理念,最突出地体现为对转折时代传统社会文化心理的痛苦裂变及其反应机制所作的深刻领悟和把握上。作者生动地描写在内忧外患的弱势生存环境条件下,上至宫廷慈禧、光绪,中至朝廷大员、地方要员,下至民间势力等各种利益群体所作的不同选择,以及在这种选择过程中所折射出来的扑朔迷离的历史走向和丰富复杂的心理内涵。尤其是具有补天倾向的儒家知识分子,面对这场三千年来未有过的文化大碰撞、大裂变,更是表现出分外的痛苦和迷茫。中华民族所创造的辉煌灿烂的华夏文明铸就他们身上根深蒂固的心理优越感,使之有理由哪怕是在封建末世之际也对固有传统颇为陶醉不已。但另一方面生逢日趋开放的环境,西方列强坚船利炮入侵的事实以及注重科学经济的现状,又迫使他们不得不逐步调整自我心态,在坚持传统价值根基的同时尽可能顺应世道潮流。于是,围绕着改革还是守成,酿就了作家们叙说不已的知识分子悲喜剧。他们有的恪守周公孔孟之道,不图通变,有的则与时俱进,开始认同并接纳一部分西方文化。《张之洞》就是站在这样的层次和高度审视张之洞倡导的那场"洋务运动",并以某些因循守旧的知识分子为参照对此作了认肯。小说开篇,写张之洞虽跻身清流党,但他在对待崇厚与俄国签署的伊犁条约一事却不像张佩伦等其他清流党人那样一味慷慨激昂,攻讦不留情面,只求痛快不懂转圜,而是在奏折和召见时尽可能关注经济,讲究务实,重在言事而少言人,为朝廷设想应对之策。这就将他与一般的清流党区别开来。以后,随着故事情节的进一步推进,当张之洞由言官进而为学官、干臣,尤其是在出任湖广总督期间,从民族求生的"第一命令"的理念出发,破天荒地借鉴西方的强国方略,办工厂、开矿山、建学堂、练新军,成为洋务运动的"殿军"之时,由于对现实社会和国情有更深切的了解,进而与清流拉开了距离并逐渐从他们那里分化出来。小说后半部多次写到张之洞对这些清流的不满,以至产生深刻的裂缝,拒绝相见。这其实包含了作者对传统文化尤其是儒学的空疏虚伪("只重虚而不重实,只重末而不重本")的批判,以及对西方经世之学崇尚的深刻用意,从"内源性"的现代化的角度揭示了晚清之际社会文化变革的迫切性、必然性。而这种经世之学,正是张之洞最终与清流党分道扬镳的精神内核和心理基础。把握了这一点,它也就将作者大量的有关张之洞突破固有的传统藩篱办洋务,包括为了达到此目的不惜投机取巧等有关描写在文化框架的纵横关系上作了清理。该书第八章有这样一个细节:张之洞在山西与西方传教士李提摩太接触过程中,当亲自聆听到了对中国文化的批评和亲眼目睹了蒸汽机等科学小实验之后,"不得不在心里表示赞同",他终于认识到在经世致用和科学技术方面,中国确实"一点能耐都没有"。因此他感到有必要向洋人学习,"不管他出自何种目的,我至少可以从他那里取来为我所用之物"。这表明他思想观念上已产生了新的嬗变,身上的求"变"的那一部分内涵开始得以凸现。

当然,张之洞不同于"戊戌维新派"康有为、谭嗣同等人试图一夜之间改变中国的激进式的改革,他的改革是渐进的、温和的,是在维护旧文化和体制前提下的修修补补。他引进西学办洋务,仅仅限于一些技术性、实用性的东西,而不想也不愿去触动传统文化和"圣"教之本;他也正是站在传统文化和"圣"教为本的立场引进西学办洋务的。这使他建立在"中体西用"文化理念基础上的洋务运动,随着历史的急遽发展,日益明显地暴露出内在逻辑的破绽。但即使如此,在上一个世纪之交,他的这一不伤筋动骨的变法也阻力重重,步履艰难,新旧两派都有意见。加上本人好大喜功,使气任性,喜好形式主义那一套,最后终于功亏一篑,变法不幸流产。小说结尾,张之洞惨淡经营的钢铁厂和铁矿因管理混乱、贪污成风而导致严重的亏空,办不下去了;他本人也在凄凉中离开了人世,以至于临终前发出了这样的感叹:"这一生的心血都白费了。"如此这般,这就向我们昭示张之洞文化自救的失败,说明在科学昌明时代和传统文化日渐衰微的情况下,选择"中体西用"道路所不可避免的悲剧性结局。众所周知,明清时期正好是欧洲历史从文艺复兴走向现代资本主义的全面大发展时期。这时,整个西方文化与成长中的资本主义生产关系互渗互融,产生一系列重大的革命性的变化,使西方社会呈现出了前所未有的勃发生机。而恰恰是在这个时候,中国却在世界范围内落后了,农业经济的自足性和社会文化系统的长期封闭保守使中华民族在近代转型中停止了脚步,造成了千古历史遗恨。正是有感于此,所以作者上述的有关描写中悲凉和痛切之情力透纸背,愈后愈浓。这多少冲淡、弥补了作品诗化不足的一些弊病,它也反映了作为当代知识分子深刻的文化忧患。然而,虽然作者揭示了张之洞的文化应变无法更改历史进程的悲剧性本质,但他并不因此贬低或否定其所做的努力;相反,借张之洞的老友兼幕僚桑治平之口,肯定其"中体西用"在特定的历史条件下"是一个极高明的策略"。不仅如此,在小说最后,通过盛宣怀接任汉冶萍钢铁矿公司扭亏为盈以及黄兴在东京宣称要给张之洞颁发大勋章等情节的描写,来反证它在中国现代化过程中所起的作用。凡此种种,都蕴含着历史辩证法思想。即使是对慈禧这样一个应受重责的历史人物,也没有简单地划归保守派之列加以批判鞭打,而是将她放在满、汉、洋三种文化相互矛盾又相互激荡的错综复杂的潮流中加以历史地具体地考察:一方面写她为了维护大清来之不易的江山,不得不"变",默认甚至支持洋务运动,有时甚至表现得不无开通;另一方面出于猜忌、短视,也是为了满足一己私欲和维护清室权贵者的利益,不仅经常摇摆不定,而且成为推动变革运动的极为重要的制约性因素。这就比较客观公正,它也体现了作者惯有的开放而又不失沉稳的叙事风格。总之,无论从中西文化冲突的整体历史理念来看,还是就它对具体历史情景和构成内涵的把握来看,《张之洞》都有独到和深刻之处。它的出现具有一种标志性的意义,表明了历史小说叙事尤其是明清题材历史小说叙事进入了一个新的更加开放开阔的时空领域。

原载《文学评论》2002年7月15日第4期

千古文人名士梦
——论二月河小说的名士情怀

田小枫

二月河帝王系列小说自问世以来,受到来自学术界和读者两方面的广泛好评。作者继承和发扬了中国古典小说,特别是《红楼梦》的精髓,在语言、叙事、情节、人物塑造、文化精神等方面,充分显示了中国传统文学的独特魅力,使五四运动以来被新文学主流二度遮蔽的古典文化传统重新散发出迷人的光彩。从文学发生学的角度看,中国传统文化的熏陶,古典小说精神的浸润,以及作者自上世纪70年代末以来对《红楼梦》深入不懈的研究,对他后来的小说创作无疑都具有举足轻重的作用。其中,中国文学创作中的名士情怀,更是渗透在二月河的作品中,挥之不去,作者不仅在博大宏阔、纵横捭阖的叙述时空中演绎着惊心动魄的历史,也突出着人物身上或慷慨磊落,或豪爽纯真,或意兴淋漓的名士魅力。

中国的"名士"由来已久,鲁迅在《中国小说史略》中指出:"汉末士流,已重名品,声名成毁,决于片言,魏晋以来,乃弥以标格语言相尚,惟吐属则流于玄虚,举止则故为疏放,与汉之惟俊伟坚卓为重者,甚不牟矣。"[①]这段话说明"名士"源于东汉末年,而盛于魏晋。所谓的魏晋风度,即名士风度,成为一个时代的鲜明标志,同时也成为中国文化源远流长的一朵奇葩和中国文人"越名教而任自然"的乌托邦。中国古典小说发展到明清鼎盛时期,古代的名士"其人虽已没",但他们所代表的文人精神,则萦绕在小说家们的笔端,挥之不去,"千载有余情"。二月河自身深厚的古典文化修养,使得中国文人的名士风范早已潜在于其意识深处,并在后来的写作中飘散于其著作里。

曹立波曾撰文指出:"曹雪芹写《红楼梦》的主要动机,不在于人伦教化,更不是为商业牟利,而是为了表现名士风采。"[②]的确,一方面,《红楼梦》所塑造的一系列人物形象,无不闪烁着名士风采,寂寞仙姝林黛玉,山外高士薛宝钗,锦心绣口史湘云,无疑是名士的典范,整个大观园就是一座名士荟萃园;另一方

---

① 鲁迅:《中国小说史略》,人民文学出版社,1973年,第45页。
② 曹立波:《风流名士尽显才情》,《红楼梦学刊》2000年第3期。

面,《红楼梦》的创作无疑也展示了曹雪芹自身的名士风采。二月河20世纪70年代末开始的《红楼梦》研究(他曾写下17万字的红学评论和同样字数的红学心得《扫红集》),对其小说创作的影响可谓深刻,《红楼梦》表现名士的动机当然为其所承继,使之潜移默化地在小说人物塑造中着意渲染名士风采、刻画名士形象,同时又像曹雪芹一样,他秉受于传统文化的名士性情得以唤醒和激励,在小说中着力展示自身作为名士的知识储存量和艺术创造力,其小说无论涉及哪一领域,如衣食住行、琴棋书画等,其丰厚的知识储备都呼之欲出。

此外,二月河的帝王系列重在塑造清代的帝王将相,他们客观上兼具文人特征,而中国的文人历来注重名士风范,因此,二月河小说在塑造这些形象时,时刻留意铺排人物身上的名士风度,是符合小说人物的客观性的。比如小说对大臣范时捷畅春园学驴的评价是:"驴鸣是本色无音,竹林七贤也常来一嗓子,原是风雅事嘛!君可谓'绝无汉宫威仪,稍有晋人风度'了!"①明珠的华丽、八王爷的风流、十三爷的潇洒,跃然纸上;言谈方面,刘墨林的风趣、高士奇的调侃、周培公的犀利、邬思道的机智,余音袅袅;而发生在君臣、臣相、学子之间的各种风流清谈更是俯仰皆是……《康熙大帝》"宰相府调侃动圣听"一回中,康熙在明珠府初遇高士奇:"康熙……开口笑道:'我们都是慕名而来,知道你是风流倜傥、不羁世俗的硕儒,特借明相一席酒,要听听先生清论雅音!'……高士奇身子一仰,笑道:'……功名二字,于我如浮云耳!'说罢举杯一倾而尽,吟道:'古来贤者皆寂寞,惟有饮者留其名……来,请!'"②于是面对大儒、权贵的合力围堵,高士奇挥洒自若,贬斥朱熹,趣谈佛经,猜谜语,对对子,破题,解字,回答机警幽默,调侃妙趣横生,从而大获帝心:"高士奇百般刁赖躲闪,又无一语不出自经典,众人心中称奇:无不喷饭而笑。康熙笑得眼泪汪汪,指着高士奇道:'好,真有东方曼倩之风!'"③

通过上面的文字,高士奇的名士风采呼之欲出,他几乎涵盖了《世说新语》所概括的全部名士风度:1.善于清谈,无论名教、老庄、佛理还是人物品评都构成其重要内容;2.标榜清高,追求超越;3.重视仪容修饰;4.言语机智;5.喜怒不动于色,态度镇定,泰山崩于前而不动于色。

二月河历史小说中的名士形象大致可以分为以下几种类型。

(一)以伍次友、邬思道等为代表的布衣系列。他们是二月河虚构的人物,"伍次友"即"无此友","邬思道"即"无此道"。他们也曾经书生意气,挥斥方

---

① 二月河:《雍正皇帝·雕弓天狼》,长江文艺出版社,2001年,第377页。
② 二月河:《康熙大帝·玉宇呈祥》,长江文艺出版社,2001年,第98页。
③ 二月河:《康熙大帝·玉宇呈祥》,长江文艺出版社,2001年,第101页。

道,但空有满腹经纶,徒有治世宏略,却屡遭挫折陷害,为社会所不容,几乎性命不虞,像邬思道曾经是"朝廷缉拿了十年的钦犯,落魄江湖,怀才不用"①,后虽得帝王赏识,帮助康熙、雍正分别奠定帝业,但二人都清楚地意识到,如果他们不功成身退的话,很快将招致杀身之祸。从根本上说,他们的文人理想终归与现实格格不入,于是二人或遁入空门,与青灯古佛相伴,或归隐田园,游戏人生。他们性情孤傲,宁为玉碎,不为瓦全,具有"安能摧眉折腰事权贵,使我不得开心颜"的气节。作为知识分子,又学富五斗,才贯古今,沉敏机辩,才智犀利,小说表现他们才情的段落随处可见,可以说他们是二月河精心打造的理想的名士形象。

(二)以康熙、雍正、八王爷胤禩、十三爷胤祥等为代表的满族王室系列。他们在权力上互相倾轧,但是在修养上却极力追求名士做派。如康熙追求学识的广博,他"精算术、会书画、能天文、通外语……是个文略武功直追唐宗宋祖,全挂子本事的一位皇帝"②;雍正"稳沉持重,极修边幅"③的名士做派也给人留下深刻的印象;八王爷胤禩,风流倜傥,超凡脱俗,标榜清高的形象亦令人耳目一新。这一系列人物作为满族权贵,一方面不仅自身极力追求汉魏名士风度,另一方面还极力追寻具备名士风度的士子文人,像伍次友、周培公、高士奇、邬思道即为得康熙、雍正赏识而超拔的名士,这一系列人物从本质上说是把名士梦寄托在附庸名士风范和对名士的追寻上。

(三)以刘墨林、高士奇、周培公、纪晓岚等为代表的臣相系列。他们性格上各具特点,但都是饱学之士,语言机智,文思敏捷,恃才傲物,重情轻礼,具有汉魏以来名士特有的风采。如探花刘墨林滑稽多智,无书不通,同时放浪形骸,饮酒狎妓。在"辩谒语斗法钟粹宫"一回中,更是表现得风流倜傥,神采照人,至斗法劫后余生,仍能泰然自若:

> 一时众人方回过颜色,各自暗地舒了一口气。雍正因含笑道:"你到鬼门关走了一遭,大师把你请回来的,还不肯皈依我佛么?"刘墨林口中道:"生死有命,富贵在天,佛门有什么能耐与夺?臣今早急着进宫,没吃饭,素来体质又弱,太阳底下晒着,不觉就晕过去了。臣是圣人门徒,誓死不皈释家!"雍正见他倔强不服,倒也欣赏,笑道:"你还想尝尝六字真言的厉害吗?"
>
> "什么六字真言?"刘墨林转脸冲空灵笑道,"我就听你说'俺把你哄!'"

---

① 二月河:《雍正皇帝·九王夺嫡》,长江文艺出版社,1991年,第15页。
② 二月河:《雍正皇帝·九王夺嫡》,长江文艺出版社,1991年,第84页。
③ 二月河:《雍正皇帝·九王夺嫡》,长江文艺出版社,1991年,第64页。

人立时哄堂大笑……雍正捧腹笑得连连咳嗽,说道:"好,好,这才是真名士!明儿个你到军机处当差,帮着转送奏章,起草诏书吧!"①

二月河小说在塑造布衣、王室、臣相三种系列的名士时,又分别呈现如下几个特点。

(一)既致力于打造真名士,又嘲讽了附庸风雅的假名士。在《红楼梦》中,曹雪芹曾借史湘云之口表达出"是真名士自风流"的思想:

湘云冷笑道:"你知道什么?'是真名士自风流',你们都是假清高,最可厌的。我们这会子腥膻大吃大嚼,回来却是锦心绣口。"②

"是真名士自风流",二月河小说着力塑造了伍次友、邬思道、刘墨林、周培公等真名士,由衷赞叹他们"天不能拘,地不能束,心之所至,言必随之,行必践之"的真性情,又画龙点睛地凸现出李卫、范时捷、孙嘉淦、飞扬古等身上的名士遗风,同时对雍正、胤禛、弘时以及高士奇、明珠这些假名士予以辛辣的嘲讽。

(二)写出名教与自然的统一,与曹雪芹追慕的真名士同中有异。罗宗强的《魏晋南北朝文学思想史》把竹林名士分成三类,第一类是嵇康,他完全否定名教,"越名教而任自然","厌恶仕途,傲视世俗,追求一种自由自在、闲适愉悦、与自然相亲、心与道冥的理想人生"。第二类是阮籍,"他反对名教,但不像嵇康那样刚肠疾恶、忤世违俗。他在险恶的政局中依违避就,惧祸自全"。第三类是山涛,"把名教和自然引为一体,虽有玄思,虽向往自然任心,但并不违反名教,在人生态度上是积极进取的"③。曹雪芹笔下的名士多为嵇康、阮籍类,他"在《红楼梦》中否定的是所有仕途经济之路,沿着嵇康'越名教而任自然'的道路,他走得更远了,对礼教的反对也更彻底"④。二月河笔下的名士,则当为山涛类,即将名教与自然相统一,用龚自珍的诗句"一箫一剑平生意,负尽狂名十五年"(《漫感》),可以相当准确地表达二月河小说中文人名士理想的人生境界,进则出仕为将,仗"剑"建功立业,退则优游江湖,弄"箫"消愁解忧。

《世说新语·文学》中,"太尉王衍问阮修:'老庄与圣教同异?'对曰:'将无同?'太尉善其言,辟之为掾。"⑤所谓"将无同"就是说名教(儒)与自然(道)本来就是一体的,没有什么不同。忠孝节义的儒家传统自有其存在的合理性和独

---

① 二月河:《雍正皇帝·雕弓天狼》,长江文艺出版社,2001年,第220~221页。
② 曹雪芹:《红楼梦》,岳麓书社,1989年,第377页。
③ 罗宗强:《魏晋南北朝文学思想史》,中华书局,1996年,第47页。
④ 曹立波:《风流名士尽显才情》,《红楼梦学刊》2000年第3期,第329页。
⑤ 刘义庆:《世说新语·文学》(第五卷),华艺出版社,1997年,第362页。

特的社会功能，玄学不能也不可能完全取代它，但玄学的自然主义精神和对内心世界的超越，又是儒学所不具备的。二者结合的完美形式，就是既不放弃儒学的精神，也不失去自然的风度，这就是二月河理解并用人物形象所阐释的真名士的核心。

（三）注重展示人物外在的名士风采，这与《红楼梦》注重探寻人物名士作风的潜在心理有所不同。刘琦在《名士与解脱》中指出自汉末以来，古代名士主要通过六种生存方式来实现自己的心理自救。"一是谈仙、吃药、求贤；二是饮酒；三是怡情山水，投身田园；四是依红偎翠；五是激扬文字；六是琴棋书画。"① 于是《红楼梦》中的主人公们在大观园里，或谈仙，或饮酒聚宴，或为文，凡此种种。到二月河的帝王小说中，对小说人物的这种描写有过之而无不及。以谈仙为例，中国的名士最喜谈论玄学和禅宗，崇尚道教的超脱旷达和佛教的机敏睿智。《红楼梦》金陵十二钗中的妙玉在"寿怡红群芳开夜宴"一回，曾与宝玉就"槛外人"这一自称玩弄了一番玄学游戏，但它使人得以窥见妙玉这个"世人意外之人"，妄想以"槛外之人"、"畸人"避世遁祸而不能的心理痛苦，并以此影射了她"欲洁何曾洁，云空未必空。可怜金玉质，终陷淖泥中"的悲剧。二月河的帝王小说亦有大量的此类描写，《雍正王朝》"辩谒语斗法钟粹宫"，《康熙大帝》"伍次友悟禅大决寺"，通过伍次友、刘墨林与和尚参禅斗谒，主旨在于显示他们的名士丰采。

再以依红偎翠为例，《红楼梦》中的贾宝玉性爱脂粉，喜与女性为伍，最爱依红偎翠，曹雪芹借警幻之口，将贾宝玉的"女性情结"界定为"意淫"。"意淫"精神实质上是将女性视为喜爱和倾慕的对象，尊重女性的独立，而且指出，这种女性观必然会遭到社会"百口嘲谤，万目睚眦"，它以此表达了贾宝玉心理上对传统世俗观念的背离。二月河小说中人物对女性的态度当以胤祥与其侍婢、刘墨林与妓女苏舜卿、高士奇与卖花女芳兰为典型，它更多的是满足名士"红袖添香"、"相对忘言"的审美需求……胤祥因见茶几上尚有残局，笑道："红巾翠袖，拥炉围棋观赏雪景，这份雅兴不浅……"②

另外，曹雪芹似乎更钟情于让主人公激扬文字，他不惜笔墨，重笔渲染，描写主人公们的诗文唱和，以此表达人物"一年三百六十日，风刀霜剑严相逼"的严酷环境下，"质本洁来还洁去"的强烈自我意识和"随花飞到天尽头"的追求自由的精神，使小说内在的悲剧意蕴更为浓厚。二月河的小说也在这方面见长，小说中文人名士对联、猜谜、破题以及诗词唱和随处可见，它们多在闲情逸

---

① 刘琦：《名士与解脱》引言，作家出版社，1997年。
② 二月河：《雍正皇帝·九王夺嫡》，长江文艺出版社，1991年，第399页。

致中充满了智慧与逍遥,使名士的风采更加熠熠闪光,并没有沉重的悲剧意味。

因此,曹雪芹的主人公们通过谈玄说禅、依红偎翠、激扬文字,表明了"越名教而任自然"的心志,它更多的是一种心理自救,人物的理想主义色彩浓厚,作品因此而涌动着深入骨髓、摇移灵魂的力度感,给人以持久的震撼。而二月河的主人公们则是站立在现实的土壤中,通过谈玄说禅、依红偎翠、激扬文字等形式全方位显示名士才华,是名士表征的极度张扬与外化,作品给人更多的是隽永的回味。

美国文化学家克罗伯和克拉洪认为文化的核心部分是传统(即历史地获得和选择)的观念,尤其是它们所带的价值①。文化心理正是这种"传统观念"的心理积淀,而文学作品又是一定文化心理的产物。"名士"及"名士精神"无疑是一个古老的批评话语,二月河的小说继承传统文艺、传统小说"名士"的美学思想,并在新时期以新形态将其充分表现出来,我们从中得到的不仅是对古代小说美学的认识,应该还有文化精神的更多启迪。

原载《郑州大学学报》(哲学社会科学版)2003年8月25日第36卷第4期

---

① 梅新林、赵光育:《现代文化学》,内蒙古人民出版社,1995年,第31页。

全球化语境下的本土化生存
——二月河清帝系列小说论略

刘 克

二月河凭借着对本土文化精神的顽强持守,写出了皇皇13卷五百三十余万言的清帝系列历史小说,吸引了众多读者惊羡的目光,受到了评论界广泛的赞誉。把二月河清帝系列小说放在全球化趋势下中国文学持守本土性创作的文化背景中来考察其价值,探讨文学与当今社会大众生存状态和精神生活的关系,见出其艺术独创性,为当今人们对于本土文化不断遭受强势文化侵凌的焦灼意绪提供回应的样式和策略,具有重要的文学、文化学方面的意义,这是以往二月河历史小说的研究文章所忽视的。本文试从本土化视角来审视二月河的创作,从一个新的维度观照和体认其艺术成就,敬祈方家指正。

一

文化本土化有着区域性和民族性的双重内涵。在人文环境上,南阳居于中原文化和荆楚文化的交界线上,南北文化在这里经过激烈的碰撞交融之后,形成了一种炎黄共尊、龙凤相配、儒道互补、骚诗共妍的新文化——楚宛文化,它朴实凝重中糅杂着淫巧的因子,神奇瑰丽内宣透着浪漫的气质。二月河是楚宛文化孕育出来的作家,楚宛文化与二月河的艺术创作有着密切的深层联系,成为他与社会生活脉息呼应处类似于伽达默尔所说的"前理解"的文化基础,绵绵不绝地引燃着他那浮华奇丽的文思。

楚宛文化是荆楚文化肌体上重要的一脉,浪漫奇幻在清帝系列小说文本中有着充分的体现。伴着重大历史事件和市井生活的诉说,作者对周围世界的把握用直观想象的方式替代了纯理性的思考,创造了许多男女浪漫故事并勾画了文人命运的坎坷多舛。苏麻喇姑与伍次友、胡宫山与翠姑、乾隆与棠儿王汀芷的风花雪月以及雍正与乔引娣母女的一见钟情和乱伦,最后自杀勾当的设计,年羹尧、熊赐履、张廷玉、方苞、伍次友、高士奇由出将入相到退出庙堂归隐山林的命运安排等,都颇具楚宛文化神韵。尽管某些情节招致了一些非议(例如雍正自杀的情节等),但从这些人物的命运遭际上,可以看出二月河与屈赋相似的艺术观。二月河在谈到艺术真实与历史真实的关系时说:"我认为二者是可以统一的。在不违背大的历史史实的原则下,那些小的历史史实我并不拘泥。"①不拘于言必有据,对于清帝系列小说来说是一种艺术创新和对史实层面的超越。楚文化与道家思想有着浓厚的亲缘关系,二月河自觉地将笔下的历史纳入道家文化格局进行观照,他说:"我确实有种出世思想,这种意识在作品中不可避免要流露出来,作品中那个人物一旦红极了,我就宰他,让他掉下来。这种意识也是道家的那种自我超脱,我在这里寻求一种精神上的安慰,一种超意识的情感。"②二月河曾说他写清帝系列小说是写感情,是形象地展示清朝由治而衰悲剧的规律,并非完全是从史学的角度表现历史史实的真实性。这种对小的历史史实"不拘泥"的创作方法,展示了比史实更为重要的人的精神冲突和悲剧主体的心理历程,深刻凝练地显示出作者对于地域文化优势的凭借和依赖。二月河对楚宛文化底蕴所做的诗性提炼,构成了小说深受读者欢迎的重要因素。

南阳是戏曲之乡,素有书山曲海的美誉。生活在南阳的二月河,自然也深受曲艺的熏陶与影响。在清帝系列历史小说创作中,总在寻找一切机会抒发表达他对南阳戏曲的幽幽情思。在《雍正皇帝·雕弓天狼》第二回中,作者假托孟宪佑结巴嘴之故,让这位驿丞在十四王爷胤禵面前一展民间小戏的亮丽风采。在《雍正皇帝·恨水东逝》第二十一回中,作者在运思李卫推行新政的情节时,也没忘记南阳曲艺鼓儿词等曲种:"李卫命令幕僚们把圣旨和廷寄文书,凡与新政有关的,都编成鼓儿词、道情、莲花落,加官词儿大量刻版印刷。"然后罗列了大段戏文。鼓儿词是南阳独有的曲种,道情、莲花落虽然不为南阳独有,但在南阳民间最盛行。在这些戏文里,随处可见作者深得民间土戏那随机应变、见景生情的才华。作者对于民间戏曲的偏爱几达无以复加的程度。《雍正皇帝·九王夺嫡》中,因一秀才在岁考时以南阳"鼓儿词"的形式作答,作者便假借李卫之手批签了"真好文章,取一等","看这么一张秀才岁考文卷,真是别开生面"的赞语。民间土戏的巧妙运用,其活泼清新健美的色彩更加突出和强化了小说的本土化美学品格。

与黄河人伦型文化不同的是,楚文化有着神话性幻想的巨大原型。在清帝系列小说中,作者把散落于古宛大地上的巫觋神话碎片整理之后融入了作品之中,给受众带来了缥缈灵秀的锦绣篇章,异言异服,尽成美制:道士贾士芳巫术灵验,道行高深,奇僻荒诞,若灭若没。二月河不仅夸张地描述了贾的巫术,而

---

① 张德礼:《文学的星群》,河南文艺出版社,1999年,第185页。
② 二月河:《二月河作者自选集》,河南文艺出版社,1999年,第24页。

且把后来给雍正施术不灵想象成番僧作祟,于是贾仕桃木剑,念符咒,用天雷毙番僧于神武门外(《雍正皇帝·恨水东逝》)。史贻直弹劾年羹尧,感天动地,大雨滂沱,瓦飞砖跑。还有弘时魇镇雍正弘历等,这般可惊可愕之事,阴阳人鬼之间所充陈的亵慢荒淫之杂,读之使人心开神释。楚宛文化的灵气,或片言只字,或寸人豆马,或岚烟古木衰狗寒鸦,或荒野孤村苍妪枯男,奇异古宕,氤氲书间,让人进入一种超脱现实的浪漫精神境界中。把浪漫奇幻作为美的极致,正是二月河骨子里积淀的楚宛远古原型文化"纵横驰骋,奇思遐想","出于幻域,顿入人间"的浪漫主义精神的生动体现,在本质上体现出楚宛文化臆想型艺术境界的精神传统。

二

　　本土化是构成清帝系列历史小说文化品格的重要因素,虽然作者把楚宛文化当作特色向读者展示时有着其他样式难以企及的独到优势,但清代皇帝的专指性又使其文本具有了阅读意识上潜在的满族文化背景暗示。这样,作者运思时至少要面对三种文化:汉文化、满族文化和楚宛文化。如何彰显和彰显何种文化,必然关涉到作家叙事的策略问题。对此进行梳理,也是很有意义的事情。

　　由于南阳所处的特殊地理位置,决定了其文化内核具有荆楚文化和中原文化的双重品格,中原文化是华夏文化的重要内容,因此,在二月河的清帝系列小说需要高扬中国文化时,楚宛文化便会很自然地被作者拿来作为华夏文化的重要组成部分而凸显之,用楚宛文化将整体上的华夏文化进行了稀释和置换,其策略是用地域性来消解民族性。小说中不少南阳方言俚语、民谣歇后语、民俗民情及民间故事传说便是证明。

　　中华民族是一个多民族的集合体,对于各民族之间关系的处理,西方学者将它概括为东方主义[1]。在清代,"少数民族"和"主体民族"存在着独特微妙之处。从人的数量上言,满族当时仅有百十万人,与亿兆之巨的汉民族比较,是标准的少数民族;但在政治上它却是主体民族,非满族在政治上处于从属地位,是政治意义上的"少数民族"。当定鼎中原面对突如其来、汹涌澎湃的外来文化冲击时,因为"在民族主义的核心里留下一个空白",所以"一个只有百十万人的满

---

[1] 〔美〕路易莎·沙因:《中国的社会性别与内部东方主义》,《社会性别与发展译文集》,生活·读书·新知三联书店,1997年,第101页。

族,要想统治亿兆人众物华天宝人杰地灵的大华夏,一定要有认同意识"①。作者文本言说转向"认同"汉族这一"少数民族"文化,把它们当作现存的真实性的源泉,给原始的和传统的东西增添了浪漫主义色彩,同时也把他者内在的和与过去联系在一起的那些特点加以提炼。作家不乐意使用满族文化的现实,一方面说明作家相关文化储备的有限性,另一方面也表明作家的思想动机深处是以本民族文化作范型而对满族文化持贬斥态度的。二月河就曾说过:"满族那些骁勇善战的将军对汉人除了一部《三国演义》几乎一无所知。他们有的是武化却没有什么文化。"②二月河在热衷于表现非满族文化的时候,没有像唐浩明那样重史轻诗,去写满汉之间的尖锐对立和激烈冲突,更没像唐在《曾国藩》、《杨度》、《张之洞》中那样敏感于官场内部的政治杀戮,使用令人战栗的笔调去述写满族对汉人的压制和对人性的扭曲,太多的楚宛文化记忆在一定程度上遮蔽了满族文化。汉族鸿儒硕学在满族皇帝面前不是战战惶惶的小心模样,而是整个不合作的态度,恃才傲物,根本不把满族出身的皇帝放在眼里。康熙谒孔时不仅封林加谥,而且行三叩九拜君臣大礼。二月河的文学实践中所显示的强烈民族自尊,不仅表达出作家重塑中国文化的殷切之情,而且使作品更具灵性,富有韵味和张力。

三

二月河清帝系列小说充分展示了本土和传统的诗情画意,以高超的艺术概括性和庞大的容量,形象地反映了中国最后一个封建王朝走向衰落前的辉煌。作家把蕴含在封建王朝内质中与人类社会发展不谐和的因素、民间百姓罹遇的苦难、优秀传统文化等提炼凝聚成为鲜活可感的艺术形象,借助文学的形式,向世人展示了华夏文化的魅力和生命力,在文化全球化语境中作出了一个人文学者应有的回应。

文化全球化固然给我国本土文化抹上了一些同质化色彩,尤其在文学艺术等精神文化领域,出现了诸如先锋文学、新新人类、女性主义、行为艺术以及文化产品市场化、审美文化快餐化等观念,某些艺术形式和思想内容出现了程度不同的西化现象,但是,文化观念和文艺形态的多元化以及文化消费的多层次性要求文化意义的生成必须具有多向度性,不可能只让某种强势文化独掌乾

---

① 二月河:《〈康熙大帝〉一书的定名》,《中国作家》2002 年第 2 期。
② 二月河:《〈康熙大帝〉一书的定名》,《中国作家》2002 年第 2 期。

坤。如何在全球化洪流中高扬凸显中国声音和文化特色,这是许多人文知识分子关注的焦点。近几年人们对于二月河清帝系列小说《康熙大帝》、《雍正皇帝》、《乾隆皇帝》之所以给予了普遍的认可,一个重要原因就是因为作者持守了地域文化特色,用传统通俗小说的艺术手法解读康、雍、乾百年历史的缘故。在作者如数家珍般娓娓而谈饮食服饰、蓬门荜户、卜卦求神、人伦物理、庙堂典章、礼仪乐律、三教九流等的同时,抒发了人与人、人与社会、人与自然、人与科技协调发展的理念和追求,对现今人生存的平庸和精神堕落作了入木三分的批判。"我写这书主观意识是灌注我血液中的两样东西:一是爱国,二是华夏文明中我认为美的文化遗产。我们现在太需要这两点了,我想借满族人初入关时那种虎虎生气,振作一下有些萎靡的精神。"①

中国的现代化进程在近代是以强势文化强加为开端的,其意识的萌发也是殖民者坚船利炮轰击的副产品。现代化是"一个范围及于社会、经济、政治的过程,其组织与制度的全体朝向以役使自然为目标的系统化的理智的运用过程"②,虽然能有效地调动全社会的资源和劳动力,为实现国殷民富创造条件,但它的非本土性和对功利性、效率的过分强调,对工具理性的过分认同和对结果评价的过分重视,无可避免地会与素以讲究克明峻德、修道以仁、天人合一、文治教化价值取向的中国传统文化相对立,与其人性发展目标的定位及基本精神追求相悖离。因此,现代化在唤起世人皈依热情的同时,也在不断地刺激着人们的民族自尊心,勾起人文学者心底深重的焦虑感。这种民族文化认同危机直接促成了中国近代以来文化守成思潮的发展。从辜鸿铭、梁启超对本土文化的强调,到梁漱溟、吴宓对传统文化优越性的彰显,从周作人、废名对黄河长江文明对人类发展的突出贡献的肯定,到何其芳、卞之琳等对地方民俗的眷恋与依赖,特别是文化寻根潮,传统文化在作家的笔下屡屡得到不同角度提升和诗性阐释的本身,即是全球化进程中焦虑不安心态的流露。在这样一个迫切需要提升构建中国新的文化体系的背景之下,二月河有着浓郁本土化色彩的《康熙大帝》、《雍正皇帝》、《乾隆皇帝》一经推出,受到海内外读者的热烈欢迎便已在情理之中。作者用文笔立史,诗词歌赋,琴棋书画,浓淡相宜,疏密有致,为读者提供了演绎自己喜怒哀乐的舞台,宣扬肯定了传统文化的审美价值和意义。应该说,作者是在对本土文化的反思、分析和感悟中梳理文思、激发创作灵感的。这种创作理念不仅极富现代气息,而且决定了清帝系列小说影响的广泛性。在

---

① 二月河:《二月河作者自选集》,河南文艺出版社,1999年,第239~240页。
② 艾恺:《世界范围内的反现代化思潮——论文化守成主义》,贵州人民出版社,1991年,第5页。

全球化语境中历史小说如何进行审美转换,二月河将文学的审美内涵与文化内涵有机地结合起来的文本实践,构建了一个与全球文化对话的诗学范式,其创作对我们无疑是很有启发的。

二月河清帝系列小说与它赖以生存的文化圈的浸润密不可分,其创作上取得的成就告诉我们,借重本土文化的灵性,努力从本土文化中启迪文思,并对人物、情节等作匠心独运的诗意解读,是激活全书、增强长篇历史小说现实观照性和文化厚重感的关键。二月河深得楚宛文化灵气的艺术观和写作策略,具有文学史原型演化的意义,值得学界做进一步探索。

原载《当代文坛》2003 年第 5 期

"民间立场"与"政治话语"
——高阳、二月河的清史文本比较

庄若江

台湾的高阳和大陆的二月河,无疑是在历史小说创作方面最受瞩目、影响最大的作家,也是一直以来争论纷纭的焦点。高阳的历史文本成功地融历史和通俗传奇于一体,融传统文化、儒道精神和娱乐因素于传奇文本,沟通了史学与文学、历史与现实、古人与今人,用文学的形象思维织补了史料的空白,既尊重史实又富于艺术创造。二月河则是当代大陆影响最大的历史小说家。《落霞三部曲》帝王系列的相继出版,使之成为历史小说创作成就卓著的黑马,《雍正皇帝》更是获得如潮好评,被香港《亚洲周刊》选入"二十世纪中文小说一百强",甚至有人将其誉为"中国继《红楼梦》以来的又一部有影响的长篇小说"[①]。二月河善于运筹繁复史实于帷幄之中,将史诗构架和通俗笔法相结合,小说恢宏的气度,波澜起伏的情节,宏大的构架布局,工于研磨的人物,精到细致的叙述,确能夺人耳目。

高阳、二月河的清史文本,同样选材宫廷生活,同样书写帝王生涯,但因外部环境和个性、观念的差异,相似的历史在二人笔下却有着迥异的展呈,在诸多方面呈现出鲜明的差异性、悖逆性,从史料的取舍、帝王的塑造、不同技巧的侧重等方面都可以透视出作家不同的艺术追求、话语立场和文化态度——高阳的话语立场有着鲜明的民间色彩,而二月河的写作视角却和大陆的社会政治有着万缕千丝的联系。本文拟通过二者文本的比照,透视两岸作家不同的创作理念,诠释作家内在创作思维机制对创作的影响,探索文本背后深蕴的文化内涵,并通过背景文化造成的创作价值观差异,对文学与文化观念关系问题的某些本质进行思索与追问。

一

"真实"是历史小说的底线,但在对"真实"尺度的把握上,高阳、二月河的

---

① 吴秀明、陈择纲:《高阳历史小说论》,《文学评论》1996年第4期。

取舍却大相径庭。表面看，高阳重考据，二月河喜重构，但背后却有更深刻的动因。

高阳"宫廷系列"涉及历史久远，塑造帝王形象众多，从汉元帝、南唐后主、明正德帝，到乾隆皇帝及晚清时期的慈禧、同治、光绪，不难看出，高阳大多选择王朝衰落或由盛而衰的历史时期下笔，明清时期尤甚，作为史学家的他自然有所用心。二月河文本择取的则是封建社会发展鼎盛时期的"康乾"盛世，这样选择也不可谓不动心思。一方面，清王朝是中国历史上一个比较特殊的王朝，少数民族入主中原，"夷狄"统治"华夏"，游牧文化与农耕文化之间的差异、冲突较烈，情节性强，便于演绎；另一方面，清王朝又是一个比较有成就的王朝，回眸、反思、重评这段历史，更容易凸现作家的历史、文化理念和政治见地。

作为历史小说，情节基础当为"信史"。这方面高阳一直被誉为"以小说写历史"的作家。他占有史料丰厚，注重史实，善从历史文献中寻觅戏剧冲突线索，凭借大量经史典籍、方志笔记、轶闻野史、笔记札记的阅读积累和精深考证，下笔时无牵无碍游刃有余。但细究其文本则会发现，在史料素材上，高阳显然十分青睐"野史"。不仅浩如烟海的民间传说、传奇故事、稗官野史均被他囊入小说，甚至对宫廷生活的书写也多取自野史传说。而稗官野史和民间传说中有许多文字显然依据不足，而史学家的高阳为何如此青睐之？再者，由于稗官野史往往站在民间话语立场，所以对帝王轶事的记录往往多为奇闻艳遇，不乏夸张虚饰成分和民间话语对帝王的揶揄与嘲弄，而这又为什么让高阳心仪？

看来，高阳的历史小说颇有一些"轻摇羽扇戏王权"的味道，他显然并不想为读者打造出帝王伟岸尊贵的群像，而更侧重表现封建帝王的荒淫腐朽，展示他们普通平凡甚至不及普通人的一面。《乾隆韵事》中不仅吸纳了野史传闻关于乾隆身世的传说，而且在此基础上进行进一步演绎，融入不少想象与揣测。《慈禧全传》虽较多地涉及政治风云，反映了"辛酉政变"、"戊戌政变"等重大历史事件，但即使写政变，也有不少游戏笔墨，野史成分颇多。如"戊戌政变"一节将传说中人物大刀王五和谭嗣同的交情大加渲染，亦真亦幻。总体看，高阳的宫廷小说，虽则主体真实，但取自野史、传说的情节比重较大，其清史文本的民间视角和通俗文学意味，正是由此而来。

二月河的"帝王系列"择取的是中国封建历史上少有的鼎盛期——"康乾盛世"，从表现主体、题材的选择即可窥见其鲜明的倾向性，作者对盛世帝王充满好感，对其历史功绩给予充分肯定。他认为康雍乾三朝之所以能构建起封建社会最后的高峰——"康乾盛世"，帝王作用十分重要。封建历史上彪炳青史的皇帝并不多，通过小说正面塑造帝王形象，表现帝王之于历史的重要作用，正是二月河创作的出发点。为再现"康乾时代"的繁盛，他将目光瞄准那些足以展示帝王政治智慧、气魄和才能的素材,尽可能选择重大、激烈的历史事件,而对野史传说一类,则少有涉猎。如《雍正皇帝》的着力点落在雍正历史功绩及其政治生涯上,而对雍正"偷改遗诏"、"公主偷换陈家子"等野史素材,则根据小说主旨定位予以大胆舍弃。《康熙大帝》亦未拣拾"康熙下煤窑"一类传闻琐屑,而是抓住除鳌拜、平三藩、治黄河、平噶尔丹、息阋墙之乱等重大事件,着力描写康熙的英明睿智、政治伟绩。即便涉及帝王生活的情感纠葛,他也是根据人物性格刻画的需要而几乎没有涉及骄奢淫靡一类逸闻。如康熙与阿秀、陈璜之间的情感纠葛,侧重的是国家大义与个人私情之间的冲突,意在表现帝王的情怀抱负,《雍正皇帝》中对难以回避的雍正夺十四弟所爱的事实,作者也是极力对其自私行为进行粉饰。

比照之下,二月河对后宫生活着墨不多,对皇室爱情、友情、亲情也少有落墨,即便因情节展开、人物塑造需要必须加以表现,也是意在言外。如苏麻喇姑与伍次友的恋情、胡宫山与李云娘、李云娘与明珠之间的关系等,小说侧重点均非情爱本身,而是落在士大夫舍生取义的传统情结。《康熙大帝》写康熙八岁即位,师从伍次友,勤奋苦读,在险恶政治环境中与鳌拜展开惊心动魄的宫廷较量,15岁就"庙谟独运"智擒鳌拜,独掌政事,侧重的是康熙的过人胆识和超人智谋。小说虽从幼年康熙写起,却几无童真情趣,出场便少年老成,苦研政治谋略,揣摩帝王之术,足见作者倾力表现政治斗争、宫廷纷争、计谋权变的政治小说特色。

二

历史小说,常常需要借助特定历史情境来再现人类活动的轨迹和思维方式,然而,在这个客观过程的再现中,却常隐匿着作家的第二种话语——主观话语,从而透视出作家本人的历史文化态度、话语立场和写作目的。

高阳"宫廷系列"中的帝王,几乎无一不是荒淫无道的昏君,不是耽于酒色就是残暴乖戾,这一视角显然出于民间立场。他对帝王生涯的书写以帝王私生活、后宫故事为多,这既与高阳的写作视角有关,也与他掌握的史料有关。野史中记录的帝王劣迹,无处不充溢着民间对至高无上统治者的揶揄和蔑视。从这个意义上,高阳的"宫廷系列"近似封建皇帝的艳史淫史,其中不乏对封建王权和封建制度的讨伐。从《乾隆韵事》中对皇帝父子、皇子之间的矛盾的表现可以看出,高阳对你死我活的政治权术之争的把握显然逊色于二月河:"可惜太子(二子)资质虽好,不喜读书,自幼为一班佞臣所谄媚,养成娇纵狂妄的性格,而且天性凉薄，竟有弑父的企图，因而在前年九月，被皇帝在自塞外的归途中废了，并命皇长子监视。皇长子名叫胤禔，长太子两岁。清朝的家法，皇子的身份视他母亲的身份而定，胤禔为庶妃所生，所以虽居长而不能成为太子，只封直郡王。他跟太子不和，皇帝只有命他监视太子才可以放心。"小说起笔就已现出淡淡的嘲讽和厌恶，而对一个重大的政治阴谋高阳却轻轻几笔带过，仿佛无关紧要的闲话，显然，对政治风云、宫廷斗争的表现并非高阳所热衷，从将小说定位于"韵事"已可窥见高阳视线的落点，反映出作家对政治的淡漠。从政治的角度审视君主、描写帝王，却是二月河历史文本的重要特色。他不仅想要树立起帝王的正面形象，刻画帝王励精图治、锐意改革、发愤强国的一面，而且要刻意表现他们在推动历史前行中的重要作用。在他看来，国君之所以成为一国之君，必是独具政治手腕、拉动历史的关键人物，他认为"英雄和人民同时创造了历史"，并称自己之所以歌颂康雍乾，是"因为他们对于当时民族国家的团结作出过贡献"①。本着这样的认识，作家才择取康乾盛世和三位政绩突出的君王，并将君王们都写得伟岸高大、叱咤风云：康熙年少英俊、有胆有识、智慧超人、魅力非凡；雍正更是以国为重、克己敬业、锐意改革、继往开来的明君。这与高阳作品中骄奢淫逸，置国家大事于不顾的腐败帝王有着天壤之别。显然，康乾形象折射着二月河的政治理想，雍正更是其理想人格之化身。二月河对雍正的塑造，确乎是数十年来对历史人物的大胆翻案，其历史判断、道德判断充分体现于文本之中。作家认为，雍正是一位对中国封建社会历史的第三高峰作出重要贡献的统治者，他之所以在后世被描绘成阴险、毒辣、残忍的坏皇帝，一则与当时皇族争夺帝位斗争激烈、政敌太多有关；二则与康熙晚年政纲松弛、政治颓败使其继位后不得不以重典治国大力改革而引起官员抱怨有关。因此，他极力为雍正正名，甚至不惜美化和粉饰。他以"改革主旋"统领全篇，将雍正塑造成一位大胆革新政治、励精图治、勤政廉洁、忧国忧民、刚毅果敢、关爱臣民的好皇帝，为此不仅略去了雍正时代关于文字狱的种种记录，还着力表现他不惧骂名滚滚大刀阔斧刷新吏治，不怕得罪群臣大胆实施反腐倡廉的种种举措。甚至，连雍正软禁十四阿哥后强行夺走这位政敌兼兄弟的心爱女子乔引娣的史实，作者也不惜将私情柏拉图化，称其是因旧情人小福之死的恋故情结才移情容貌相似的乔引娣，竭力为其行为寻找心理依据，使这一丑行不仅没有私欲色彩反而真挚动人。最令人感动的是帝王们的勤政廉洁，康熙每天工作七个时辰（14 个小时），雍正每天工作达 18 个小时。雍正曾苦不堪言地说："这是今个儿朕批的奏

---

① 马芳芳、丁尘馨：《专访二月河："我为什么歌颂康熙雍正乾隆"》，《新闻周刊》2003 年第 34 期。

章,一万多字,那是昨天批的,不到八千字。朕还要接见大臣,要到家庙祭祀……朕每天四更起身,做事做到子时睡——狗儿,你想不到朕有多累。"①全然一个敬业克己、鞠躬尽瘁的好皇帝形象。

显然,二月河是依"理想明君"尺码度身打造帝王形象的,有某种社会的、文化的目的。其实,后人创作的历史小说,从来都无法回避当代意识和时代意识,在主体和客体、过去与现实之间总有着某种"折射"、"曲达"的联系。历史从来就是时代之镜,这方面,二月河追求小说的当代价值、强调文学的"警喻"意义十分清楚,其文化指向也透露无疑。在保留基本史实的前提下,他输入了诸如励精图治、勤政廉政、惩治腐败、整饬吏治等具有鲜明"警世"意义的时代话语系统,利用历史故事折射社会热点关注话题,暗合受众心理,寻求广泛共鸣,从而达到文学干预效果的最大化。而这一切,在高阳的历史文本里是毫不在意的,在他深厚从容的叙述的背后有着自在的嬉笑怒骂,随性而发,其间可以找寻的只有率真和对文化的挚爱。

三

高阳创作小说的社会目的性不强,舒卷从容的笔法中不乏琐碎,他更多为展呈宏富的"中华文化"而写,所以不舍得随意丢弃。江少川曾评价"高阳在系列历史小说中全景式地展现了中国广阔悠久的传统文化"②。确乎如此。英国文化学者泰勒曾将"文化"定义为"整个生活方式的总和"。从这个意义上我们则更容易确认高阳历史文本所具有的"文化性"。高阳在谈及创作目的时也说,历史悠久的华夏文化是中华民族最珍贵的精神遗产,透彻地了解它,有助于激发深挚的爱国、爱民族的热情。显然,高阳将展示民族历史文化的丰厚积淀作为落笔的重点,所以,其小说仿佛细密翔实的历史脚本,从上层社会的宫廷文化、官场文化、士大夫文化到下层社会的商贾文化、街巷文化……无所不包。小说中随处可见典章、制度、礼仪、民俗、风情介绍,掌故传说层出不穷,典籍制度娓娓而道,甚至整段征引奏折、圣旨,全文照录策论、函札,甚至不惜损害小说结

---

① 二月河:《雍正皇帝》,长江文艺出版社,2002年。
② 江少川:《高阳和他的历史小说》,《解读八面人生——评高阳历史小说》,中华工商联合出版社,1997年,第18页。

构,"不惜以牺牲作品的生动性为代价"①。

因为刻意于文化的尽致表达,高阳对小说的艺术技巧不太经意,不仅结构随意、叙事拖沓,在人物的塑造上笔力也不够集中。相形之下,显然二月河更注重小说构架和人物刻画,笔下帝王也更具震撼力、冲击力。高阳刻画人物的长处在于对人性、人情的细腻表现,而二月河则更擅长在际会的政治风云中塑造人物。高阳笔下的雍正人物略嫌简单,给人纯粹"坏人"之感觉,作家在"改诏夺位"谜案上倾倒了过多笔墨,强调其阴险毒辣、冷酷寡情的一面,对性格其他侧面和政治的深因却相对惜墨,缺乏深入心理剖析。相对而言,慈禧是高阳刻画最成功的人物之一,不仅写出了"历史中人"的一面,还突出了女皇的性别特征,尽力揭示出慈禧以独裁性格为核心的矛盾多重的性格,表现了慈禧作为同治之母、丧夫寡妇的母性和孤独乖戾、渴望人伦亲情的性格侧面,使之与女皇自私残忍、阴毒狭隘、荒淫嫉妒的性格成为很好的互补,体现了高阳对慈禧生活史料的熟悉、观察的细敏和表现上不凡的文学功力,然而对其政治生涯的一面揭示较少。将高阳笔下人物与二月河的人物系列比较,则可以发现两人在强调人物塑造、重视调度艺术手段方面有明显不同。高阳的率真自在、重文化轻政治的特点,同样体现在他对人物的描写和态度上。二月河对帝王虽有美化之嫌,艺术手法却娴熟老练。他塑造的雍正,既突出了"皇帝"身份的特殊性,又展示了有血有肉的生活和其普通人的一面。小说力求摆脱简单化是非善恶的道德评判模式,将雍正置于一个平凡又不平凡的"人"的位置,着重表现其政治活动的历史合理性、必然性及其个人欲望与性格之间的悲剧性冲突,在矛盾冲突中刻画人物复杂丰满多面的性格。作家不仅将笔触伸向人性人情的层面,表现出至尊人物身上普通人性因素的复杂性,而且描绘了人物的性格中仁慈温和的一面是如何在残酷复杂的权力斗争中逐渐被扭曲,最终被专断多疑、刻薄冷酷所取代的过程。因此,雍正形象所展示的不可回避的历史局限与人自身的弱点、他的深陷矛盾纠葛而难以自拔、他的焦虑孤独和变态冷酷等,才具有了更普泛的意义,从而借助艺术手段达到了强化小说社会效果的目的。

四

在中国,"文以载道"传统由来已久,"载道"思想深入人心,作家的创作往

---

① 王耀辉:《高阳小说的可读性》,《解读八面人生——评高阳历史小说》,中华工商联合出版社,1997年,第302页。

往为集体意识和使命感所驱动,具有强烈的"话语代言人"意识。回眸浩瀚文学史,尤其是20世纪50~80年代的篇章,多见立场一统的书写内容,文学话语也烙上鲜明的时代社会痕迹,政治对文学的影响无处不在,不断强化着人们的载道意识。在相当长的历史阶段中,人们热衷大叙事、大构架、大主题,对集体话语、政治话语表现出高度自觉。20世纪80年代中期以后,伴随经济的疾速发展,文化大一统话语方式逐渐被打破,文坛转而出现了与前期抗衡、抵触、悖逆的话语姿态,淡化神圣、蔑视崇高、反抗权威成为时尚,个人化、私密化、琐屑化、平民化、世俗化的叙事一时成为文坛新宠,小说创作虽然渐趋多元和丰富,但文学的使命感显然滑坡,教化功能逐渐淡化,文学叙事的宏大性庄严性受到了质疑。

  历史的记忆无法割断,文学的发展总是以不断悖反、扬弃的姿态前进,并不以人的意志为转移。20世纪50~70年代背景下成长起来的作家不乏尴尬,青少年时期所受的教育、社会环境的熏陶和"文革"的特殊历练,都使他们勤于思考、善于回眸、擅长以大视角体察社会,更习惯以大叙事方式书写时代和社会,通过对重大历史事件、政治风云的把握,传达对社会、政治、生活的理解,从而以创作实现人生的价值,只不过在进行文学化演绎的过程中有人喜欢采撷现实,有人喜欢翻捡历史,二月河属于后者。他的写作虽然在商品化语境下显示出一定的通俗色彩,却同时透露出鲜明的社会目的性。儿时的教育、部队的经历,使他不能回避社会。面对日渐商品化的社会走势,他在严肃与通俗的交界处努力尝试着兼顾雅俗,竭力贴近受众需求,他明白"书的命运在读者掌握着,我只能尽力用自己的才识与汗水'买通'你们"①。即便如此,仍可觉察他明显的"载道"取向,只是这"道"带有鲜明的二月河的喜好和时代特点。他的清史文本关注政治而较少涉及男欢女爱宫闱艳闻的作风,并非偶然形成,显然是习惯成自然的有意为之。在人物塑造上,他不感兴趣后宫争宠、艳遇绯闻,而是突出人物的政治智慧和斗争经验,其中也包含着作家的政治智慧。这种智慧并非来自冠冕堂皇的文学修辞,而是来自丰富的社会经验和政治实务。二月河深谙,社会文化心理的"突变"并不能彻底改变文化市场的接受惯性,《雍正皇帝》等文本的魅力很大程度取决于对现实社会的影响,由于这种"拟真实"文本暗合了社会吏治改革和反腐倡廉的大主题,暗蕴着民间潜隐的"明主"理想,有着明显的社会"心理干预"色彩,从而能在中国市民社会赢得广泛共鸣。尽管虚构因素越来越多,个人色彩越来越重,仍能赢得多数人的肯定。二月河实在是文学"边缘化"的高手。

---

① 二月河:《康熙大帝》自序,长江文艺出版社,2001年。

台湾社会转型早大陆20年,20世纪60年代以后,腾飞的经济将台湾迅速带入了消费性文化时代,同时欧风美雨的浸染冲淡了传统"载道"观念,快节奏、商品化、功利性的社会,文化产品呈现出消费性特征,娱乐性强、茶余饭后解颐之作更易满足受众的消遣需求。高阳"重艳史轻政事"、"蔑视威权"的小说特色,正是这一社会环境温床孕育的文化产物。出身钱塘望族的高阳,没有深厚的政治背景和经验,更多的是作为史学家的立场和判断,他认为帝王将相不是撼动历史的主角,而不过是显赫舞台上的群丑,是得道的"小人"。在他历史文本中,有作为文人对历史的解读,也有社会文化取向和受众心态的影响:至高无上的帝王不再威严而成为被嘲讽、戏弄、调侃的对象,他们的贪婪、好色、愚蠢、荒唐成为百姓的笑料。对王侯将相极尽调侃和谐噱,重笔墨写他们荒淫腐朽的私生活和卑鄙龌龊的钩心斗角,无疑正是民间视角和民间立场的充分体现。高阳为人们撩开重重宫廷帷幕,揭去皇帝神龛的遮羞布,将往日神秘威严的帝王赤裸裸地呈现人前,领人去见识君王的普通和庸常,这不仅体现了台湾社会的文化视角,对平民社会的人们又是怎样的心理满足。如果说《鹿鼎记》是金庸英雄神话的破灭,那么,也可以说高阳的宫廷小说是君主神话的毁灭,它表现出民间对权威的极大蔑视。

可见,受到诸多因素的影响和制约,同样的历史题材在两岸作家笔下有着截然不同的表现。无论是高阳对浩瀚文化的展呈,还是二月河对历史的重构,背后都有着深刻的、内在的原因。文化,作为人的本质力量的对象化,不管作家出于什么创作目的,他都无法脱离文化对人的本体的制约力量。

原载《江苏社会科学》2004年第5期

大众文化背景下的历史题材创作
——《雍正皇帝》与电视剧《雍正王朝》的比较分析

颜 鹏

二月河的长篇历史小说《雍正皇帝》被改编成了四十集的电视连续剧《雍正王朝》。1999年,从元旦到春节在中央台播出。这部气势磅礴的大型历史剧创下了很高的收视纪录。它在首都北京的收视率更是高达19%,一时之间充满众多的媒体的溢美之词。直到现在仍有不少的地方电视台仍在播放该剧,并不乏观众的捧场助威。必须肯定,无论是《雍正皇帝》还是改编后的电视剧《雍正王朝》,从商业炒作、市场运作以及文学作品艺术本身来说都是成功的,这个问题应该是毫无疑问的。从小说创作的角度看,二月河凭借其多年研究红学的功底,对上至当时的典章制度、宫廷建筑、饮食服饰、礼仪乐律,下至勾栏瓦舍、寺庙堂肆、市井乡野、客旅古渡,都能娓娓道来。阿哥们的明争暗斗、权谋机诈;女伶歌伎,绕梁余音,句句回肠荡气。情节设计跌宕起伏,人物塑造,浓淡相宜,谋篇布局别出心裁。

历史的大视野与艺术表现结合得非常好,是一部非常出色的历史小说。然而,无论是作为读者阅读《雍正皇帝》还是作为观众欣赏《雍正王朝》,或许都有这样的印象:雍正的原型形象几倍地放大了。仿佛雍正所做的所有的事真的都是为了黎民百姓,天下苍生,雍正真的成了一位心忧天下、旷古未遇的盖世明君。这就涉及一个历史小说的艺术创作与历史真实之间所达成的审美契合的问题:审美价值的取向与审美意义的超越由何种因素诱导而产生动摇观念的变化?在笔者看来,放在历史小说创作面前的,是难以摆脱的文化全球化背景和大众文化的导向背景。

"当代一系列技术革命和制度变迁已经大大地改变了过去那种力量对比关系,使民族文化和民族认同在未来的竞争中确实增加了脆弱性和易变性。文化传播技术尤其是国际传媒大亨的出现,已经使全球文化系统成为一体,致使当今的文化交流,无论从范围、强度、速度,还是从多样性来说,都远远超过以前的规模,也是过去一切时代所无法比拟的。"[①] 在这样的前提下,历史真实与艺术

---

① 苏国勋:《全球化背景下的文化冲突与共生(上)》,《国外社会科学》2003年第5期。

真实的关系得以重新分列主次,评估的取向指导审美选择在文化背景的暗示下张扬了时代的物质渴望,并变化为精神艺术需求指导了现实的创作。也就是说,在大众文化背景下的消费文化界定了历史与艺术真实的构建,而同样基于大众文化背景的消费文化与传播文化的共同作用又直接促成了集体意志的英雄主义(或言英雄情节)获得物质世界的肯定而得以模仿再现。

一

在文化背景的衍生变化中获得艺术创作背离艺术真实的依靠,并在这种背离中尽量消弭个体的历史沉重感。

"全球化对民族文化的冲击还表现在消费文化的飙兴以及大众文化的风行,它使人们的生活经验发生严重分化和分裂,而对人类共同的文化的意义作出截然相反的解读,从而使人们的文化认同受到了严重冲击。"①这是导致历史小说创作中个体形象的艺术背离最直接的原因。

当代社会,精神文化的消费必然走向商品化,随之消费文化的发展趋势必然会对艺术审美有一定的导向,导致历史与艺术的修订产生新的变化。艺术家在文化中的角色与地位必须由他与消费者的关系来确定。艺术家以谋生的职位进入文化市场,在当前还不可能摆脱"货主—顾客"的关系模式。在这种情况下,艺术不可能完全保持自身的独立性,完全按照艺术本身发展的规律去办事。"在艺术的生活方式与风格表现中存在一种大众流行特征,在日常生活的风格化与审美化中,它与分化了的、成型了的消费商品、闲暇时间的消遣及体验,有着进一步的合流趋势。"②小说、影视作品作为文化产品,为了满足"顾客"的需求,重新经历了艺术的再创造阶段,历史与真实必然产生一定的距离。

小说尤其是历史小说,必然要正确处理历史和艺术两者的关系。而历史与艺术的关系,实质上就是对历史的还原与重构,历史真实与艺术真实的契合点正在于对真的共同追求。还原与重构这两种历史剧的创作方法,在具体的创作中,必须将两种方法相互渗透、相互融会,既尊重历史又不拘泥于历史。二月河的《雍正皇帝》以及后来改编后成为电视连续剧的《雍正王朝》,在历史的还原上基本上做到了这一点,对重大的历史史实并没有做怎么大的变动。从康熙有争议地决定储君的人选,到后来的九王夺嫡雍正最后登上皇位以及登上宝座后

---

① 苏国勋:《全球化背景下的文化冲突与共生(上)》,《国外社会科学》2003年第5期。
② 〔英〕迈克·费瑟斯通:《消费文化与后现代主义》,译林出版社,2000年,第142页。

进行的一系列的惊天动地的改革,基本上都是以历史为依托,对重大的历史事实没有做改动。再加上作者本身对清朝文化、历史、风俗、宫廷礼仪、服饰等的熟稔,让一般的观众和读者感受到非常真实的历史气息。

另外,在重构方面,如果撇开别的不讲,单从历史小说、历史剧的角度来透视和剖析,无疑其立意透彻新颖,同时在商业化的操作上是成功的,对于雍正这个君王的形象进行了大胆地重构。雍正皇帝执政时间长达十一年,他励精图治,锐意改革,为历史上有名的"康乾盛世"奠定了坚实的基础。这个历史上非常有争议的君王身上凝结着许多令人百思不得其解的悬念,因此,许多情节仅靠对历史的简单还原是绝对行不通的。成功的重构有很多,比如一直和雍正明争暗斗的八阿哥胤禩,他是在 1726 年雍正登基后不久就死了,然而在《雍正王朝》中他的死葬却与雍正 1735 年的驾崩相接近,从历史真实上说是偏离了,然而对于艺术的塑造确是必不可少的。《雍正王朝》作为一部长篇历史剧,大大小小的矛盾和线索看起来错综复杂,其实主要有两条线交叉搭建而成,明线就是以八阿哥胤禩的八爷党同雍正的明争暗斗,而暗线则以乔引娣这个特殊人物贯穿始终。剧中的八爷,无论是琴棋书画的才艺,还是斡旋政治的手段丝毫不逊色于雍正,有的地方甚至还要稍胜一筹,雍正的脱颖而出,只能叫做历史的偶然或者干脆就是一种幸运。

现在很多清学家仍然认为雍正的继位是由于修改了遗诏,历史的真实到底如何,可能是永远难以解释的谜吧。

电视剧《雍正王朝》和小说《雍正皇帝》给观众和读者可能会造成这样的一种感觉:雍正皇帝是一位勤政爱民、呕心沥血、心系苍生的近乎完美的帝王形象。观众和读者忽略了其中的艺术包装,在阅读和欣赏过程中不知不觉地认同了作品中存在的道德秩序和价值体系,真的将一位历史上的暴君误认为是用来拯救黎民苍生的救世主。被小说家和策划者精心编织的绚丽的冠冕堂皇的外衣所迷惑,从而没有准确地理解雍正性格的两面性,只是执其一端,有意忽略了雍正的过失和缺陷,从而使全剧带上了浓重的颂皇基调,失去了艺术历史理应发出的深沉叩问。"(21 世纪中国美学)把对社会的改造,社会关系的改善以及人生幸福的不懈奋斗等社会性价值的满足当作了美学合法的现代性根据。"①

作为小说创作,自然难以走出左右其创作指导的文化背景,看到作品与历史之间的个体形象背离,也就不足为奇了。正所谓"重要的是人能干什么,而不

---

① 王德胜:《走过世纪:中国美学的过去和现在》,《人大复印报刊资料·美学》2003 年第 8 期。

是该干什么或是干了些什么"①。

二

通过文学"意义剩余"层面上个体本质的再现,弥补形象塑造上的艺术背离是历史小说创作中追求审美超越的基石。赖以可以简单完成的文本透析,历史小说创作在文本上规避了绝对背离。

尽管小说家和编剧在艺术创作过程中有意识地渗透了自己的艺术重构,然而我们仔细分析,仍能从文本本身剥离雍正表面的冠冕堂皇的外衣,从而看到这位枭雄之主的封建君王的内核。从争储过程来看,表面上雍正那时只是一个办事的阿哥,作为太子党的最坚实也是最"忠诚"的后盾,使所有的对皇位有觊觎野心的阿哥都忽略了他。这正是雍正的高出他人的政治手腕。而太子由于树大招风,做了几十年的太子之后仍然落得被废的下场,弄得个"落难的凤凰不如鸡"的场面。而后来呼声很高的八阿哥胤禩,也由于行事太过出挑,遭到晚年疑心病越来越重的康熙的猜忌而失宠。结果,那位"闷头"只会干事的四阿哥雍正就这么几乎不可能而又必然地顺利登上了皇位,看起来似乎是巧合,其实认真地思考,正是雍正这种以退为进,以一种近乎"夫为不争,故天下莫能与之争"的高人一等的政治策略为雍正的最后胜出奠定了基础,更何况雍正身边还有一位高级参谋邬思道,这位近乎诸葛在世的参谋深谙康熙的心思,几次把雍正从山重水复疑无路的处境中解救出来,雍正登上帝位可谓处心积虑、煞费苦心。正如阎崇年在《评〈揭开雍正皇帝隐秘的面纱〉》一文中所说"雍正皇帝的性格是具有两面性:说是一套做是一套、明处一套暗里一套、外朝一套内廷一套的两重性格……'将残忍苛刻、猜忌多疑'"性格掩盖,特别把自己贪禄天位的想法隐藏起来。

登基以后,和所有的封建君王一样,雍正又"似乎"是内心痛苦,"万般不愿"而又不得不为地干起了"鸟尽弓藏,兔死狗烹"的勾当,理由是他们知道了太多不应该知道的东西。所有在他为登上皇位而忠心耿耿为他卖命的手下都像绊脚石一样被他一个个除去,只有三个人例外,一个是十三弟胤祥,毕竟同为皇室手足;一个是李卫,幸运的他是因为外调而不知雍正所谓内幕的忠心的奴才;还有一个就是本已经上了雍正黑名单的,这位几次救雍正脱离险境的高级军

---

① [波兰]齐格蒙·鲍曼:《全球化——人类的后果》,《全球化背景下的文化冲突与共生(上)》,《国外社会科学》2003年第5期。

师——邬思道凭着自己的三寸不烂之舌,在不乱说话的保证下侥幸地逃过了此劫。而其他人就没有这么幸运了。正是像历史上任何一个黄袍加身的帝王那样,都是踩着无数人的尸骨坐上这宝座的。精明老道的邬思道一句话点出了雍正的本质,"四爷豹声狼顾,鹰视猿听,乃是一世阴鸷枭雄之主……"

几年后,当雍正坐稳了他的宝座以后,就开始逐步地进行打击报复。圈禁隆科多,赐杀年羹尧,一直和他作对的八爷党和十四弟自然也不会放过。总之,一切历史上其他君王会使用的手段在这里都再一次地被复制并且变本加厉。《雍正王朝》中塑造了一个非常成功的女性形象——乔引娣。她本是十四阿哥胤禵最心爱的女人,尤其是在后来胤禵被雍正幽禁以后,更是成了胤禵唯一不可或缺的可以说说话的人,然而雍正凭借着自己的王权将自己手足的最后一点希望都夺走了。更为戏剧的是,乔引娣在目睹了雍正的"鞠躬尽瘁"之后,竟然忘记了自己的仇恨与屈辱,主动为雍正捶背,宽衣解带,发现自己已经"离不开皇上"了,潜移默化地使观众认同了雍正的男性暴力和皇权象征。

雍正统治的十几年里,抄家,屠杀黎民百姓,血腥的文字狱一刻都没有停歇过,任何不利于皇权统治的行为和人事都将被无情地践踏。雍正如此不遗余力地推行新政,如此鞠躬尽瘁,原因只有一个——维持封建的统治。须知"普天之下,莫非王土,率土之滨,莫非王臣"。雍正的天下乃是他一人之天下,而非所有人的天下,天下兴,获其利乃雍正一人而已。如此,这位殚精竭虑,一心为"百姓"奔忙的,似乎为了"国家利益"才不得不杀人的贤明君主的本质就不难看清楚了。

之所以在创作中,小说家要将形象的背离和本质的还原共同扭和在一起,究其根源,还在于作者仍然要完成审美意义上的超越,也就是文本诗性精神依托的表达。大众文化心理期待通过传播文化载体得以彰显,在消费文化的刺激与激化下,使文本创作符合现代意识的要求,并在英雄情结的整合下令文学创作沟通古今。

当代审美文化转变为消费文化反映了当今文化话语权的转化,任何文化话语权的背后其实都隐藏着更深层次的权力关系。消费文化的崛起正说明政治的、宗教的、伦理的权力关系让位于市场的、金钱的、购买的权力关系这一事实。确实,当代的审美文化的命运在很大程度上取决于公众的文化消费行为。文化话语权的转变导致整个文化心态的变异,导致当代审美文化中媚俗倾向的蔓延。这种媚俗倾向与传播媒介的巨大活力相结合,成为文化生产者普遍遵守的准则。

美学家克罗齐曾说:"一切历史都是当代史。"历史表面上看来已然逝去,然而人们关心历史其实是在关心现实。人们对于历史从来不会无缘无故地倾注满腔的热忱,在今天的文艺中,所谓历史不过是意义缺失的虚构,它在不同程度上被描绘成"流行的历史",并或隐或现地体现当代文化的格调。《雍正皇帝》就是诞生在这样一种文化转型、文学观念发生嬗变的历史背景之下的。《雍正皇帝》作为历史小说,并没有将自己的思想与立场局限于一隅,而是拓展了视野,融会了古今,巧妙地找到了改革这个古今相通的支撑点,沟通了历史与现实、过去与今天,使全剧有了当代意识和现代精神。

小说、影视作为一种文化消费品,在进入消费市场的同时,也就赋予了它商品的属性,它必须直接受供求关系的制约,遵循一般的价值规律。电视剧小说的制作必须符合商业规律,要以市场为导向,适应和迎合观众的接受口味和审美趣味。在当今文化市场上,左右形势的是消费大众,尽管他们是以个人的身份出现。文学、影视作品其实是背后广大消费大众意志的体现者,或者说是消费大众的一个代码而已。消费大众的形成,一方面使文化走出象牙塔,走向生活、走向民间,成为最具广泛基础的文化形态;另一方面又成为文化的一次大解放。《雍正皇帝》中塑造了一个为革除旧制、整顿吏治、兴利除弊而不辞劳苦、鞠躬尽瘁的铁腕皇帝的生动形象,正是迎合了现时大众对荧屏英雄的渴求。我国现在处于一个转型时期,从计划经济到市场经济,从人治到法治,方方面面都进行着深刻的变化,改革正在大刀阔斧而又有条不紊地进行着,老百姓对这类问题都十分关注,热切地期望时代能出现一位改革的英雄,去化解矛盾,解决问题,为人民谋福利。"文学活动通过对人的命运(叙事文学)和人的追求(抒情文学)的体验,就产生了一种不可言说而又有所悟的对人生的理解,这种理解并没有获得意义,而是获得含义;不是自觉意识,而是非自觉意识即审美意识。"①雍正这个荧屏英雄形象的出现正是满足了百姓对英雄的期冀和呼唤,引起了观众情感上的强烈共鸣。

《雍正王朝》的总制片人刘文武在看了二月河的《雍正皇帝》之后说:"用可读性很强的情节表达大国的艰难,同时演绎一出英雄悲剧。"导演胡玫在接受媒体采访时声称"中国荧屏需要塑造英雄形象"。英雄的出现在于救世的情结,"不是时代创造英雄,而是英雄创造了时代"。

任何一部作品,它都可以折射出讲述故事年代的浮光掠影。20世纪90年代以来,《戏说乾隆》、《戏说慈禧》等戏说的历史剧一次次掀起历史剧的狂潮。然而,观众读者的口味是不停地在变化的,在看多了太多的类似的模仿之作以后,必然要有另一种新的艺术形式去填补随之产生的空白。

《雍正王朝》趁这个罅隙应运而生,并且一炮打响了。雍正被打造成一个救

---

① 杨春时:《文学的意义和"意义剩余"》,《高等学校文科学术文摘》2003年第5期。

世主的形象粉墨登场。然而,剧组的策划主创人员对雍正这个人物倾注了太多的感情,以至丧失了应有的审美距离,对雍正作为封建帝王残忍、冷酷的一面认识不足。而这容易使观众和读者对雍正的形象产生错觉,逐渐迷信权威和精英的拯救,仿佛看见救世主的幻象,受其蒙骗和支配。《雍正王朝》以整个真实的大历史为依托,在真切地再现广阔的历史画面的同时,又更多地渗透了艺术的再创造和审美表现,与真实的历史必然产生不少的距离。观众读者在见到这位荧屏上塑造的值得信赖的、有魄力有雄心的改革家的同时,切莫忘了雍正的真实身份——专制主义制度下的封建君王。

  透过在大众文化背景下历史小说创作的简单剖析,不难看出:"人们消费的对象已不是商品本身或商品的使用价值,而是被嵌入商品包装中的品位、格调和广告所表征或暗示的商品势能或潜能,这种审美情趣再经过大众传媒的渲染成为时尚风行开来,进而还影响到现代社会人们对生活方式和美学品位的选择。"①因此在整个的文化冲突与共生的历史转型时期,把握住审美的价值与意义超越是成功历史小说创作的关键所在,历史与艺术、历史与政治、历史与现世的林林总总,以《雍正皇帝》为代表的历史小说在实践上无疑为我们提供了很好的批评中介。

  原载《中国历史文学的世纪之旅——中国现当代历史题材创作国际研讨会论文集》2004年12月

---

① 苏国勋:《全球化背景下的文化冲突与共生(上)》,《国外社会科学》2003年第5期。

冷与热的背后
——"二月河现象"文化解读

徐亚东

  20世纪八九十年代的长篇历史小说创作,因诸多作家的辛勤耕耘而收获颇丰,成为吸引众多读者的一个题材域。无论是对重大历史事件史诗性规模的把握、钩沉,对历史风云人物多角度的文化观照,抑或是对历史带有新历史主义审美倾向的描写,还是对历史小说文体、叙事的多样化探索,无一不标示长篇历史小说在一个新阶段的演进和发展。众多历史小说的艺术质量参差不齐是必然的。有的受到评论家的青睐却被读者所漠视,有的为不同阶层的读者所喜爱且为评论家所侧目。然而也有一种现象令人费解,即其作品很受读者欢迎而评论界却熟视无睹、漠然相向。二月河殚精竭虑、呕心沥血,甚至以健康为代价,历时十几载创作的十三卷五百多万字的"帝王系列"就不幸忝列上述现象之中,我们姑且把它称之为"二月河现象"。那么,导致这一现象的原因何在?其背后的文化内蕴是什么?这便成为本文研究的中心内容,而且希望通过剖析这一现象,透视20世纪90年代文学批评的一些缺失。

一

  二月河的"帝王系列"创作始于1985年,由于以多卷本的形式反映"康乾盛世"130多年的历史,其创作一直延续到1999年。而"二月河热"却出现在上世纪90年代中期以后,尤其是根据他的《雍正皇帝》改编的电视连续剧《雍正王朝》在央视一套热播,更把"二月河热"推向高潮。在国内图书市场,二月河的作品数次再版(《康熙大帝》曾再版4次),同时,"帝王系列"也遭到近乎疯狂的盗版。据不完全统计,"帝王系列"中,有的盗版本达10多种,《南阳日报》曾报道,二月河参加第五届"茅盾文学奖"评奖的《恨水东逝》样本竟是盗版本。在当下文化现实下,这种惨遭盗版的命运,这种看似不正常的正常,从一个侧面映衬出二月河作品的"热"度。不仅如此,他的作品在港台、东南亚及欧美华人中也颇有市场,深受欢迎。他本人也被港台评论界和新闻界誉为"文坛一杰",台湾甚至成立"二月河读书会"①,其作品被台湾、香港有影响力的出版社买断海外版权。1999年,二月河获得美国的中国书刊、音像制品展览"海外最受欢迎的中国作家奖",二月河是首位获奖者,也是唯一的获奖者,这足见其在海外的影响。

"二月河热"的原因何在?或者说哪些因素的作用促成"二月河热",挖掘、剖析之,不仅有助于对"二月河现象"的解读,而且透过这个"个案",能进一步透视其背后所包孕的文化内涵。具体而言,"二月河热"的原因既有文本内容、审美品格等内在原因,也有社会文化思潮、接受的文化语境等外在原因。就文本层面而言,"帝王系列"呈现出鲜明的"雅俗融合"的审美品格,这为满足不同层次读者的审美趣味提供了保证。二月河作品的"雅"品格,首先体现在二月河处理历史的态度和立场——严肃、认真地切入历史。他尊重历史真实,不涂抹,不戏说,客观地再现"康乾盛世"的政治、经济、文化等社会内容和历史风貌,在尊重历史真实的大背景下,刻画人物。比如《康熙大帝》中,二月河对清初定中原、政局不稳、内忧外患这一历史时期的一系列重大历史事件都有精确、精细的描绘和表现:与鳌拜集团的斗争,平定"三藩"和与朱三太子的斗争,东收台湾,西平噶尔丹,皇族内部的皇位之争。正是依据"正史"对重大历史事件的描绘,二月河再现了清初壮阔的历史图景。在重要人物,特别是三位皇帝的塑造上也表现了对历史真实的尊重。如雍正这位正史和传说中都有争议的人物,二月河不囿于成见,力图在占有翔实资料的基础上矫正世传之误,成功地塑造一位不同于传说中的皇帝形象。严肃地对待历史事件和历史人物是二月河周身充溢的历史理性精神和学理精神共同作用的结果。这种精神的形成非一日之功,而是他在《清史稿》、《二十四史》等史学著作的浩瀚海洋畅游、研读的积淀,以及"红学"研究的学术熏染、磨砺的结晶。正是真实地再现了这段历史风云,使二月河不同于"通俗"小说家和"新历史主义"小说家,并且以其巨大的容量满足具有不同"阅读期待"的读者的阅读需求,而被广大读者所认同、喜爱。其次,其"雅"性也体现在文本包蕴较为深广的文化意蕴。在历史叙事中,二月河一方面插入大量的诗、词、曲赋,这不仅起烘托人物性格的作用,而且直接为作品涂抹上文化色彩;另一方面,二月河还大量介绍清代的仪礼乐章、典章文化等"典籍文化"内容,并且还描绘出一幅幅市井风俗画。"作品对清代的饮食服饰、里巷杂业、蓬门荜户、宫廷庙堂、青楼红粉、勾栏瓦肆、五花八门无不展示,三教九流,七行八业无不涉及。"②这些"非典籍文化"的描绘,实际是从"民间"的路径透视传统文化。

---

①二月河:《二月河作品自选集》,河南文艺出版社,1999年。
②张书恒:《评二月河"清代帝王系列"小说》,《文学评论》1999年第2期。

从某种意义而言,这似乎更能切入文化的根部,尽现其原色。不仅如此,二月河更是走进传统文化的深处,辟入肌理,多角度地烛照、透析传统文化内涵。中国文化是儒、释、道三位一体,异质同构的文化。二月河是以帝王、士的形象塑造展开对它们的思索与追问。这是文学的追问。在"帝王"形象中,二月河不仅尽显三位帝王的"武功",而且非常注重其"文治"的表现。康熙崇尚儒家文化,重用汉儒,用儒学学说作为国家的统一思想,用儒家的内圣外王思想驭御四海。雍正在康熙朝晚年多事之秋的危局中,替父皇分忧解难,为大清的基业,忍辱负重,不辞辛劳。王位纷争中,力避骨肉相残,这一切无不与儒家"孝"、"悌"、"礼"、"义"的作用发生关联。即便风流皇帝乾隆也是圣学渊深,对儒学顶礼膜拜,对佛学虔诚恪守。三位帝王,无论御宇之术的运用,或是勤政爱民、发展生产、兴修水利等,抑或是日常礼仪、行为规范,无不充盈浓郁的传统儒家文化的精神气蕴。于帝王形象的塑造上,二月河开掘出儒家文化的内涵及其匡扶社稷、救世济民的积极作用,显示出儒家文化的魅力。同时,二月河还在封建社会的政治斗争及宫廷生活描写中,展示君臣、父子、大臣之间错综复杂的矛盾纠葛:父子、皇子间的倾轧,君臣间的猜疑,大臣间的挤兑,以此烛照出宗法家族体制上生长的儒家文化的负面因子。"那种东西,我并不喜欢,我并不欣赏,我要把中国传统文化中那些残忍的东西,封建社会中那些温情脉脉的很虚伪的东西拿出来给读者。"①这种开掘,无疑体现出二月河理性批判的意识。

尽管帝王形象承载一定的文化信息量,但"士"的形象更是体现着二月河对儒道文化精神与知识分子命运的探询。无论是帝师、台阁、宰相,还是总督、巡抚、道台(比如张廷玉、周培公、魏东亭、田文镜、伍次友、邬思道、高士奇、方苞、纪昀等),其身上无不浸渍着儒家文化的精神因子,怀抱"兼济天下"的"入世"情怀。张廷玉不辞劳苦,宵衣旰食,辅佐朝廷,其忠、其义、其礼,尽现儒家典型的人格范型。然却无时不在"伴君如伴虎"的恐惧中,其犹豫、谨小慎微的性格,尤其是科场案其弟牵连之中而表现的精神行为状态,包蕴着更为复杂的文化蕴含。帝师邬思道因科场闹事而永失正常入仕的渠道,但"入世"的思想并没泯灭。成为雍亲王的幕僚后,他殚精竭虑,为雍亲王登基立下汗马功劳,尔后,便远离庙堂,浪迹江湖,归隐山林。这种行为背后是邬思道对皇权的清醒认识而作出的明智选择,体现"道"与知识分子命运的关联,以及作为他们生命支撑与精神抚慰的功能。尽管伍次友他们都得以善终,但理想与现实的矛盾冲突中不得已而为之的抉择,或多或少带有悲剧性色彩。正是作品较为深广的文化内涵从根本上保证了其"雅"文学的品格。"雅"品格理所当然赢得了有一定文化水

---

① 白万献、张书恒:《二月河创作座谈会记述》,《卧龙论坛》1993 年第 4 期。

准的知识者的赞许,引发他们的阅读兴趣和理性思考。"帝王系列"在一般大众中颇有市场,主要归功于它的"俗"文学品格。"在不违背大的历史史实的原则下,那些小的历史史实,我并不拘泥,因为我必须讨好我的读者","如果在理论家与读者之间要我得罪的话,我宁愿得罪理论家。"①一切为了读者,一切从读者出发的创作追求显示了二月河"平民化"的世俗情怀,同时,也是其"俗"文学品格的逻辑起点。具体而言,"帝王系列"的通俗性特征主要体现在艺术形式上。首先,在表现方式上,二月河采取极富民族特色的"章回体"形式,以历史时间为经,历史事件为纬展开叙事,描绘康乾盛世130多年的历史风貌。这不仅是对民族传统艺术形式的继承,更是仔细揣摩当下一般读者的欣赏习惯而采取的较为适当的艺术形式。其次,在叙述方法上,二月河坚守传统的叙事技法,不讲究新潮作家所喜爱的叙事技巧,而是注重故事性、情节性的传统叙事。"帝王系列"其大小故事无不情节曲折,张弛有致,波澜起伏,引人入胜。如《康熙大帝》第一卷之《夺宫》一章,二月河在描写鳌拜集团与康熙之间紧张曲折的斗法,同时,又融入伍次友与苏麻喇姑的恋情和康熙的师生之情,惊风密雨中不乏轻柔舒曼。从阅读效果层面而言,有极强的可读性和娱乐功能。此外,二月河还借鉴历史、人情、公案、侠义小说的表现手法(诸如巧合、推理、悬念等)以增强小说的娱乐性和可读性。综观"帝王系列"小说,其叙事中灌注浓郁的知识性、趣味性,不仅仅标示二月河全方位知识积累的程度,而且极大地增强了作品的可读性,显示出较高层面的通俗性特征。二月河作品有大量饮食、医药、棋艺、天文地理、阴阳八卦、测字算命等方面的知识。在叙事中还时不时插入对联、笑话、民谣、民俗、文坛奇闻逸事等趣味性的东西,调节阅读氛围,增强趣味性效果。正是把"雅"的内容融入大众喜闻乐见的通俗形式中,二月河成功地实现了雅俗融合的审美追求,满足不同层次读者的需求。"帝王系列"于20世纪80年代中期开始陆续出版,而在90年代为海内外广大读者所喜爱,形成一股热潮,除却文本本身因素外,还与接受语境及文化思潮密切关联。自20世纪80年代中期始,小说观念的更新,艺术方式、手法的新变,快捷迅速,令人瞠目。先锋意识甚嚣尘上,持守艺术传统的作家被无情地淹没于先锋创新的滚滚浪涛中。同时,时代崇尚的主题是启蒙话语所包蕴的内涵。这种语境对使用传统艺术手法创作的历史题材而言,受到冷遇是必然的,也是可以理解的。20世纪90年代的市场化行程中,大众文化终于坐上文化诸神盛宴的主位。20世纪80年代的精英意识被弱化,理想、激情被消解,世俗化的狂欢稀释着精神的浓度,精神性的身影日益显得单薄、模糊,文学的边缘化是不争的事实。就历史题材创作而言,

---

①《卧龙论坛》,1994年第4期。

要么用"戏说"的方法梳妆、打扮历史,于花红柳绿中肢解历史真实,放逐历史精神;要么持"新历史主义"立场走进历史,专注历史主流之外细微、琐屑,建构一种"我"的历史。尽管新历史小说在对历史的认识上纠正了过去的一些弊端,也有一定的精神力度,但仍以丧失历史真实为代价。历史题材作为一个题材域,之所以引起今人的兴趣,就在于读者对尘封的历史事件有渴望了解真相的冲动,而且作家走入历史,开掘出了与当下息息相关的当代精神,使其具有了给当代人启示、借鉴的审美功能。20世纪90年代的一批历史小说,如《曾国藩》、《汴京风骚》、《孙武》等在这方面都取得了相当的成功。它们的成功就在于持守历史真实,以及对精神的开掘和守护,尤其是对文化精神的探询和追问。但与二月河的作品相比,在大众中的热度似乎有点欠缺(如《曾国藩》)。二月河的作品有上述作品的"雅",但又有符合大众审美需求的"俗",雅俗共享,促成了大众热。另外,二月河海外热,一方面与海外读者文化上"根"的认同相关外,另一方面恐怕还与海外"新儒学"热对传统文化的挖掘与整合有关。"新儒学"热至少为"二月河热"提供了一个较为深广的文化接受语境。

二

与大众热相反,评论界对二月河的作品的反映不仅迟钝而且关注程度不够,评论文章也不多。读者的热与评论的冷形成较大的反差。尽管1985年至1990年期间,二月河已出版了四卷本的《康熙大帝》,但除其家乡南阳的一些评论者在当地的报纸杂志上发表少数评论文章外,外界基本没有关注二月河创作评论的声音。由于地域和评论者人微言轻的缘故,1990年以前,二月河基本处于边缘的位置。那么,1990年以后的情形如何呢?至少在20世纪90年代中期以前没有太大的变化。《文学评论》1995年第5期篇首刊发的《叩问历史 面向未来——当代历史小说创作研讨会述要》一文,可以说是对20世纪八九十年代长篇历史小说的回顾和总结。然而,通读全篇竟发现那么多著名的作家和拥有绝对话语权的评论家在谈论历史小说创作时只字未提二月河的作品,而此时二月河的《雍正皇帝》已全部出版。20世纪90年代中期以后,情况稍有好转。1997年和1999年,权威刊物《文学评论》分别发表中国社会科学院一副研究员和南京大学一博士生的评论文章。一些大学教授也着手研究,零散的文章见诸大学学报和杂志,一些报纸也刊发了有关二月河作品的书评类文章,但这类文章更多不是针对作品本身发言,带有媒体批评的特点,甚至包含有商业动机。至此,我们不能不问,二月河历时14载,以健康为代价,呕心沥血创作的13卷

150多万字的作品,难道不值得关注吗？当然,我们的意思也不是让评论家都来关注二月河,真正的问题是他的创作为什么被评论界所忽略(不敢用漠视)。难道是二月河的"如果在理论家与读者之间要我得罪的话,我宁可得罪理论家"的不恭之辞真的得罪了理论家们吗？若是,那就怪二月河自己了。但我想我们的理论家还不至于如此浅薄,如此意气用事。那么,问题的根本原因何在？主要在于20世纪八九十年代评论界的一些倾向。更具体地讲,就是在批评的标准、方法以及其他方面存在问题,当然二月河作品本身的不足也是值得考量的。

不可否认,中国当代文学批评自新时期以来,经过20多年的发展,摆脱了过去政治意识形态传声筒和留声机的附庸地位,获得了批评本身的相对独立性,并且在开放的大背景下,与西方的交流日益密切、频繁,其自身获得一个更广阔的参照背景。西方文学批评的概念、方法的应用,尽管有生吞活剥、机械套用的现象,但毕竟拓展了我们的批评视域,为批评注入了丝丝活力和生机,并最终成为在西方理论的启示下建构中国文学批评理论体系的深层冲动。特别是到20世纪90年代中期,"学院批评"形成了气候,"一批从学院走出,拥有较高学历和较深学术功底、少谈学术而多谈'思想'的中青年学者成了批评阵容中的重要力量"①,是他们的努力,提升了文学批评的规范化、学理化水平。但是,20世纪90年代的文学批评也丧失了它本身的一些功能和使命,如对文学作品的鉴别和对读者趣味的引导方面的作用。"批评在文学中变得越来越没地位,批评正在退化","文学批评不对文学作品说话;文学批评失去锐气;文学批评没有文学性。"②金元浦在《闲话批评》中,就这种现象论及到:"最时髦的后现代批评是:批评就是批评本身,就是创造——最缺的是文本批评。"③这的确是20世纪90年代文学批评存在的一个较大的问题。与此同时,20世纪90年代的批评界也存在批评理论的"西化"倾向。"看看如下名单的运行:精神分析、存在主义、俄国形式主义、新批评、符号学、阐释学、后现代主义、后殖民话语。只是一份多重的周边签证。它暗含着'此地是他乡'、'生活在别处'这样诗意的循环法则。"④这是一位作家对理论界"西化"的形象描绘。诸多西方理论固然激活了我们"在'他者'参照下的'自我意识',而且为中国文学批评的发展提供了新的理论动力和构成因素"⑤。在实践层面,一些批评家运用西方理论进入中国

---

① 贺桂梅:《批评的增长与危机》,山西教育出版社,1999年,第43页。
② 谢冕:《批评的退化》,《北京文学》1997年第5期。
③ 金元浦:《闲话批评》,《中华读书报》1998年5月27日。
④ 孙甘露:《虚构》,《在天花板上跳舞》,文汇出版社,1997年,第102页。
⑤ 贺桂梅:《批评的增长与危机》,山西教育出版社,1999年,第30页。

文学创作的批评也被另一些批评家称之为"贴标签"。"'贴标签'是理论对文学作品的'强权'"①，它导致"后话语始终与中国的文学创作实际错位，这一顶顶悬挂在文学上空的前所未有、灿烂无比的'后'帽子，很难在文学现实中找到合适的脑袋，成为一种没有对象的漂浮话语"②。这里当然有批评家因"代际差异"而导致的对西方理论认识的差异，甚至有一种民族的情感掺杂其中，但他们或多或少地指陈出这种批评的缺失，更有作家愤怒地指责其为"媚洋的文学批评"，是"贴洋标签"③。的确，20世纪90年代的批评界颇流行这种方法。它不需要花大力气去细读文本，只需要指认，尔后，就是洋理论的阐释。当然，不带洋理论的创作，即便你再热，漏掉你不只是策略问题，根本是没法评说你。那么，以此观之，二月河作品的如此遭遇是他自己造成的，只有独自承担责任了。谁让你的作品生不逢时，谁让你"土"得不会用洋理论，哪怕是沾点"洋"腥味也行。

如果我们稍微拓展我们的视野，扫描20世纪90年代其他作家历史题材小说创作，如凌力、唐明浩、杨书案等，我们就不难发现他们作品的命运与二月河大致相似，但是也略有差异。其差异之处在于他们的作品发表或出版之初，或多或少还引起一些关注，但关注度也很微弱，并且很快就淡出评论家的视野。就最终结果而论，他们和二月河也没太大差异。这一切无不显示出历史小说在20世纪90年代普遍被"遗忘"的命运。如若探研历史题材小说在20世纪90年代共同遭遇的原因，恐怕还在于无法"贴标签"，既然无法做，那么就干脆不做或少做，历史小说只好自叹"红颜薄命"了。韦勒克在《文学理论、文学批评和文学史》一文中，论及批评时曾说："我们必须回到建立一个文学理论，一个原则体系和一个价值理论的任务上来，它必须利用对具体的艺术作品所作的批评，并不断求助于文学史的支持。"④这能否给正在建构我们自己理论的人们以启示？获取"他者"的参照是必要的，但也应注重我们自己具体艺术作品的批评。这不只是关心当代作家创作的问题，更是文学理论本身建构的目的所需。如上所述，二月河的历史题材创作尽管在历史真实和审美品格上有一些较为显著的特点，但也有一些不足。由于二月河有深厚的史学功底，"帝王系列"的历史真实性得到了足够的保证。历史题材创作，历史真实是必须固守的，但如何超越历

---

① 贺桂梅：《批评的增长与危机》，山西教育出版社，1999年，第27页。
② 石月：《"后"的泛滥与贫困》，《小说评论》1994年第4期。
③ 从维熙：《漫话"剃头挑子"——关于新潮文学批评与刘心武、冯骥才的对话》，《随笔》1995年第5期。
④〔美〕勒内·韦勒克：《文学理论、文学批评和文学史》，《批评的诸种概念》，四川文艺出版社，1998年，第25页。

史事件,升腾到历史哲学的高度,"准确地把握历史文化形态和历史精神,全力以赴地写出特定历史文化和历史精神制约下人的生存状态和生命形式",同样是不可或缺的①。唯此,才能使历史丰润、灵动起来,才能避免历史题材沦入历史学的范畴。公允而言,在《康熙大帝》中,二月河这方面还有点欠缺,到《雍正皇帝》才出现这方面的特点,尤其第三卷《恨水东逝》显得较为鲜明。对雍正晚年的生存状态和心灵状态的透视和把握显示出一定的历史、文化和人性力度,而到《乾隆皇帝》似乎又有点远去的感觉。如果比较凌力与二月河的历史题材创作,我们不难发现,凌力没用编年史的方式去展现清王朝最初一百多年历史变革的全过程,而是抓住百年历史中的重大事件,以此为中心,全力去写处于历史漩涡中的人、人物的命运和人的性格,在对人物命运的描绘中让读者去领悟历史的真谛和精神。如《晨钟暮鼓——少年康熙》,尽管只写康熙智擒鳌拜,勤政爱民,敬天法祖,开始独立的皇帝生活,但主要集中在康熙集团与鳌拜集团的文化选择冲突上,在冲突的描绘中,凌力"充分展示了明清鼎革之际的文化氛围和各种文化心理冲突,使作品显示出深刻的文化底蕴,把社会、历史进化中带有规律性的东西写得更深刻,不仅使读者体验到历史感,触摸到历史精神,而且也提高了作品的审美价值"②。在艺术上,13卷本的"帝王系列"给人以缺少艺术变化和更新的感觉,艺术表现似乎是在一个平面上滑行,而这是艺术创作的禁忌,这一切是否削弱了评论家批评的冲动?无论如何,在全球化进程日益加快的当下,全球化或本土化的问题在文艺理论、文学创作方面也日益凸显,成为一个必须面对的理论话题。如何发掘本土文化资源,在全球化语境中发出自己的声音,获取对话权,显得更为重要。我们认为二月河的历史题材创作是立足本土化立场的创作,是利用本土文化资源的创作,值得进一步关注、研究。这不仅仅是为二月河和二月河的作品遭遇鸣不平的事情。

原载《文艺评论》2004年第6期

---

① 金汉:《中国当代小说艺术演变史》,浙江大学出版社,2000年,第154页。
② 金汉:《中国当代小说艺术演变史》,浙江大学出版社,2000年,第154页。

论二月河清帝系列小说的艺术追求与经验教训

沈云霞

在当下文学整体走势处于低谷的态势下,二月河凭着对传统文化的满腔热情,写出了皇皇13卷(《康熙大帝》4卷,《雍正皇帝》3卷,《乾隆皇帝》6卷)530余万言的清帝系列小说,吸引了众多读者的目光,受到了评论界广泛的赞誉和越来越多的关注,研究文章层出不穷。但遗憾的是,在众多的研究文章中,未曾有人对二月河在小说中所作的人文精神重建努力这一诱人话题投以应有的关注。为弥补这一缺憾,笔者意欲将二月河清帝系列小说放在当今文化多元互渗层面,以当下的知识体验和精神/价值建构体系为参照,探讨历史小说作者怀旧意识与人文精神建构的关系,考镜二月河清帝系列小说的意义指向,见出其小说艺术的独特性,为时下文学在快速变化的文化生活面前所流露出的焦灼意绪提供借鉴。

一、人文精神的再现与重构

随着社会的转型,传统与人的关系以及文化发展观念的变化对人们产生着深刻影响,"整个社会的经济、政治、文化都在发生着深刻的变革,旧有的统一建制文化体系正在发生裂变,由权威盲从而导致的意识形态大一统的局面不复存在,原有的一元主义文化开始被一种价值的多种状态所替代,旧有的价值体系的崩解使得社会的某些方面处于信仰缺席的无神状态,这种价值和意义的无神和多神状态造成了整个社会价值选择的眩惑"①。认识的更易和原有自我文化消匿所带来的文化链条断裂,对于生活于其中的大众而言颇感不适,二月河更是刻骨铭心:"那时感觉是空前的荒凉寂寞,空前的精神饥饿。"②"断裂"与"呈现"总是如影随形地存在于新文化运动以来的文学创作中,呈现是对断裂的修复。二月河在清帝系列小说中之所以以浓重之笔涂抹传统文化,不能说不是对

---

① 舒也:《人文重建:可能及如何可能》,《文学评论》2001年第3期。
② 冯兴阁:《聚焦"皇帝作家"二月河》,广东人民出版社,2003年,第80~104页。

这种文化匮乏和精神无依所作的直接反应。

拉康认为,故事起源于匮乏,"故事中必定有某种事物丧失或者不在,这样叙述才能展开,如果每件事物都原封不动,那就没有故事可讲。这种丧失是令人痛苦的,但是它也令人激动。欲望是被我们无法完全占有的事物刺激起来的,这是故事给人满足的原因之一"①。特殊时代所造成的传统文化匮乏,不仅造就了二月河言说的空间,而且也造成了清帝系列小说畅销的机缘。在民俗学的视阈中,"传统"和"文化"都是一种动态过程,具有历史性。"文化是依赖象征体系和个人记忆而维系着的社会共同经验。这样说来,每个人的'当前',不但包括他个人'过去'的投影,而且是整个民族的'过去'的投影。历史对于个人并不是点缀的首饰,而是实用的,不能或缺的生活基础。"②传统文化中所蕴涵的审美、智慧、信仰以及思维方式等,在长期的滚动发展中,结晶着文化理性。而作为文化理性,它"既不创造,也不发明,它只是进行重复和建构"③,文化理性是人们在文化发展的历史积淀中形成的对于文化自身生命和生存的认识,具有特定历史境域的规定性。二月河提笔书写清帝系列的年代,正是中国社会全力向西方现代化靠拢的年代,"现代性"给人灵魂带来的巨大冲击,使得传统文化的处境颇多无奈。一方面,传统文化理性对大众为人处世待人接物仍有很强的指导意义,支配着人们的生存方式和对待命运的态度;另一方面,尽管西方文化在中土因缺少深厚根基,对中国现实还难以形成一种有效阐说,但是不等于说传统文化理性在它的干扰冲击下于发展延续中不出现茫然和迷错。个人主义、物质主义、消费主义以及文学艺术领域出现的先锋文学、行为艺术、摇滚音乐、文化产品市场化、审美文化消费化等,与西方文化具有同质化色彩的时尚文化,在人群中有一定的影响力。如何捍卫中华文化的独立性,摆脱在全球化语境中被淘汰或被淘空的命运,当下的仁人志士颇感忧虑。面对这种前所未有的迷失,朴厚的传统文化中那些指向原初和本真的内容成为二月河重构理想的坚实基础。当他扛着"文化历史小说"的旗帜,虔诚地秉持着"以文笔立史,以史笔著文"的创作理念,把"传统"当作理想和人格根据地,有所侧重地表达自己对历史本质的思考的时候,这种重建人文精神理想的吁求便跃然纸上。首先,他艺术地再现了传统文化中君恩、臣忠和尊卑等级、各守本分观念。在清帝系列小说中,二月河用饱蘸感情之笔写出了君臣应遵守的礼制,字里行间透露着对尊卑、本分等观念的认同。二月河是怀着敬仰之情来书写清代三位皇帝的,康、

---

① 黎慧:《欲望、代码、升华——大众传播媒介中的女性形象》,《上海文论》1992年第2期。
② 费孝通:《乡土中国》,生活·读书·新知三联书店,1985年。
③ 〔德〕恩斯特·卡西尔:《启蒙哲学》,顾伟铭等译,山东人民出版社,1988年。

雍、乾三帝在作者眼里是圣君形象。他说:"康熙是明君,如伍次友、周培公诸人,一个重要的道德标准,就要体现在君恩和臣忠上,这样才会出际会,才出事业。"并且明确指出:"这些传统美德,具有永恒的魅力,并不因它的封建色彩而黯淡无光。"①在清帝系列小说中,对于皇帝的生杀予夺,甚至滥杀无辜,作者明显将它划在王道的范畴而不予追究,而对于鳌拜、吴三桂等人的僭越废礼,则划在霸道范畴,笔诛有加,表现了憎恶和否定。其次,对忠诚仁义、力行勇毅品操的褒扬。小说中许多英雄人物不仅具有"杀身成仁"、"舍生取义"的气节情操(如《雍正皇帝》中的史贻直、刘墨林等),而且为了目标的实现,身体力行。特别是在作者对雍正的描写上,这种托体说教的用意更为明显。据杨启樵《揭开雍正皇帝隐秘的面纱》考证,雍正阴狠冷峻,刻薄寡恩,诛忠任佞,贪财好色,"私生活的侈靡已到顶峰"②,但在二月河笔下,雍正却节俭朴素、事必躬亲、殚精竭虑,为了社稷艰难謁蹶 13 年,是为清室挣下金山银山的平民化皇帝。这种想象虽然引起了学界颇多非议,但是在艺术上的确能实现与作者文化理念的完美啮合。同时,书中还用很大的篇幅歌颂了吴六一、史龙彪、一枝花等人的勇毅行为。第三,爱民思想。二月河在小说中所列举的,无论是康熙的委曲求全、礼贤下士、宵衣旰食,还是乾隆以仁为政、纠偏补弊、普免钱粮、宽严相济,都在向世人提示和诠释着儒家的民本主义思想。传统文化是一种以世俗关怀为主的文化,要重建传统文化中的人文精神,就不能忽视对世俗内容的表现。因此,伴着清代康、雍、乾三位皇帝筚路蓝缕的创业之路和波谲云诡政治斗争的述说,二月河着意用五彩缨络将散落于民间的充满着神秘、诡异色彩的古文化碎片一一串起。饮食服饰、纲常伦理、民情幽隐、里行杂业、勾栏瓦榭、三教九流、五行八作等,都在作者笔下如数家珍,娓娓道来。多姿多彩的人文知识在清帝系列小说中的穿插腾挪,契合了当下海内外人们潜伏已久的阅读期待和趣味渴望。

  福柯在《知识考古学》中指出,小说家的职责在于"确定文献的内涵和制定文献"③。面对社会转型时期人文精神萎缩和价值失范的困窘,二月河决意要做中国传统文化的虔诚传道者。需要明确的是,二月河对传统文化的复现与寻找,显然不是决然回到已逝的过去,而是在不绝的弦歌中绵延传统的文脉,有选择地取其一点化为今人的新质。"我写这书主观意识是灌注我血液中的两样东西,一是爱国,二是华夏文明中我认为美的文化遗产。我们现在太需这两点了,

---

① 二月河:《二月河作品自选集》,河南文艺出版社,1999 年,第 232~243 页。
② 杨启樵:《揭开雍正皇帝隐秘的面纱》,商务印书馆,2000 年。
③〔法〕米歇尔·福柯:《知识考古学》,生活·读书·新知三联书店,1998 年,第 6 页。

我想借满族人初入关时那种虎虎生气,振作一下有些萎靡的精神。"①二月河用略带伤感的笔调,在还原历史的过程中通过对当时社会各界生存样态的艺术呈现,通古鉴今,在生存体验与生存智慧方面,为人们提供了一些颇有意味的镜像。

二、传奇:史与诗的融合

出于对文化理性的探寻,二月河在沉入社会生活和人性(例如对雍正等人人性之恶的探究)的深层,努力撷取传统文化生存哲学的同时,更是站在现代知识分子立场,对中国社会形态作全景式的审视,勉力而为地发掘着蕴含其中的某些对当下可能有借鉴价值的内容。然而,这种努力到底能在多大程度上获得告别封建专制仅百年的中国人的共鸣,并在当今现代化/西化语境下,通过小说的艺术构建催生民众对中华传统文化的认同感,二月河却没有太大的把握。他曾这样描述心中的忐忑不安:"像面对上帝的末日审判,又像要对一个冷峻严威的心上人写情书,既坦然得似乎要听天由命,又栗栗然您的决裁,生怕您拂袖而去。每当拉开二百多年前这一庞大的社会悲剧帷幕前,要将我的心,经过升华和演化,变成一个个灵动的人来代我向您倾诉,我的心都要这样瑟瑟颤抖。恐惧、气馁、畏缩、冲动、自信和强劲,这些绝然相背的各种情愫心绪全扭结在一起。凌驾于作品中一切人物之上的勃勃心和小学生交付考卷时惴惴心,就是这样交织,这样斑杂纷乱。"②"站在这个帷幕旁,把一部《康熙大帝》送到你面前,我真的有点战战兢兢。"③为求得读者的认可,二月河在写作过程中,除用人民大众喜闻乐见的章回体通俗文学形式之外,又将传奇这种传统艺术手法引入了清帝系列小说那梦魇般的权力叙事之中,试图在小说的能指与所指之间寻求同一性,以达借"奇"呈"道"之目的。对于战乱频仍、长期实行专制统治的封建社会而言,权谋文化作为传统文化中的重要内容,影响深远,蕴涵于其中的诡秘性和残忍性,也更适合中国传统的思维方式和致思趣向,是极佳的故事资源,历代都有表现。从《三国演义》、《红楼梦》到李宗吾的《厚黑学》、南怀瑾的《历史上的智谋》,无不把人心机巧的九曲回环和博大精深当作确认人生力量的重要内容。深受《红楼梦》诸书影响的二月河自然深得其味。在清帝系列小说中,作者

---

①泛舟:《二月河与他的笔下王朝》,《今日湖北》2004 年第 6 期。
②二月河:《二月河作品自选集》,河南文艺出版社,1997 年。
③陈继会:《文学的星群》,河南文艺出版社,1999 年。

通过传奇手法对封建上层人物的政治阴谋与诡谲权术进行了冷静的理性审思，构成了清帝系列小说独具一格的政治传奇。《康熙大帝》第1卷《夺宫》主要写康熙8岁登基后即置身于险象环生的政治漩涡中，与辅政大臣鳌拜阴谋篡位斗智斗勇的故事。康熙智擒鳌拜一事，在清史上原本只有寥寥4行文字记载，而到了《夺宫》里面，为了表现康熙及其祖母孝庄太后非凡的政治智慧和过人的胆识，设计穿插了许多惊心动魄的情节。鳌拜不仅恃功骄君，并多有觊觎皇位之心。太皇太后与杰书密谋杀之，但未及实施，鳌拜杯酒使议政王杰书倒帜，并戮康熙近臣苏克萨哈以示威。面对权高势大的对手，康熙虽然恨得咬牙切齿，但面子上不得不忍气吞声、百般抚慰。此时的紫禁城，一边是群臣密谋保皇策，另一边是逆种暗起屠龙心。为巩固康熙地位，孝庄太后帷幄运筹，关键时刻重用九门提督吴六一，这对鳌拜集团是个致命打击。经过一场恶战，鳌拜被判入禁。斗争一波三折，步步涉险，处处陷阱，稍有闪失便有失江山丢性命之虞。宫廷内外，妻妾臣子之间各怀心态，草木皆兵，风声鹤唳，令人提心吊胆，屏营静息。《雍正皇帝》中的九王夺嫡，整顿吏治，八爷党政变，铁帽子王逼宫等一系列权谋争斗，挟雷携电，与《康熙大帝》有异曲同工之效。阴险和残忍这人性的两大恶，在清帝系列小说中被渲染得无以复加，惊世骇俗。特别是小说里骨肉相残中的毒计诡术，更是令人不寒而栗。男女性爱和人生的大起大落，历来都是传统小说重要的叙述对象。二月河以平民的审美取向作为自己的创作方向，定位于平民的叙事立场，把小说的诗学范式与娱乐性、价值混合趋向等通俗文学倾向作巧妙对接，尽可能地满足眼下部分读者猎奇猎艳的心理，把世人那种人生沉浮、金钱美女、趣味噱头等审美趣味当作重要述写对象，用皇帝皇子与民女的惊世艳情（如《康熙大帝》中康熙与苏麻喇姑、《雍正皇帝》中胤禛与黑氏、《乾隆皇帝》中乾隆与王汀芷等），大起大落的人物（如《乾隆皇帝》中的熊赐履、伍次友的生活际遇，《雍正皇帝》中的雍正之死、年羹尧的一生等），反常的男欢女爱（如《康熙皇帝》中庸懦太子胤礽与康熙妃子郑春华私通、《雍正皇帝》中雍正与乔引娣的父女乱伦、《乾隆皇帝》中乾隆妃子那拉氏与太监王八耻的苟且及乾隆与婶娘乌雅氏的性事等），将文化价值和是非判断渗透到离奇情节的编织和复杂矛盾的解析中，用经历的坎坷和人生的奇幻，于平民能理解的叙事话语，抒发着关于生与死、爱与恨、忠与佞等生活哲理和人生感悟。这些独具个性的美学风格，极大地迎合了人们对宫闱秘闻和花花世界的好奇。人们对宗教的信仰和对侠性的向往，乃文化惯性使然，不论社会如何文明发达，对于此类内容的选择与倾慕，都是不可拆解排除的。在清帝系列小说中，无论是外冷内热具有侠隐品格的道士胡宫山，剑气箫心的清风道人，狂放不羁、猿声悲鸣的鱼壳和尚，绝弃庸常、为求公平平不平的侠客一枝花、李雨良，还是浩气满乾坤、临难不辱节的刘墨林、史贻直等,作者赋予其身前身后的传奇故事,都颇有引人入胜之质地。这种重回大众日常阅读基点的书写路向,无不体达出作者对人文精神重建的努力。

三、多元驳杂的艺术探求

尽管大量传奇的引入为读者提供了演绎自己梦想的舞台,吸引了大量读者的目光,形成了某种流行的诗学品质,但是,有必要追问,二月河清帝系列小说对于传奇倚重的创作实践,到底在多大程度上深化了对传统文化的理性探索?作者这种历史解读方式,对于历史小说应有的诗性或反诗性力量的构成有多大帮助?而这些追问之所以必要,缘于笔者对二月河文化历史小说关于社会人生启悟功能的关心,出于对文化自身生存环境和生存能力认知的需要。

刘勰《文心雕龙·定势》中提出"奇正反通"的论断,认为写作中"奇"与"正"是相互依存的。我国长期的文学实践也证明,"奇正反通"是文化得以健康发展的重要因素。"传奇"作为"奇"的重要内容,它对文学繁荣所发挥的作用自先秦至当下已是有目共睹。清帝题材的特殊性决定了所述写事件的复杂性和时间跨度的漫长性,剪不断理还乱,令人目眩神迷。加之清代无正史为学界所共认,伪造历史和修改档案是清代皇帝的特殊嗜好。在这样的背景下,目前所谓最正统的《清史稿》,其权威性和准确性也早已大打折扣,好些撰写历史小说绕不过去的关键问题,例如康熙的死因、雍正的夺嫡之谜、雍正的死因等,也都在历代皇帝的涂改作伪中变得云山雾罩、扑朔迷离。对于这些重大历史事件的艺术处理,所有历史小说家都倍感棘手,二月河更是深谙其味。对此,当代历史小说该如何解决?如何利用虚构和传奇视角对其进行修正与完善?如何在人性嬗变的神龛上,燃上一柱弥合心灵创伤的香烛?这不仅是文学意图的问题,更是如何表现文学意图的问题。强烈的责任意识注定了二月河作品中美学品格的驳杂性。在他的历史叙事中,作为底色的历史呈现虽然是现实主义的,但某些"气煞历史学家"的传奇虚构写法又明显带有后现代色彩。二月河把叙事点选定在中国历史上最后一个封建王朝由盛转衰的关节点上,意在说明,尽管康、雍、乾三朝励精图治,中兴也只能是回光返照式的,并且认为当事物发展到极盛时期,也就像太阳终归要落山一样无法阻挡,"这是一种必然的趋势"①。这种相信历史沿着既定方向前进的观点,颇有后现代主义"反目的论"

---

① 二月河:《二月河作品自选集》,河南文艺出版社,1999年,第240页。

的韵味。至于对康熙在弥留之际为儿子们丝毫不顾及手足之情、父子之情,为争皇位而萁燃豆烹,以及对雍正死于父女乱伦的浓笔重抹,也与后现代主义"消解大叙事"的旨脉相合。康熙的杀女婿、抓岳父、囚妻兄、对太子再废再立和对子女的防范以及"天家本无骨肉之情"的阴冷狠毒心性,雍正入继大统后的"豺声狼顾,鹰视猿听"的阴鸷枭雄性格,乾隆及其臣下、妃子、太监、宫女们的疯狂性事等,都颇具后现代"魔幻叙事"的风韵。

应该意识到,在作者以自己的文化价值判断对清史中一些重大问题进行颠覆解读时,由于其写作哲学上"后现代"之虚无主义和实用主义的因素的存在,不仅使清帝系列小说在有些地方违犯了"历史小说以一定历史事实为基础,与历史真实应有异质同构的关系"的绳墨,同时小说的灵魂穿透力和对人、对人生理解的诚意,也在作者对传统文化的过分沉缅中被不经意地弱化了,冲淡了作品的审美性,缺少历史小说不可或缺的时代精神以及对人现代精神危机的清醒思考,在一定程度上丧失了历史小说应该具有的对诗性或反诗性力量的呼唤,其对一些历史史实所做的带有"后现代"意味的艺术处理,也容易给人造成"戏说"的感觉。尽管清帝系列小说所显示的美学风格和创作方法具有驳杂斑斓的独特风貌,是作者对中国当代社会现实某种程度上地准确把握而为作品铸入的可读品质;尽管包括封建权术在内的传统文化在二月河饱蘸温情的笔端弥漫开去,绽放出前所未有的迷人色彩,致使他的清帝系列小说在海内外畅销不衰,洛阳纸贵,对于防止中国小说创作中自我文化身份的消解具有一定的积极价值。但是,由于作者对封建文化颇带欣赏口味的渲染,运思中被传奇、驳杂吸引去太多的注意力,致使作品未曾从人性和人道层面对传统文化中某些合理内容进行厘定并注入现代理性审思。这种厚赫古代的写法,缺乏现代人写历史时应有的现代眼界、境界和情怀。对传统文化内容的一味认同,文中所夹带的陈腐气息,会对当下原本就已十分淡漠和稀薄的人文关怀意识造成适得其反的不良影响,使历史与现实之间的情感张力受到不应有的削弱。文学是关乎灵魂的艺术,历史小说不仅要在气象上云蒸霞蔚,更要在人类命运和生存状态的关爱深处追求颖异超拔的道义承担,以美的感染力和征服力服务于社会和人类文明的进步,为当今"胜者通吃"不公平语境下人心的惆怅留下一片温馨的港湾。此乃为文之大法,作家对此不可不察。

传统文化中的哲学、宗教、艺术、民俗等,都是人类关于自身与自然相处关系智慧的结晶,始终伴着历史的脚步。文学是人类向自身、自然发起探询的主要形式,它自诞生之日起便致力于人性完美的探寻。二者虽然同源,相互依存,但各有侧重。在清帝系列小说中,由于传统文化叙述占去了较多的空间,故而洋洋大观的、本应具有更加厚重感的清帝系列小说最后被抽空成了一种亮亮祖上箱底的劳动,仅仅给人一种中国传统文化持久、稳定、缓慢、陈旧的感觉,未曾表现出中国文化剧烈变动的内质,也没有明确揭示出对人命运的解析,未能展示如何为社会公平公正而奋斗这个文学远未穷尽的命题。对传统文化的过分迷醉,弱化了作品的现实敏感性,影响了作品在艺术上对传统文化观的超越。这应该是二月河为当代长篇历史小说创作提供的经验所在。

原载《海南大学学报》(人文社会科学版)2004 年 12 月 25 日第 22 卷第 4 期

在康—雍—乾帝王系列文体选择的背后

张　法

　　二月河的康—雍—乾帝王系列的多重多面最终凝结为一种汉语形式,也以这种汉语形式进入现代文化流通领域,在全球化时代,特别突出了语言与文化关联的特性。如果说,音响和画面可以跨越文化边界无阻流通,那么,语言则构成了保卫文化特性的边防海关。要进入一种文化,必须翻译成它的语言,而一旦翻译,意味着外来文化被本土文化所规范,只能以本土的方式出场。因此,语言的选择一开始就关联着文化和思想的选择。具体到文学上,语言、语体、文体,以最感性的形式,像片头广告一样,向我们预示着什么、暗示着什么、诱导着什么。

　　翻开《康熙大帝》第一卷,一个章回小说的回目展现在眼前:楔子;第一回"敝屣江山撒手去,孽海情天路无涯";第二回"皇子登极太监喝驾,鳌拜圈地辅臣瞒君";第三回"魏东亭风尘会侠女,伍次友煮酒论功名"……这里,我们看到的,是一个对古代章回小说力不从心的模仿。古代章回小说中,行家一出手,便知有没有,首先是每一回目中,对偶的工整。且看四大名著的开头回目:《三国演义》第一回"宴桃园豪杰三结义,斩黄巾英雄首立功";第二回"张翼德怒鞭邮督,何国舅谋诛宦竖";第三回"议温明董卓叱丁原,馈金珠李肃说吕布"……《水浒传》第一回"张天师祈禳瘟疫,洪太尉误走妖魔";第二回"王教头私走延安府,九纹龙大闹史家村";第三回"史大郎夜走华阴县,鲁提辖拳打镇关西"……《西游记》第一回"灵根育孕流源出,心性修持大道生";第二回"悟彻菩提真妙理,断魔归本合原神";第三回"四海千山皆拱伏,九幽十类尽除名"……《红楼梦》第一回"甄士隐梦幻识通灵,贾雨村风尘怀闺秀";第二回"贾夫人仙逝扬州城,冷子兴演说荣国府";第三回"贾雨村夤缘复旧职,林黛玉抛父进京都"……

　　而《康熙大帝》的前三回回目,只有第二回可以勉强及格("皇子"对"鳌拜"小有问题)。第一回中,"敝屣江山"(一个动宾词组)对不上"孽海情天"(两个偏正词组),"撒手去"(两个动词组合)对不上"路无涯"(名词加形容词补语)。第三回中,"风尘"(地点状语)对不上"煮酒"(动加宾强调事件),"侠女"对"功名"也生硬得很。《康熙大帝》前三回的回目基本上为洋洋大观的康—雍—乾的整个回目奠了基调。一言以蔽之:不堪看。

尽管如此,它毕竟给了我们一个古代章回小说的外貌。让我们似乎觉得,我们正在走进历史,走向古代,犹如而今全国各地好多好多的仿古街一样。站在今天,回望古代,有很多"望"的方式。用到文学上,回望方式构成了历史书写的文体形式。而今文坛的历史书写中,有各种写法,而在主观努力上尽量向历史靠拢的一种倾向里,或者用不很适当的比喻,在尽量运用仿古的文体中,至少可以看到三种方式:一是唐浩明型,反映在他的《曾国藩》、《杨度》、《张之洞》历史小说系列中;二是金庸型,呈现在他的14本武侠小说里;三是二月河型,他的康—雍—乾帝王系列正是本文主题。这是三种不同的文体,这里我们正在考察的,是文体中的一个最表面的形式:回目(或曰:章节标题)。唐浩明的主题是近代史,所写之人,在事实层面和价值层面上,都具有复杂性。他用的是二层题目形式,在章这一层级上,一律用四字,符合古代汉语的简明,在节这一层级上,则根据内容的要求,用一句点睛的现代汉语句子写出,不求形式整齐,只要点题得当。以《曾国藩》第一章为例:

第一章　奔丧遇险
一　湘江曾府沉浸在巨大的悲痛中
二　波涛汹涌的洞庭湖中,杨载福只身救排
三　摆棋摊子的康福
四　康家围棋子的不凡来历
五　喜得一人才
六　把这个清妖头押到长沙去砍了
七　哭倒在母亲的灵柩旁
八　蟒蛇精投胎的传说
九　刺客原来是康福的胞弟

从章节的标题上显出的是一种现代型的故事内容。节的标题和节的内容是由现代的世界观和历史逻辑来驾驭的。唐浩明的历史小说在文体上让人感到的历史感性元素主要在两点上,在章节上,是章的一律四字(第一章奔丧遇险;第二章长沙激战;第三章经墨出山;第四章初办团练……);在叙事上,按时间顺序进行,有古典历史的实感。这里不想深入而离主题,回到章节形式上来,就这一点而论,显出了古与今的结合,他的章与节的结构有点像戴着一座大屋顶的现代大饭店。

再来看金庸,他的14本武侠小说:飞(《飞狐外传》)雪(《雪山飞狐》)连(《连城诀》)天(《天龙八部》)射(《射雕英雄传》)白(《白马笑西风》)鹿(《鹿鼎记》);笑(《笑傲江湖》)书(《书剑恩仇录》)神(《神雕侠侣》)侠(《侠客行》)倚(《倚天屠龙记》)碧(《碧血剑》)鸳(《鸳鸯刀》),讲的是从宋到清的江湖故事。

时间在古代,采用的是章回小说的"回",以《射雕英雄传》为例:

第一回　风雪惊变

第二回　江南七怪

第三回　大漠风沙

第四回　黑风双煞

故事讲江湖,不那么正统,没有用章回的对偶,而采用精炼的四字结构,不正透露出江湖故事内容本身的"野"?从回目标题与内容的关系来说,又避免了回目对偶句对故事内容的限制或歪曲,能更准确地反映回中的内容。

与上面二人比较起来,二月河采用更为古典的章回小说的题目形式:对偶句回目。在形式上,这更符合帝王将相的正史,很庄重。康熙、雍正、乾隆,三代皇帝在古典的回目形式中一个一个地出场,很合适。而二月河三大帝的每一卷,又正好是四字句,以《康熙大帝》为例:

第一卷　夺宫初政

第二卷　惊风密雨

第三卷　玉宇呈祥

第四卷　乱起萧墙

从这一点可以看到四字句是一个融汇古今的好形式。它把以上三个例子贯串了起来。不过作为文学,最显眼的还是章回(章节)形式。

排列以上三种章回形式,可以看到一个从古向今的过渡:对偶句章回,完全的古典形式;四字句章回,章回古典,四字半古典;章回变成章节,章为半古典的四字,节为现代型的散句。不从古今的逻辑演进看问题,而以形式美感与故事内容的关系来说,三种形式的运用都有其与自身故事内容相关联的用心。本文的重心在康—雍—乾帝王系列,我们关注的是,当这帝王系列运用对偶句章回作为自己的外在形式时,它要想获得什么?又获得了什么?

对偶回目是古代章回小说的标准形式,它的意义首先是由古代来确定的,它表达了一种古代关于和谐宇宙的信念,无论故事怎么发展,总是在宇宙的节奏之中;无论人物有怎样的变化,总为历史规律所掌握。表现在语言上,无论一个词是什么,名词、动词、形容词、数词、量词、方位词……总能得到一个与之相对的词,"云对雨,雪对风,大地对长空,落鸿对去雁,乔叟对蒙童"(《声律启蒙》),"有无相生,难易相成,高下相倾,长短相形"(《老子》),在中国古人看来,没有对不上的词,"一阴一阳之谓道"。求对而又对上,不仅产生一种对称的秩序感,还有追求的满足感,认同后的归属感,宇宙的稳定感,有往必有来,有远必有近,有祸必有福,有分必有合,对偶形式是中国文化生活节奏、生命情调、宇宙规律的语言表现。因此,一个回目两句之间,对上了,就"对",对不上,就"不对"。对与不对,成了正确与错误的一个标准。从这一视点看去,康—雍—乾帝王系列的回目只是一个故事标题,与宇宙规律并没有内在的关联,因此回目的对偶对得不好,也与宇宙的大化、历史的规律无关,只与一种艺术技巧和美学感受相关,更重要的是,只与一回中故事内容有关。书中回目的对偶对得不好,很多时候都在于考虑标题与该回故事内容的配合。这样,我们看到,当二月河保留和运用对偶回目这一古典形式时,因不知其中的文化内蕴而错解了这一形式,又因要将这一形式作一狭隘的古为今用而败坏了这一形式。然而当对偶回目在康—雍—乾系列中以这一种方式出现的时候,正好反映了对康—雍—乾的故事讲述已经不同于古代对同一故事的讲述,重要的不是故事讲述的年代,而是讲述故事的年代。对偶回目的如是呈出反映的正是这种现代讲述而来的现代故事。

还是回到回目的问题上来,在古代,回目对偶是历史观、人生观、哲学观、文化观的反映,因此它不是一种孤立的艺术形式,而与章回小说的其他形式和整个内容有内在的关联。对偶回目的"对偶"有内在的文化蕴含,对偶回目的整体,也有内在的文化内蕴,这就是数的规律。明清小说无论故事本身需要多少章回,小说的章回结构总是倾向于把故事总体定在一个完满的数目上。《西游记》、《金瓶梅》、《水浒传》皆100回,完满之数。《红楼梦》、《三国演义》、《水浒传》(另一版本)皆120回,完整整数。小说不是整数,一般都有其所依凭的深层意义。《红楼梦》据考证原为108回,与36和72一样,是九的一个具有重要意义的倍数,也是组织群体时运用频率较高的数。被腰斩的《水浒》是72回。在数字的意义上,已使它成为一完整系统了。《儒林外史》55回,五行之数。只有把一部书的回目用数的规律组成一个与文化的整体观念相符合的整体,回目的意义才进一步地呈现出来。以此为参照,来看康—雍—乾的回目整体:

《康熙大帝》第一卷(夺宫)45回,第二卷(惊风密雨)53回,第三卷(玉宇呈祥)58回,第四卷(乱起萧墙)55回;《雍正皇帝》第一卷(九王夺嫡)52回,第二卷(雕弓天狼)50回,第三卷(恨水东逝)49回;《乾隆皇帝》第一卷(风华初露)50回,第二卷(夕照空山)40回,第三卷(日落长河)38回,第四卷(天步艰难)36回,第五卷(云暗凤阙)27回,第六卷(秋声紫苑)27回。数字是乱的,没有自身的规律,只是随故事的演进而划分,没有与故事形成文化性的互文和历史性的张力,仅成了故事的科学性索引,了无规律性的暗示和必然性的力量。在古代章回小说中,不但回目整体与天道运转相致,就是回目的行进也与人物的命运和事件的规律相契合。

在古代章回小说中,回目之数构成了故事的整体性。美国汉学家浦安迪研究出:《西游记》、《金瓶梅》明显的是每十回形成一个单元。1~9回,10~19

回，20～29回……一般百回本的小说总是在49～50回之间形成分界。《三国演义》虽是120回本，也是这样，因此，浦安迪猜测，《三国演义》可能有100回本。另外，一般100回本小说总是在第79或第80回有一个大的转折。

《三国演义》曹操死于第79回。周汝昌先生也是根据中国文化数的规律来研究《红楼梦》，认为原书为108回。这个整体的108回又分为前后两扇，每扇各为54回书文，形成一个大对称的格局，并以此为根据推出了80回以后的内容的情节进展。这方面的研究还有待进一步深入，具体的结论还可以进一步讨论，但明清小说用了一套数的规律来规范、驾驭故事整体、人物群体和情节的发展演进，则是可以看出的。不管它运用于小说中具体地产生了什么样的艺术效果，它的功用可以被理解为一种传统的整合方式，把任何叛逆的故事、事件、人物都纳入一种可理解的天理运行之中。故事的演进、内在规律、外在回目结成了一个不可分割的整体。回目的意义在这一整体关联中呈现出来。而在康—雍—乾帝王系列中，故事的演进主要是以"卷"来分的，如《康熙大帝》第一卷是康熙登基后在朝廷内与鳌拜的斗争；第二卷是康熙朝政巩固后与反朝廷的外在势力的斗争，以康熙与吴三桂为代表的三藩的斗争为主线，副之以北边察哈尔王子的反清、王士荣的长安兵变、朱三太子的地下活动；第三卷呈现康熙走向盛世的主要成就：治黄河、开科举、收台湾、平西疆，天下一统、国泰民安；第四卷写皇家诸子争夺接班皇位的斗争。二月河小说用四字句标题的"卷"的功能与金庸小说用四字句标题的"回"的功能相同，也与唐浩明小说的用四字句标题的"章"的功能一样。这里又一次显示了四字句在融汇古今中的力量。在康—雍—乾系列里，回目没有内在逻辑的关联，也没有故事演进的暗示。把康—雍—乾系列中的"回"对比一下唐浩明《曾国藩》中的"节"，其功能正好相同。当二月河坚持用古代小说的回目，而又将其功能转变为现代小说的"节"的功能，这种审美形式的现代使用或现代挪用的深层意味和多层意义就透示了出来：当现代人穿着古装演古戏的时候，并不是"古"，而是"今"！

原载《江汉论坛》2004年10月15日

历史文艺"盛世情结"的价值局限

刘启林

上世纪90年代的长篇历史小说《曾国藩》、《雍正皇帝》和电视剧《雍正王朝》等作品推出后,均获得广泛的社会反响;近几年的历史小说《张居正》、《北方佳人》、《大秦帝国》及据其改编的电视剧,同样内蕴丰厚、质量上乘,得到文坛内部的高度评价,社会性的轰动效应却已不再出现。这些不同时期出现的历史文学作品,都是以中国历史上的主流文化为认知基础,以国家"治乱"、"盛衰"为思维视野,正面解读民族历史的辉煌往事与执政文化,庙堂文化立场和国家功利意识贯穿始终。而且,在中华民族走向伟大复兴的历史时期,作为对现实的参照和映衬,这种"盛世情结"的审美抒发也有其充分的合理性与必然性。那么,为什么在短短十多年时间内,同等审美境界和价值含量的作品,社会反响会出现如此巨大的反差呢?究其原因,关键在于历史文学"盛世情结"所依赖的,实质上是封建时代的王朝历史和人治文化。作者以顺应、还原性的审美路向展开王朝历史的画卷,而且往往过分拘囿于表现对象的"世界结构"与"价值范式",当中国的现代意识充分成长,进入较为成熟的多元化、全球化状态之时,这就与时代理性和社会接受心理形成了巨大的错位。

从政治文化视野看,"盛世情结"叙事往往过分认同人治文化与功利立场,表现出以下局限。

首先,创作者往往以事功伦理评判来代替历史文化评判,过分拔高了历史人物事功追求的个体道德境界,过分夸大了其聪明才智、喜怒哀乐的社会能量。电视剧《雍正王朝》大大削弱对主人公阴狠、刻薄等人格因素的表现,将雍正表现成一个"爱民第一"、"勤政第一"、无私无畏的贤明皇帝,以至引起了原著作者二月河的不满。《汉武大帝》甚至将主人公美化成了"你燃烧自己,温暖大地,任自己成为灰烬"的无私奉献的人格典范。而且,似乎只要有了开明的皇帝和几个效力的臣子,万里江山就会海晏河清。这种基于人杰意识和事功立场的价值判断,显然制约和局限了作品对历史文化底蕴的客观、公正、全面的把握。

其次,作者展示历史复杂性时,往往将历史人物应对各种"潜规则"所体现的政治道德的杂质和人性的负值,也转化为具有认识价值和启迪意义的历史智慧来看待,并对这种负值以私德与公益的区分给予认同和悲悯,由此将主人公人格崇高化,将在人治体制和个体强力基础上运作的中国式执政文化悲壮化。

《曾国藩》推崇曾国藩的儒家文化功名人格,以至津津乐道于他的阳儒阴法,后来又兼用"黄老之术"的官场权谋,并用曾国藩文化信条、治世手段嬗变之后才获得功业的更大建树,来为这种政治文化负质辩解。《雍正王朝》充满体谅地理解雍正剪除异己、杀戮群臣、猜忌刻薄的行为,思想基点也在于按照人治文化的"潜规则",严刑峻法和阴暗心理均是利益所在、情势所迫,不得已而为之。《张居正》同样表现出以国家功业和"为苍生谋福祉",来替代对主人公个人私德和政治韬略的价值两面性进行具体剖析的倾向。

再次,这些作品不约而同地表现出一种贬低知识分子精神道德,以中国传统文化的"政统"贬低和抑制"道统"的审美文化特征。《雍正王朝》着力描述了雍正推行"士绅一体当差,一体纳粮"新政的过程中,以李绂为代表的读书人都因自己的私利受损而拼命反对,反倒是文化较低的田文镜和大字不识的李卫,能够大力协助雍正,才终于控制局面,获得了成功。《乾隆王朝》中的御史钱峰虽然廉洁奉公,却对真正的时政要务和政治智慧所知甚少,一心只追求"死谏"的名声,直到最后被和珅劝得自尽,仍然对国家毫无事功层面的效用。《张居正》则直接对张居正为事功追求"用循吏不用清流"的官员任用原则,表示了高度的认同与赞赏。

从多元价值均已显示出价值合理性的时代理性高度看,历史题材"盛世情结"叙事则显示出更深层次的思想偏失与精神局限。

首先,"盛世情结"叙事普遍存在着以功业追求排斥人性人情、以文化人格压抑自然人性的现象,表现出一种对个体生命的自由与价值相对漠视的思想倾向。这类作品主人公的功业创建,基本上是在具有巨大局限的体制格局内"戴着镣铐跳舞",他们往往处在危机驱动型的社会历史时期,人格的崇高基本上是从幽暗的价值体系里生发、在个体生命自由被扭曲的状态中形成的。所以,如果将这种无奈中的"诡道"当作可贵的政治智慧,以人格的萎缩为生命的崇高,在某种程度上其实是对生命意义庄严性的漠视。《张居正》的主人公谨守"为政不难,不得罪于巨室"的信条,对于自己与李太后、太监冯保的"铁三角"关系沾沾自喜,整个功业追求过程一直处于自我妥协和要求他人妥协的状态中。作者则因最终的成功而对其所有手段都大加赞赏,以效果至上原则掩盖和代替了过程剖析。《曾国藩》的主人公曾国藩追求功名永垂不朽和"三立完人"的境界,但这一中国传统文化最高人生理想的实现,不可能撇开君国至上的体制文化规范。而清末的君国不仅不能代表正义和真理,甚至连其本阶级自身的整体利益也不能代表。结果,曾国藩的追求就不能不带有极大的盲目性、自私性,并因历史正义性的匮乏,导致人生价值的最终失落。这种对历史不规范处和人性污秽面展示有余而批判力度不足,隐含着一种功业意识至上,缺乏生命终极意义审视所导致的精神迷误。

其次，"盛世情结"叙事在遵从庙堂文化的强势立场与强者哲学时，体现出一种弱势视野和底层意识匮乏的思想偏失。不少作品不约而同地强调了"治乱世需用重典"的治世方法。在作者看来，"重典"虽是以"恶"作为维护整体利益的必要手段，其实是一种更高层次的善。由此，作家就把善恶评价转化成了一种审美观照，使读者反而惊羡于主人公的铁腕雄风、庄严气象，一种对弱者个体生命价值的漠视、对庙堂功利背后"血酬定律"的宽宥，于此充分显示出来。"盛世情结"叙事还存在大量的风俗描写。但这种风俗民情往往只是作为展示历史人物性情的逸闻趣事来处理，或者采用传奇笔法，把它们当作复杂诡异的世态万象来看待。结果在表现作品主题方面，风俗描写反而时有"旁逸斜出"、喧宾夺主之嫌。这正是创作主体遵循体制文化立场，民间本位意识匮乏的表现。实际上，如果对庙堂文化的强势立场与强者逻辑有所超越，对于历史复杂性的展示反而能增添另外的侧面，并由此展现出纯粹体制文化所不可能达到的独特深度。凌力的《梦断关河》与《北方佳人》以处于弱势状态的女性为观察视角，国家的动荡、危机带给普通百姓的灾难，就更为充分而惊心动魄地表现了出来。王梓夫的《漕运码头》着意挖掘漕运码头的独特民俗所包含的民间辛酸，也使得朝廷腐败、国家灾难的后果展现得更为丰富深沉。这都是创作主体摆脱了庙堂文化的强势立场与强者逻辑所获得的审美效果。

第三，"盛世情结"叙事大都乐意用世俗化的眼光来解读宫廷朝堂生态和王侯将相的人生形态，但不少作品由此所显示的，却往往是都市文化世俗性的负面特征。《张居正》浓墨重彩地描述张居正与玉娘的"外室小妾"关系和"红颜知己"感受，就与时下中国都市文学中盛行的言情、武侠的叙事模式，有着明显的文化心理关联。《大秦帝国》缺乏节制地大肆渲染战争中种种杀戮的血腥、残忍与成功，则表现出对文明程度低下的暴力文化倾向、丛林法则批判意识的匮乏。众多作品对展示宫廷秘史、朝堂权谋的热衷，也潜藏着与芸芸众生逐利、享乐、趋炎附势的生活状态与价值心理的精神一致性。缺乏充分理性高度而盲目追求现代意识，结果反而陷入时代语境的价值迷误之处，实际上也是时代理性孱弱的表现。

"盛世情结"叙事的这种思想缺失，根本原因是创作主体在历史的复杂性之中淹没了思想的穿透力，往往以社会体制理性代替了人本理性，未能真正登上时代所能提供的思想理性制高点。结果，人类正义、历史正义层面惊心动魄的警醒与豁然开朗的启示，在文本中就变得相对薄弱，读者获得的审美感悟，也就在历史理性的门槛前止步甚至逆转了方向。正因为如此，当上世纪90年代历史文学"盛事情结"叙事初步展示出其恢宏的气势和雄浑的底蕴时，整个社会不由为之兴奋和惊叹;而一旦熟悉其大致境界又体味出其精神文化的内在局限之后,审美的兴奋程度就大大减弱了。由此看来,在当今中国的多元文化语境中,只有以充分的时代理性,在多元文化优势融合、互补、升华的基础上,来建构历史文学的"盛世叙事",方可抵达具有价值古今贯通性的崇高境界,而这仍然需要历史文学创作者进行艰苦的努力。

原载《人民日报》2010年4月6日

同源异质的历史诠释
——对高阳、唐浩明、二月河文化观的考察

秦晓帆

高阳的历史文学写作与当代大陆作家对历史资源的开掘几乎是同步的,他述史求精、论史务严的写作姿态与大陆传统型历史小说家不谋而合。面对共同的传统资源,两者的文本构建和内涵意蕴却相差甚远。高阳作品既非政治化历史小说的风貌,也有别于同样冠之于"文化历史小说"之称的文本实践,前者以姚雪垠的《李自成》为代表,后者如唐浩明的《曾国藩》、刘斯奋的《白门柳》、熊召政的《张居正》等。高阳饮誉海外却未能在世纪末的大陆"历史发烧"热中独领风骚。诚然,历史小说家不可能描述过去的全部事实,他们付诸笔端的,常常是那些"值得纪念"的东西,只是如何去界定"值得回忆"与"没有意义"间的差别,也就是说,是什么原因让同根同源的历史文化产生不同的解读心理和阐析方式?这应该回溯到各自的文化历史观中去考察。

一

20世纪90年代初,唐浩明以长篇历史小说《曾国藩》名扬海内,继而又以《杨度》和《张之洞》受到广泛的青睐。唐浩明选择近代历史上颇受争议的三个人物为主线,以一种俯瞰全局的整体观,笔力雄健地再现了晚清70多年的历史。作者以理性、写实的态度深入到历史文化的细部,以文明、进步为价值取向对民族文化进行现代诠释,这些都与高阳的历史观遥相呼应。

拂开云蒸烟缭的历史尘埃,高阳醉心于复写整个中华民族的文化生存样式,唐浩明试图通过"士"这一阶层人物形象的命运轨迹与灵魂冲突来表达对文化的反思与批判;高阳重在描摹历史文化的全貌,唐浩明注目于历史文化的内在精神,通过正面观照由中华文化的精神所孕育的人格,进而探究仕宦文化。他虽然也渲染社会的变动,但真正的目的,是要通过人格结构来分析晚清巨变的深层文化态势。这种差异体现在文本构造上,同样是写人,高阳通过写人来述史,唐浩明通过写史来析人;高阳写的是"历史的人",唐浩明起意要写人的

"历史";高阳写的是人的个性,唐浩明写出了人的灵魂;高阳浓笔重墨写人怎么做,唐浩明笔锋犀利道出人为什么这样做。

唐浩明笔下的曾国藩是一个典型的儒家知识分子,作者从人物特有的资质和修养入手,极力刻画曾国藩那以"道统"为最高精神规范和理想追求的人格风范。人们一直把儒家文化当成中国的正统文化,但中国2000年的吏制传统从总体上看行的恰是"儒表法里",即"说的是儒家政治,行的是法家政治;讲的是性善论,行的是性恶论;说的是四维八德,玩的是'法、术、势'纸上的伦理中心主义,行为上的权利中心主义"①。更有意思的是,经过道家的"顺其自然"、"逍遥游"的润滑,人们就可以在"儒表"与"法里"的巨大反差之间表现得漫不经心,以无所谓、何必较真的姿态去适应说一套做一套的生存方式。人格的裂变、精神的屈辱和心灵的痛苦形成中国知识分子真实的生存处境,也是集权政治下中国文化的深层构造。在唐浩明笔下,如果曾国藩是完备的道德人格,一生正气浩然;那么稍晚于他的张之洞就是圆滑的仕宦人格,先正后滑;杨度则是求名的功利人格,一生摇摆不定。在这种知识分子人格的对照、精神境界的较量下,儒家文化本源性的力量在现代社会中全面崩溃了,因此作家对待传统的态度相当明朗,中国文化需要寻找新的出路。

显然,高阳对儒家的尴尬处境充满同情,表面上它的地位最为尊崇,实际上它只能作为一种虚悬的价值去面对只有霸道而无王道的现实。他写出了这种理想在历史现实中的真实境遇,例如清官汤斌由修河道一事而遭明珠及其党羽阴谋陷害,从而悲惨落难;再有《小白菜》里,个人是层层复杂的吏治结构和更迭消长的权利争夺的牺牲品等等,但他只是透露出对中国文化内部某些质素的忧患,而不具有深刻的批判作用。他述史的目的是希望人们通过透彻地了解"历史文化"知识来吸纳传统文化遗产之精髓,求知解惑的同时做到取长补短,从而在心灵深处真正树立起对民族家国的挚爱之情。高阳异乎寻常地关心儒家义理的澄清,竭力在圣君贤臣的身上昭显理想的人格魅力,这表明他试图从古典文化的根源与优秀遗存中寻找中国文化的重生元素。

唐浩明则把这一段历史看作民族传统文化的毁灭期。曾国藩是典型的儒者,在平定内乱中,他以"内圣外王"的理想,凭自身的人格力量凝聚了湘军的作战士气,赢得了战争的胜利。与此映照,太平天国正是由于忽视了文化的力量而酿就了不可挽回的悲剧。但天津教案让曾国藩一蹶不振,非但声名扫地,而且良心备受煎熬,这都是由于传统在强势的异域文化面前没有任何应对力造成

---

① 秦晖:《西儒会融,解构"法道互补"——典籍与行为中的文化史悖论及中国现代化之路》,《儒家传统与启蒙心态》,江苏教育出版社,2005年,第125~126页。

的。因此在唐浩明的历史观中,晚清一段历史宣告了中国传统文化精髓的终结,"外王"的严酷局势无法通过旧有的"内圣"之路来完成。中国传统的意义世界解体了,价值系统也随之崩塌。这样才有了康福的背主远遁,有了曾国藩临终的一场"黑雨"。

二

在当代大陆风起云涌的历史小说浪潮中,积极向传统历史小说气质靠近的作家并不多,二月河是其中的典范。中国的历史小说是从史传中衍生出来的通俗文学形式,这意味着它一开始就是大众而通俗的。从这个纬度去看,高阳和二月河有许多接近处,他们于历史中演传奇,于世俗中传妙谛,于浅白中见古雅,很好地处理了"雅"与"俗"的关系,即作品的严肃性、思想性和哲理性与大众性、娱乐性和消遣性有机统一。

高阳与二月河都重视人文精神的再现与重构。二月河谈到"清帝系列"的创作主旨时说:"我尽可能地从传统道德中摄取了带有活力的、有营养的东西赋予我的人物,让读者从这些人物与命运的抗拒联合中去体味中国文化浩然无际的伟大。"①这与高阳以复活历史的温情来激发读者的爱国之心的创作动机论调一致。对传统文化,他们认同多于批判。例如,两人都褒扬忠诚仁义的气节情操,以圣君贤臣的伟岸形象向世人诠释儒家的民本思想。高阳感兴趣于整个民族的文化样式,事无巨细,包罗万象。二月河也醉心于用佛道玄理、笔墨丹青、雅歌俚曲、奇门异术、名士佳人等要素,精心、细腻地描绘了一幅清初市井人情风俗画。内容之广,细部之精,两人难分伯仲。

为求得读者的认可,两人都将"传奇"这种传统艺术手法引入小说。高阳主要是以传奇之法来展演岁月长河中人的生命活性,他动情于世俗人情的微妙复杂、人生智慧的广博精深,并以一种激赏的心态于日常琐碎中展现人的实际境遇,从而达到古今连通,人所共鸣。哪怕是表现帝王题材的作品,高阳也总是从自然人性的角度去理解和体察他们,高扬着一种人道的关怀。他写慈禧、乾隆、李煜等莫不如此。

二月河从平民的叙事立场出发,不被"历史之真"与"艺术之真"的范围所左右,而能巧妙地将小说的诗学范式与娱乐特性对接起来,在文本中编织了许多扑朔迷离的情节,有帝王的艳情绝唱(如《康熙大帝》中康熙与苏麻喇姑、《乾

---

① 二月河:《二月河作品自选集》,河南文艺出版社,1999年,第 240 页。

隆皇帝》中乾隆与棠儿),有真幻难辨的人生悲歌(如《雍正皇帝》中邬思道的遇合、雍正猝死之谜、年羹尧的跌宕一生等),有离经叛道的男女情爱(《康熙大帝》中太子与郑春华私通、《雍正皇帝》中雍正与乔引娣的父女乱伦、《乾隆皇帝》中乾隆皇后那拉氏与太监的变态性关系)等,无不迎合着大众的猎奇口味。高阳与之不同,他从不以感官的刺激和揭示人物的隐私欲望来煽情,也没有太多的噱头哗众取宠。相反,他陶醉于用古雅、精深的艺术精神,精致、和谐的性灵抒发来消融世俗的平庸和单调,因此文本的张力不大。无疑,二月河的历史小说中已经融合了某些先锋文学的因素,他以想象力的腾飞丰富了历史小说的叙事模式,在"史"与"诗"的转换上更灵活,文学的诗意表达更浓烈。他的创作,让历史小说的价值取向由原来单一的精英立场开始向民间传统回归。但不可否认,二月河小说在"史实"与"诗质"的转换上相对混乱,没能站在人道的角度对封建权力运营作现代的超越,而高阳小说恰好从这一方面给予了补充。

民间立场与地域文化对小说通俗性的生成作用是高阳与二月河早就心领神会的。正如有学者所言:"任何伟大的艺术作品总是体现着人类经验的某些共同方面而使欣赏者产生共鸣,同时又是作者本人的个人经验、个人想象与个人言说。伟大作品在被创造时,总是从自身文化出发,筑起自身的文化壁垒,在被欣赏时,又因人们对共同经验的感知而撤除了不同文化之间的隔阂。"①只是,高阳与二月河所立足的区域文化秉性不同。如果我们探究一下高阳打量历史与文化的眼光会发现,贯穿其文本的内源性激情来自作家深深的"吴文化情结";二月河则立足于以南阳为中心的"荆楚文化"。

高阳对吴文化的"情之所钟"体现为,他无论是勾勒小说中传统文化形态的复杂结构,还是理性地反思民族文化的精神实质,都以吴文化的质素为代表。他将吴文化结构中物质层面、制度层面、生活方式层面和观念层面的典型特征展演在作品中,使之成为其小说"历史文化全息图景"中最浓最重的色彩。他通过描述吴地社会中人的生存基础、关系背景、行为方式等外在文化现象,创设一种逼真的历史场景。从种种貌似琐碎的物态描绘中,作者构筑起了该类小说历史真实与艺术真实必不可少的环节。

在成名期与成熟期的大部分作品中,高阳都将小说的文化时空背景放在自己熟悉而亲切的吴文化核心区域内(以苏州为中心,东到上海,西到常州,南到湖州、嘉兴,北到南通②)。他饱含热情、津津有味地展开对这一地域范围内所有世俗人情、礼仪规制、经济发展及学术风范等的叙述。这固然是因为作家生

---

① 乐黛云:《全球化语境中的多元文化发展》,《社会科学辑刊》2002年第1期。
② 严明:《吴文化的基本界定》,《苏州大学学报》1991年第3期。

长于杭州,久经此文化氛围的熏染,那带有本土特征的地域文化作为一种生命的记忆激发着作家的原创力;但更为重要的是,这块地域的文化特色代表了唐宋以来中国古典文化的显性品质和最高成就。中华文明是一种立足于自然经济的农耕文化,在她封闭的循环秩序中满足于追求内在的和谐、稳定和精致。中国文化无论从内在精神还是物化形态都旨在建立有序的主、客体世界。对应这种需求,中国文化的审美心理是建构典雅、小巧、优美与对称,而吴地优裕的生活环境恰恰培养了吴人与此相对应的心理特征。河港相连的水环境、清晰绮丽的风景及和缓潮湿少变化的气候浸染下的江南人显得思维缜密又理性,情感温柔又细腻,重实用而工心计。从这种意义上考察,吴地的文化已经不仅仅是一种区域文化,它构成了唐宋以后中国成熟意义上的古典文化的实质。它那温文儒雅、柔媚细致的精神倾向是中国古典文化中"阴柔"品质的极佳表现。高阳铺排吴文化之"细枝末节"的匠心是让读者知性而深刻地感知中华文化的本质内涵。小说凸显吴地的民情风俗,尽演吴人能言善思的认知特征、温柔细腻的情感特征和灵活务实的行为特征,作家把它们当作民族的生存智慧来绽放,由此其文本中的地理区域已经超出了一般意义上的物理空间,小说貌似在历数吴地文化,实际追求的是状摹民族文化的本质。这或许是高阳小说高于一般通俗化、风俗化历史小说的根本所在。

二月河历史小说的地域性语境源自楚宛与河东风土相交的荆楚文化。楚人骁勇进取、执着刚烈的品性是其文化的典型特征。"二月河凭着对生活敏锐的观察力,不仅在重诠康雍乾王朝那波澜壮阔的政治生活时加进了自己对于荆楚传统文化的理解,而且还以楚人倔强的根性烛照了皇帝的情绪世界。"①如果说康熙在异常艰难的情境下除鳌拜而收皇权、平三藩而固家园、收台湾而扩疆域的丰功伟绩是彪炳青史的话,那么雍正作为康乾盛世的一个过渡性人物常常被其前后圣君的光芒所掩盖,加上历史上的他背负了诸如弑兄屠弟、刻薄寡恩等太多恶名,因而另辟蹊径为其作新的价值定位是个难题。作家最后在"坚韧"、"勤勉"、"执着"等层面与史料达成共识,小说状写他不惜众叛亲离也要整顿吏治,破除万难以清理积弊,冷静理智地消除政患等,使人物有了新的历史观赏点。素以刚健勇猛著称的楚人,其内心深处有着悠长的孤独意识,二月河抓住这种气质特点用以塑造帝王的心灵世界。与康熙高瞻远瞩、雄才大略的伟岸姿态形影不离的是他内心深处的孤高多疑和冷酷狡诈,他不得不亲手指灭天伦亲情导演一出骨肉相残的悲剧,不得不在生命的暮年忍受众叛亲离的煎熬。在雍正身上,随着政治斗争日趋复杂和紧迫,这种"冷"与"阴"的性格特征更加明

---

① 张德礼:《二月河历史叙事的文化审美建构》,人民出版社,2005年,第139页。

显,加上顽固与倔强,使人物生发出更加阴毒残虐的手段,小说于此深邃地展示了权力对人性的高度异化过程。

当代历史小说阵营有了高阳、唐浩明和二月河的加盟显得硕果累累而摇曳多姿。他们所提供的"同根相生,异质分呈"的历史阐释机缘,透射着二十世纪中国学术文化的艰难历程。由于中国迈入全球化的历史进程是非自觉的,因而大到政治制度、生产方式,小到文化形态所发生的全方位变革完全是在被动中的仓促应举。外部世界的天翻地覆之变,势必带动此情境中的生存主体价值观念、审美趣味、情感倾向等内在文化心态的剧烈动荡,因而对传统历史文化资源的认识显得多元并杂。同为传统型历史小说家,他们作品最精妙处,恰恰又面临了传统如何在现代进行合理转换的难题,这当然与中国文化面临"现代性"挑战的历史命运是一致的。

原载《小说评论》2008 年 3 月 20 日

从二月河"落霞三部曲"看90年代文学场

范阳阳

    范阳阳一文,为我们还原了一个20世纪90年代的文学现场。他讨论的是,通俗文学如何被形成于80年代的纯文学机制拒绝,继而被国家意识所接纳,而后者恰恰又没把它们当作文学来看待的现象。在这种复杂缠绕的多重关系中,范阳阳力避主观性的判断介入,以丰富材料来钩沉二月河从"红学研究"到"历史写作"的历程,辨析作家获得"文人资格"的曲折和艰难,某种程度上对这一领域做了推进性的研究。更有意思的是,本文作者并未就此罢手,他接着观察二月河在文坛遭遇挫折后,如何绕过文学界的评判,有意无意地借助市场力量来获得大众文化的声援。而大众文化根深蒂固的历史潜意识,就这样呼应了通俗文学的兴起,赋予它历史地位。范阳阳对二月河现象的精彩分析,重新呈现了九十年代国家文化与大众文化蔚为壮观的合流趋势,这趋势中铭刻着当时人们期待"明君贤臣"、"改革强人"模式的历史印迹。

——程光炜

    二月河,原名凌解放。1945年出生于山西昔阳,后随父母迁至河南南阳。高中毕业后入伍,1978年转业至南阳市委,任宣传部干事,40岁开始创作小说。他的"落霞三部曲"出版时间为:《康熙大帝》1985~1989,《雍正皇帝》1991~1994,《乾隆皇帝》1994~1999。据报道称都曾"多次再版"[1],并且多次获奖,如《康熙大帝》(四卷本)获河南省首届文艺成果奖、河南改革十年优秀图书一等奖;《雍正皇帝》获全国"八五期间优秀长篇小说奖",并入围第五届"茅盾文学奖";《乾隆皇帝》(六卷本)获第五届国家图书奖等。评论界对"落霞三部曲"的看法却褒贬不一,赞之者称:"《雍正皇帝》可说是自《红楼梦》以来,最具思想与艺术光彩,最具可读性同时也最为耐读的中国长篇历史小说,称之为五十年不遇甚至百年不遇的佳作并不为夸张。"[2]批评性意见则多针对作品的思想倾向。本文试图通过对作家作品及相关评论的分析,来找出20世纪90年代中国文学场变化的脉络、表征。

---

[1] 冯兴阁等主编:《聚焦"皇帝作家"二月河》,广东人民出版社,2003年,第1页。
[2] 冯兴阁等主编:《聚焦"皇帝作家"二月河》,广东人民出版社,2003年,第221页。

一、创作倾向与思想资源

二月河多次在文章中强调自己搜集资料的认真,"为了写好康雍乾三代帝王,他进行了高密度的资料收集工作。那时候,什么《清人笔记小说大观》《清朝野史大观》《清稗类钞》《清史资料》《故宫档案史料》等等,连清人当初的日记统统都搜集,包括宫廷礼仪、皇帝衣貌档案、食膳档案、起居注等"。他说:"当时,一斤豆腐多少钱我都知道,还有纯度10%的银子到90%的银子怎么识别,皇帝一年360天,什么时辰穿什么衣服,这都需要从查资料开始。"收集材料"又不能失掉宏观,又要全方位了解清代政治、军事、文化、风情民俗、宫廷礼仪,上至帝王之尊,下到引车卖浆之流,你都应该把他学活,需要下一番别人不肯下的功夫"。如此事无巨细,与他追求正史的叙述效果不无关联,"我这样写出之后,没有专家敢挑我,因为我拿的是第一手资料"①。

同时,他也反复强调自己秉持着客观的写作态度,"我可以负责任地说,对于重大的历史事件、重要的历史人物、重要的历史走向的判断,我是以一名历史学家的标准来要求自己的"②。具体到人物塑造上,他说:"对康、雍、乾我是既肯定又否定,如搞权谋、文字狱、专横、排外、封闭、保守等等,这是康、雍、乾要负责的。"③"有人说我是歌颂皇帝,其实我不是在歌颂皇权,而是在揭露专制,不是在美化皇帝。"④

但细读作品之后,不难感觉出他在创作上的倾向性。首先在帝王形象上,作品用大量篇幅来展示皇帝的政治才能及道德感化力量,如康熙如何智擒鳌拜、平定三藩,雍正如何力排众议、坚持改革等。《康熙大帝》中描写吴三桂的大将皇甫保柱,在奉命刺杀康熙的过程中被他的爱民、为民精神所感动,"康熙料理朝政,昼夜不停,连精力充沛的壮年臣子都觉得吃不消。有关康熙勤政的事,以前他也听说过,今天亲眼一见,才知道确非虚语。盗不走令箭,他本打算先回去再说,后听康熙君臣议论崔杜平的案件,又议及赈荒,康熙对民疾民伤处处在心,百姓到哪里再寻这样一个皇帝?"再如《雍正皇帝》中宫女引娣评价雍正道:"主子这个样儿做事,是天下最勤快的人。"李卫看到雍正的饮食极为简单,劝他

---

① 刘雅鸣:《且看二月河这"一潭浑水"》,《北京档案》2002年第2期。
② 二月河:《搞文化的人要有健康心态》,《中国青年报》2002年11月14日。
③ 周熠:《二月河纵论历史小说创作》,《人民日报》2003年2月28日。
④ 泛舟:《二月河与他的笔下王朝》,《今日湖北》2004年第6期。

不必如此节俭,雍正说:"朕富有四海贵为天子,何物不可求?何膳不可进?由俭入奢易,由奢返俭难嘛!"雍正慢慢嚼着米饭,将剩下的豆芽菜连汤倒进碗里,命人冲了开水涮得干干净净吃了,指着那盘一筷未动的芹菜里脊肉吩咐:'这菜午膳回锅热热,朕再用。'"而对于帝王处事中的心机、手段等,作品除稍有涉及外,大多赋予了道德色彩。

在这三个皇帝中,历史上最有争议的是雍正,虽然关于他是否篡位尚无定论,但对他的负面评价依然有据可循。清史研究者冯尔康指出:"像雍正那样不仅伪造历史,而且涂改档案、伪造史料则还是罕见的。在对照了雍正'加工'过的《朱批谕旨》《上谕内阁》等档案与故宫中幸存的原件后,冯先生感叹曰:雍正'爱改史料,实是一大毛病'。"[①]再如文字狱,"史料有记载,雍正在位时,为了巩固统治地位,曾大兴文字狱"[②],这在作品中被略去。有论者认为:作者"极力为雍正正名,甚至不惜美化和粉饰。他以'改革主旋'统领全篇,将雍正塑造成一位大胆革新政治、励精图治、勤政廉洁、忧国忧民、刚毅果敢、关爱臣民的好皇帝,为此不仅略去了雍正时代关于文字狱的种种记录,还着力表现他不惧骂名滚滚大刀阔斧刷新吏治,不怕得罪群臣大胆实施反腐倡廉的种种举措"[③]。有论者指出:"凡是有损三位皇帝高大形象的史料,二月河基本不用。"[④]

同时,作品还着力塑造了文人形象,大致可分为两种。一是受到赏识及重用的,如周培公、刘墨林等,他们都忠心耿耿、勤政爱民。《雍正皇帝》中为表现这一点,还虚构了年羹尧起兵造反时,刘墨林明知情势不对却未逃跑,而是甘愿牺牲的情节。二是不愿归顺政权的民间知识分子,如黄宗羲、曾静等,他们胆小、委琐、气量狭小。由此可见,拥护政权与否是作者用来区分、塑造文人形象的依据,传统的明君贤臣模式被肯定、赞扬,作者说:"康熙是明君,如伍次友、周培公诸人,一个重要的道德标准,就要体现在君恩和臣忠上,这样才会出际会,才出事业。"[⑤]因而也不难理解作品中出现了多个"帝师"形象(如伍次友、方苞、邬思道)。那些反抗清政权或个性鲜明的文人则被视为异类,被矮化处理,"最典型的是清初思想家黄宗羲,在《康熙大帝》中被歪曲成一个整日写诗闲侃的无聊文人","曹雪芹在《乾隆皇帝》中出场时是一个混饭帮闲的清客,他写《红楼

[①] 张德礼等:《二月河历史叙事的文化审美建构》,人民出版社,2005 年,第 74 页。
[②] 冯兴阁等主编:《聚焦"皇帝作家"二月河》,广东人民出版社,2003 年,第 87 页。
[③] 庄若江:《"民间立场"与"政治话语"——高阳、二月河的清史文本比较》,《江苏社会科学》2004 年第 5 期。
[④] 王谦:《二月河:六百万字真实的谎言》,《出版广角》2005 年第 8 期。
[⑤] 二月河:《二月河作品自选集》,河南文艺出版社,1999 年,第 240~241 页。

梦》似乎是给达官贵人解闷儿之用"①。

从以上分析可以看出,作者更多是从传统文化中选取思想资源进行写作,这显然与知识分子的启蒙话语拉开了距离。自近代以来,启蒙话语对传统思想文化的评价趋于负面化,并倾向于将其归因为封建制度的结果,这可以说是一个世纪以来知识界的基本共识。同时,关于晚清的负面记忆、评价,也使得清朝及其种种在启蒙话语的言说中成为传统文化负面形象的具体承担者。当代历史文学的创作规范中自有一套关于古代历史的评价机制,古代统治者基本上是被主流话语和启蒙话语所否定的对象,封建帝王引起知识分子的反感在此意义上不难理解。有论者认为:《乾隆皇帝》"缺少'现代感',……有一种陈腐的气息,对权力、权谋有一种颇含崇拜的渲染,对主子与奴才的伦理、忠臣与奸臣的类分有一种不假思索的认同。仿佛'新文化运动'压根就没有出现过"。"'五四'新文化运动以来,尽管观念上的历史批判基本完成,但现实中国人的奴性从未得到根治。如今,它又乔装打扮出现了。"②传统文化与启蒙话语的二重分野,在小说与评论之间被凸显出来。

二、"文人资格"

除了人物塑造引来不同看法之外,"落霞三部曲"在形式上不免给人以通俗小说的阅读印象。在作品中,他加入了武侠、宫廷斗争、情感、公案等内容,甚至鬼神、离奇的描写。如《康熙大帝》中魏东亭奉命率领侍卫擒杀鳌拜一节,魏东亭会使"柔云八卦掌",鳌拜则有"沾衣十八跌"的功夫;《雍正皇帝》中甘凤池用内力将手里的匕首熔化成铁水。有论者认为"落霞三部曲"中的打斗场景描写,"其情节之惊险,武功之高妙与武侠小说相比,毫不逊色"③,"他写打斗追杀的画面,有时闪过金庸式的影子,他写勘破疑案的诡曲,颇有公案侦破之风"。而《雍正皇帝》中会用法术、行踪诡异的道士贾世芳在被谋害后又起死复生的情节则显然可归入荒诞;作品里的多处情色描写也屡受诟病,"写到贾世芳的神通、写到雍正与乔引娣的乱伦。这就使小说稍稍滑向了通俗文学的套数"④。

---

①王谦:《二月河:六百万字真实的谎言》,《出版广角》2005年第8期。
②冯兴阁等主编:《聚焦"皇帝作家"二月河》,广东人民出版社,2003年,第279页。
③齐裕焜:《二月河"清帝系列"小说得失谈》,《福建师范大学学报》(哲学社会科学版)2000年第2期。
④冯兴阁等主编:《聚焦"皇帝作家"二月河》,广东人民出版社,2003年,第188页。

虽然二月河将"落霞三部曲"定义为"文化历史小说",但它在思想内容上显然不合认同启蒙思想的知识分子的口味,在形式上又与纯文学的审美趣味相偏离,自然难以得到评论界的肯定。有论者因此为其鸣不平,却未能看到背后隐含的文学立场的分立。"与大众热相反,评论界对二月河的作品的反应不仅迟钝而且关注程度不够,评论文章也不多。读者的热与评论的冷形成较大的反差。……1990年以前,二月河基本处于边缘的位置。……在20世纪90年代中期以前没有太大的变化。《文学评论》1995年第5期篇首刊发《叩问历史 面向未来——当代历史小说创作研讨会述要》一文。这篇文章可以说是对20世纪八九十年代长篇历史小说的回顾和总结。然而,通读全篇将发现那么多著名的作家和拥有绝对话语权的评论家在谈论历史小说创作时只字未提二月河的作品,而此时二月河的《雍正皇帝》已全部出版。"①这部作品曾经入围"茅盾文学奖",但"难以理解的是,茅盾文学奖初评中得票最高的《雍正皇帝》,在终评时却名落孙山。对此,评委说法不一。但有一点是不能不说一下的。有评委指出,此书虽好,但出版质量太差,满篇错字连篇,甚至第一卷的第二章整个没有",后来发现"先前读的,竟是盗版"②。

面对种种评论,二月河仍以纯文学自居,"纯文学的出路呢?纯文学卖不出价,是不是我们只要下里巴人,不要阳春白雪了?"③说起他的创作历程,自然与其最初的红学研究不无关联。"我最终把《红楼梦学刊》作为自己的突破口,我自己感到以前在红学方面有些基础,从这里突破很有可能成功。我要想取得文人资格,就一定要进入这个被学术界称为'贵族阶层'的团体中去。"④"我特别感谢冯其庸先生,贵为红学要津,我一纸论文相投,纳我进入红学界,取得文人资格,继而又告诉我有写小说之才分,坚我信心,又硬跳了文坛。"⑤

这里还要提起他那关于创作缘起的"故事":他工作后"常为《河南日报》等报刊写点中州人物之类的文章,渴望当个研究历史的知识分子。……1981年,他写了一篇研究红学的文章投寄《红楼梦学刊》,杳无回音,于是直接给全国红学会副会长冯其庸先生去信,并附上稿子。信中不客气地说:'我花了许多时间,费了很大气力,才写出了这篇稿子,寄走之后至今没有消息。"红学"是人民的,不是"红学家"的。如果冯老看过这篇文章,认为我不是"红学"研究的料

---

① 张德礼等:《二月河历史叙事的文化审美建构》,人民出版社,2005年,第235~236页。
② 冯兴阁等主编:《聚焦"皇帝作家"二月河》,广东人民出版社,2003年,第94~95页。
③ 二月河:《二月河语》,昆仑出版社,2004年,第110页。
④ 白万献、张书恒:《二月河创作座谈会纪实》,《卧龙论坛》1993年第4期。
⑤ 二月河:《二月河作品自选集》,河南文艺出版社,1999年,第219页。

儿,就请回信,我就不再搞这方面的研究了。'7天后冯老回信,将稿子推荐发表,并约见了他。"①1982年,在上海召开了《红楼梦》第三次学术讨论会。在这次会议上,二月河第一次见到了冯其庸。冯先生称他写的红学论文"想象丰富,用笔细腻,是小说的笔法"。二月河回忆道:"在这次会议上,我听到有人说起康熙这个人:八岁登基,十四岁亲政,十六岁智擒鳌拜,二十八岁平定'三藩之乱',三十岁收复台湾,修明政治,减轻负担,使我们中华民族版图达到空前辉煌。这样杰出的人物,还没有一部像样的文学作品写他。当时,我脑子一热,我来写!会上有出版社、新闻界的朋友,有老专家,也有新秀,大家都没有怎么认真地看待我这句话,但我是不说就不说,要说就要守信用的!"②于是便有了"落霞三部曲"的创作和问世。

从研究红学到转入小说创作,其动因都与他对"文人资格"的看重有关,因此也不难理解作者多次为自己的作品辩解,并因未能得到评论界的肯定而采取主动疏远的姿态。"我们文学界里评论家——高级读者,能给你造一点舆论的权威者吧,……不知道是谁选的,也不晓得是谁派的,因他能指手画脚说一通苏格拉底如何如何,莎士比亚怎样怎样——每隔一段日子,他便就聚在一起,吃吃,谈谈也顺便玩玩,新的一届什么奖也就诞生了。这是在用老话——旧时的话说该叫什么呢?客卿吧,清客吧……吃饱了玩美了,谈天是了,擦着油光光的嘴讲'文学界'的是非,决定他人作品之文野高下粗细等等。总而言之,来'执手再主骚坛'。"他还说道:"有些个档次颇高的专业读者很看不起我的这类文学。他们可能势力太大,有时可以不看作品就武断你的作品,是阳春白雪或下里巴人——直到《康熙大帝》出书四套二年之后,还有人言'二月河是武林高手'。他以为我写的武侠。"③

在主流评论界不被认可,并不意味着作品就归于失败,因为在20世纪90年代,市场极大地介入了文学创作、销售,"落霞三部曲"的销售业绩使作者有自信采取这种不必顾及评论的态度。据称,《康熙大帝》(四卷本)"先后十数次再版",《雍正皇帝》(三卷本)"业已再版八次","据新华社北京1999年3月6日专电报道,台湾巴比伦出版社负责人花逸文表示,……二月河的《康熙大帝》、《雍正皇帝》和《乾隆皇帝》三部作品在台湾出版后,没有做任何广告,完全靠读者口耳相传,出版几年来,年年都再版,成为该社的'镇社之宝'"。二月河因而采取了强调作品是为读者而写的姿态来面对各种批评,"从写作

---

① 久辛:《"帝王"作家二月河》,《华夏时报》2001年12月12日。
② 冯兴阁等主编:《聚焦"皇帝作家"二月河》,广东人民出版社,2003年,第103页。
③ 二月河:《二月河语》,昆仑出版社,2004年,第151、158页。

方面讲,我认为只让评论界承认是不够的,我更要对广大的读者负责"①,"我不会听你们理论家的,也多少有点腹诽的心思:你自家尚且昏昏,叫我如何昭昭"②。他认为评价作品的"真正的标准只有两条:它拥有不拥有读者;它拥有不拥有将来的读者"③。

由此不难看出,作者其实一直在不断调整自我定位:从看重能否取得"文人资格",到逐渐疏离于评论界,再到以作品销售情况来获取自我确证,这恰好表征了上世纪90年代市场兴起带来的文学场变化:批评的导向功能逐渐被市场所挤压,乃至取代。

三、历史小说与现实

克罗齐说,只有对现实生活产生兴趣才能进而促使人们去研究以往的事实,所以这个以往的事实不是符合以往的兴趣,而是符合当前的兴趣,假如它与现实生活的兴趣结合在一起的话④。二月河也说道:"历史小说创作者既不能抱取一种旁观者的身份和不介入的态度,又不能把历史看成是与现实社会毫不相干的东西,要把自己投入进去。找到历史与现实之间的脉息,让历史真正活起来,既让读者感到真切、地道,又让读者有所鉴戒和教益。"⑤在历史与现实之间建立起"对话"关系,可以说是历史小说作者普遍怀有的创作意图。

二月河在"落霞三部曲"的形式和内容上所采取的写作方式、倾向,也自有其思想背景、时代背景,并非专意做翻案文章。20世纪90年代之后随着社会发展带来的思想变动,使得主流话语也有意识地重新建构话语体系。王晓明说:"一九八○年代,中国人是有方向的,这个方向就是改革,虽然各个社会阶层的人对改革的理解并不一致,但大体还能指向差不多的方向。但到了一九九○年代初,巨大的挫败,人一下子被打懵了。"⑥当时,"旧有的统一建制文化体系正在发生裂变,有权威盲从而导致的意识形态大一统的局面不复存在",这就"造成了整个社会价值选择的眩惑"⑦。与此同时,启蒙话语的逐渐式微、淡出,正

---

① 冯兴阁等主编:《聚焦"皇帝作家"二月河》,广东人民出版社,2003年,第1~2页。
② 二月河:《二月河作品自选集》,河南文艺出版社,1999年,第238页。
③ 二月河:《二月河语》,昆仑出版社,2004年,第169页。
④ 张文杰等编译:《现代西方历史哲学译文集》,上海译文出版社,1984年,第151页。
⑤ 二月河:《致读者》,《卧龙论坛》1993年第4期。
⑥ 王侃、王晓明:《三足怪物、叛徒、谜底及其他》,《当代作家评论》2012年第1期。
⑦ 舒也:《人文重建:可能及如何可能》,《文学评论》2001年第3期。

好为其他话语的登场留够了空间。不管是出于事先设想还是事后补叙,二月河后来多次把自己的作品和文化重建联系起来强调其意义和价值,"我尽可能地从传统道德中摄取了带有活力的、有营养的东西赋予我的人物,让读者从这些人物与命运的抗拒联合中去体味中华文明浩然无际的伟大","我写这书主观意识是灌注我血液中的两种东西,一是'爱国',二是华夏文明中我认为美的文化遗产。我们现在太需要这两点了。我想借满族人初入关时那种虎虎生气,振作一下有些萎靡的精神"①。这里的"萎靡的精神"或许正对应着如下判断,"正是一九八〇年代末一九九〇年代初整个社会心态的大改变,从根本上改变了'纯文学'、'现代主义'这些概念的文学效应,将它们一步步改变为逃避现实的挡箭牌,自我矮化的遮羞布。那个总是要去破坏、去挑战的精神倾向被打散了,那种'我们能改变现实'的'政治无意识'消退了,一种深广的政治无力感取而代之"②。

而在事实上,读者确实从中读出了与现实的某种关联。很多批评者注意到《雍正皇帝》有意无意地迎合了大众现实的政治愿望,在历史叙事与现实语境之间寻求某种对应的文化策略。20世纪80年代末到90年代初,"中国的改革正处于关键阶段,有些矛盾比较尖锐,使得老百姓对政治有了更进一层的关切,《雍正皇帝》引起了他们对现实社会观感的共鸣,表达了人们对改革事业的一种理解与期待"③。改革是20世纪90年代社会生活的主题词,二月河将雍正塑造为不畏艰难险阻、锐意革新的改革者形象,自然与现实形成了呼应。"在保留基本史实的前提下,他输入了诸如励精图治、勤政廉政、惩治腐败、整饬吏治等具有鲜明'警世'意义的时代话语系统,利用历史故事折射社会热点关注话题,暗合受众心理,寻求广泛共鸣,从而达到文学干预效果的最大化。"④这种对"改革强人"的肯定、礼赞在当代文学中不乏先例,如柯云路的《新星》等。但值得关注的是,"《雍正皇帝》着力表现的'当家难'主题,适时传达了内地民众对'改革难'的感慨,小说中用心塑造的'当家人'形象,寄寓着大众对'改革能人'的期待;而其中所称道的'非常手段',同样提供了一种值得借鉴的解决改革难题的可行性方案"。因而可以说,作品实际上"构成了20世纪80~90年代中国社会政治经济改革和整顿吏治反腐倡廉两大主

---

① 周熠:《二月河纵论历史小说创作》,《人民日报》2003年2月28日。
② 王侃、王晓明:《三足怪物、叛徒、谜底及其他》,《当代作家评论》2012年第1期。
③ 赵玉芬:《"帝王作家"的人文情怀——二月河历史小说论》,《河南理工大学学报》(社会科学版),2008年第2期。
④ 庄若江:《"民间立场"与"政治话语"——高阳、二月河的清史文本比较》,《江苏社会科学》2004年第5期。

题的政治隐喻,暗蕴着民间潜隐的'明主'理想,有着明显的社会'心理干预'色彩"①。

正是在对"明君贤臣"、"改革强人"模式化的书写和认同上,作者实现了对传统思想资源的有效激活,并赋予了它在当下语境中的合理性、适用性。面对改革中出现的诸多困难、问题,"落霞三部曲"及类似作品"不是提供一个现代性民主政治的文化图景,而是着力建构对传统社会中明君仁政、清官贤臣、勤政亲民、惩贪除佞的政治模式的镜像式认同,为当前政治/经济二元式社会结构提供合法化历史叙事,造成大众的政治欲望投射与现实政治焦点的错位"。同时更为重要的是,"落霞三部曲"的写作姿态与主流话语形成了态度的统一,一方面强调改革者及改革过程的艰苦,一方面赞扬改革所带来的成就。"2002年中共'十六大'期间,国家计委主任曾培炎向媒体表示,最近十三年以来可以说是中国历史上发展的最好时期,是人民群众得到实惠最多的时期,是社会最稳定的时期,政通人和,国泰民安,堪称'盛世'。"因而有论者将二月河等人的小说归类为"盛世叙事","从宏观上看,90 年代以来的'盛世叙事'属于中国大众文化在全球化时代语境中关于现代民族国家的一种话语建构"②。

因此可以说,二月河的"落霞三部曲"在无意当中参与了 20 世纪 90 年代话语体系的建构,为改革提供了注脚。作品借用传统思想资源,运用类似通俗小说的手法的意义和价值在这一维度上得到彰显。"按照新马克思主义者葛兰西的观点,社会主义文化领导权也是与其他类型的文化不断沟通而后才能取得合法性的领导权。90 年代的文化的市场化趋势,也给民间文化以及'异类'文化提供了必要的空间。90 年代的主导文化也呈现出与民间文化、大众文化合流的特征,特别是在大众文化方面,主导文化实践不得不借助大众文化的叙事方式和话语来表达它的思想,这本身说明主导文化也处于调整态势。……在某种意义上,'异类'文化的存在,异类被允许存在,原因在于它可能给主导文化重建表意策略和多元的符号体系提供了有用的资源。"③

经由以上对"落霞三部曲"及其周边的考察,我们可以说:在 20 世纪 90 年代,借助传统思想资源进行写作的历史叙述在一定程度上得到了主流话语的认可,并承担起重新凝聚社会共识、为推动改革扫清障碍的功用;同时,它又与市

---

① 赵玉芬:《"帝王作家"的人文情怀——二月河历史小说论》,《河南理工大学学报》(社会科学版),2008 年第 2 期。
② 姚爱斌:《暧昧时代的历史镜像——对 90 年代以来大众历史文化现象的考察》,《粤海风》2005 年第 6 期。
③ 陈晓明:《表意的焦虑——历史祛魅与当代文学变革》,中央编译出版社,2003 年,第 347~348 页。

场形成某种意义上的合力,在隐形效果上造成了对启蒙话语的进一步疏离、排拒。而评论者对二月河的"落霞三部曲"或褒扬或批评的态度,也是与作品所担当的角色、所起的作用密切相关的。

原载《小说评论》2014 年 1 月 20 日

二月河清帝系列小说的缺陷

王增范

一、正视二月河

二月河是当代最有影响的作家之一。在文化冲突、信仰迷失、价值系统紊乱、社会结构调整的社会背景和精神背景中,二月河与金庸、琼瑶的作品相互呼应,相互补充,构成了当代中国最具乌托邦色彩的成人童话世界,为各式各样的逃避现实冲突的人找到了精神避难所和灵魂寄存处。特别是通过电视剧的放大功能,二月河的清代帝王小说系列已经成为20世纪90年代以来中国最畅销的文学作品系列之一。而且,伴随着二月河作品的畅销,以及类似的清宫戏电视剧的火爆,出现了观众的热情与思想文化界的尖锐批判之间的明显冲突。

二月河创作的中心是以清代历史为背景的小说,作品主人公是被作者视为"明君"的帝王。在他的作品中,这些帝王一个个都有远大的抱负和崇高的品德,忧国忧民,无论国家大事还是日常起居,都以身作则,以至每个人都是忍辱负重,积劳成疾。不仅作为作品中人物的那些大臣和小老百姓对皇帝赞不绝口,即便是作为局外人旁观者的我们这些现代读者,也都不由得肃然起敬。在二月河的清帝系列小说中,为了突出封建帝王勤政爱民的形象,作者刻意回避封建王朝本质上对人民的压迫和奴役,绝口不提封建帝王的残暴独裁和非人性,甚至连历史上最醒目的尽人皆知的民族大屠杀和文字狱都做了改头换面的处理。二月河的小说和清宫戏、戏说历史题材的影视作品,情节丰富,可读性可观赏性强,在故事的展开中又穿插许多对当前社会不良现象的影射和人生格言一类的台词,对大众很有吸引力。但这些作品共同的缺陷是,有意模糊历史的是非,模糊作品的政治立场和文化立场,在娱乐的形式下传播非娱乐的皇权文化观念等等。因此,大众要看热闹,而一些严肃的学者和批评家则更关心作家和作品的历史意识、文化精神。这种直觉欣赏与理性评价之间的冲突所蕴含的文化价值冲突、社会信仰冲突和历史哲学冲突,已经远远超出了对一个作家和一部作品的评价范围,而是反映了当代中国文化建设、政治文明建设和社会改革过程中的深层观念碰撞,也反映了社会在变革过程中理论的滞后和实践的非理性现状。因此,二月河的创作不仅是一个文学范本,也是一个文化范本和精神范本,值得所有关注中国文学和中国文化现状的人给予足够的关注。遗憾的是,由于二月河作品属于通俗文学的范畴,在艺术上和哲学上缺乏深度,正像一位评论者所说:"他的本意是写严肃的正史,写出来的东西却多少有些离谱,三分像三国演义,又有三分像还珠格格,总之是非驴非马。所以,每回读他的皇皇巨著,我都有点惋惜。"①所以,多少有点令人遗憾的是,文学批评界至今还没有很正式地把他的作品纳入自己的视野。本文不想特别关注二月河小说的写作技巧或类似的技术性话题,只想关注作者想告诉我们什么,他又实际上告诉了我们什么。本文特别想弄清楚的是,在作者说的和做的之间究竟出现了什么偏差? 通过二月河的创作,我们应该怎样理解历史和历史中的人? 当然,如果有可能的话,本文也希望通过对二月河创作的分析,更进一步地理解关于文学的存在意义、关于民族精神和人文价值重建等话题。

二、二月河写了什么

如果要简单地概括二月河清帝系列小说的内容,可以只用一句话来说,就是圣君名臣。第一部分:圣君。这是二月河全部作品的骨干,也是他全部创作目标和文化追求的物质载体。二月河的清代帝王小说系列共三部,分别是《康熙大帝》、《雍正皇帝》、《乾隆皇帝》。作品的主人公就是被称为康、雍、乾盛世的缔造者的康熙、雍正、乾隆三位皇帝。

首先是伟大的康熙皇帝。关于为何称康熙为"大帝",作者与许多人展开过辩论,也在公开场合作过清晰的解释。作者认为:"转换一下思路,难道说玉皇大帝是外国人? 俄国人可以称彼得是大帝,我们中国人也可以称康熙为大帝。应该说政治才干康熙大帝高于彼得大帝。从经济方面来说,康熙也搞得比彼得好,两个人甚至还打过仗,而且是康熙大帝取得了胜利。"②"康熙称之为大帝,原因是多方面的。我昨天下午和记者在一起探讨这个问题,康熙二十几岁就解决了台湾的问题,同时解决了满汉比较强烈的民族矛盾问题,同时他又三次亲征准噶尔、六次南巡,这些丰功伟业,包括解决吴三桂问题,无论哪一件拿出来都是很大的功劳,而且本人的素质,通七国的语言,按照现在来说,当然不可能是英语法语,是日本等东南亚国家的七国语言。数学水准是全国最高的,他到

---

① 司礼监秉笔太监:《太监评论——二月河》,引自乌尔姆学生会论坛多墙文字流 http://www.uni-uln.de/acssu/cgi-bin/lbpiccg? forum=23&topic=131&show=125,2004 年 7 月 12 日。
② 广州讲坛第九讲:《康雍乾文学创作》,引自《南方网》http://www.southcn.com/nfsq/scene/hdzt/gzjt/200404280669.htm,2003 年 12 月 21 日。

河南去视察工地,测量河工都是用自己制造的仪器,我们数学里现在讲到的元次根,外国老师跟他讲元次根时,怎么都说不清楚,康熙最后定名这个东西叫元次根,现在数学里还在运用这几个词,他自己还写了一篇地震的论文。音乐、医学、诗词、书法,一样一样都是顶尖的,这个人如果活到现在,也是非常了不起的高级知识分子。他有忠厚长者的风度,心胸比较开阔,如果今天的人跟他相处,也能够相处得比较好,因为他的个性比较好。"①

  作品不但以浓重的笔墨写了康熙除鳌拜、平三藩、收台湾等政治军事功业,更以主要的篇幅表现了康熙作为一个伟大的皇帝驾驭宫廷政治的能力与智慧。比如他在很小的时候就对自己乳母的儿子自己最贴心的侍卫魏东亭进行监视控制,以至他的贴身侍女苏麻喇姑都被他的这种阴险的心计吓着了。在他中老年的时候,又对自己的几个成年皇子防范、利用、打压、整肃、清理,玩弄于股掌之中。在温和宽容的表象背后,袒露出一个铁腕政治家的独断血腥的本色。在所有的描写中,作者所要告诉读者的只有一句话:康熙是一个伟大的皇帝。第二位是曾经被史书和老百姓广泛诟病的雍正皇帝。在一般人的印象里,雍正是一个很严厉残酷的皇帝,一个彻底的反面形象。但在二月河的作品中,这个形象也被做了彻底的改写,成为一个勤政爱民、事业心强、是非分明、有正义感的好皇帝。作者重点写了他的勤政和惩治腐败,写经过他的改革国库由空虚变得丰饶,吏治变得清明。作者说:"雍正这个人在工作时是工作狂,我甚至认为雍正皇帝本人是累死的,因为我们从故宫里看到雍正,我是在我们图书馆里看到雍正的朱笔批谕旨,有一千多万字,他在位时间是十三年,刘和平写五百多万字,就一身病,雍正十三年,管理这么大的国家,还写了一千多万字,是相当厉害的,我曾经说过泡妞也是需要时间的,他没有时间,工作量这么大,所以他没有时间会荒淫。"②第三位则是那位爱游山玩水并且到处题上"××到此一游"的乾隆皇帝。乾隆皇帝生长在和平年代,是个接班守成的皇帝,而不是创业的皇帝,所以政绩没有爷爷爸爸那么轰轰烈烈。于是作者就着重写了他的仁慈,写他在政治上的宽大和在管理上的宽松,不但对官员们的要求没有那么严厉,而且对犯罪和犯错误的官员处罚起来也都是轻描淡写。

  三位皇帝在二月河笔下,成了励精图治干事业的政治家的典范,成了视野开阔心胸博大的领袖的样板,成了关心民众体贴老百姓的国家领导人的化身。

---

① 广州讲坛第九讲:《康雍乾文学创作》,引自《南方网》http://www.southcn.com/nfsq/scene/hdzt/gzjt/200404280669.htm,2003 年 12 月 21 日。
② 广州讲坛第九讲:《康雍乾文学创作》,引自《南方网》http://www.southcn.com/nfsq/scene/hdzt/gzjt/200404280669.htm,2003 年 12 月 21 日。

在当今人心思治、社会风气不很好的精神背景下,二月河的作品主人公明显地具有文化替代和象征的作用,使读者很快地产生精神共鸣,成为这些形象的拥戴者。作品的第二部分重点则是与圣君相对应的名臣。这里有贤臣隐士名相类的伍次友、邬思道、方苞、张廷玉、高士奇、纪昀、刘墉等;忠臣、净臣类的李卫、周培公、田文镜、孙嘉淦、史贻直、郭琇、于成龙等。其中张廷玉、李卫的忠心,周培公、于成龙的才干与事业心,孙嘉淦、郭琇、史贻直的耿直倔强,田文镜的清廉与一根筋的态度,不仅在人品道德方面是为官者的榜样,而且这些人的存在又反衬出皇帝的开明和伟大。至于像伍次友、邬思道、方苞、高士奇、纪昀、刘墉这类奇才异士,能够自由自在地生活在帝王身边,就更加不容争辩地证明了皇帝确实是好皇帝,是慧眼识才的英主。当然,作者也拿出足够的篇幅描写了宫廷秘闻、权力斗争、江湖奇事、君王心术(统治术)、官场潜规则(办公室政治)和各种情色故事,以此提高读者的阅读兴趣。但归纳起来,出现在舞台中央的却只是圣君名臣。三部书十三大卷的主要内容若以"圣君名臣"来概括,应当是最简单明了的,其他内容可能只是佐餐的调料而已。

三、谁的历史和为谁的历史

我们同作者的分歧从这里开始变得清晰起来。

在写这篇文章之前,我曾做过两次非正式的超小范围的调查,调查的主题是:你如何看待二月河的创作? 出乎我的意料,第一次调查的对象有4人,4个人全部对二月河的创作持否定态度。第二次调查,在场人数为13人,其中只有1人说:还行,挺好看,其余12人都认为二月河的创作有严重的缺陷。需要说明的是,这两次调查的对象都是专业的文学人士,即从事文学创作或是从事文学研究的人士。至于一般的图书馆读者和书店读者的态度,我没有做专门的调查。由于有了这个小小的调查,当我在本文中使用"我们"这个词组的时候,大致是以一部分专业读者的意见为背景的。

谁的历史和为谁的历史? 这是我们评价二月河文学创作的一个依据。

二月河自己认为他写的是落霞系列,展示了封建社会末期的种种社会矛盾,和整个社会走向没落的趋势。也就是说,他揭示了封建社会从鼎盛走向没落的现实。按照作者为自己的创作所下的定义或所做的描述,那么,他的落霞系列小说与巴尔扎克的《人间喜剧》和托尔斯泰、雨果、狄更斯等人的创作性质都一样了,都是对社会的批判,尤其是对自己所喜爱的社会、阶级和人物的批判。这是一种超越历史的姿态,一种对人类的永恒价值和普遍价值负责的姿态,一种牺牲个人情感而对历史负责的姿态。所以,无论在任何时候、任何国度,当人们提到巴尔扎克和托尔斯泰这样的名字时,总是会肃然起敬。

但是,我们在二月河的作品中却看不到他所说的对于封建王朝没落的描写,因而我们也丝毫感觉不到一个作家对于一个行将走向没落的王朝的些许批判。我们看到的只不过是对于封建帝王的由衷的崇拜、赞叹、敬仰和惋惜,是对明君盛世的由衷的崇拜和缅怀。作家在他的描写对象面前,既不是俯视历史,指陈得失,警醒当世,也不是平行叙事,客观面对历史的横流与回旋,而是俯首膝行,浮言虚饰,把一个极端黑暗落后专制的社会描绘得绚烂雍容、金光四溢,似乎是同一历史时期内全世界文明的顶点。

作者在多次谈话中都谈到了三位皇帝对历史的贡献,他的作品当然是充分地表现了这种贡献。但令人难以接受的是,作者明明宣言自己所描写的是一个没落政权的回光返照,但在作品中却只有单向的歌颂,而没有对这种回光的性质的哪怕是侧面的提示。作者一味描写皇帝的能干肯干,却不肯指出皇帝那样拼命地干是为了保住自己的位子这个基本目的。在写到社会的时弊、吏治的腐败和人民生活的困苦时,总是很具体地把这些弊端归咎于官员的个人失误或某一地方的个别政策失误。也就是说,政治的黑暗、社会的腐败都是个别官员的个别行为,与皇帝无关,与伟大帝王的伟大政治抱负无关。皇帝是好皇帝,只是那些贪官污吏玷污了皇上的伟大人格,使皇上背了黑锅①。

这样的描写和表述就带给读者极大的误解,似乎封建社会本来是好的,因为封建皇帝都是好的,皇帝的出发点和政策都是好的,只是被他手下的那些官员把事情办糟了。因此,历史本来是应该在皇帝的指引下继续向前发展的,因为一些执行中的细节问题导致了皇帝乃至封建专制制度的下台,真的很遗憾!难道这就是作者要告诉我们的历史真相吗?我们推翻了皇帝,推翻了封建制度,难道竟是历史的错误吗?说实话,对于这样的历史观这样的逻辑,我们是无法相信也无法接受的。二月河曾经批评姚雪垠的《李自成》"把农民起义搞的'高大全'"②,实际上他自己的清帝系列小说也许是犯了同样的毛病。他本来是想站在作家的立场"表扬"一下皇帝,但没想到却忘记了自己的身份,成了单纯地歌功颂德。

---

① 例如《康熙大帝》第一卷,河南文艺出版社1999年1月第一版,1999年8月第3次印刷,第60页魏东亭所念的一段文字即是。
② 广州讲坛第九讲:《康雍乾文学创作》,引自《南方网》http://www.southcn.com/nfsq/scene/hdzt/gzjt/200404280669.htm,2003年12月21日。

四、二月河小说历史哲学的悖谬

在二月河看来,努力做事就是好的,就是善。因此,他把三位皇帝描绘为人生的榜样和历史的英雄。但如上一节所说,我们不应当接受这样一种简单的逻辑,不应当被这种表面的现象所迷惑。皇帝们确实都很忙很累,雍正皇帝甚至不排除有"过劳死"的可能。但是作为历史的旁观者和文化的承续者,我们却有责任要看他究竟做了什么?是推动历史的发展进步还是相反?三位皇帝的忙和累,到底都分别干了些什么?二月河认为,是为人民服务,为社会献身。他让皇帝身边的大臣们一次次感动得痛哭流涕,让那位曾经想推翻雍正皇帝的书生曾静感动得写悔罪书,让皇帝出巡时偶然碰到的农妇们、基层官员们和市井小民们像念佛号一样念颂皇帝的功德,以此证明皇帝确实是为人民服务的,是得到人民拥戴的,是对历史作出了贡献的政治领袖。

但我们却明明看到事实并不像二月河所描绘的那样,皇帝们的目标并不那样光明,行为也并不那样磊落。在多数时候,皇帝的行为其实都是为了自己的权杖,为了他个人的名誉地位,为了政治清洗。比如说作者最推崇的康熙大帝,他对太子几次三番地打倒又扶起来再打倒,对八皇子的防范与压制,对大皇子和三皇子的惩治与训诫等,其实都与治国无关而与自己的权杖有关。雍正释放书生曾静,还撰写《大义觉迷录》,并不是要推广什么开明的政治态度和民族政策,而是为了洗清个人的名誉。

而且,不管皇帝们怎么为自己解释,他们所坚定不移地执行的民族歧视和文化专制政策确实是不利于解放生产力,不利于文化创造的。清代禁止民间练习武术,禁止民间保存杀伤性的武器,直接导致了晚清中国军队战斗力的衰弱。清代各位皇帝大搞文字狱,甚至因为文字狱而株连十族,则极大地损害了中国人的想象力和创造力。号称强盛的清代很少有创造性的作家、学者和思想家,国际重量级的科学技术大家更谈不上,而是诞生了大批的被称作"小学"的文字训诂学家,就是这种民族歧视政策和文化专制政策的直接后果,能回避这些铁的事实吗?

所以,二月河小说的历史哲学不仅是错误的,而且应当说是有危害性的。我们应当是动机与效果的统一论者,不能看见皇帝整天忙就说他勤政,看见他笑一下就说他爱民。用那样的逻辑来推理的话,小偷和强盗岂不是都成了和雍正皇帝一样"勤政"的人了吗?至少,我们不能说,皇帝努力工作了,他就是在推动历史前进。他们确实是努力了,但是不一定是在推动历史。

五、二月河的三个误会

小说从来都是小说家对现实世界的感受。因此,二月河的清代帝王系列小说中出现的价值偏离即历史哲学的谬误,可能都来源于他对现实的参与欲望。他热爱生活,渴望现实变得更理想化,希望能用自己的作品影响到现实的发展方向甚至是影响到现实的发展方式。归结起来,我觉得他作品中存在三个价值判断与选择方面的误会。

第一,对国富民强的渴望。正如二月河一再强调的那样,康雍乾三世是中国封建社会最后一个高峰。因为处在清朝的开创期,所以,这几位帝王都富有创造力和事业心,勤于政事,勇于改革,创造了版图不断扩大、政治相对稳定、经济相对发达的局面,以至人们很自然地把这一时期称之为康乾盛世。目前的中国也正处于改革开放的过程中,正在从一个相对贫穷落后的发展中国家向相对发达的国家转型。特别是在这套清帝系列作品创作之初,中国的改革才刚刚开始,中国人的工资普遍只有一个月几十元人民币,二月河很渴望中国能尽快地达到国富民强的境界,因此就把康雍乾三世的某些状态当成了理想的范本,以为当代的中国也该像那个时代那样,成为世界经济政治的中心。只是,他缺少世界视角,因而忽略了当时的中国因为闭关锁国,对外面的世界并不了解,只不过是自以为是世界中心而已。另一方面,二月河只看到了当时清王朝的富强,但忽略了与这种富强同时存在的民族矛盾、文化冲突和政治黑暗。这是一个作家不应出现的忽略。

第二,对秩序的追求。由于刚刚从"文革"的社会动乱和精神混乱中走出来,整个中国社会显示出某种程度的价值混乱。同时,由于这种价值混乱引发的人生选择的多向性与多样性也令人眼花缭乱,至少从表面上看,中国社会在很多方面都像是处于无序状态。而在二月河的作品中,康雍乾时代的政治机器似乎是运行得效率特别高的,三位皇帝都执政严格,赏罚分明,在官员中享有崇高威望,把整个国家管理得井井有条。所以,作家难免就出现一种情感倾向,希望自己作品中的人物或境界能够成为现实生活的榜样和范例。也就是说,为了使我们生活的现实世界也能像他的作品所描写的那样有效率有方向感,作家在他的作品中可能过多地渗进了理想成分。

第三,对贪污腐化的失望与愤怒,对勤政爱民的感动——对帝王的信任。作家把他对现实中一些现象的不满、失望与愤怒,全都转移到了自己的作品中。在三部作品中,作家以相当大的篇幅描写了各级官吏的贪污腐化和三位皇帝对这种腐败现象的严厉打击。作品中的某些议论,直接暗示了当代生活的现实场景,使读者很容易产生价值判断方面的共鸣。与此同时,十三卷大书中处处洋溢着对各位皇帝那种勤政爱民行为的感动,这种感动经由历史的审视和价值判断之后,转化成为一种挥之不去的对帝王的信任。三部书中有无数次,因为皇上的几句话或一个什么举动,立时把臣下感动得痛哭流涕,以此显示皇帝的高尚或高明。这种描写几乎成了一个套路,令当代读者在阅读时都替作者感到脸红[①]。作者试图告诉读者,清代初期一百多年的繁荣富强,根本原因就是这几位皇帝励精图治、勤政爱民。

　　作家的这三个价值判断与选择方面的误会,起因于作家对现实的关切,而思想根源则在于其历史哲学的迷误和文学信仰的不清晰。作者太想让文学影响现实,又太想把自己对历史现象的认识转变为公众共同的价值选择,因此就未免把自己的主观判断强加给了读者。

六、皇权文化的现代危害

　　二月河的作品是以清代历史为背景的小说,但并不是历史小说。因为,它没有给读者提供关于历史的价值哲学,没有为读者提供有意义的对于历史的评价标准。我们感受不到历史行走的脉络和方向,我们也无从判断历史的意义。当我们掩卷而思的时候,我们得到的只是一个个帝王为校正历史的方向而献身的崇高身影。本来,写什么和怎么写是作家的天然权利,别人是不必指手画脚的。可是,当作家以一种似是而非的价值判断去引导——事实是误导——读者的时候,无论是普通读者还是文学专业的读者,都有责任和义务站出来,为了文学的责任,为了人生的信仰,为了世界的意义和价值,来向整个世界说出我们对这一切的判断。根据作者在作品之外的表达,他的本意只是要纠正公众原来对帝王的错误认识和评价,还给几位帝王以公道,让大家知道这些帝王是对历史和社会有正面贡献的。这个出发点绝无问题,问题在于受价值判断的影响,他在作品中的表达变得有些失控,完全背离了当代

[①] 比如在《乾隆皇帝》第四卷里有一段描写,说年轻大臣刘墉跟福康安出差立了功,皇上下旨表扬他。"刘墉伏地静听福康安琅琅诵读,只觉胸中气血涌动,五内俱沸。……细思乾隆这些话,竟比自己暗夜反侧自诉胸臆还要堂皇贴切温厚情深。福康安没有读完,他已是泪流纵横,哭得软倒在地,哽咽不能成语,说道:'臣……臣何敢当圣主如此眷爱,惟……惟有粉骨糜身,忠勤报主……继……继之以死而已……臣谢……谢恩。'"见《乾隆皇帝》第四卷,河南文艺出版社 2000 年 10 月第一版,第 152 页。

中国人公认的历史哲学和价值哲学,变成了单纯地为封建帝王歌功颂德,变成了专心在向读者推销皇权文化。举几个比较典型的例子。在河南文艺出版社1999年1月第一版的《康熙大帝》第2卷第13章包括第12章里,作者描写康熙的老师伍次友与当时文坛领袖黄宗羲等人在旅店相遇,黄对清朝没有好感,伍极力说服黄为清朝服务。这本是两个或两派知识分子交流沟通的场合,但伍却在气势和才华上完全压倒了以黄为代表的当时六位特别有代表性有社会影响力的知识分子。这件事不要说完全没有可能,就算原本有一丝可能,也会被伍次友的态度彻底摧毁的。而以当代的立场看,我特别不能理解和接受的是,这一章的描写整个太过见颜见色,把伍次友的才华和能力拔高到了一个超凡入圣的地步,完全脱离了现实。这样写未免太过矫情!黄宗羲不仅是杰出的诗人,更是杰出的思想家,是当时的知识分子领袖,伍只不过是一个御用文人,两人的社会身份、社会影响力本不可同日而语。而在旅店偶遇作诗,伍不可能在精神上思想上战胜黄,这几乎是生活常识和文化常识。作者却非要写成黄当面折服,这等于让黄宗羲当众背弃自己的价值观,这未免雕琢过甚,反而失信于读者。当代社会有一句话叫做:我不同意你的观点,但我誓死捍卫你发表自己观点的权利。但伍次友却不允许别人保留自己的态度和发表自己的观点,要当众压服别人,这里面是不是也有作者二月河自己的思想倾向和情感倾向在内呢?在《康熙大帝》中二月河主要宣扬康熙的了不起,而在《雍正皇帝》里作者的重点则是宣扬雍正的正确。在未当皇帝之前,作者通过雍正的主要谋士邬思道和十三皇子等人来称赞他;在当了皇帝之后,作者又让雍正的对手他的亲弟弟十四王爷的情人乔引娣来赞美他;后来,作者还让十三王爷以临终遗言的方式对雍正说:"……自古勤政爱民的皇帝四哥您是第一。我是直心人,先帝爷留下了个金玉其表败絮其中的烂摊子,只要是个中人,没有不知道的。但天下百姓不懂这个,他们不懂得国库里只有七百万银子,既不敢打仗,也救不起灾。皇上收拾起这个局面,如今有了近两年六千万两银子,吏治不能说毫无疵瑕,但我敢说可以与朱洪武的吏治相比!您累坏了,可也得罪了一批乡绅、读书人,得罪了很多地方官。因为一个'养廉'制度就断了他们发财的路。人都说我天不怕,地不怕,但这些墨吏的口舌,咬人一口入骨三分,我真怕了这些人。"雍正一边听一边流泪,说道:"朕之所以甘冒风险大力整顿,就是因为这件事情难,留给儿孙,他们更不好料理。所以我说当皇帝难,因为我是骑在老虎背上的。老十三,你是个好样儿的,支撑住,看着我扳回舆论。我这就要借一个大案子,把心剖白给天下人。真的不能领悟,也无所谓。后世总有有心人,看出我的苦衷。"①

其实,在这三部作品中,一直存在并贯串着同一个问题,那就是当代作家知识分子立场的丧失。从文化的角度说,作家的职责就是社会批判。一个作家在任何时候都应当承担起知识分子的责任,以一个社会良心的角色去观察社会、监督社会和批判社会流行的价值观。而在二月河的清帝系列小说系列中,我们不但看不到这种社会批判,却相反地看到了他站在皇帝的立场上,对那些不崇拜不欣赏皇帝的人所进行的种种批判和指责。

把对皇帝历史功绩的表彰变成对皇权文化的宣扬,以至为了宣扬皇权文化而有意不去触动皇帝最薄弱的神经,淡化三位皇帝在中国历史上最严酷的文字狱,这也是二月河十三部大书价值选择的一个特殊结果。

"清代的文字狱论其规模之大与持续之久都是空前的。手段之毒辣、诛杀之凶残更是远远超出了前代。鲁迅先生曾经推荐过《清代文字狱档》,还提出了几种清代的政书,如《东华录》、《御批通鉴辑览》、《上谕八旗》、《雍正朱批谕旨》,认为'倘有心人加以收集,一一钩稽,将其中的关于驾驭汉人,批评文化,利用文艺之处,分别排比,辑成一书,我想,我们不但可以看见那策略的博大和恶辣,并且还能够明白我怎样受异族主子的驯扰,以及遗留至今的奴性的由来的罢'。"②二月河虽然对此心知肚明,却还是睁一只眼闭一只眼。

七、二月河小说的得与失

二月河的清帝系列小说第一个优点是通俗。历史小说容易陷入对历史是非的说教性分析,冲淡可读性。而二月河的创作则是纯通俗小说的路子,只管讲故事和描写人物,在讲故事和写人物的过程中再把自己的观点传达给读者。因此,他很注意小说的故事性与传奇性,而少有大段的理论分析和心理描写,使读者读起来比较轻松。

第二,他塑造了一系列有性格特点的人物,如帝王、大臣、太监、江湖术士和武师等。

第三,写了帝王心术,描绘了办公室政治即官场政治。比如帝王心术,作者

---

①《雍正皇帝·恨水东逝》,长江文艺出版社,1994年5月第一版,1999年2月第9次印刷,第527~528页。《康熙大帝》第二卷308页第一段写大臣对康熙的敬佩之情也是典型的颂圣之辞。
②黄裳:《笔祸史谈丛》,北京出版社,2004年,第130~131页。

多次写了皇帝如何猜测手下人心理以及如何采取手段让手下人害怕、崇拜和服从自己;而对官场政治,作者又在不同场合描写那些大臣们如何揣摩皇上心思,如何互相拆台却又互相吹捧等等类似于当代"办公室政治"的技巧,满足了绝大多数读者的既羡慕又跃跃欲试的偷窥心理。

第四,写了许多佚闻逸事和色情故事,满足读者的好奇心;广泛接触了清代的政治、官场、风俗等等。读者阅读小说本来就是休闲放松的活动,佚闻逸事和色情故事正好满足了一般读者的需要①。

第五,通过对官场腐败的描写,为当代读者找到了心理发泄的渠道,使读者达到理想与现实的虚拟平衡。二月河的作品受欢迎,与他对官场腐败的描写可能有最直接的关系。这种描写既不牵涉现实,又对现实有明显的影射,使读者心理情绪获得一个很有效的发泄口。

二月河小说创作的缺陷则是没有写出历史的真正轨迹,没有揭示出封建帝王家天下的实质,使对现实失望的人反身去求助于对封建治世的幻想,希望由封建帝王来治理天下。从文学的角度说,这套书总体上描写比较粗糙,故事常常即将到高潮时就结束了,让读者的心理期待一次次落空,比较杀风景。这是其一。第二点是太江湖化。作者本意是写清朝历史,并要正面歌颂三位帝王,却写了许多奇怪的江湖术士,整体感觉太像清代的公案小说,降低了作品可能达到的品位。第三点是情色描写太过分,个别段落完全上不了台面,是属于典型的色情文学的东西,用在这么正规的题材上面不伦不类。

在本文开始时我说过:"只想关注作者想告诉我们什么,他又实际上告诉了我们什么。本文特别想弄清楚的是,在作者说的和做的之间究竟出现了什么偏差?通过二月河的创作,我们应该怎样理解历史和历史中的人?当然,如果有可能的话,本文也希望通过对二月河创作的分析,更进一步地理解关于文学的存在意义、关于民族精神和人文价值重建等话题。"

现在我们可以回头总结起来看,作者想告诉我们的是,对康雍乾等帝王不要只看他们的政治出身,而要看他们是否对历史作出了贡献。他想告诉读者,这三位帝王都是好皇帝,是对历史有功的人,值得肯定;但实际上他又告诉我们,这三位帝王不仅是好皇帝,而且是历史中的英雄,是当代政治生活中的榜样。

但我们和二月河的自我认识有一种原则上的区别,我们认为,对于他的创

---

① 其中最突出的色情描写应当是在《乾隆皇帝》第四卷第十五章,王爷弘昼以妓女招待将军随赫德一段文字。见《乾隆皇帝》第四卷,河南文艺出版社,2000 年 10 月第一版。书中对乾隆皇帝到处偷情的描写也充满色情味道。

作,可以肯定的是对人物形象的塑造和对世俗生活现象的描摹,而应当否定的则恰恰是作者对描写对象的理解和定位。

我们特别希望提出来在这里加以讨论的,是文学的本性问题。我们认为,文学是人类寻找自身存在意义的一种活动。通过对意义的寻找,人们发现人生的价值:包括价值的尺度和价值的样板。真善美就是价值的尺度,而文学作品中正面的典型形象就是价值样板。价值尺度和价值样板共同引导着现实的人生。以此,文学才成为人类生活的必需品,文学家也才成为受人尊重的人。那么反过来说,如果一个作家的一部作品,在价值判断的原则和方向等大是非面前向世人提供了错误的指引,这个作家的作品就失去了它本应存在的意义。我们以为,二月河的创作,就向人们提供了不正确的价值指引。

作者说明:二月河的这套书再版过程中内容改动极大,但作者和编者却没有在前言后记中有所说明。仅从版权页的记录上看不出任何改动的迹象,但不同版本之间的内容有时有本质的差异。笔者的所有论述都基于我所看到和引用的版本。

原载《中州学刊》2006 年 11 月 10 日第 6 期

作品年表

二月河作品年表

1985 年

《康熙大帝·夺宫》,黄河文艺出版社,1985 年。

1987 年

《康熙大帝·惊风密雨》,黄河文艺出版社,1987 年。

1988 年

《康熙大帝·玉宇呈祥》,黄河文艺出版社,1988 年。

1989 年

《康熙大帝·乱起萧墙》,黄河文艺出版社,1989 年。

1991 年

《雍正皇帝·九王夺嫡》,长江文艺出版社,1991 年。

1993 年

《雍正皇帝·雕弓天狼》,长江文艺出版社,1993 年。

1994 年

《雍正皇帝·恨水东逝》,长江文艺出版社,1994 年。
《乾隆皇帝·风华初露》,河南人民出版社,1995 年。

1995 年

《乾隆皇帝·夕照空山》,河南人民出版社,1996 年。

1996 年

《乾隆皇帝·日落长河》,河南文艺出版社,1997 年。

1997 年

《乾隆皇帝·天步艰难》,新世界出版社,1998 年。

1998 年

《康熙大帝》(上下卷),河南文艺出版社,1998 年。

《匣剑帷灯:二月河作品选》,长江文艺出版社,1998 年。

1999 年

《乾隆皇帝·夕照空山》,河南文艺出版社,1999 年。

《康熙大帝·乱起萧墙》,河南文艺出版社,1999 年。

《康熙大帝》(全四册),河南文艺出版社,1999 年。

《二月河作品自选集》,河南文艺出版社,1999 年。

《乾隆皇帝·秋声紫苑》,河南文艺出版社,1999 年。

《乾隆皇帝·云暗凤阙》,河南文艺出版社,1999 年。

《康熙大帝》(中国当代名人语画书系),西苑出版社,1999 年。

2000 年

《康熙大帝·夺宫》,河南文艺出版社,2000 年。

《乾隆皇帝》(全六册),河南文艺出版社,2000 年。

2001 年

《二月河文集》(平装 13 卷)第 1 版,长江文艺出版社,2001 年。

《雍正皇帝》(全三册),长江文艺出版社,2001 年。

《乾隆皇帝》(全六册),长江文艺出版社,2001 年。

2002 年

《雍正皇帝》(全三册),长江文艺出版社,2002 年。

2004 年

《二月河语》,昆仑出版社,2004 年。

2007 年

《密云不雨》(首部散文集),作家出版社,2007 年。

2008 年

《二月河妙解〈红楼梦〉》,长江文艺出版社,2008 年。

2009 年

《佛像前的沉吟》,河南文艺出版社,2009 年。

二月河著,蔡葵评注:《雍正皇帝评注本》(全三册),长江文艺出版社,2009 年。

《康熙大帝》(全四册),长江文艺出版社,2009 年。

《雍正皇帝》(全三册),长江文艺出版社,2009 年。

《乾隆皇帝》(全六册),长江文艺出版社,2009 年。

2011 年

二月河著,凌晓编选:《随性随缘》,长江文艺出版社,2011 年。

2012 年

二月何、薛家柱:《胡雪岩》,长江文艺出版社,2012 年。

2013 年

《二月河文集》,长江文艺出版社,2013 年。

2014 年

二月河著,凌晓编选:《人间世》,时代文艺出版社,2014 年。

研究资料索引

二月河研究资料索引

报纸期刊文章

张书恒、王志尧:《论历史小说的内在机制与审美特性——兼评二月河的〈康熙大帝〉》,《南都学坛》(社会科学版)1992年第1期。

南春堂、白冰:《丰厚的历史艰难的创作——〈康熙大帝〉出台记》,《科技文萃》1994年3月23日。

新闻知识卡片:《凭发奋佳作迭出的二月河》,《新闻与成才》1994年5月15日。

郑凯歌:《倾注心血为后生——访著名学者冯其庸先生》,《绿叶》1994年5月15日。

韩湾、冯兴阁:《"黑马"驰骋任纵横——访二月河》,《新闻爱好者》1994年5月15日。

陈继会、陈贞权:《〈康熙大帝〉的意义——兼论"大众文学"的历史走向》,《中州学刊》1994年第5期。

韩湾、冯兴阁:《访擅写帝王的作家二月河》,《炎黄春秋》1995年3月15日。

刘雅鸣:《为帝王画像——访著名作家二月河》,《经济世界》1996年2月1日。

郭克建:《史鉴照今人——访南阳籍著名作家二月河》,《中州统战》(名人专访)1996年2月10日。

刘学明:《长篇历史小说〈雍正皇帝〉研讨会纪要》,《当代作家》1996年3月25日。

阿琪:《苍凉悲壮的二月河》,《博览群书》1996年7月15日。

白冰:《近访二月河》,《牡丹》1996年10月15日。

朱小如:《一泻千里二月河》,《教师博览》1996年11月15日。

吴晓明:《1997年论中国当代传记文学的创作》,《上海师范大学学报》(哲学社会科学版)1997年第1期。

王小平:《奔流不息二月河》,《河南省情与统计》1997年4月15日。

胡平：《评〈曾国藩〉与〈雍正皇帝〉的竞领风骚》，《当代文坛》1997年8月15日。

杨世伟：《评二月河的长篇历史小说》，《文学评论》1997年第5期。

张书恒、张德礼：《论"南阳作家群"的成因及其文化特征》，《南都学坛》(哲学社会科学版)1997年第5期。

周百义：《二月河和他的长篇历史小说——兼谈当代历史小说的走向》，《当代作家》1998年1月25日。

林蓝馥：《二月河》，《吉林畜牧兽医》1998年第2期。

刘雅鸣：《访著名作家二月河》，《记者观察》1998年2月15日。

童潼：《〈雍正王朝〉畅吟历史风情》，《中国商界》1998年3月6日。

李长林、勇雪莹：《二月春水向东流——访著名作家二月河》，《河南税务》1998年5月15日。

《二月河自述写作奥秘》，《当代文学研究资料与信息》1999年1月12日。

王伟国：《〈雍正王朝〉创作谈》，《现代传播》(双月刊)1999年第1期。

张书恒：《评二月河"清代帝王系列"小说》，《文学评论》1999年第2期。

卫庶：《文学真实与历史真实——访二月河》，《社会科学论坛》1999年第2期。

朱水涌：《社会鼎革与文化转型的历史呼应——谈90年代反映明清时期的历史小说》，《福建论坛》(文史哲版)1999年2月20日。

武嘉路：《以史著文 以文立史——谈长篇历史小说〈雍正皇帝〉的现实价值》，《中国图书评论》1999年2月28日。

勇雪莹：《谈我国历史上的税制改革——访二月河》，《经济视角》1999年第3期。

吴兆龙：《〈雍正王朝〉编辑札记》，《电视研究》1999年3月15日。

方进玉、李萌、王驰、陈峰、李萌、张民服、赵伟、张华贵：《改革！雍正也喊不容易》，《改革与理论》1999年3月15日。

李立：《雍正王朝》，《现代传播》1999年4月15日。

徐林正：《二月河谈〈雍正皇帝〉》，《中学语文》1999年4月15日。

李霄山、王建新：《梦断军营始得金——记著名作家、优秀转业军官二月河》，《中国民兵》1999年第4期。

胡云生：《二月河：百折不回奔大海》，《行政人事管理》1999年第5期。

阿琪：《〈雍正王朝〉的诞生》，《神州学人》1999年5月10日。

田予、李红光：《二月河谁讲感情谁垮台》，《英才》(官场权术文学版)1999年5月15日。

蓝月：《十年磨一剑〈康熙大帝〉一举成名，笔耕二十年〈落霞三部〉誉满九州》，《今日湖北》1999年5月15日。

冯兴阁：《二月大河水滔滔》，《河南省情与统计》1999年5月15日。

潘峰：《历史·人性·现代性——读二月河的历史小说〈雍正皇帝〉》，《语文教学与研究》1999年6月1日。

冯兴阁：《"文坛怪杰"二月河》，《时代潮》(时代人物)1999年第6期。

周百义：《〈雍正皇帝〉一书编辑谈》，《出版科学》1999年第3期。

杨晓萍：《于家和国的冲撞中艰难崛起——电视连续剧〈雍正王朝〉思想艺术性纵横谈》，《衡阳师范学院学报》(社会科学版)1999年第4期。

秦都雍、木易生：《"二月河现象"浅析》，《平原大学学报》1999年第3期。

胡明：《"雍正"也是一个"小姑娘"》，《粤海风》1999年8月30日。

欣华：《近访二月河》，《科技潮》1999年10月5日。

张卫平：《〈雍正王朝〉评说》，《北京电影学院学报》1999年11月15日。

潘峰：《由历史的人到人的历史——新时期历史小说回眸》，《高等函授学报》(哲学社会科学版)1999年第6期。

郑春：《试论当代历史小说的创新努力》，《文史哲》2000年第1期。

齐裕焜：《二月河"清帝系列"小说得失谈》，《福建师范大学学报》(哲学社会科学版)2000年第2期。

董林：《敞开心扉 网上畅谈 二月河与网友"亲密接触"》，《河南日报》2000年5月1日。

雷雨：《二月河的拒绝》，《江海侨声》2000年7月23日。

朱国梁：《2000年电视剧生产格局浮出水面》，《光明日报》2000年8月3日。

韦庆远：《论雍正其人》，《史学集刊》2000年第3期。

陈建新：《历史题材小说的道德抉择》，《浙江大学学报》(人文社会科学版)2000年第4期。

孟芳、梁兆民：《关于文学豫军的崛起及其文化背景的分析》，《新乡师范高等专科学校学报》2000年第3期。

姚贞：《古今沧桑书为传——近期长篇历史题材文学图书的几个热点》，《新闻出版报》2000年9月15日。

李再新：《身经百战一老兵——访二月河父亲凌尔文》，《山西老年》2000年第10期。

孙荪：《乾隆皇帝：盛世悲歌又一阕》，《河南日报》2000年10月13日。

梁前刚：《打开宫廷奥秘的钥匙》，《湖北日报》2000年10月13日。

龙启群:《〈乾隆皇帝〉指瑕》,《咬文嚼字》2000年10月15日。

曾镇南:《碧海掣鲸手,云蒸霞蔚文——读〈乾隆皇帝〉》,《中国图书评论》2000年11月15日。

李运抟:《第五届茅盾文学奖的评选尺度》,《湖北日报》2000年12月2日。

王清林:《二月河的故事》,《中国国门时报》2000年12月8日。

刘雅鸣:《等着看二月河笔下的鸦片战争》,《瞭望新闻周刊》2001年1月5日。

刘运良、杨西河:《二月河——从军营走出的著名作家》,《人民日报》海外报2001年1月17日。

张少成:《信口开河,误人侮己——评二月河先生改动史可法祠庙楹联》,《文史杂志》2001年1月30日。

陈玉通:《历史剧向何处去?——漫议历史题材影视创作之弊》,《电影创作》2001年第2期。

张书恒:《背离与固守——二月河综论》,《当代作家评论》2001年第2期。

杨向阳:《历史之于文学艺术——略述近年来对历史文艺的一些不同看法》,《中学历史教学参考》2001年5月21日。

张书恒、许宛春:《诗与历史的困惑与选择——论二月河"帝王系列"的审美特征》,《河南大学学报》(社会科学版)2001年第3期。

冉茂金、喻静:《文学和影视:双赢的可能性之一:六位作家对一份问卷的回答》,《中国艺术报》2001年8月24日。

天性:《古人避讳与大行皇帝的灵位》,《文史杂志》2001年第5期。

张喜田:《性别话语下的历史叙述——凌力、二月河历史小说创作比较》,《河南师范大学学报》(哲学社会科学版)2001年第5期。

管宁:《人性视域:历史小说美学新质的开启》,《东岳论丛》2001年第5期。

刘雅鸣:《坦坦荡荡二月河》,《瞭望新闻周刊》2001年第52期。

韩伟涛:《编排康熙的二月河》,《大江周刊》2002年1月5日。

朱胜龙:《畅销书:玩的就是创意》,《出版广角》2002年2月15日。

王建新:《二月河畔凌解放——访著名作家二月河》,《中国人才》2002年2月15日。

孙苏:《二月河与他的父母》,《源流》2002年2月15日。

薛侃:《南阳市〈红楼梦〉研究会召开第五届年会》,《红楼梦学刊》2002年2月15日。

周百义:《咬定青山不放松——〈雍正皇帝〉一书营销体会》,《出版广角》2002年2月15日。

王建新、李来征:《一条大河波浪宽——再访著名作家、优秀转业军官二月河》,《中国民兵》2002 年 2 月 15 日。

刘雅鸣:《且看二月河这"一潭浑水"》,《北京档案》2002 年第 2 期。

刘洁:《打造〈康熙王朝〉的大热门作家》,《健康天地》2002 年 2 月总第 149 期。

葛维屏:《深层透视〈康熙王朝〉——简析朱苏进与二月河的较量》,《当代电视》2002 年 3 月 15 日。

王建新:《二月河畔的二月河》,《三月风》2002 年 3 月 15 日。

梁桦:《"二"先生的本色》,《中国文化报》2002 年 4 月 10 日。

李再新:《二月河托访南庄》,《牡丹》2002 年 4 月 15 日。

杜宇:《二月河:我想静静地流淌》,《新华每日电讯》2002 年 4 月 26 日。

李再新:《名扬四海的昔阳人二月河》,《山西老年》2002 年第 5 期。

徐颖:《七大门派作家瓜分电视剧市场》,《华夏时报》2002 年 5 月 20 日。

周西成:《二月河的恩师情结》,《河南教育》2002 年第 5 期。

刘克:《全球化语境下文学发展的理性:二月河给予我们的启示》,《涪陵师范学院学报》2002 年第 3 期。

吴秀明:《当代历史小说中的明清叙事》,《文学评论》2002 年第 4 期。

刘克:《地域性语境下的全球化创作——二月河持守地域性创作对于文学发展的意义》,《南都学坛》(人文社会科学学报)2002 年第 4 期。

李治国:《风云帝王的形象塑造——〈康熙大帝〉与〈维多利亚女王传〉的比较分析》,《荆门职业技术学院学报》2002 年第 4 期。

赵海虹:《略论 20 世纪 90 年代中国长篇历史人文小说》,《中国图书评论》2002 年 8 月 30 日。

吴秀明:《世纪交替的历史关注与现代性求索——论新时期历史题材小说思想艺术发展的基本轨迹》,《福建论坛》(人文社会科学版)2002 年第 4 期。

舒晋瑜:《专业作家:作品优劣与体制无关》,《中华读书报》2002 年 9 月 25 日。

孙荪:《文学豫军论(续)》,《河南大学学报》(社会科学版)2002 年第 5 期。

黄发有:《世纪之交中国文学的历史迷惘》,《学习与探索》2002 年第 5 期。

陈鲁民:《力气·才气·运气》,《希望月报》2002 年 11 月 5 日。

宫宝晨:《专注:成功的必备素质》,《军事记者》2002 年第 11 期。

涂珍兰:《浅析〈雍正皇帝〉中道德倾向与平民化倾向》,《湖北大学成人教育学院学报》2002 年第 6 期。

徐亚东:《二月河"帝王系列"小说审美品格论》,《南阳师范学院学报》(社会科学版)2003年第1期。

刘起林:《多元语境中无以类归的苍凉——90年代长篇历史小说生存本相的透视》,《文艺评论》2003年1月12日。

小宝:《以壮丽笔法写厚黑故事》,《散文百家》2003年1月13日。

《作家搜索:有多少人能理解走红的二月河》,《北京文学》2003年1月15日。

闫钟:《雍正皇帝与乐户》,《山西大学学报》(哲学社会科学版)2003年第1期。

韦庆远:《博览档卷求信实 论析雍正功力深——评介杨启樵著〈揭开雍正皇帝隐秘的面纱〉》,《史学集刊》2003年第1期。

周熠:《二月河纵论历史小说创作》,《人民日报》(海外版)2003年2月28日。

张书省:《袖珍报:清影二月河》,《税收与社会》2003年3月10日。

万伯翱:《高山流水有知音——记著名作家二月河指导我写乾隆垂钓》,《中国钓鱼》2003年5月4日。

刘克:《论二月河清帝小说的狂欢化叙事对于文学发展的意义》,《涪陵师范学院学报》2003年第3期。

庄若江:《历史的"重写"与文化的"展呈"——二月河与高阳历史小说比较》,《无锡南洋学院学报》2003年第2期。

吴秀明:《论90年代的历史题材小说创作》,《社会科学战线》2003年7月第4期。

薛家柱:《"三帝奇人"二月河》,《文化交流》2003年第4期。

梁若冰:《首届"姚雪垠长篇历史小说奖"揭晓》,《光明日报》2003年8月9日。

俞汝捷:《史德·史学·史识·史才——略谈历史小说与历史修养》,《江汉论坛》2003年8月15日。

竺大文、刘慧:《二月河破冰而出的传奇》,《浙江日报》2003年8月15日。

马芳芳、丁尘馨:《专访二月河:"我为什么歌颂康熙雍正乾隆"》,《新闻周刊》2003年8月20日。

田小枫:《千古文人名士梦——论二月河小说的名士情怀》,《郑州大学学报》(哲学社会科学版)2003年第4期。

王美英:《〈雍正皇帝〉——〈红楼梦〉神韵的张扬》,《北京工业职业技术学院学报》2003年第3期。

黄轶:《论20世纪80~90年代历史小说创作》,《山西大学学报》(哲学社会科学版)2003 年第 4 期。

刘克:《论"二月河现象"的文化意识》,《江汉论坛》2003 年 9 月 15 日。

刘克:《全球化语境下的本土化生存——二月河清帝系列小说论略》,《当代文坛》2003 年 9 月 25 日。

刘克:《误读的小说和小说的误读——二月河清帝系列小说的历史叙事化用传统文化资源的经验和教训》,《青海社会科学》2003 年第 5 期。

邱贵平:《文学的双重背叛》,《北京文学》2003 年 10 月 15 日。

万年春:《论南阳文学可持续发展的内在资源》,《南阳师范学院学报》(社会科学版)2003 年第 10 期。

刘克:《生命压抑的诗性宣泄——二月河清帝系列小说狂欢化叙事策略》,《南都学坛》(人文社会科学学报)2003 年第 6 期。

王春瑜:《历史剧:历史的无奈》,《文艺争鸣》2003 年 11 月 23 日。

刘克:《通俗是一种美的艺术境界——论地域文化对二月河历史小说文思的影响》,《湖北大学学报》(哲学社会科学)2003 年第 6 期。

刘克:《在民间文化形态中寻求精神的灵动——二月河"清帝"系列小说论略》,《辽宁工程技术大学学报》(社会科学版)2003 年第 6 期。

田予冬:《走近二月河——中国大陆"最有钱的作家"》,《财经时报》2003 年 12 月 6 日。

张书恒:《倾斜的道德与思想天平——论二月河"帝王系列"的思想文化内涵》,《南京师范大学文学院学报》2003 年第 4 期。

洪治纲:《2003:中国作家的日常生活与写作行为》,《长城》2004 年 1 月 15 日。

周百义:《言而无文,行之不远——从接受角度看历史小说》,《理论与创作》2004 年 1 月 15 日。

刘起林:《关于重审历史文学价值内核的问题及其思考》,《理论与创作》2004 年 1 月 15 日。

刘克:《误读的小说和小说的误读——二月河清帝系列小说的历史叙事化借用传统文化资源的经验和教训》,《贵州社会科学》2004 年第 1 期。

李红秀:《民族化与九十年代中国小说》,《求索》2004 年 1 月 30 日。

《正月细说二月河》,《山西日报》2004 年 2 月 3 日。

吴作望:《设法宴请二月河》,《大众文艺》(快活林)2004 年 2 月 8 日。

刘克:《楚汉文化的整合与二月河清帝系列小说的艺术精神》,《中南民族大学学报》(人文社会科学版)2004 年第 1 期。

杨建华:《新时期历史小说的古典情怀》,《宁夏社会科学》2004 年第 2 期。

刘克:《二月河清帝系列小说无赖母题的民俗范式》,《中央民族大学学报》(哲学社会科学版)2004年第2期。

刘克:《民俗学意蕴与二月河清帝系列小说的理论创新》,《四川大学学报(哲学社会科学版)》2004年第2期。

黄发有:《挂小说的羊头 卖剧本的狗肉——影视时代的小说危机(下)》,《文艺争鸣》2004年3月23日。

梁桦:《二月河 人类自在的美是永恒的》,《经济日报》2004年5月18日。

杨剑龙:《"用现代眼光去解释古事"——关于当代历史小说创作的几个问题》,《周口师范学院学报》2004年5月25日,《中国历史文学的世纪之旅——中国现当代历史题材创作国际研讨会论文集》2004年12月1日。

泛舟:《二月河与他的笔下王朝——与著名历史小说作家二月河的对话》,《今日湖北》2004年6月15日。

张炯:《2003年文学理论批评一瞥》,《文学评论》2004年第4期。

李红秀:《论20世纪90年代中国小说的通俗化流变》,《天府新论》2004年第4期。

李焱:《二月冰消水滔滔——著名作家二月河访谈录》,《语文世界》(高中版)2004年第22期。

刘向春:《从历史厚重向现实浮华的游离——熊鹰等青年作家创作现象之刍议》,《信阳师范学院学报》(哲学社会科学版)2004年第4期。

刘克:《二月河清帝系列小说:荆楚文化精魂的记忆与想象》,《贵州师范大学学报》(社会科学版)2004年第4期。

孙玉明:《二月河的"红楼情"》,《红楼梦学刊》2004年8月15日。

张德礼:《缺失体验:二月河创作心理动因探寻》,《南都学坛》(人文社会科学学报)2004年第5期。

庄若江:《"民间立场"与"政治话语"——高阳、二月河的清史文本比较》,《江苏社会科学》2004年第5期。

刘克:《在精神的压抑中寻绎颠覆的踪迹——论二月河清帝系列小说对生命身体的审美关注与构建》,《南昌大学学报》(人文社会科学版)2004年第5期。

张法:《在康—雍—乾帝王系列文体选择的背后》,《江汉论坛》2004年10月15日。

徐亚东:《冷与热的背后——"二月河现象"文化解读》,《文艺评论》2004年11月15日。

颜鹏:《大众文化背景下的历史题材创作——〈雍正皇帝〉与电视剧〈雍正

王朝〉的比较分析》,《中国历史文学的世纪之旅——中国现当代历史题材创作国际研讨会论文集》2004年12月1日。

刘起林:《多元语境中无以类归的苍凉——90年代历史小说生存本相的透视》,《中国历史文学的世纪之旅——中国现当代历史题材创作国际研讨会论文集》2004年12月1日。

吴秀明:《论文化转型语境中的"历史翻案"——兼谈当前历史文学的历史观和艺术创造力问题》,《中国历史文学的世纪之旅——中国现当代历史题材创作国际研讨会论文集》2004年12月1日。

周怡:《中国历史题材影视剧的文学渊源与继承关系》,《中国历史文学的世纪之旅——中国现当代历史题材创作国际研讨会论文集》2004年12月1日。

刘克:《当代清朝题材小说热点作品的突破与局限》,《新疆大学学报》(社会科学版)2004年第4期。

王樽:《二月河坦言帝王剧大多不合格》,《深圳特区报》2004年12月2日。

戈中博:《二月河:方寸寄寓平生邮情》,《南京日报》2004年12月10日。

胡兴军:《"书痴"二月河》,《海内与海外》2004年第12期。

沈云霞:《论二月河清帝系列小说的艺术追求与经验教训》,《海南大学学报》(人文社会科学版)2004年第4期。

刘克:《二月河清帝系列小说中的显命题:重建与驳杂》,《宁夏大学学报》(人文社会科学版)2004年第3期。

傅宁军:《二月河:走红台湾的黄河之子》,《两岸关系》2005年1月10日。

张楚:《二月河:穿布鞋的大作家》,《档案天地》2005年1月20日。

陈娇华:《对20世纪90年代后历史小说创作的一个侧面考察——从"情欲书写变化"视角考察90年代历史小说创作的发展变化》,《苏州科技学院学报》(社会科学版)2005年第1期。

刘克:《二月河历史小说的田野作业》,《北华大学学报》(社会科学版)2005年第1期。

刘克:《民俗学田野作业范式与二月河历史小说戏曲母题》,《晋阳学刊》2005年第2期。

鲁钊:《机不离手的二月河》,《山西老年》2005年第4期。

田永清:《话说二月河》,《人民日报》(海外版)2005年4月21日。

老沃:《谁是最值钱的汉语写手》,《东南西北》2005年5月15日。

刘克:《道家情怀与二月河、唐浩明小说的境界》,《中央民族大学学报》(哲学社会科学版)2005年第3期。

贾明宇:《作家:一个人的文化产业》,《中华读书报》2005年6月22日。

贾明宇:《产业化时代的作家》,《深圳特区报》2005年6月27日。

田永清:《"帝王作家"二月河》,《科学与文化》2005年7月1日。

薛朝晖:《"生活在别处"——论20世纪90年代历史小说的生命意识》,《江汉论坛》2005年7月25日。

王育红:《二月河历史小说的"大众化"特征》,《山东省青年管理干部学院学报》2005年第4期。

刘克:《复仇叙述:从命运自觉到凿壁借明——评二月河清帝系列小说》,《贵州社会科学》2005年第4期。

杨海蒂:《二月河是尊弥勒佛》,《躬耕》2005年8月15日,《海燕》2005年10月1日。

王谦:《二月河:六百万字真实的谎言》,《出版广角》2005年8月8日,《三月风》2005年11月1日。

田永清:《曾被老师讥为"饭桶"》,《出版参考》2005年9月。

吴秀明、王姝:《全球化语境与历史叙事的民族本土立场》,《学术月刊》2005年9月。

田昊:《试论凌力历史小说的审美追求——兼评〈少年天子〉》,《四川理工学院学报》(社会科学版)2005年第3期。

吴秀明:《论文化转型语境中的"历史翻案"现象——兼谈当前历史文学的历史观和艺术创造力问题》,《文艺理论研究》2005年9月。

张继合:《玫瑰一枝映落霞——对话二月河》,《河北日报》2005年11月11日。

李建国:《历史阅读:从精英走向平民》,《中国教育报》2005年11月17日。

梁瑛:《金庸、二月河与记者"谈史论道"》,《深圳商报》2005年12月18日。

黄群英:《解读历史小说的大众化审美取向》,《攀枝花学院学报》2005年第6期。

刘克:《历史小说:在家庭文化的认同与互动之间》,《西华大学学报》(哲学社会科学版)2006年第1期,《中南大学学报》(哲学社会科学版)2006年2月15日。

张莉莉:《落霞长映二月河——记著名作家二月河》,《老人天地》2006年3月1日。

大门:《"即使把我逼在死胡同,我也能找到出路!"》,《温州瞭望》2006年3月1日。

贾明宇:《作家一个人的文化产业》,《新选择》2006年3月30日。

刘嘉:《"社会需要一种悲天悯人的情怀"——访著名作家二月河》,《台声》

2006年5月5日,《中国报道》2006年5月30日。

刘媛、傅祎男:《从留级生到著名作家——近访作家二月河》,《中国教育报》2006年7月20日。

蔡贤富:《"德貌两分"——略谈二月河"帝王系列"对能吏的肖像描写》,《郧阳师范高等专科学校学报》2006年第4期。

卢有泉:《二月河回乡散记》,《太原日报》2006年8月21日。

张荣兴:《读二月河人生格言有感》,《秘书工作》2006年9月10日第9期。

何楠:《世纪之初的河南文学》,《文艺报》2006年9月12日。

《二月河,小时候也调皮》,《小学生·儿童表达》2006年9月20日。

孙利华、侯丙孬:《把河洛文化旅游节办成"提高节"——访著名作家二月河》,《洛阳日报》2006年10月8日。

孔令彬:《〈薛宝琴"怀古"〉诗灯谜第一首试析》,《语文学刊》2006年10月25日。

刘雅鸣:《作家二月河:我的书里都是"黄河的味道"》,《新华每日电讯》2006年11月7日。

杨建华:《历史言说:面对全球化的尴尬与辉煌——近年历史小说创作综论》,《华中师范大学学报》(人文社会科学版)2006年第6期。

王增范:《二月河清帝系列小说的缺陷》,《中州学刊》2006年第6期。

张德礼:《实践理性:二月河历史小说的哲理意蕴》,《南都学坛》(人文社会科学学报)2006年第6期。

吴秀明、王军宁:《大众文化视野中的二月河历史小说创作》,《海南师范学院学报》(社会科学版)2006年第6期。

秦其良:《时代感悟 情之所至——简评〈二月河语〉》,《名作欣赏》2006年12月1日。

尹欣:《我的书里都是"黄河的味道"——专访著名作家二月河》,《今日国土》2006年12月25日。

吕静:《二月河清帝系列女性形象的生存抗争及女性意识》,《平顶山学院学报》2006年第6期。

邓金洲:《论"后新时期"历史小说的悖谬性处境》,《理论月刊》2006年12月30日。

秦其良:《情系百姓平民心——二月河散文解读》,《重庆工学院学报》2006年第12期。

《〈武侠故事〉专访——专访二月河》,《武侠故事》2007年1月7日。

刘克:《言诞书奇与理真旨正——论二月河清帝系列小说对巫幻母题内涵

开掘的文化意义》,《西北大学学报》(哲学社会科学版)2007年第1期。

张一凡:《长篇小说〈雍正皇帝〉得失论》,《唐山师范学院学报》2007年第1期。

杨建华、张海英:《全球化·本土化·现代性——试论1990年代以来的历史小说》,《云南师范大学学报》(哲学社会科学版)2007年第1期。

蔡爱国:《当代历史小说的史传传统与史诗追求》,《淮南师范学院学报》2007年第1期。

王华超:《淡定从容二月河》,《淮海文汇》2007年2月15日。

聂虹影:《布衣本色——访著名历史小说作家二月河》,《中国边防警察》2007年3月1日。

赵维江:《二月河:从留级生到著名作家》,《人生十六七》2007年3月15日。

蔡爱国:《论当代历史小说真实性的维度》,《华中科技大学学报》(社会科学版)2007年第3期。

《文坛点滴》,《文学教育》(上)2007年4月15日。

刘哲:《"河南的家底太丰厚了"——听冯其庸先生谈中原文化》,《河南日报》2007年4月16日。

郑先彬:《浅谈"落霞"系列小说中的"帝师"形象》,《十堰职业技术学院学报》2007年第2期。

李娟:《作家要有健康思维——访作家二月河》,《河北日报》2007年5月4日。

郭海方:《省政府举行"以史鉴今"报告会》,《河南日报》2007年5月11日。

春玉、陈商:《二月河:让河南散发文化魅力》,《中国报道》2007年5月15日。

王伟华、冯杨:《军中儒将田永清 著名作家二月河联袂来石讲学》,《石家庄日报》2007年5月20日。

许宛春:《百年盛世的再现与重构——论二月河"落霞三部曲"创作的历史观》,《时代文学》(理论学术版)2007年6月15日。

王文霞:《家国视野下的艰难"承担"——析二月河历史小说中知识分子形象》,《昭通师范高等专科学校学报》2007年第3期。

周同宾:《作家的画》,《青岛文学》2007年第7期。

唐田:《二月河:名气=才气+运气+力气》,《课堂内外》(高中版)2007年7月5日。

黄尚文:《从区域文化角度比较唐浩明与二月河历史小说的差异》,《中南林业科技大学学报》(社会科学版)2007年第2期。

毕树文:《二月河作客省图"文源讲坛"》,《发展导报》2007年7月27日。

李晓芳:《二月河省图设坛畅谈创作体会》,《山西日报》2007年7月30日。

许宛春:《历史小说:来自家庭文化的质性与局限》,《河南大学学报》(社会科学版)2007年第4期。

褚艳:《二月河:咱山西的空气清新了》,《山西经济日报》2007年7月30日。

邢晓梅:《巧煮三江好水 细品百年文化——"帝王作家"二月河回乡讲学访谈录》,《太原日报》2007年8月6日。

张云宽:《二月河新作在寒面世 稿费全部资助下岗工人》,《湖北日报》2007年8月18日。

李天密:《构建和谐社会匹夫有责——访著名作家二月河》,《河南日报》2007年9月1日。

李强:《二月河新作〈胡雪岩〉中文繁体版高价卖出》,《中国新闻出版报》2007年9月3日。

许宛春:《论当代历史小说的色语叙述》,《中州学刊》2007年第5期。

崔博:《从90年代以来"历史文学"研究看"非主流"的经典化》,《湖南文理学院学报》(社会科学版)2007年第5期。

许宛春:《论二月河"落霞三部曲"的思想文化内涵》,《河南师范大学学报》(哲学社会科学版)2007年第5期。

朱音:《二月河新作〈胡雪岩〉低调面世》,《中国出版》2007年9月15日。

王巧玲:《历史达人二月河》,《新世纪周刊》2007年9月21日。

王巧玲:《二月河:我从不含沙射影》,《新世纪周刊》2007年9月21日。

舒晋瑜:《二月河:硬着陆让我进入文坛》,《中华读书报》2007年10月10日。

金莹:《以文学"软化"心灵——访党的十七大代表、作家二月河》,《文学报》2007年10月11日。

韩晓雪:《领会和谐社会的深刻内涵——访十七大代表、中国作协主席团委员二月河》,《文艺报》2007年10月13日。

无歌:《对胡雪岩的第二种写法》,《全国新书目》2007年10月15日。

江继兰、侯丽:《二月河:和谐盛世构建"和谐文化"》,《中国文化报》2007年10月22日。

路琰:《二月河:最后的盛世王朝》,《环球人物》2007年11月16日。

董建矿、韩舒:《二月河与河师大学子畅谈文化繁荣》,《河南日报》2007年

11月28日。

向华江:《全球化语境下的文学创作与反省——以本土历史叙事为例》,《黔东南民族职业技术学院学报》(综合版)2007年第4期。

崔博:《大众视角在当代历史小说研究中的地位》,《南京师范大学文学院学报》2007年第4期。

王世红:《城乡一体化过程中的景观与环境问题研究——以河南南阳为例》,《武汉航海职业技术学院学报》2007年第4期。

周洪伟:《中国现当代作家的笔名》,《中文自修》2008年1月6日。

高聚武、二月河:《拿起笔老子天下第一,放下笔夹着尾巴做人》,《文学界》(专辑版)2008年1月15日。

易鉴容:《一次普通的拜访》,《文学界》(专辑版)2008年1月15日。

简以宁:《错手相逢》,《文学界》(专辑版)2008年1月15日。

崔博:《激情与理性:唐浩明历史小说创作的精神底色》,《云梦学刊》2008年第1期。

鲁钊:《酒入豪肠化灵感 浩荡恰如二月河》,《人民日报》(海外版)2008年2月29日。

李钧德、杜宇:《二月河叹书价,自己都觉自己书贵》,《新华每日电讯》2008年3月8日。

刘先琴:《二月河:时代呼唤文学的原创力》,《光明日报》2008年3月9日。

周南焱:《二月河"作家免税论"引发争议》,《北京日报》2008年3月12日。

韩晓雪:《要为增强文化原创力出谋划策》,《文艺报》2008年3月15日。

彭宽:《二月河:创作成就源于思想解放》,《中国艺术报》2008年3月18日。

秦晓帆:《同源异质的历史诠释——对高阳、唐浩明、二月河文化观的考察》,《小说评论》2008年3月20日。

舒晋瑜:《作家到底该不该免税?各界看法不一》,《中华读书报》2008年3月26日。

崔博:《论唐浩明历史小说创作的二元底色》,《唐都学刊》2008年第2期。

舒晋瑜:《二月河:我与河南二月河》,《中华读书报》2008年4月23日。

赵玉芬:《文学豫军崛起原因及文化背景分析》,《作家》2008年4月28日。

赵玉芬:《"帝王作家"的人文情怀——二月河历史小说论》,《河南理工大学学报》(社会科学版)2008年第2期。

王谦:《二月河首倡作家免税,出版社正求内部激活》,《出版广角》2008年5月1日。

李坤:《二月河:不与天争》,《北京科技报》2008年5月5日。

《二月河孙皓晖论战南阳》,《出版参考》2008年5月25日。

孙恒振:《二月河的误读——〈清史稿·地理志〉中的"冲""繁""疲""难"》,《文化月刊》2008年6月5日。

姜宛铮:《被遮蔽的文学意蕴——二月河清帝系列小说论》,《时代文学》(下半月)2008年6月15日。

周百义:《二月河怎样流进"长江"》,《编辑学刊》2008年7月15日。

时仲省:《二月河:在疾病中完善自己》,《祝您健康》2008年8月1日。

刘淑一:《从二月河"落霞三部曲"看历史题材小说创作史学边界问题》,《职业时空》2008年8月20日。

赵国锋:《一位著名作家和一个作家群的形成》,《郑州日报》2008年9月5日。

徐从辉:《认同还是颠覆——二月河历史小说中的权谋文化解读》,《合肥学院学报》(社会科学版)2008年第5期。

张效奎、张艳秋、魏嘉麟:《二月河家中议国事》,《魅力中国》2008年9月23日。

龙智慧:《创新推动发展 精品铸就辉煌——从长江文艺出版社的成功看选题策划》,《商业文化》(学术版)2008年9月25日。

王晓菁:《采访被拒的破解策略——名人访谈邀约成功案例解析》,《青年记者》2008年9月30日。

侯仰军:《纸上得来终觉浅 绝知此事要躬行》,《出版参考》(上旬刊)2008年10月。

夏榆:《获奖的和没获奖的》,《南方周末》2008年11月6日。

鲁钊:《凌解放能成为二月河,正是源于思想解放——二月河创作30年与改革开放30年》,《躬耕》2008年11月15日。

刘起林:《传统底蕴与现代智慧交融的"规范之作"——论〈张居正〉的历史深度与审美优势》,《湖南社会科学》2008年第6期。

冯刚、陈跃:《"文化扬州"新盛景——写在〈扬州讲坛〉开坛一周年之际》,《扬州日报》2009年1月1日。

王钢:《近观二月河》,《散文选刊》2009年1月3日。

樊燕:《繁华与荒凉——论高阳、二月河文字造景的差异》,《华文文学》2009年2月20日。

陈鲁民:《天才·鬼才·人才》,《成才之路》2009年2月25日。

何弘:《重铸辉煌:改革开放30年的河南文学》,《中州大学学报》2009年第

1期。

邵明:《大众趣味投射的历史镜像——世纪之交历史小说的价值偏颇》,《理论与创作》2009年2月。

张隽:《二月河代言中国民营书业 人大代表建议"政府大力扶持民营出版"》,《中华读书报》2009年3月4日。

张晓雪:《溯本正源〈大秦帝国〉"崛起"之道》,《销售与市场》(战略版)2009年3月10日。

鲁钊:《让更多的人买得起书读得起书——访全国人大代表、著名作家二月河》,《工人日报》2009年3月13日。

《二月河:务外非君子,守中是丈夫》,《中国西部》2009年3月23日。

刘进军:《波澜壮阔的大历史图景——论新时期古代历史题材小说的民族国家叙事》,《山东师范大学学报》(人文社会科学版)2009年第3期。

周百义:《编著情谊二十载——我与二月河》,《长江文艺》2009年4月1日。

赵明河:《大器晚成二月河》,《人民教育》2009年4月3日。

易运文、黄易:《深圳:文化大讲堂更贴近百姓》,《光明日报》2009年4月6日。

刘逢安:《二月河的军旅人生》,《解放军生活》2009年5月13日,《名人传记》(上半月)2009年6月5日。

刘进军:《论新时期中国古代历史题材小说的真实性》,《山东省青年管理干部学院学报》2009年第3期。

余钢:《重写历史语境中的历史题材小说》,《毕节学院学报》2009年第6期。

韩云波:《盛世武侠:大陆新武侠发展转型的第二阶段》,《西南大学学报》(社会科学版)2009年第4期。

方哲:《论二月河历史小说中的辅助叙事》,《文学教育》(上)2009年8月15日。

蔡贤富:《略论新时期长篇历史小说语言的建构及其问题》,《郧阳师范高等专科学校学报》2009年第4期。

黄国景、何希凡:《被遮蔽的诗性诉求——试析"帝王作家"的"出世"情结》,《西安石油大学学报》(社会科学版)2009年8月15日。

李向珂:《解析〈胡雪岩〉中胡雪岩这一人物形象》,《青年文学家》2009年9月15日。

李向珂:《浅析〈乾隆皇帝〉中女性形象的塑造手法》,《魅力中国》2009年

10月25日。

吴功正:《价值失范·满纸荒唐·遍体硬伤——当前长篇历史小说的现状分析之二》,《扬子江评论》2009年10月28日。

杨媚:《聆听大家声音 共享智慧人生》,《深圳特区报》2009年11月1日。

王笑菁:《试论宫廷叙事作品中的帝王师》,《学术交流》2009年第11期。

孙武臣:《熟读深思 探幽烛微——简析蔡葵的〈雍正皇帝〉评注》,《光明日报》2009年11月6日。

李芳:《别再折腾"二月河"了》,《河南日报》2009年12月10日。

聂传清、吴亚明:《中原文化行走宝岛》,《人民日报》(海外版)2009年12月16日。

朱四倍:《作家的底线和常识的危机》,《工人日报》2009年12月18日。

林虹:《鲜活 丰满 别致——二月河笔下的文人学士形象》,《平顶山学院学报》2009年第6期。

杨东晓:《一部断断续续的阅读史》,《新世纪周刊》2009年9月11日。

南帆:《文学老了,我们还需要她的慰藉吗?》,《学习博览》2009年6月5日。

王雅萍:《凌力女性视角下对传统历史叙事的拆解》,《重庆科技学院学报》(社会科学版)2010年第3期。

张文红:《安阳人自己的"百家讲坛"》,《安阳日报》2010年1月18日。

陈苗:《如歌岁月铸辉煌——全省文艺工作和文联工作60年回眸》,《河南日报》2010年2月3日。

詹伟明:《拿下二月河》,《故事家》(微型经典故事)2010年2月18日。

王颖:《创作与突破:文学豫军兴起十年》,《新闻爱好者》2010年2月20日。

刘起林:《论历史题材"盛世情结"叙事的思想内涵》,《当代文坛》2010年3月1日。

单纯刚:《以"文化热"抵御"经济冷" 用"新机制"激发"新活力"》,《新华每日电讯》2010年3月4日。

沈谙:《得民心者得天下》,《新作文》(初中版)2010年3月5日。

朱迅垚:《应该设立中国特色的诺贝尔文学奖么》,《南方日报》2010年3月10日。

李松莉:《用信仰与奋斗点亮戎马生涯》,《中国贸易报》2010年3月16日。

王杨:《"作家维权不能仅靠一己之力"》,《文艺报》2010年3月17日。

田永清:《我认识的二月河》,《中国纪检监察报》2010年3月28日。

刘起林:《历史文艺"盛世情结"的价值局限》,《人民日报》2010年4月6日。

薛继先:《南阳文化与南阳作家群的当下存在》,《躬耕》2010年4月15日。

朱迅垚:《中国要不要设立"诺贝尔文学奖"?》,《东西南北》2010年5月1日。

许华伟:《做历史小说是我们自觉的文化追求——〈大秦帝国〉丛书出版历程回顾》,《出版广角》2010年5月1日。

鲁钊:《杨柳二月访春河——作家二月河谈读书创作》,《中国文化报》2010年5月9日。

陈建新:《论20世纪八九十年代长篇历史小说对中国历史形象的重塑》,《百年中国文学与"中国形象"国际学术研讨会论文集》2010年5月15日。

龚丹韵:《历史与戏说的距离有多远》,《解放日报》2010年5月29日。

姚晓丹:《欣赏历史,还是欣赏演绎——各方热议电视剧新〈三国〉》,《光明日报》2010年6月21日。

朱洁:《浅析二月河帝王小说的艺术特色》,《青年文学家》2010年6月23日。

周同宾:《丹青二月河》,《青岛文学》2010年第7期。

乔林生:《"长征"无愧于自己的名字》,《解放军日报》2010年7月15日。

王小萍、吕桓宇:《渔舟唱晚梦幻沙澧》,《河南日报》2010年7月15日。

王小宁:《红学会三十周年纪念会在京召开'跨行"作家有看点》,《人民政协报》2010年8月9日。

彭月星、白彩香:《二月河小说〈康熙大帝〉中南阳方言词语考释》,《大众文艺》2010年8月15日。

周文超、王辉:《权力政治下的异化灵魂——二月河〈康熙大帝〉中康熙形象初探》,《西江月》2010年8月23日。

殷齐齐:《论二月河的"落霞三部曲"》,《科技信息》2010年8月25日。

郭远庆:《二月河谈孩子读书》,《华人时刊》2010年9月1日。

李海琪:《见证红学三十年》,《中国文化报》2010年9月15日。

丁怡琴:《论儒家思想对二月河"清帝系列"创作的渗透》,《宿州学院学报》2010年第9期。

刘起林:《历史文学的"盛世情结"及其文化生成》,《小说评论》2010年9月20日。

鲁钊:《发现二月河》,《中国铁路文艺》2010年10月8日。

方婉先:《帝王历史的两种经典书写——凌力"百年辉煌"系列与二月河

"落霞"系列比较》,《文史博览(理论)》2010年10月第10期。

蒲荔子:《纯文学杂志稿酬"标准偏低"》,《南方日报》2010年10月12日。

一冬:《迟到的"稿费高地"》,《工人日报》2010年10月15日。

方婉先:《帝王历史的两种经典书写——凌力"百年辉煌"系列与二月河"落霞"系列比较》,《文史博览》(理论)2010年10月28日。

王俊:《书香浸润城市 阅读澡雪精神》,《深圳特区报》2010年11月1日。

鲁钊:《二月河:老婆是典型的贤内助兼服务员》,《纪实》2010年11月15日。

陈启权、周婷:《大众文化语境中历史影视的叙事模式》,《时代文学》(下半月)2010年11月15日。

阙爱民、鲁钊:《中原文化繁荣得天独厚——访中国作协主席团委员、著名作家二月河》,《河南日报》2010年11月18日。

何弘、孙荪:《坚守与突破——中原作家群综述》,《河南日报》2010年11月22日。

张有成、刘娜、邱文炳:《全国人大代表二月河说"不虚此行"》,《检察日报》2010年12月20日。

宫静宇、徐凯:《〈康熙大帝〉:新承德的新名片》,《承德日报》2011年1月28日。

赵勇锋:《论二月河的生活经历对其创作的影响》,《黄河科技大学学报》2011年第1期。

李庚香:《中原作家群与时代使命》,《作家》2011年2月1日。

张先飞:《历史小说的"人学"追求》,《湛江师范学院学报》2011年第1期。

崔冰:《看古今兴衰说天下管理——作家二月河访谈》,《中外管理导报》2011年第2期。

孟广林:《史学文化热不是真正的学术复兴》,《社会科学报》2011年3月10日。

王夏萌:《外国悬疑作品风头正劲 本土悬疑小说如何发展》,《中国图书商报》2011年3月22日。

北乔:《圆形盆地·原型意象·文化理想——论周大新的文化自觉意识》,《翠苑》2011年4月5日。

路漫漫:《"食前方丈"二月河》,《中国铁路文艺》2011年5月8日。

宋庄:《那影响无法摆脱——知名作家谈童年阅读》,《工人日报》2011年6月10日。

陈启权:《大众文化语境中文学经典的通俗化走向》,《长城》2011年6月

15 日。

方伟:《文学创作品牌的当下构建》,《保定学院学报》2011 年第 4 期。

王海霞:《名人访谈要做到有备而来》,《新闻窗》2011 年 8 月 25 日。

施战军、敬文东、何言宏:《适者生存的文学时代——"新世纪文学反思录"之七》,《上海文学》2011 年 9 月 1 日。

雷达:《我所了解的茅盾文学奖》,《解放日报》2011 年 9 月 23 日。

韩为卿:《二月河:人生就像抛物线》,《中国新闻出版报》2011 年 9 月 30 日。

姚鑫隆:《继承·改造·革新·超越——评二月河的历史小说创作》,《新余高专学报》2011 年第 3 期。

汤哲声:《穿越时空:时空倒错中的"真实"》,《中国社会科学报》2011 年 10 月 18 日。

石小生:《对社科院历史所关于诸葛亮耕地"结论"的一点质疑》,《经济视点报》2011 年 10 月 20 日。

王挺:《新时期历史小说的叙述方式:正说、反说、闲说与戏说》,《浙江传媒学院学报》2011 年第 5 期。

《二月河称〈西游记〉使他养成活泼跳脱的思维习惯》,《语文教学与研究》2011 年 11 月 25 日。

万磊、张跃林:《五彩的文化元素》,《人民武警报》2011 年 11 月 26 日。

《文学汴军如何才能异军突起——开封文化发展调查系列报道之一》,《开封日报》2011 年 12 月 2 日。

郭尊、高淮生:《赵扬长篇历史小说〈唐太宗〉综论》,《电影评介》2011 年 12 月 8 日。

久辛:《"帝王"作家二月河》,《华夏时报》2011 年 12 月 12 日。

曹高梅:《鲁钊的〈直面"皇叔"二月河〉出版发行》,《躬耕》2011 年 12 月 15 日。

樊金丰:《浅析〈雍正皇帝〉对大众心理的关照》,《文教资料》2011 年 12 月 25 日。

冯瑞兰:《2000~2010 年史湘云研究综述》,《太原师范学院学报》(社会科学版)2012 年第 1 期。

袁士迎:《〈清明上河〉与我国长篇历史小说发展的新阶段》,《湛江师范学院学报》2012 年第 1 期。

童庆炳:《历史题材文学创作五向度》,《清华大学学报》(哲学社会科学版)2012 年第 2 期。

何弘:《中国新文学中的中原作家群》,《小说评论》2012年3月20日。

李中:《华论中原文化独特性的文学表现》,《电影评介》2012年3月23日。

周怡:《中国历史题材影视剧的文学渊源与继承关系》,《山东社会科学》2012年第4期。

曹花杰:《迎春时节话"迎春"——1980~2010年贾迎春研究述评》,《兰州教育学院学报》2012年第2期。

孙荪:《文学豫军论》,《牡丹》2012年5月5日。

张光芒:《像土地般厚实——我所知道的二月河》,《吉林日报》2012年5月17日。

王成刚:《论市场经济条件下编辑与作者之间的关系》,《新闻传播》2012年6月15日。

张穷工:《中国当代最有影响的"帝王系列"小说家二月河》,《湖北招生考试》2012年7月15日。

薛峰:《二月河乐于吃苦》,《第二课堂》(高中版)2012年8月1日。

韩为卿、董志国:《二月河"淘书"》,《农村·农业·农民》(A版)2012年8月10日。

张磊:《二月河笔下传奇人物形象的深层次内涵》,《安阳师范学院学报》2012年8月15日。

勇雪莹:《"帝王作家"二月河的税收情缘》,《注册税务师》2012年9月15日。

王静君、韩海平:《"人们须臾不能离开的只有财政"——专访全国人大代表、著名作家二月河》,《中国财政》2012年9月5日。

黄书宇:《二月河小说创作理念与社会效应研究》,《芒种》2012年第10期。

王觅:《文化面临难得的发展机遇——访党的十八大代表、中国作协主席团委员二月河》,《文艺报》2012年11月12日。

任沁沁、钱彤:《在历史与现实间"穿越"》,《新华每日电讯》2012年11月13日。

水兵:《长篇小说竞风流 文鼎中原著华章——"文鼎中原——长篇小说精品工程优秀作品颁奖典礼暨河南文学创作会议"纪略》,《躬耕》2012年12月5日。

李鑫庚:《南阳方言中的特殊词语探究》,《语文学刊》2012年12月15日。

王南方:《二月河的母亲》,《人民文摘》2013年1月15日。

李鑫庚:《南阳方言中部分特殊词语的历时研究》,《语文知识》2013年2月15日。

鲁钊：《让旅游闪烁出最美的文化光芒——第十二届全国人大代表、著名作家二月河访谈》，《中国旅游报》2013年3月4日。

张孔娟：《全国人大代表、著名作家凌解放呼吁——亟须解决文化原创动力不足的问题》，《中国经济时报》2013年3月11日。

董大汗：《书价兴许因此降下来——全国人大代表二月河五年后再提给作家免税》，《中国艺术报》2013年3月18日。

杨佩：《"精神饥饿"的背后，是阅读缺失》，《协商论坛》2013年3月20日。

顾星欣：《修当代"四库全书"有必要吗？》，《新华日报》2013年3月20日。

李焱：《盘点那些当过兵的作家》，《解放军生活》2013年4月13日。

周思明：《二月河"帝王系列小说"论析》，《南方论丛》2013年第2期。

张艳秋、陈程、张琼杰：《浅析小说〈雍正皇帝〉中吏治改革的启示作用》，《青年文学家》2013年6月20日。

李雨涓：《传统的继承与坚守：评二月河帝王系列小说》，《芒种》2013年7月1日总第436期。

齐英杰：《南阳红楼梦座谈会侧记》，《红楼梦学刊》2013年7月15日。

卢国伟、田莹：《二月河"帝王作家"的法治中国梦》，《人民法院报》2013年7月20日。

鲁钊：《大家间的"道不同"——二月河与姚雪垠争鸣往事》，《中国文化报》2013年7月24日。

鲁钊：《二月河孝父"如意"讨欢心》，《中华魂》2013年10月25日。

包艳宇：《"博考文献，言必有据"——谈二月河历史小说创作中的"虚"与"实"》，《芒种》2013年11月1日。

马斗全：《历史上后妃从不自称"臣妾"》，《老同志之友》2013年11月16日。

袁媛：《一场关于红楼的对话》，《中国经营报》2013年12月16日。

鲁钊：《木如意里藏孝心》，《晚报文萃》2014年1月15日。

范阳阳：《从二月河"落霞三部曲"看90年代文学场》，《小说评论》2014年1月20日。

姜钦峰：《二月河怎样走出人生的低谷》，《先锋队》2014年2月1日。

焦艳娜：《试论二月河的帝王小说的艺术特色》，《芒种》2014年3月1日。

康劲：《变"为官不易"的感叹为清廉从政的自觉》，《工人日报》2014年3月11日。

汪宇堂、胡皓：《给"折翅青少年"放飞和实现人生梦想的机会》，《检察日报》2014年3月24日。

田永清:《从二月河畅谈反腐败说起》,《秘书工作》2014年4月10日。

博士、硕士学位论文

李兴亮:《世纪之交的清朝题材电视剧现象研究》,四川大学博士学位论文,2005年。

张邦卫:《媒介诗学导论》,浙江大学博士学位论文,2005年。

李鹏飞:《大众文化视野中历史电视剧的叙述策略——以〈雍正王朝〉为个案的叙事学解读》,复旦大学博士学位论文,2006年。

蒋青林:《历史话语世界的精魂——中国当代历史题材创作与批评中的历史观问题研究》,浙江大学博士学位论文,2006年。

李建国:《无望的轮回——新时期文学历史叙事的历史观》,山东师范大学博士学位论文,2006年。

蔡爱国:《中国当代历史小说的叙事策略与文本分析》,苏州大学博士学位论文,2006年。

权绘锦:《转型与嬗变——中国现代历史小说研究》,武汉大学博士学位论文,2006年。

王笑菁:《王者归来之现代魅影——中国社会转型期宫廷叙事研究》,苏州大学博士学位论文,2007年。

刘进军:《中国新时期历史题材小说论》,山东师范大学博士学位论文,2008年。

李学良:《"世纪之交"叙事文学的"故事新编"》,山东师范大学博士学位论文,2008年。

胡克俭:《中国当代文学的英雄主题研究——以长篇小说为中心》,兰州大学博士学位论文,2008年。

樊燕:《历史在差异中复活》,苏州大学博士学位论文,2009年。

袁琳:《中国数字图书消费市场研究》,上海大学博士学位论文,2012年。

黄轶:《丰厚的收获 成熟的追求——论20世纪80~90年代河南小说创作》,郑州大学硕士学位论文,2001年。

蔡爱国:《表象的狂欢:论当代历史小说的创作走向》,苏州大学硕士学位论文,2001年。

王清春:《二月河及其帝王历史小说》,山东师范大学硕士学位论文,2004年。

姚小梅:《展现在厚重历史中的人性光华论——二月河、唐浩明、凌力世纪末的历史小说创作》,山东师范大学硕士学位论文,2004年。

崔博:《激情与虚妄——明清叙事"中的唐浩明历史小说创作》,湖南师范大学硕士学位论文,2004年。

戴旋:《论二月河帝王系列小说》,苏州大学硕士学位论文,2005年。

刘佳:《20世纪90年代畅销书研究》,南京大学硕士学位论文,2005年。

孙岗:《二月河历史小说论》,山东师范大学硕士学位论文,2005年。

于明坤:《盛世悲歌——论二月河"落霞三部曲"的思想文化内涵》,吉林大学硕士学位论文,2006年。

黄尚文:《湖湘文化映照下的历史叙事》,湖南师范大学硕士学位论文,2006年。

王文霞:《二月河历史小说的当代价值》,西北师范大学硕士学位论文,2006年。

李宏:《二月河及其帝王历史小说》,东北师范大学硕士学位论文,2006年。

赵志成:《〈雍正皇帝〉中的权谋文化胎记》,东北师范大学硕士学位论文,2006年。

宋云美:《人物史传与历史小说的叙事比较——以康熙为例》,南昌大学硕士学位论文,2006年。

张慧敏:《百年沧桑,一曲血色悲歌——试论二月河、凌力系列历史小说的悲剧意蕴》,广西师范大学硕士学位论文,2007年。

薛怡:《80年代以来长篇小说中的帝王叙事——以清朝题材为范围》,苏州大学硕士学位论文,2007年。

何华:《"自我"的失落与追寻——论当代历史小说创作观念的转型与嬗变》,河北大学硕士学位论文,2007年。

李文娟:《历史内在精神的超越——试论80年代后期以来长篇历史小说的创作观》,南昌大学硕士学位论文,2007年。

朱丽华:《编织历史与消费文学——二月河历史小说影响力成因新探》,山东师范大学硕士学位论文,2007年。

赵傲冰:《二月河清帝系列历史小说中权谋文化展呈与批评》,河南大学硕士学位论文,2008年。

唐亮:《论二月河帝王历史小说的文本特色及其与意识形态的"对话"关系》,北京语言大学硕士学位论文,2008年。

袁娟:《从小说到电视剧的改编》,上海戏剧学院硕士学位论文,2009年。

冀宇宁:《二月河清帝系列小说研究》,河北师范大学硕士学位论文,

2010年。

郭鑫:《消费文化语境下媒介对现代通俗小说的影响——以张恨水、二月河为例》,云南大学硕士学位论文,2010年。

黄文静:《九十年代以来历史小说中"士"者形象的书写》,南京师范大学硕士学位论文,2010年。

于勇成:《新时期以来长篇历史小说中的民族主义叙事》,浙江师范大学硕士学位论文,2011年。

宋艳:《在历史中发现女性——论凌力历史小说的女性书写》,重庆师范大学硕士学位论文,2011年。

方莹:《转型时期文学出版与文学发展关系研究——以长江文艺出版社的运作为例》,湖北大学硕士学位论文,2011年。

韦凤彩:《论凌力长篇历史小说的悲剧意识与"文明"视角》,华南理工大学硕士学位论文,2011年。

武星艳:《访谈节目中交际身份的会话分析》,山西大学硕士学位论文,2011年。

徐曦:《影视传媒对于当代中国通俗小说的影响研究》,云南大学硕士学位论文,2012年。

邓仁武:《唐浩明历史小说研究》,湖北科技大学硕士学位论文,2012年。

张伟英:《凌力历史小说的语言风格研究》,广州大学硕士学位论文,2012年。

李阳:《文化地理学视角下的当代南阳作家群研究》,河南大学硕士学位论文,2012年。

张振冲:《超越雅俗及其局限——二月河历史小说的叙事立场分析》,华中师范大学硕士学位论文,2013年。

隋小毅:《周同宾散文研究——以〈皇天后土〉为中心的考察》,西南大学硕士学位论文,2013年。

李鑫庚:《社旗方言词汇现象探析》,信阳师范学院硕士学位论文,2013年。

周林峰:《论名人姓名商品化的法律保护》,华南理工大学硕士学位论文,2013年。

编后记

二月河是一位奇特的作家。他自幼学业不佳,甚至还曾经逃学旷课,但他酷爱读书,特别是小说(文学)、历史故事等方面的书籍。他没有接受过正规的高等教育,高中毕业二十多岁入伍,沙场训练、下矿挖煤,都没有中断他读书的追求。他有当将军的梦想,但当梦想遥不可及时,他毅然离开军旅,回到南阳小城开始另一番生活。他痴迷于《红楼梦》,一心想当"红学家",甚至大胆冒昧地与冯其庸对话求教。当他跻身于红学领域,开始在红学海洋徜徉时,同行的一句"像康熙这样一个人在位六十一年,没有一部像样的文学作品",让他另做打算,开始了写康熙、写雍正、写乾隆的历程。于是,一个从未真正写过文学作品的人,开始了自己的文学生涯。

二月河的奇特之处在于,他的走红没有一个预设,没有一个逐渐的过程,就像一座山峰,突兀地耸立起来,让人感到惊奇。短短10年间,《康熙大帝》、《雍正皇帝》、《乾隆皇帝》皇皇13卷相继问世,尤其是伴随着改编为电视剧迅速火了起来,从大众群体到专家学者群体,从国内到国外,二月河及其《康熙大帝》、《雍正皇帝》、《乾隆皇帝》几乎无人不知,无人不晓。

二月河"清帝系列"(落霞系列)的热销、热读,表面上看似乎与当时人们探秘宫廷文化的心理有关,实际上却是"清帝系列"的独特价值使然。上世纪90年代至本世纪初,国内流行的宫廷戏或文学作品多为戏说,在轻松愉快、夸张戏谑中,历史要么被颠覆得毫无逻辑性,要么被撕成碎片。但二月河的"清帝系列"却体现出严肃的历史态度。在大量阅读、研究历史著作和野史资料的基础上,形成了自己对历史的认识,因此在作品中忠实地遵循历史的逻辑,成功地处理历史真实与艺术真实的关系,让人们在文学作品中看到了丰富的、形象的、真正的历史。其作品的故事情节环环相扣,节奏密集,高潮迭起,引人入胜,具有很强的可读性,让人爱不释手。作品人物形象鲜明突出,不仅康熙、雍正、乾隆三帝有鲜明独特的性格特征和丰满的血肉,而且作品中还塑造了一系列生动的人物形象。"清帝系列"通俗易懂,雅俗共赏。作品语言既体现清早中期的历史特征,也尽可能体现当代特点。二月河还借用了传统小说的形式元素,作为历史文学的一种搭配,增强了叙事和阅读效果。

"清帝系列"问世以来,学界、媒体,甚至大众层面都予以广泛的研究和讨论,相关资料众多、繁杂,有些资料甚至难以查寻、检索。但是作为一种学术研究,我们既要重视讨论、研究的动态、实态,更要把握这种研究、讨论的主体和核心内容。因此,在编选这部资料的时候,更多从文学研究的宗旨出发,考虑资料与文学研究的关联性,同时考虑资料的代表性、多元性,以及资料的价值含量,以此进行取舍。当然,鉴于篇幅所限,有些有价值的资料尚未收录,不能说不是一种缺憾。

由于编选者学术视野和水平有限,疏漏和谬误一定存在,敬请学界指正。

吴圣刚